《二俠傳》《女俠傳》的整理及研究

張樂林　编著

河南大學出版社
鄭州

圖書在版編目（CIP）數據

《二俠傳》《女俠傳》的整理及研究／張樂林編著．－－鄭州：河南大學出版社，2022.6
 ISBN 978-7-5649-5243-3

Ⅰ.①二… Ⅱ.②張… Ⅲ.中國文學－古典文學研究－明代 Ⅳ.①I206.48

中國版本圖書館 CIP 數據核字（2022）第 157191 號

責任編輯	靳開川
責任校對	李亞濤
封面設計	陳盛杰

出　版	河南大學出版社
	地址：鄭州市鄭東新區商務外環中華大廈 2401 號　郵編：450046
	電話：0371－86059701（營銷部）
	網址：hupress.henu.edu.cn
排　版	鄭州市今日文教印製有限公司
印　刷	廣東虎彩雲印刷有限公司
版　次	2022 年 6 月第 1 版　　印次　2022 年 6 月第 1 次印刷
開　本	890 mm×1240 mm　1/32　印張　11.5
字　數	277 千字　　　　　　　　定價　46.00 元

（本書如有印裝質量問題，請與河南大學出版社營銷部聯繫調换）

目 錄

"跨界"就是"歸本"
　　——整理研究序 …………………………………………（ 1 ）
《二俠傳》《女俠傳》整理研究說明 ………………………（ 1 ）
女俠的崛起及其意義
　　——以《二俠傳》與《女俠傳》為核心的研究 …………（ 1 ）
　　導言 ………………………………………………………（ 1 ）
　　壹　《二俠傳》編 …………………………………………（ 3 ）
　　貳　《女俠傳》編 …………………………………………（ 14 ）
　　結語 ………………………………………………………（ 45 ）
《二俠傳》凡例 ………………………………………………（ 54 ）
　　男俠傳 ……………………………………………………（ 56 ）
　　女俠傳 ……………………………………………………（ 56 ）
《二俠傳》目錄 ………………………………………………（ 60 ）
《女俠傳》目錄 ………………………………………………（ 66 ）
二俠傳・男俠傳 ………………………………………………（ 68 ）
　　卷一 ………………………………………………………（ 68 ）
　　卷二 ………………………………………………………（ 84 ）
　　卷三 ………………………………………………………（100）
　　卷四 ………………………………………………………（113）
　　卷五 ………………………………………………………（129）
　　卷六 ………………………………………………………（141）

卷七 …………………………………………………… (152)
　　卷八 …………………………………………………… (166)
　　卷九 …………………………………………………… (182)
　　卷十 …………………………………………………… (195)
　　卷十一 ………………………………………………… (207)
　　卷十二 ………………………………………………… (221)
二俠傳・女俠傳 ………………………………………… (235)
　　卷十三 ………………………………………………… (235)
　　卷十四 ………………………………………………… (245)
　　卷十五 ………………………………………………… (257)
　　卷十六 ………………………………………………… (268)
　　卷十七 ………………………………………………… (279)
　　卷十八 ………………………………………………… (292)
　　卷十九 ………………………………………………… (306)
　　卷二十 ………………………………………………… (319)
女俠傳 …………………………………………………… (334)
　　俠女傳序 ……………………………………………… (334)
　　豪俠 …………………………………………………… (335)
　　義俠 …………………………………………………… (338)
　　節俠 …………………………………………………… (342)
　　任俠 …………………………………………………… (344)
　　游俠 …………………………………………………… (347)
　　劍俠 …………………………………………………… (348)

"跨界"就是"歸本"
——整理研究序

張樂林

踏入學術圈以來，雖兢兢業業，教學、研究兩條途徑並行，始終不敢荒怠。然年過半百，總覺守成有餘，而開創性過少；尤其是自己以現、當代文學為專業，而致力於通俗武俠說部之研究，深覺武俠文化淵遠流長，欲探明當代武俠說部的底蘊，非得今古交融，方能收到《文心雕龍》所說"振葉尋根，觀瀾索源"之效果。惜哉，雖自覺用心用力，兩皆不足，往往不免有隔靴搔癢之憾。此不僅僅是吾個人之缺憾，恐也是目前許多研究現、當代課題者之盲點。

辛巳年丙申月，吾負笈蘇州，從學於湯哲聲老師之門。適巧台灣淡江大學與蘇州大學共同舉辦通俗文化及文學交流研討會，聽說是由林保淳先生大力促成的。林保淳是台灣專志於武俠研究的學者，早聞其名，我自然不能錯過這個當面請益的機會。

我冒昧登門求教，說來也好笑，我和他訂了夜談之期，早早就守候在東吳賓館大廳，卻足足苦候了三個小時，仍未見淡江一群教授的身影。我左徘右徊，幾次想就此離去，卻又猶疑難定。我踱步到賓館門前的小橋邊，望著一灣掩映著迷蒙月色的溪水，突然想到了張良和黃石公的故事。我是早到了，可這個黃石公居然遲遲未現，明月溝渠，傷情何似。正在未知如何之際，遠遠地，卻看見他拄著枴杖，與一行人緩緩而來，爽朗的笑聲、奕奕的神采，讓我印象非常深刻。

一見到我，顯然他就驚覺到他的爽約了，為了貪看姑蘇月色，竟渾然忘卻了我這張子房。當然，後來是沒有橋上橋下、拾鞋納履那一套，而他的誠懇、平易，在後來的日子中，一直讓我慶幸他有這樣的失誤，彷彿為了彌補前愆似的，他縱論今古，傾囊相授，雖無兵法，卻是扎扎實實的治學之道。自此以後，我們亦師亦友，訊息相通，只要他來到大陸，無論山南水北、道遠路迢，我總會想盡辦法，會上一面，深宵論劍，雖曰不敏，實際上真是獲益良多。

林先生研治武俠，是從古典入手的，腹笥充饒，經史嫻熟，尤其對古典說部，更是別有會心，引古證今，議論精闢，對我來說，這正是我最感匱缺的部分。難得他極力推引提攜，讓我也更體認到今古匯融的意義與價值，遂也開啟了我一條重回古典的新路。經過這些年來的投入與鑽研，雖不敢說有若何逸越眾人的成果，卻也讓我對自己的問學求道能力，增添了無比的信心。

林先生蒐羅、經目的武俠相關文獻極廣，他氣度慷慨，每有所得，都必然與我分享。他寫的每篇文章，我幾乎都是先睹為快的第一讀者，當然也從中蒙獲不少啟悟。我們以微信、郵件、電話交互往來，相析疑義，商論觀點，更有心想為未來的武俠研究奠築若干基礎工作。本書的完成，就是在如此的因緣下推促而生的。

《二俠傳》的傳本，國內向來罕有流播，學者偶有論及，也不過於凡例中摘撮幾句，以為說明；《女俠傳》雖頗為明清叢書收錄，但因卷帙稍短，也較乏人探究。林先生是海內外最早開始注意到這兩本書的學者，也曾據此寫了篇有關"女俠"的論文，可以說是海內外向所未見的一篇專論，頗獲學界重視。但由於未見到《二俠傳》原書，又不能予《女俠傳》過多的篇幅，故也只能簡單扼要地作為論述的佐證，而於此二書未能抉剔其精微，未免引以為憾事。

在偶然的機緣下，我輾轉從北京藏書家及武俠小說的研究者林遙手頭，獲睹了被淹埋近數百年之久的影印本《二俠傳》，如獲至寶，遂決意展開對此書的進一步研究，並進而與林保淳先生磋商，在他極力的鼓吹推促之下，又鑑於此書從未正式出版過，於是就決定將此書作全面的整理與研究。在林先生建議之下，就連同《女俠傳》一併加以整理、點校，並取得河南大學出版社的認可，終將付梓。

古籍的點校、整理及研究，向來是件繁難的工作，尤其是刻本往往有漫漶、脫頁之處，加上刻工不甚精、校勘不甚嚴，錯漏、俗訛之字頗多，最是令人頭痛。所幸《二俠傳》多以摘抄前人史傳為主，不難翻查核對；唯是其直接出處為何，頗費一番考察工夫，在與明代流傳的諸叢集式的傳記比對之下，幾乎大多數的出處都已一一考究出來，其中王圻的《稗史彙編》、黃尚文的《女範編》、劉仲達的《劉氏鴻書》是最大宗的來源，文句幾乎完全相同，林先生在這個過程中，給了不少的建議與反饋，這是要特別感謝的。

儘管我是中文學科出身，但一直關注於現、當代文學，對古典文獻較有隔膜，此番"跨界"，對我來說，也是一樁挑戰。其實，"跨界"就是"歸本"，所謂"君子務本，本立而道生"，是以雖知才疏學淺，仍舊黽勉以赴，而其中恐亦不免有疏漏、缺失之處，還請海內外方家不吝指正。

二〇二二年六月

《二俠傳》《女俠傳》整理研究說明

　　一、本書編次，以徐廣《二俠傳》居前，鄒之麟《女俠傳》為殿，乃因徐廣雖生卒年未詳，然《二俠傳》刊於萬曆四十一年，而鄒之麟於萬曆三十八年始進士登科，且於清初猶存，故判定《女俠傳》之成書，當在其後，故以其先後為序。

　　二、《二俠傳》傳本罕見，本書據美國哈佛大學漢和圖書館所藏刻本，重加點校；《女俠傳》因卷帙過少，未見獨立成書，最早可見於崇禎時秦淮寓客所編之《綠窗女史》收錄，本書以《續說郛》所收為底本。

　　三、《二俠傳》來源頗為龐雜，"男俠"部分，多取之於《呂氏春秋》《史記》《說苑》等書；"女俠"部分，則多取之於劉向《列女傳》，尤其是廣取王圻《稗史彙編》、黃尚文《女範編》、劉仲達《劉氏鴻書》諸書，文句幾全同。《稗史彙編》當刊於萬曆年間（王圻卒於萬曆四十三年），《女範編》刊於萬曆三十年，《劉氏鴻書》刊於萬曆三十四年，是三書，皆為徐廣所援用，本書一一據以核校。

　　四、為保持二書原貌，其中偶有舛錯、漏失之字，皆據原文照列，而對於明顯錯字處以（　）標明，漏失處以〔　〕補齊。

　　五、是二書異體字頗多，如"婦"之作"媍"、"往"之作"徃"，但二書往往自亂體例，故未能統一，本書仍據其原刻呈顯。

　　六、《二俠傳》原刻卷十一"駱賓王"條，缺漏八及十五兩頁，此條疑據王世貞《豔異編·武后傳略》迻錄，故據其補齊。《二俠傳》原有男俠七十人、女俠一百〇八人，本書編碼予以統合，由（1）至

· 1 ·

(178),以利檢索。

七、《女俠傳》各傳本向無鄒之麟之序,今據明賀復徵編《文章辨體匯選》卷二九三補齊。原"劍俠"類均云"見王世貞《劍俠傳》",有目而無文,則依《劍俠傳》補完,以呈其全貌。

八、每條傳目下,考其源流,注其出處,疑者闕之,以待來茲。

女俠的崛起及其意義
——以《二俠傳》與《女俠傳》為核心的研究

導言

  自韓非子首度提出了"俠"作為某類人物的專稱以來,歷朝歷代的文人學士,都曾多方論列,儘管觀點不一,褒貶有差,且對其本質上的理解與掌握未必完全一致。但將"俠"視為與外在社會有密切關聯的一種特殊人物,則是普遍的歸趨。

  在古代的社會制度中,大範圍的社會舞臺,始終由男性主宰。儒家所強調的"五倫"關係,"朋友有信"雖屈居最末,但自中國社會逐漸擺脫宗族及家族的封閉形態以來,卻成為其中影響力最大的一環。儒家思想本就是將個人的意義與價值定位在其與外在社會的形形色色關係中的,《大學》"八德目"完成了"格致誠正修齊"之後,就必須落實到"治國平天下"的外在社會之中,而其中最廣泛而複雜的,無疑就是朋友關係。朋友關係其實是模擬"兄弟關係"而來的,而最終的歸趨,還是外在社會的"家邦"。

  基本上,受限於古代的社會制度與觀念,得以活躍於外在社會舞臺的多半屬於男性,女性則往往被囿限於家族,乃至於家庭的範疇,一旦有所逾越,鮮少不受貶抑與訾議的。因此,以外在社會為舞臺,且特看重朋友關係的"俠客"這一類人物,就成了男性的專稱,代表了外向、積極、陽剛、強韌的精神,而這種精神通常是與女性絕緣的。此所以在龔鵬程、林保淳合編的《二十四史俠客資料彙編》(臺灣學生書局,1995年)中,儘管曾出現高達四百七十五人次與"俠"關聯的人物,卻無一位是女性,正可以印證。

以載籍所見,女性而與"俠"相聯結的記載,出現甚晚,尤其是"女俠"或"俠女"之詞,在明代以前,僅一見於北宋類書《冊府元龜》卷一六九。該書於《納貢獻》中記載了"十月丁酉,湖南馬希廣貢《除夜游春圖》、女俠畫障、真珠枕及端午金銀雕裝物色",此處的"女俠畫障",據文意,當是圖繪有"女俠"的屏風,但孤例無佐,雖已有"女俠"之詞,而難以考索其內情,想來尚未成為通稱。然而,到了明代,尤其是萬曆之後,"女俠"或"俠女"一詞逐漸增多,乃至成為一種專稱,這是非常值得關注的現象。我們大可將明代視為中國古代女性開始與"俠"作聯結的一個轉折點。

有關女性俠客的研究,學界大抵是從一九九〇年之後開始,陳葆文、王立、曹亦冰等皆有論列,尤其是林保淳在《中國古典小說中的"女俠"形象》[1]一文中,博引詳考,作了相當具有深度及啓發意義的探討與分析。其後,儘管其所指導的研究生,如郭璉謙《明末清初話本小說中的女俠》、葉凡甄《明代女俠形象研究》,相繼有所論列,雖仍未有詳細完整的討論,但顯然已逐漸引發關注。在林保淳的論文中,首度提到了兩本關鍵的書籍,一是徐廣的《二俠傳》,一是鄒之麟的《女俠傳》,並指出這兩本具有雜抄纂集性質的書籍,在其間所展現的意義,別具隻眼,格外引人矚目。可惜的是,以徐廣的《二俠傳》來說,國內罕見傳本,甚少有人提及,僅黃霖所主編的《中國歷代小說辭典》[2],取其《凡例》,略陳梗概而已,其後寧稼

---

[1] 林保淳:《中國古典小說中的"女俠"形象》,載林保淳《縱橫今古說武俠》,五南圖書出版股份有限公司,2016,第181—226頁。
[2] 黃霖主編《中國歷代小說辭典》(第二卷),雲南人民出版社,1993,第641頁。《二俠傳》的詞條撰者為陸扁之。

雨的《中國文言小說總目提要》[1]，亦有簡單陳述。林保淳雖特別強調此書，顯然當時亦未見原書，故只能參照黃、寧二位的說明，簡單概括而已，並無較深入而廣泛的論述；而鄒之麟的《女俠傳》，雖相對來說較易取得，明代叢書如《五朝小說》《續說郛》皆有收錄，不難覓得，但因卷帙單薄，至今亦少有人深論。致使這兩部在整個中國俠義觀念的轉變、形成有不可忽視地位的書籍，即便已有相當多的學者提及，但顯然還未能獲得應有的重視。於此二書無論是淵源所自、體例、選取標準、思想內涵，都未遑有深入的研析與探索，這當然是極大的憾事。

筆者於偶然之際，蒙獲友人奉贈原藏於美國哈佛大學漢和圖書館的《二俠傳》影本，如得至寶，不揣淺陋，遂連同《女俠傳》一並著手展開研究，期望能彌補此一間隙，為學界聊作貢獻。

壹　《二俠傳》編

一、《二俠傳》的編次與論列

《二俠傳》今存萬曆四十一年（1613年）刻本，藏於美國哈佛大學漢和圖書館，分《男俠傳》《女俠傳》兩部，共二十卷，其中男俠七十人，占十二卷；女俠一百〇八人，占八卷。前有《凡例》十二則，略述其編述體例及緣由。不過，哈佛館藏的原書，間有脫頁，《男俠傳》卷十一的《駱賓王》條，缺了第八及第十五兩頁，館藏掃描未以空白處理，致有此失。

編者徐廣，福建柘浦（今浦城）人，字廣居。校者黃國士，四川平昌人，字允符，兩人生平皆無可考。

此書編次，並不嚴謹，基本上是以朝代順序為次，從周到元，臚

---

[1]　寧稼雨：《中國文言小說總目提要》，齊魯書社，1998，第247頁。

列而下。如《男俠傳》上起周代之《甾丘訢》,下迄元代的《鄭思肖》。《女俠傳》則上起周代之《姜后》,下迄元代之《吳氏女》,但另附有兩則,一為《京師女》,乃出於漢代劉向之《列女傳》,一為《俠嫗》出於元人龍輔之《女紅餘志》。一漢一元,不知何故,不分別歸屬,而竟以"附"出之。

在漢代之前,以"周"總領,列次周、魯、楚、晉、衛、齊、趙、吳、魏、燕、秦等各國,但未細加擇別,混春秋、戰國,乃至秦朝為一,頗傷蕪累;漢代以下,則分後楚、西漢、東漢、西晉、東晉、後魏、南北朝、唐、五代、宋、元等朝,本亦未為不可,但既有"東漢",卷十一又無端多出一個"後漢",殊所未解。

至於目錄與正文,亦有參差,如卷十,目錄以"灌夫、鄭莊、汲黯、司馬相如、李龜壽"為序,而内文則是"灌夫、司馬相如、汲黯、鄭莊、李龜壽",前後不一;卷二十,目錄作《韓非孟》,内文則作《宋韓希孟》,後者方確。此外,内文中較目錄多一時代或帝王名的,也經常出現,如卷十三,目錄作"姜后、敬姜、黔婁妻、母師、柳下惠妻",而内文則作"周宣姜后、魯姬敬姜、魯黔婁妻、魯母師、柳下惠妻",自亂體例。此外,在轉述文字之時,也偶有失之未考處,如卷一"成文子"條,出於《琴操》,"思革子、尹文子、叔衍子三人""並衣糧"的故事[1],而本文竟作"昔思革子、成文子三人",奪一"叔衍子",又誤"尹"為"成"。凡此,皆可見其書在編次上的錯亂。

不過,編次上最大的問題在於男俠、女俠的朝代歸屬,常有舛失。如卷一的《蘇秦》竟列於"周"之下;卷十的《李龜壽》,應屬唐代,竟列於"西漢";卷十一的《辛稼軒》,應屬宋代,乃歸於"西晉";卷十四的《秦羅敷女》,應置於漢,非"周秦";《趙娥》,乃漢代之事,不當列於"周趙";卷十五的《虞潭母》,為東晉時人,不當列於"東

---

[1] 三士並衣糧的事迹,見於《琴操·三士窮》,但古書徵引時,除思革子外,尹文子、叔衍子之名相當錯亂,有作"戶文子""成文子""叔愆子""叔儋子"者。

漢";《李夫人》應列"西漢",而非"東漢";《魏芒慈母》應列於"周魏",而非"後魏";卷十六的《魯秋胡妻》,應置於周代之魯國,則列於"南北朝";《綠珠》,應置於晉,則列於"唐";卷十九的《毛氏》,為南北朝前秦時人,不當列於"五代";《張盼盼》,應為"關盼盼"之誤,且應置於"唐",不應列於"宋"。凡此種種,不勝枚舉,皆顯見其在編纂時的敷衍與草率,這與他在《凡例》中誇耀的"輯諸書參訂,鞭心役目,殆經載餘,毫無魯魚亥豕之病",恐怕還是有不小的差距。

然而,此書體例或編次的錯亂倒不是最嚴重的問題,反而是徐廣本身對俠客的認知,事實上是相當含糊籠統、隨意散漫的。

基本上,徐廣對俠客是非常推崇的,《凡例》認為,"俠之義為傑,傑出于人,而且暮植千秋之行",大抵到了明代萬曆年間,"俠客"的形象在唐人李德裕《豪俠論》的影響下,經過一段時間的醞釀,已由負面轉為正面,確定了其正面的意義,故是書所記載的"男俠",多半都以推崇的口吻出之,這是中國古代俠客形象轉變的過程中非常值得關注的事。

不過,就徐廣對俠客的認知而言,事實上還是相當疏闊的,除所選取的標準不明確外,更有隨意題點的嫌疑,如卷十一的《駱賓王》,所敘內容均為武后稱制到薨亡之事,于駱賓王事跡,僅扼要敘及武后聽聞其為徐敬業所寫的檄文內容後的反應,主賓易位,未見其可;而卷十六《綠珠》,僅對綠珠墜樓而死事,簡單帶過,反而泛舉綠珠江、綠珠井、昭君灘、西施穀、脂粉塘的"美人出處",又雜引牛僧孺《周秦行紀》中的善笛女子"綠珠"、後人詩詠綠珠的篇章,以及石崇死後,孫秀及趙王倫皆獲惡報的事跡,相當駁雜。徐廣在《凡例》中自言"本傳俱照名筆,稍勤刪芟,俾觀者不惟揖其人品,且賞其文章",但恐怕也是徒托空言。

從徐廣所認定的俠客看來,無論男俠或女俠,顯然都已脫離了從韓非子"俠以武犯禁"[1]、荀悅"德之賊也"[2]、班固"如台不匡,禮法是謂"[3],到范曄"令行私庭,權移匹庶"[4]的負面觀點,而重歸返于司馬遷"蓋亦有足多者焉"[5]的立場,以正面的角度稱揚這些俠客。這點,我們從《二俠傳》所列的"男俠"中,幾乎將《史記》所提到的"卿相之俠",如戰國四公子、汲黯;"布衣之俠",如朱家、季布、欒布、郭解;"刺客",如曹沫、豫讓、專諸、聶政、荆軻等,盡行收入,但對班固所提到的樓護,及"諸公之間,陳遵為雄,閭里之俠,原涉為魁"[6]的陳遵、原涉等"俠",不值一提,即可看出其大略傾向。

二、俠客形象的底定

大抵上,在中國的俠義觀念發展過程中,"俠"的大發展趨勢是從負面漸漸轉為正面的,而司馬遷的《史記》,在其間起了相當重要的轉折關鍵作用,儘管後起的荀悅、班固、范曄等,持論與司馬遷不同,且形成正史中根深蒂固的評價標準,但《史記》的影響,始終在其間默默醞釀,直到唐代,才由李德裕的《豪俠論》正式發難,遂開展了俠客"由負轉正"的一連串過程。其中,儒家思想的浸潤,無疑是最關鍵的。在《凡例》中,徐廣強調:

> 韓子云:"儒以文犯法,俠(文)〔以〕犯禁。"是儒、俠判晨

---

[1] 韓非撰,陳奇猷校注《韓非子新校注》卷十九《五蠹》,上海古籍出版社,2000,第1104頁。
[2] 荀悅撰,張烈點校《兩漢紀》卷十《孝武皇帝紀》,中華書局,2002,第158頁。
[3] 班固:《漢書》卷一百下《敘傳第七十下》,中華書局,1962,第4267頁。
[4] 范曄:《後漢書》卷六十七《黨錮列傳第五十七》,中華書局,1965,第2184頁。
[5] 司馬遷:《史記》卷一百二十四《游俠列傳第六十四》,中華書局,1959,第3181頁。
[6] 班固:《漢書·游俠傳》。案:班固對游俠持論與司馬遷不同,對樓護、陳遵、原涉等出於司馬遷之後的俠客,多持負面評價。相關討論見林保淳《從游俠、少俠、劍俠到義俠——中國古代俠義觀念的演變》一文,收入林保淳:《縱橫今古說武俠》,五南圖書出版公司,2016,第102-139頁。

星,文、武相水石。豈其然歟？非所論矣。夫俠者,挈綱常,激烈時用之;儒者守名義,和平處維之。維不用,胡以徵意氣？用不維,胡以試精神？是一迂腐,一強暴爾,豈俠耶？俠者,抱有盡之身,成儒者無窮之業,文需廊廟,武濟邊陲。大儒不可無俠心,真儒不可無俠骨。俠豈片言隻語所能衡哉？景行者味孔子思剛、孟氏養氣,斯得之矣。

很明顯,徐廣是從儒、俠足以互補的角度肯定俠客精神的,這是繼唐代李德裕標舉"義非俠不立,俠非義不成"[1]後,最直白而明顯地欲將原始酣暢淋漓,卻未免失之於檢束的俠客,納入儒家思想之下約制的宣言。這不但標示了俠客服膺於傳統儒家"仁義"思想的必然性,更對清代吳見思、牛運震等人"借儒形俠"[2]、"援儒入俠"[3],乃至清末民初章太炎之強調"儒俠"[4],都有深遠的影響。

儒家思想以"內聖外王"為核心,所謂"內聖",指個人道德上的修持,以《大學》所揭櫫的"八德目"而言,屬於"格致誠正修"的部分;從個人道德的自修自律拓展出去,則是"外王"事業,屬於"齊治平"的施用。徐廣認為,"俠者,抱有盡之身,成儒者無窮之業",正是企圖藉俠客為引子,串起這一個完整的過程。因此,我們可以赫然發現,在七十位男俠之中,以符合儒家傳統道德,即"君臣有義、父子有親、夫婦有別、長幼有序、朋友有信"之"五倫"觀念的人,占相當大的比重,如申鳴、成文子、弘演、鮑叔牙、晏平仲、程嬰、青笄、

---

[1] 李德裕撰,傅璇琮、周建國校箋《李德裕文集校箋》,河北教育出版社,2000,第660頁。

[2] 吳見思、李景星撰,陸永品點校整理《史記論文·史記評議》,上海古籍出版社,2008,第75頁。

[3] 牛運震《史記評注》,張舜徽主編《二十五史三編》第一分冊《史記之屬》,岳麓書社,1994,第877頁。

[4] 章炳麟著,徐復注《訄書詳注》之《儒俠第六》,上海古籍出版社,2000,第73—82頁。

郭亮、臧洪、駱賓王、義卒、吳仲廣、張二、法崧、柳仲塗、鄭思肖等皆是。其間，徐廣顯然對"君臣"和"朋友"最是關注，如卷十二《鄭思肖》，內文敘及鄭思肖"念念不忘君"，有"不知今日月，但夢宋山川""寧可枝頭抱香死，不會吹落北風中"等詩句。而畫蘭花，"不畫土根，無所憑藉"，以暗寓國土淪喪之痛，乃至因趙孟頫忝事元朝，而與之絕交，種種事迹，皆緊緊扣住對宋朝的耿耿忠心。而《鮑叔牙》敘及鮑叔與管仲相交的諸多體諒，《程嬰》敘及程嬰如何保護趙氏孤兒，《成文子》敘及尹文子與叔衍子如何"並衣糧"以成全思革子等，則皆在強調朋友相交之道。這些都與儒家所著重的人倫相處的道德修持相互表裏。不僅如此，我們也可看到徐廣所敘列的諸俠中，有不少是強調其建功樹業的，如開國將相之張良、韓信；建一時事功的田單、陳勝、項羽、灌夫；甚至游辯之士，如蘇秦、魯仲連、范雎、酈食其；以言語諷諫君王的淳于髡、優孟、優旃，也都赫然在列。文士中的司馬相如、辛稼軒、杜牧、駱賓王，也不吝稱道。儒家所強調的"立德立言立功"的"三不朽"，徐廣顯然是深有體認的。

當然，如此論列俠客，無疑就太過於疏闊了，如果以他的標準，則世間只要有一德一行一功可稱，皆不妨都以"俠"名之，這顯然完全忽略了"俠"的特殊氣性；同時，所謂的"三不朽"中，極可能是會相互衝突的，如伍子胥、呂不韋，雖事功顯赫，而伍子胥之背棄宗國、呂不韋之穢亂朝綱，在道德上皆有重大瑕疵，徐廣顧此失彼，顯然是不足為訓的。

在這裏，徐廣忽略了韓非子以降，各個時代對俠的不同定義，未能擷取在歷史上"以俠名"，也就是說，曾經被以"俠"來形容的人物，來作甄擇的標準。而是以直覺、直感的方式，逕作認定與論列，故難以避免疏闊、雜亂的缺憾。不過，這也可以看出，事實上，即便到了明代中葉，文人學者對俠客的認知，依舊處在含糊籠統、各說各話的階段，雖云儒俠互補互益，而不知儒與俠，是正如徐廣所談到的"判晨星""相水石"，知其同，而不知其所不同，這是徐廣最大

• 8 •

的盲點。

徐廣在"男俠"的論列上,儘管已對俠客作了相當程度的肯定,但說其在定義上破綻百出,未能周圓,也應該是合理的評價。但在"女俠"的部分,儘管仍不免犯有同樣的缺失,卻是別具意義的。

三、女俠的彰顯

從中國女性發展史的角度來說,明代是個極為特殊的年代,其中有關女性事物、規範、傳記、詩文集的編輯與記錄,可謂洋洋大觀,尤其是明代中、晚期之後,我們竟赫然發現,開始有不少的女性,頂戴著"俠"的名銜,大量出現在相關的文獻之中,甚至集結成專書,這當然是值得深入討論的現象。

有關"女俠"的集結,大抵有兩種模式,一是在標榜女性的叢書中,別出一門類,盛稱女俠。如秦淮寓客的《綠窗女史》,此書包羅萬象,廣搜博載,將一應與女性相關的事物、詩文、傳記等盡行收錄,其中有"節俠"一部,分"義烈""節烈""義俠""劍俠"四類,主要則收載其事迹;馮夢龍的《情史》,則是以男女的感情為主線,分成二十四類,專記相關的事迹,其中有"情俠"一類。至於徐廣的《二俠傳》,是在"俠"的大範疇中,以男女性別為區隔,分為"男俠傳""女俠傳"二部,其中男俠七十人,女俠一百〇八人,皆以載記事迹為主;鄒之麟的《女俠傳》最為特出,索性就純粹專收"女俠",而分為"豪俠""義俠""游俠""任俠""節俠""劍俠"六類,其中"劍俠"類只有條目而無內文。

這幾部以"女俠"為核心集結而成的作品,迥異於此前對女性俠客吉光片羽、零散無統的記載,當然是具有特殊意義的。《二俠傳》卷帙繁多,人數亦眾;《女俠傳》則專載女俠,更是引人矚目。

明代中葉以後,由於陽明心學的發展,儒者從朱子向外推求的"道問學"工夫,轉向陸象山內聚式的"尊德性"的探索,開始關注於個人內在情志的存想與發用,連帶著對人生而具有的"情感"有了更深一層的認識;這隱隱暗合于文學上唐人小說中特喜摹寫男女愛情經歷的脈絡,胡應麟謂"《廣記》所錄唐人閨閣事,咸綽有情致"[1],正指出了這點,尤其是相較於男性更為豐富敏銳、複雜多樣的女性情感世界。因此,自明代中葉以來,有關女性的詩文著述、女性教育、女性道德、女性事迹之類的文本顯著增多,而對女性情感的關注,更是前所未見的深廣。其中,刊於崇禎年間的《綠窻女史》以及《情史》,就是最具代表性的。

徐廣之所以將《二俠傳》分立"男俠""女俠",顯然就是在這一風氣下的產物,但其所異於他書的,則是他乃以"俠"為主題,而展開論列的。《凡例》中強調:

> 古有男俠,而未聞以俠鳴女。茲搜其捐生就義、殺身成仁者,續於簡後,殊見妾媵可為丈夫,丈夫可愧於妾媵乎?

據《凡例》所云,徐廣應是特別看重一些以"節烈""貞烈""義烈"為表徵的女子,如《息夫人》《代夫人》《禮宗》《綠珠》《毛氏》《封景文》《銀瓶烈女》《申屠氏》《韓非(希)孟》《湯煇妻》《臨海民妻》等,多是為國、為父、為夫而"捐生""殺身"的女子。但事實上,書中所選列的女子,遠遠超過他在《凡例》中所說的範疇。以漢代之前的女子為例,原列有三十一人,扣除《趙娥》《羅敷女》應屬"東漢"之外,外加誤植朝代的《魏芒慈母》《魯秋胡妻》與《附》的《京師女》,實得三十三人,其中除了《伯姬》《北郭娘》《李園女弟》《伯嬴》《襄王后》《溧陽女子》外,全都見於劉向的《列女傳》,對《母儀》《賢明》《仁智》《貞順》《節義》《辯通》等正面的女子形象,多所繼承,而對《孽嬖》中的負面女子,則一概未收。即便是漢代的人物,也多取之于

---

[1] 胡應麟:《少室山房筆叢》,《叢書集成續編》第十冊卷三十六,新文豐出版公司,1988,第426頁。

班昭所編的《續列女傳》。由此可見,徐廣所謂的"女俠",幾乎可以說等同於《列女傳》中賢德貞順、仁智節烈的女子。範圍之疏闊,是頗令人訝異的。

自劉向編次《列女傳》後,其影響之深遠,我們從歷朝歷代的史書、方志、雜史,都廣設"列女"一門中可以看出,且其編次原則,大體也依循劉向"故採取詩書所載賢妃貞婦,興國顯家可法則,及孽嬖亂亡者"[1]的宗旨。只不過,後世所編纂的相關女性傳記,有明顯將"列女"轉為"烈女"的企圖。明代以來,有關女教、女訓之類的書籍,紛然而出,如有萬曆十八年(1590年)呂坤(1536～1618)自序的《閨範》,分"嘉言""善行"兩部分,在"善行"之下,分別以"女子之道""夫婦之道""婦人之道""母道""姊妹之道""娰娣之道""姑嫂之道""嫡妾之道""婢子之道"九種敘列。此書據呂坤自云,當時"其傳漸廣。既而有嘉興板、蘇州板、南京板、徽州板,縉紳相贈寄,書商輒四鬻,而此書遂為閨門至寶矣,初不意書之見重於世至此也"[2];而稍晚的沈德符(1578～1642),更說"呂新吾司寇初刻《閨範》一書,行京師未久,而皇貴妃重刻之,且為之序,光豔照一時,朝士爭購置案頭"[3],流傳甚廣,而其中所收女子,半數以上亦見於《列女傳》,可見此時《列女傳》的影響還是非常顯著的。呂坤的用意也非常明顯,據《凡例》所說,亦是"仁人孝子,正士忠臣,炳耀古今者多矣。而余錄女流者何? 示陰教也。此皆女仁人孝子,正士忠臣也。欲為仁人孝子,正士忠臣,是人之外無他心,是書之外無道矣",企圖以品鑒男性的標準,施加於女性之上。徐廣的《二俠傳》,去此未遠,無疑亦受到影響,故其甄選的標準,還是從劉向一直到呂坤始終延續未斷的傳統。

---

[1] 班固:《漢書》卷三十六《楚元王傳》,中華書局,1962,第1957頁。
[2] 呂坤:《辯閨範書》,呂坤:《呂新吾先生去偽齋文集》,莊嚴圖書出版公司,1997,第51a—53b頁。
[3] 沈德符:《萬曆野獲編》補遺卷三,中華書局,1997,第873－874頁。

尤其值得注意的是，徐廣對"女俠"的論列，除了明顯可以看出其受劉向《列女傳》及明代如呂坤的《閨範》影響外，在全部一百〇八位"女俠"中，出於黃尚文（字無文，安徽歙縣人）所輯的《女範編》（又名《古今女範》）者，為數極多，且内文的敘述，文句全同。據統計，居然高達四十七人，我們有理由推定，《女範編》應是徐廣《女俠傳》最重要的資料來源。

《女範編》初刊於萬曆三十年（1602年），共四卷，載錄從周到明代共一百二十位女性的傳記，分"聖后"、"母儀"、"孝女"、"賢女"、"辯女"、"文女"（附"武女"）、貞女諸類。此書除傳記外，更附有相當具有安徽刻版風格的版畫，由程伯陽繪製，黃尚文的宗人黃應瑞、黃應泰等刻版。基本上還是延續劉向《列女傳》的系統而編的，較特殊的是"文女"部分，收了柳下惠妻、魯黔婁妻、漢班婕妤、曹大家、徐充容、鄭氏、韋母宋氏等傳習經傳的女子，並附有冼夫人、木蘭兩位"武女"，脫逸了《列女傳》的限制。

儘管明代自太祖以來，對婦女的貞節大加提倡，頗有助於"節烈"思想的推廣，但追本溯源，還是從《列女傳》的"貞順""節義"中匯出的。相較於呂坤的《閨範》，徐廣所列的女子，已有若干微妙的變化，如《李園女弟》一則，全據《史記·春申君列傳》，無論從何種角度來看，此女之"失德"，是非常明顯的，竟為徐廣闌入於"女俠"之中。儘管我們很難逆揣徐廣的收錄原因，但顯見他已有擺脫女教、女訓規範的企圖，這是極其值得重視的。尤其值得關注的是，在"女俠"部分，徐廣列有《卓文君》《章臺柳》《無雙》《非烟》《倩娘》《霍小玉》《羅惜惜》諸篇，在這些篇章中，諸女子所展現出的特色，皆與"情愛"相關，這是過去"列女"傳統中所未曾見到的突破，對後來馮夢龍的《情史》，應具有相當重要的影響。

當然，情感豐富、生死以之的愛情，與"俠客"未必能相互聯繫。不過，我們從《情史》中別列出"情俠"一類看來，其中所收的十四位女性中，無論是"俠女子能自擇配者"或"俠女子能成人之事者"、

"俠女子能全人名節"者,都或多或少與愛情相關,而其中《卓文君》《紅拂妓》《董國度妾》,皆在《二俠傳》中;且"俠丈夫代人成事"中,《許俊》《古押衙》《崑崙奴》,亦相對應于《章臺柳》《紅綃》《無雙》,足見"俠"與"情"的繫聯已逐漸開始密切,這無疑是《二俠傳》開啓的一扇新窗。

此外,《車中女子》《紅線》《聶隱娘》《崔慎思妾》《王立妾》《俠嫗》等篇,其中女子,皆以具有"道術"的特色收入,除《俠嫗》出於《女紅餘志》外,多數由王世貞《劍俠傳》中的女子迻錄,這對後來鄒之麟的《女俠傳》也有重要的影響。

從以上的分析、論述中,我們發現,徐廣的《二俠傳》乃是純粹欲以儒家的思想對俠客重作範限,故只要是一德一行一功符合儒家道德規範的人物,大抵皆可名之曰"俠"。如此寬泛的標準,自然無法充分凸顯俠客的真實面貌及精神。不過,從整個中國俠義觀念的演變上說,卻也顯現了其"轉正"的意義,這是值得關注的。

正因對"俠"的肯定,因此就衍生了將女性與俠聯結的可能,也出現了以"女俠自命"的女性人物,徐廣的《二俠傳》明標"女俠",正為嚆矢,正式地開啓了中國俠義史上的"女俠"新頁,尤其值得大書特書。

儘管徐廣對"女俠"的理解,頗受到從劉向《列女傳》而下,一直到呂坤《閨範》、黃尚文《女範編》所延續的"列女"傳統影響,依舊備受傳統儒家觀念的束縛而較無法展開。不過,由於《二俠傳》中已開始對女性豐富的情感有所體認,故其中亦納入少數以愛情為特徵的女子,而名之為"俠";同時,也雜取了衍自唐人傳奇,而為王世貞所輯錄的《劍俠傳》中具有道術的女子。這兩者,都明顯擺脫了過去女子評鑒的範限,進而對"女俠"的誕生,有其不容忽視的意義。同時,在其敘列的諸"女俠"中,出現了許多類似薛素素的青樓女子,則更是後來欲探索"女俠"之所以成形的一道津梁。

不過,由於徐廣過於寬泛疏闊的標準,雖云已立有"女俠"名目,卻很難窺出其將原本屬於男性專稱的、帶有強烈陽剛氣息的"俠",是通過何種手段,過渡到向來以"三從四德"為美德的女性身上,這就另有待於約在同一時期鄒之麟的《女俠傳》的展示了。

貳 《女俠傳》編

一、鄒之麟與《女俠傳》

《女俠傳》一卷,明鄒之麟編,臺灣"國家圖書館"藏有明末心遠堂刊本及清順治丁亥(四年)兩浙督學李際期刊本。《五朝小說》《五朝小說大觀》《續說郛》等叢書中皆有收錄。此外,刊刻於崇禎年間的《綠窗女史》卷九,亦將其文全部收入。

鄒之麟,字臣虎,號逸麟、昧庵老人,江蘇武進人,萬曆三十四年(1606年)丙午科解元,萬曆三十八年(1610年)庚戌科進士,與韓敬、錢謙益、鐘惺、夏嘉遇等人同榜,出於雷思霈門下,皆一時名流。《武進陽湖縣誌》云"官工部主事,博學負才名,書畫為時所重,文章工小品,年八十餘卒"[1],據此,鄒之麟應活躍在萬曆、天啟、崇禎,甚至入清猶存。

鄒之麟於《明史》無傳,但據《東林始末》《東林列傳》《明史·夏嘉遇傳》等書鉤稽,鄒之麟雖富才名,但品性不佳。萬曆四十年(1612年)分校順天鄉試,徇私賣放關節予童學賢,被絀降上林典簿,後複升工部主事。鄒本浙党中人,此時遂依附亓詩教、韓浚的齊黨,謀求晉階吏部,但因故未成。轉與亓、韓交惡,攻詰甚力,甚至連累了同年的夏嘉遇、鐘惺等人。最終乃至歸附閹黨,與張捷、張振孫、阮大鋮等並獲重用。據《四庫全書總目提要》卷六十二《東

---

[1] 董似谷修,湯成烈等纂《武進陽湖縣誌》卷二十三,臺灣學生書局,1968,第21a頁。

林點將錄》評述,鄒之麟亦有可能參與當時編造此書之事。[1]

鄒之麟的詩文、書畫,在當時皆甚為有名,尤其是繪畫方面,師法黃公望(子久),《江南通志》《欽定四庫全書總目》《御定佩文齋書畫譜》《式古堂書畫匯考》《石渠寶笈》等書,都頗為推崇。

《女俠傳》一書,分為"豪俠""義俠""節俠""任俠""游俠""劍俠"六類,各有《總論》領題,共二十八人,是有史以來第一部專門以"女俠"為標目的書籍,在當時應該廣為人所知。因此,崇禎年間秦淮寓客編次、刊刻的《綠窗女史》十四卷,這部以古代女性這一特殊的文化群體為線索,廣泛輯錄歷代有關女子生活、勞作、婚姻、愛情、才品、著撰等方面內容的叢書,也特辟"節俠"(卷九)一門,將鄒之麟的《女俠傳》全書收錄;刊刻於崇禎五年(1632年)的淩濛初《二刻拍案驚奇》卷四《程元玉店肆代償錢,十一娘雲岡縱譚俠》中,提到"又有專把女子類成一書,做《俠女傳》",即是指此書而言。據明末賀複徵的《文章辨體匯選》卷二九三所收,鄒之麟有《俠女傳序》一文,頗疑此書本名為《俠女傳》。《千頃堂書目》卷十著錄鄒某之《古俠女傳》六卷,即可能為此書,只是以其六類為六卷而已。

鄒之麟編纂此書,亦如徐廣般雜抄前人載記,但明顯精簡扼要許多,且文辭整飭,間出議論,較徐廣多幾番文人風致。如同是"綠珠",徐廣主要從宋人樂史的《綠珠傳》中來,駁雜多方,不免偏離;而鄒之麟則緊扣綠珠事跡,言簡意賅,不致遊離;同敘"木蘭",徐廣除簡要述其居里外,只以《木蘭詞》的"不知木蘭是女郎"收束,而鄒之麟將此詞後的"雄兔腳撲朔,雌兔眼迷離;雙兔傍地走,安能辨我是雄雌"補齊,且增補一段評論及杜牧的詩:

> 君子曰:若木蘭者,亦壯而廉矣。使載之《列女傳》,緹縈、曹娥將遜之,蔡姬當低頭愧汗,不敢比肩。杜牧《題木蘭廟》詩

---

[1] 紀昀等《四庫全書總目》冊二卷六十二,臺灣商務印書館,1986,第371頁。

云:"彎弓征戰作男兒,夢裡曾經學畫眉。幾度思歸還把酒,拂雲堆上祝明妃。"

鄒之麟素有文名,因而此書也較徐廣的《二俠傳》更廣為人所知。但鄒之麟的編纂企圖,事實上是與徐廣相當類似的,《俠女傳序》說:

> 舉世儒也,傳俠,俠,丈夫事也,傳女不幾刺繆乎?曰:儒其心,俠其骨,女其德,丈夫其行,可也。嘗取儒者之成仁取義,不忘久要,求之俠者;又取俠者之取予然諾,修行砥名,求之儒者。儒之論說,不啻詳矣,而俠者固未嘗頌讀也。
>
> 俠者往往合,儒者往往離。嗟乎!是何說也?聞之老氏:上古之世,甘食美衣,民至老死不相往來。此真有道之世也,失道後德,失德後仁義,蹩躠焉、踶跂焉,詩書發冢,大儒臚傳,而世可慨也。設財役貧,朋黨宗強比周,古布衣之俠,靡得而聞,而世可慨也。
>
> 抗、遜、機、雲,沒而扶輿,清淑之氣,不鐘男子而鐘婦人,而世更可慨也。孔明以巾幗遺司馬仲達,退丈夫為女子;予圖傳女俠,進女子為丈夫。嗟乎!世盡丈夫,予之願矣。若曰舉俠而世已鮮儒,舉女而世已鮮丈夫。則予豈敢?則予豈敢?

鄒之麟分別取儒與俠的特點結合為一,且欲"進女子為丈夫",和徐廣之企圖結合儒與俠,且強調"妾婦可為丈夫"是同出一轍的。不過,顯然鄒之麟較徐廣更能掌握到儒與俠的不同所在,"俠者之取予然諾,修行砥名",正是鄒之麟標舉出的俠的特點,這與徐廣泛泛然以儒家的立德立言立功稱俠,是迥然不同的。同樣是標榜女子,顯然鄒之麟對女性的評價,還遠高於男子,"抗、遜、機、雲,沒而扶輿,清淑之氣,不鐘男子而鐘婦人",正契合於明代對女性備加垂青的潮流與風氣。

很明顯,鄒之麟是有意藉"俠氣"表彰女性的,故二十八位女俠,分別部居,而各有統屬,為豪、為義、為節、為游、為任、為劍,而也就在對這些領銜的字詞上,鄒之麟展開了巧妙的"歧義性的替換",首度定義了所謂的"女俠"。

二、重新定義"女俠"

所謂"歧義性的替換",指的是中國文字的字義,往往是多義性的。同一個字,可以有多樣的意涵,儘管這些意涵在本義、引申義與假借義的增衍過程中,仍不難看出其關聯,但運用時卻是有相當大的不同的。鄒之麟就是利用字義的轉換與引申,對他所謂的各種俠,作了定義。關於這點,我們不妨就以《女俠傳》中的六大類,分別探討。

(一) 豪俠

"豪俠"類收有漂母、張耳妻、齊姜、僖負羈妻、瀨女、文君、梁夫人等七人,《豪俠傳總論》云:

> 昔太公釣於渭水,八十年矣,人未有識之者。即以文王之聖之亟於求賢,且以夢以卜。嗟乎,士信于知己,而絀於不知己,相知蓋若斯之難也。傳稱五百年必有王者興,其間必有名世者,天作之合,若或閒之;於此有人焉,睥睨其間,與日月爭光,此豈非所謂賢豪者耶? 鹿門、水鏡,庶幾近之,方諸女子,蓋寥寥已。

"豪俠"之"豪",本是巨大、狂放之意,如豪族、豪放,而勢力龐大或行為縱放者,或是《鶡冠子·博選》的"德千人者謂之豪"[1]、《淮南子·泰族》的"百人者謂之豪"[2],都意味著優秀的人才,所謂"賢豪""豪俊"是也。鄒之麟在這裏舉了姜太公、龐德公、司馬徽為例,太公釣於渭濱,八十歲才逢文王;而龐德公,據習鑿齒的《襄陽記》[3],曾許諸葛亮為"臥龍"、龐統為"鳳雛",司馬徽曾為劉備引薦諸葛臥龍與龐統鳳雛,諸葛亮、龐統之所以能建立事功,實有賴於他們二人的"相知"。每個時代,都一定有"名世者"出現,卻是苦於無人媒合,能像龐公、水鏡的人極少,至於女子,更是少之又少。

因此,"賢豪"在此轉了一個彎,從"豪傑"轉向成為能"慧眼識英豪"、能"天作之合"的人。漂母之在韓信窮微時,"飯信竟漂數十日";張耳的妻子聽從建議,決意嫁給張耳,並極力協助他,"以故致千里客""名由此益賢";齊姜在公子重耳"懷安"之際,大以為不可,故殺蠶妾、醉公子,方讓重耳回到晉國;僖負羈的妻子,在公子重耳流亡曹國時,曹公不以禮待之,判定重耳是非常人,必能回晉,且回晉後,必報復曹國,因此勸其夫私底下先巴結重耳,而後免禍;瀨女在伍子胥逃難時,"知非恒人",故餐之以飯,後因受疑與守貞而投瀨以死;卓文君私奔司馬相如,又故意在成都開酒肆、作傭保,以智慧獲取卓王孫貲財,因而頓成巨富;梁紅玉在韓世忠尚為小卒之時,知其"定非凡人",故與之結親,"資以金帛",後果建功,為中興名將。這七位女子的遭遇,雖有不同,但能慧眼識人,卻是共通的特點。故能慧眼識英雄、助英雄的女子,即為"豪俠"。

---

[1] 陸佃解《鶡冠子》之《博選第一》,四部叢刊影明翻宋本。
[2] 劉文典撰,殷光熹點校《淮南鴻烈集解》,安徽大學出版社,1998,第700頁。
[3] 據皇甫謐的《高士傳》,龐公其實是清高隱逸的名士,歷來詩文中所稱許的鹿門、龐公,皆特別強調這點,但顯然鄒之麟別有所見。

(二)義俠

"義俠"類收有如姬、聶榮、魯保母、魏乳母、龐娥親五人,《義俠傳總論》云：

> 摩詰有言："西風刎首向公子,七十老翁何所求?"嗟乎!有所求者利也,無所求者義也。傳嘗曰"求仁而得仁",札之劍、良之椎、高之髠鉗、布之奏事越頭下,仁則吾不知也,不既信,不倍言,義者有焉,其庶乎! 太史公發憤論次古布衣之俠,而之數者不少槩見,何哉? 魯連之不帝秦,與夷、齊叩馬,事何異? 而一則曰"義人",一則曰"其意指不合大義",豈君子喻義,子長非其人邪? 為之次女俠義者。

"義俠"的"義",鄒之麟顯然還是從儒家的"義"加以解釋,但強調其"無所求"的特點。"無所求",即是"利他",而絲毫不以自家利害關係作考慮。在此,鄒之麟先舉侯嬴為報知遇之恩,替信陵君計畫,通過如姬竊取了虎符,遣朱亥袖鐵椎擊殺晉鄙,奪取兵符以救趙,卻在送行時自刎而死。季札奉使赴周,吳王賜劍,季札道訪徐君,徐君見劍大喜,但季札王命在身,只能應允返程時饋贈。然季札歸返,徐君已死,季札遂遵守信諾,劍掛其墓而去。張良為謀刺秦始皇,遣大力士于博浪沙椎擊,誤中副車。貫高因漢高祖侮辱主上趙王張敖,決定刺殺高祖,卻事洩,連累張敖一起被捕,高祖下令任何人都不能追隨張敖,貫高就自動剃髮鉗脖,甘作奴僕,且寧受酷刑,也自己擔當下來。欒布為彭越下屬,彭越被誣謀反,受醢刑,欒布出使歸返,不顧禁令,于彭越頭顱之下奏事。這幾位俠客,都不惜為自己的宗國、君王、朋友,或信守承諾,或殺身以報,皆符合儒家忠信之道,也展現出俠的精神意氣。末段則對司馬遷認為伯夷、叔齊之叩馬勸諫周武王不要伐紂為"義人",卻又對魯仲連堅決反對"帝秦"為"不符大義"表示異議。君子喻于義,小人喻于利,義利之辨,是"義俠"的核心。

在此,鄒之麟也以此標準,選取了為報答信陵君替她報了殺父之仇的恩情,甘冒生命危險,替信陵君盜出晉鄙兵符的如姬;不忍其弟聶政刺殺韓相俠累,竟默默無聞,而出面認屍遭殺害的聶榮;魯孝公的保母,在伯御作亂時,以自己的兒子替代魯孝公,而救了魯孝公一命;魏國公子的乳母,在秦攻破魏之後,秦懸賞千鎰購求魏公子,乳母不為所動,抱持公子逃竄于草澤間,一起被亂箭射死;趙娥因其父為李壽所殺,蓄意復仇,終於等到機會,刺殺了李壽,甘受國法制裁。

這五位女子,都是基於"義",不惜冒險犯難,甚至殺身以報的例子。其中《魯保母》《魏乳母》,見於《列女傳》的"節義"類,但鄒之麟顯然是將"節"與"義"分別而論的。值得注意的是,《總論》中的男性,其所答報的物件不是君王就是朋友,但這五位女性,如姬之感念于父仇而協助信陵君、聶榮之有意顯揚弟弟聶政名聲、魯保母與魏乳母之基於母子天性的慈愛、龐娥親之志切于父仇,所施予的對象皆不外於家門之中,這顯然是因女子的社會性遠較男子為薄弱的緣故。

(三)節俠

"節俠"類收有虞姬、綠珠、段東美三人,《節俠傳總論》云:

> 聖人諱言節,蓋至於節,天下之事解矣。故寧取管仲之仁,而不與匹夫匹婦之諒,誠重之也。雖然,臣死君,子死父,婦死夫,天性已固然者,況閭巷之所稱,朝廷之所褒,丹青之所風美,備足矣,猶尚寥寥不易見,豈中庸不可能也,白刃固可蹈耶?若夫非君非父非夫,而無褒稱風美之要,片語觸激,嚙臂相期,雖生而有所不用,即以折諸聖賢之節,吾不知其何如。

然而,移彼易此,易易耳。田光先生之報太子丹曰"為行而使人疑之,非節俠也"。嗟乎!彼何心哉!感而序節俠。

"節俠"的"節",就是"節操",表現在君臣、父子、夫婦三個不同層面上而各有差異,其實是儒家相當看重的。但鄒之麟顯然並不以為然,認為一旦到了非展現出"節操"不可的時候,其實就已經意味著整個社會的亂象已經叢生,未可挽救了。因此,他舉出孔子對背棄故主公子糾,反而輔佐齊桓公成霸業的管仲,許以"如其仁"的讚美,並與匹夫匹婦信守的小信小諒區別開來為證,說明如此的盡節,未必真正符合儒家之道。但是,為君為父為夫盡節,畢竟還是屬於天性之自然,歷來史志對此等行為,也是頌贊稱美的為多。在這裡,他刻意強調盡節的對象是"非君非父非夫",而是在"片語觸激,囓臂相期"之下,慨然就義的節行,例如田光為燕太子丹尋得荊軻之後,因太子丹輕佻地請田光不要將消息外洩,他覺得受到了侮辱,因此自殺而死,就是非常罕見而難得的節行。

在此,鄒之麟也以此標準,敘列了項羽兵敗垓下後,先項羽自刎而死的虞姬;石崇得罪孫秀,孫秀發兵包圍金穀園,坐名索求,因而墜樓自殺的綠珠;以及青州歌妓段東美,偶然與薛宜僚相會於青州,歡敘一年,薛宜僚別後染病,頻頻夢見段東美,遂亡故,段東美聽聞,設奠哀嚎而卒。在此,值得注意的是,項羽和虞姬、石崇與綠珠、薛宜僚與段東美,都不在"君父夫"的關係之內,而屬於主婢、寵妾,以及書生與妓女的關係,本無殉節的義務;而更重要的是,乃"片語觸激",項羽之歌"虞兮虞兮奈若何"、石崇之歎"我今為爾獲罪",薛宜僚臨別贈詩"阿母桃花方似錦,王孫草色正如煙"中隱含的怨怪之意,都是使這三位女子決意殉情的關鍵。

很顯然,鄒之麟所定義的"節俠",與後來為人所重視的"為夫"盡節的貞烈女子有很大的差異。

（四）任俠

"任俠"類收有昭君、木蘭、莒婦、緹縈四人，《任俠傳總論》云：

> 余觀漢高之脫季布，與條侯得劇孟語，任俠行權，幾奪天子矣。專趨人之急，甚己之私，既已死生存亡，不可謂不賢者；而韓子短之，且與儒者同類而共譏，豈匹夫而託南面、犯禁亂法，自此始耶？汲長孺、鄭當時，古名臣也，皆用俠聞，豈不矜能，不伐德，廉潔退讓，有足稱與？嗟乎！讓天下者，方能任天下，鄙人嚮利，可與圖事乎哉！

"任俠"是《史記》《漢書》直到後代史書、傳記中對俠客行為相當普遍的形容，據《二十四史俠客資料彙編》統計，在史書中言及"俠"的四百七十五次中，"任俠"最多，有一百二十九次，約占27%。[1] 歷來對"任"的解說不一，《說文解字》以"保"為釋，而"保"是"養"的意思，段玉裁注云"引申之，凡儋何曰任"[2]，意謂能擔負重任，急人之急者。不過，"任"還有兩層涵義，一是朋友相交之道，曰"信任"；二是狂放無檢束，曰"放任"。司馬貞的《史記索隱》注解《史記》中季布"為氣任俠"時，引孟康的"信交道曰任"，如淳的"相與信為任，同是非曰俠"，又謂"所謂權行州裡，力折公侯是也"，正說明兩種不同的意涵。

這篇《總論》，引述了《史記》非常多的原文，如"任俠行權"、"專趨人之急，甚己之私""既已死生存亡""不矜能，不伐德""廉潔退讓"等皆是。這些都是司馬遷用以描繪"俠客"的文字，可見他是接受了司馬遷的觀點。在此，鄒之麟先以季布曾對漢高祖產生重大

---

[1] 龔鵬程、林保淳編《二十四史俠客資料彙編》，臺灣學生書局，1995，第291頁。
[2] 段玉裁：《說文解字注》卷八篇上，中華書局，2016，第379頁。

威脅,及周勃論劉濞起事,居然沒有招攬足以"敵國"的劇孟,便知其無所作為這兩個典故,強調俠客巨大的社會影響力,而對此頗有凜懼之意;不過,他又舉汲黯、鄭當時兩位被司馬遷以"俠"稱之的名臣,認為俠客如能像他們一樣"廉潔退讓",則也是值得稱賞的。最終,提出了他"讓天下者,方能任天下"的"任俠"定義。

"讓"是不與人爭,"任"是承擔重任。鄒之麟舉了"乃請掖庭令,求行單于",抱琵琶出塞的王昭君;代父從軍,"壯而廉"的花木蘭;為了報莒子殺夫之仇,在齊兵攻打紀鄣時,以紡繩投諸城下,引齊兵入城,而使莒子出奔的莒婦人;為了營救身陷肉刑的父親,上書漢文帝廢除肉刑的緹縈為例。其中昭君之不與宮妃爭寵、木蘭之"廉退",皆是"讓"。此四人,皆能以女子之身,承擔君、父的重任,正符合《總論》強調的"讓而能任"典型。

在這裡,鄒之麟也是利用了"任"的多義性,將"任氣使性"的"任",別解成為"責任"的"任",而據此定義了"任俠"。

(五)游俠

"游俠"類收有陶母、澤嫗、絡秀、獨孤氏四名女子。《游俠傳總論》云:

> 太史公之傳游俠詳矣,退四公子之徒,而進朱家、劇孟,有以也。虞卿不重相印,而從魏齊;鄭莊行千里,不需糧。游道頗廣,翩翩儒而俠矣,游俠闕如,何也?稍以意為之論次。

"游俠"之"游",《說文解字》以"旌旗之流"[1]為解,但後世對此一"流"字,有兩種不同的解說,一是指旌旗周邊附帶懸垂的裝飾物,即"旒",依制有十二游到五游不等;一是以旌旗之游,隨風飄

---

[1] 段玉裁:《說文解字注》卷七篇上,中華書局,2016,第314頁。

揚,變動不居。前者可以引申出眾多的附益者之意,即交游之多;後者則引申出游動、游離,居無定所之意。

《總論》中以司馬遷不推崇如戰國四公子的"卿相之俠",而特重朱家、劇孟等"布衣之俠"為引首,雖說司馬遷別有所見,"有以也";但是,鄒之麟顯然是不太贊成的,因此又舉了身居卿相之位,卻看重交游,寧可捨棄趙國相印,跟隨魏齊出奔的虞卿,以及交游廣闊,出行千里,都不必自備糧食的鄭當時為例,認為雖為名臣,也同樣可以廣其交游,"翩翩儒而俠矣",其企圖溝合儒與俠的用意非常明顯。但是,以女子而論,事實上是不可能位居高官的,交游更不可能廣闊,因此,自古皆缺乏相關的記載。不得已,只能撮取其意,勉強論次。

在内文中,鄒之麟敘列了陶侃的母親,主要著重於陶母辛勤績紡,所得皆供給陶侃"交結勝己",更在范逵來訪時,剪髮剉席,以供接待的事迹。《澤嫗》一篇,則敘述澤嫗因見劉道真為非常人,故盡力款待之。其後其子在劉道真屬下當小令史,劉道真就極力拔擢他。絡秀本是富人之女,因見周浚之貴盛,殺羊椎豬,以供其及從人飲食,且願意嫁給周浚為妾。其後生子,表明態度,一定要其子照顧娘家之人。獨孤氏因其夫李昌夔好裝飾門面,獵狐時出女樂二千人,為其助威。這幾位女子以協助子、夫、父有成而著名,等於是替其家人廣交游。於是,原本"游俠"中游離、游動的意涵消失,而成為交游,且是佐其家人之交游。這幾位女子,頗類於"豪俠"中的女子,都具有慧眼識人之明,但廣其交游,藉結聲氣,則稍見不同。

(六)劍俠

"劍俠"類收有紅線、聶隱娘、賈人妻、三鬟女子、車中女子五位女子,但只列其目,未附其文,而云"俱見《劍俠傳》",顯然是依據王世貞的《劍俠傳》而來,但《三鬟女子》一篇,《劍俠傳》作《潘將軍》,

蓋因此為女俠傳記,不能闌入男子,故略加修改。《劍俠傳》現存最早的本子是刊刻於明代隆慶三年(1569年)的履謙子刻本,據考證,乃隆慶、嘉靖、萬曆間大名士王世貞所編[1],流傳甚廣,因此《女俠傳》此類就只書篇題,而不附文字。《劍俠傳總論》云:

> 魯勾踐之稱荊軻曰"惜哉!其不講於劍之術也"。夫白日殺人都市,人不之覺,傳以刀圭,立化呼吸;千里度城郭,門堂屋壁無礙,是邁何術與?天下無道則見,有道而隱,大抵伺諸鬼神之殽亂,以竊借其靈,近於怪矣;紅線、聶隱,根託再來,法傳幽穴,漂忽窅眇,始僊而鬼,神其術者邪?然能行之侯王將相,不能加無道之始皇。賊殺魑魅不軌,未聞毒諸端人正士,蓋取道小而行直方者也。世有負心小醜,不足辱朝廷之斧鉞,而天下甘心焉,倘非以輕劍擊之,惡能勝其任而愉快乎!

"劍俠"的"劍",據王世貞《劍俠傳小引》[2]所說,實為"寶劍"及"劍術",他認為"習劍者"可以如專諸、聶政之所為,刺殺一些"城社遺伏之奸"。據楊倫詳考,王世貞因其父王忬為嚴嵩所害死,既"不能公開為父親鳴冤,又不能對當權的嚴氏父子採取任何報復行動,惟有借助文字來'攄愉其鬱',抒發胸中憤懣之氣,於是採集劍俠快意恩仇的故事,編成《劍俠傳》一書"[3],應是可信的。不過,王世貞對幽眇荒怪的道術,是不以為然的,"若乃好事者流,務神其說,謂此術不試,可立致沖舉,此非餘所敢信也"。不過,鄒之麟顯然持論與他不同。

---

[1] 相關考據,楊倫《劍俠傳校證》(中州古籍出版社,2012)有相當精詳的考證,可以參看。
[2] 王世貞:《劍俠傳小引》,《弇州山人四部稿》,《文津閣四庫全書》第428冊,卷71,商務印書館,2005,第29頁。
[3] 同上書,"前言",第7頁。

儘管鄒之麟和王世貞都引用了魯勾踐對荊軻"不講於劍之術也"的典故,但王世貞所重者在擊劍之術,而鄒之麟則強調源自於道教的"劍術"。《總論》中所提到的"白日殺人都市"的神奇,"傅以刀圭"(化屍粉)的詭怪,見於《聶隱娘》;"千里度城郭"的神行術,則來自《紅線》,幾乎都是具有濃厚道教意味的"道術",故其云"始僊而鬼,神其術者邪",用於刺殺"魑魅不軌",豈非更是輕而易舉?王世貞的《劍俠傳》共收三十三人,其中的女性劍俠有越女、車中女子、聶隱娘、荊十三娘、紅線、三鬟女子、賈人妻、張訓妻、董國度妾、解洵婦等十人,但鄒之麟僅選其中《紅線》《聶隱娘》《賈人妻》《三鬟女子》《車中女子》五篇,恰巧都是其中道術高強,行事詭奇,近於仙鬼之間,具有不可思議能力的女子。以《聶隱娘》為例,其中就包括了飛劍術、劍丸、白日殺人術、變化術、隱身術、變身術、前知術等,當然就不是擊刺的劍技可以相提並論的了。以此可見,鄒之麟的"劍俠",實際上就如同臺灣學者林保淳在《唐代的劍俠與道教》[1]中所論述過的,就是具有道術的女子。

三、"節俠"的創新與局限

《女俠傳》是中國第一本以女性俠客為主題所纂輯的專書,儘管鄒之麟還是企圖從儒與俠結合的角度論俠,似未能逸離徐廣《二俠傳》的範疇,不過也與徐廣相同,代表了明代中葉的文人學者,在受到李德裕《豪俠論》的啓發下,對於俠客的期待,相較於王世貞《劍俠傳》之只關注於擊刺的"劍術",無疑是往前更邁進了一步。而鄒之麟能分辨出儒與俠氣性與行為上的差異,自然也較徐廣之全然不加甄別的以符合儒家的一德一行一功者當俠,更能提綱挈領,對於後來俠客形象的重新塑造具有一定的意義。

當然,其中最引人矚目的是徐廣、鄒之麟特別標明"女俠",將

---

[1] 收入林保淳:《縱橫今古說武俠》,五南圖書出版公司,2017,第158—180頁。

原來專屬於男性氣性形容的"俠"字,轉用於女子身上,更是中國古代備受儒家道德觀念束縛的女性的一種解放。但相較於徐廣泛然無別的直接延續劉向《列女傳》的標準論列"女俠",鄒之麟以"豪""義""節""任""游""劍"為標準,在他"歧義性的替換"策略下,在某種程度下突破了舊有的框架。其中,尤以"節俠"是最具代表意義的。

"節"在傳統儒家的觀點中,就女子而言,就是攸關於自身清白節操的堅持,這是從劉向《列女傳·節義》開始,就已經逐漸形成的傳統。鄒之麟雖亦援用了類似的觀點,卻將"節"的表現,從女性之為君為父為夫的框架中掙脫開來,特別強調其"守節"的物件,是超脫於過去女子謹守於家門、宗族的"外人",虞姬為項羽侍妾、綠珠為石崇寵姬,依儒家觀念,事實上並無"守節"的必要。而段東美身為娼妓,與薛宜僚不過萍水相逢,更無須為之盡節。更重要的是,鄒之麟在此特別強調"片語觸激",沒有項羽的"虞兮虞兮奈若何"、石崇的"我今為爾獲罪"、薛宜僚的"阿母桃花方似錦,王孫草色正如煙",恐怕這三人也未必會以身相殉。"片語觸激"是俠客意氣的展現,田光之所以自刎,正因太子丹對他的懷疑,"烈士徇名",自然不能忍受。這正是鄒之麟的命意所在,這三人之被歸列於"節俠",就迥異於儒家強調的女子"節烈"或"節義"了。

鄒之麟的觀點是很值得重視的,但始終還是無法扭轉整個從《列女傳》而下的傳統,我們如果與明代桃源醉花主人《別有香》對"烈"和"節"的區別中,是很可以發現其異趣的:

> 然怎麼的叫做烈婦?如丈夫一時被賊殺了,強逼他從,他便決烈起來,或墮崖,或刎頸,或赴水,寧可一死,不受賊污。

> 又怎的叫做節婦?如丈夫得病身故,想其平日恩愛,生願同衾,死願同穴。雖公姑勸他另適,他一心無二,或毀容,或封髮,或絕迹;生一日,守一日,活一年,守一年,直至死而後已,

這叫做節婦。[1]

  《別有香》是明末的色情小說,居然也如此看重"節""烈",且嚴格限定于"丈夫"的對象,足以代表當時主流的"節"的觀念,而鄒之麟讓女子可以超脫於家門、宗族的範限而被視為"節俠",不能不說是一種突破。此所以在明代文人的集子中,貞女、烈婦的相關載記簡直多到不勝枚舉的地步,《綠窗女史》中,索性就將皇甫謐《烈女傳》、李夢陽《六烈傳》、汪道昆《七烈傳》等中的節烈女性編入"節俠"類。《石點頭》中描繪的申屠希光,在手刃仇人方六一之後,痛哭"董郎董郎,虧你陰靈扶助,報你深讎,保我節操"[2],而絕命書亦道"彼以委禽相誘,女以完璧自堅"[3],念念難忘,且引以為豪的,無非就是"貞節"而已。當然,這不免反映了當時社會上普遍存在的父權意識,鄒之麟雖欲有所突破,還是無法扭轉大局。

  不過,鄒之麟如此的嘗試,還是很有意義的,一旦時移世易,觀念丕變後,也未嘗不能在後代產生極大的影響。不過,這卻是數百年之後的事了。在鄒之麟的論述中,段東美的"娼妓"身份,是很值得關注的。

四、步出閨門的女俠

  自唐人傳奇盛傳進士與娼妓的戀情以來,中國人對女性的品論,起了重要的轉折點。女子敏銳而豐富的情感世界,開始為時人所重視,故李娃、鶯鶯、霍小玉等名篇流傳不歇。到了明代,在陽明心學的推波助瀾下,"情",尤其是男女之情,更獲得了前所未有的

---

[1] 桃源醉花主人:《別有香》第四回《潑禿子肥戰淫孀》,《思無邪匯寶》(捌),臺灣大英百科股份有限公司,1994,第30頁。
[2] 天然癡叟:《石點頭》,中國戲劇出版社,2000,第306頁。
[3] 同上書,第307頁。

重視,湯顯祖的《牡丹亭》之風行海內,正是其風向標。

杜麗娘與柳夢梅的戀情,雖具有"情不知所起,一往而深。生者可以死,死可以生。生而不可與死,死而不可複生者,皆非情之至也"[1]的"至情",足以讓人動容,但基本上還是在杜家的花園中(梅花庵)展開的。自宋代以來,仕宦之家,閨門嚴謹,男女情愛的開展,是相當不容易的。柳夢梅所寓止的梅花庵,在杜寶移官後,實際上已跳脫了杜寶閨門的範疇,故方有機會開展。而尋常閨閣女子,恐怕絕無此等機會,這也就是為何明清小說中許多男女邂逅、偷情私會的場合,多半會安排在佛教庵寺或民俗節慶的緣故。

"俠"是以外在社會為舞臺的,世界上絕沒有隱遁於山林或幽居於蓬門的俠客,因為俠客所關聯的人際關係,都是建立在外在社會之上的。女子而被稱為俠,自然就必須走出閨門,與外在社會產生互動的關聯。事實上,即便是為君為父為夫而"節烈"的女子,往往也是根源於外在社會的劇變而影響到其行止的。鄒之麟謂"蓋至於節,天下之事解矣",正指此而言。

但是,卻有一種女性是可以超越閨門範限,而與外在社會的人與事互動關聯的,那就是娼妓。

從空間的角度而言,妓院是閨閫中的女子交結外在社會人事的最重要的場域。儘管妓院可分成三六九等,妓女的出身、來歷也各有不同,但受人傳誦的妓女,卻無一不是貌美而經過嚴格閨門禮儀培訓的女子。從居處、行止到才藝,無不在仿效閨閣佳人,甚至比閨閣佳人更具有魅惑力,以至成為尋芳客趨之若鶩的對象。

娼妓因職業的關係,不得不交結許多社會人士,趙錢孫李、生張熟魏,三教九流的人都有;而通常越是高檔、越是有名的娼妓,越是難以一親芳澤,錢財愈富、才華愈盛、地位愈高的人,方才愈有機

---

[1] 湯顯祖:《牡丹亭題詞》,徐朔方箋校《湯顯祖詩文集》卷三十三,上海古籍出版社,1982,第1093頁。

會，像《賣油郎獨佔花魁》中秦重的例子，恐怕是想象臆造的成分更大些[1]。也因此，在喧騰一時的傳說中，名妓相與的物件非富即貴，尤其是書生、才士，最傳為美談，"秦淮八艷"的事迹，幾乎都是膾炙人口的。

除了書生、才士外，其實娼妓所結交的格外值得重視的就是俠客。俠客行游江湖，意氣縱橫，從不以青樓冶游為忤，即便是《水滸傳》中的宋江，也和閻惜姣有段瓜葛。歌妓、俠客之間既有交往，亦難免受俠客熏染，多有俠風。在錢謙益的《列朝詩集小傳》中，亦載孫瑤華與江左大俠汪景純交往之事，景純"憂時慷慨，期毀家以紓國難"，而"靈光（瑤華字）多所欽助"[2]，顯然就是受到汪景純感染的。在《列朝詩集·閏集》中，詩妓而以俠名的亦不少，如金陵妓趙燕如"性豪宕任俠，數致千金數散之"[3]，沈勾章許其"不但平康美人，使具鬚眉，當不在劇孟、朱家下也"[4]；馬湘蘭"性喜輕俠"，王穉登譽其"輕錢刀若土壤，居然翠袖之朱家；重然諾如丘山，不忝紅妝之季布"[5]；郝文珠有"俠士風"[6]；薛素素"善彈走馬，以女俠自命"[7]等皆是。

娼妓而可以"名俠"，在徐廣的《二俠傳》中，已著錄李娃、霍小玉、張盼盼、琴操、楊娟、義娟、馬瓊瓊等七位，在鄒之麟的《女俠傳》中，"豪俠"的梁紅玉、"節俠"的段東美也都是娼妓。其後，在馮夢龍《情史·情俠類》的十四人中，竟有紅拂、梁紅玉、瑞卿、馮蝶翠、束御史妓、吳進士妓、婁江妓、邵金寶、嚴蕊、薛希濤等十位都是娼

---

[1] 清代的李漁在《無聲戲·人宿妓窮鬼訴嫖冤》中，就著實對類似的"花魁夢"作了深刻而直接的批判。
[2] 錢謙益：《列朝詩集小傳·閏集》，上海古籍出版社，1983，第759頁。
[3] 同上書，第763頁。
[4] 同上書，第764頁。
[5] 同上書，第765頁。
[6] 同上書，第769頁。
[7] 同上書，第770頁。

妓,其比率之高,是絕不容忽視的。

在這些娼妓身上,展現出的是"情"與"義"的特色,但值得注意的是,這些充分表現出女性情感特質的施用物件,或者是其"仗義"的物件,都超脫了家門、宗族的範限,乃屬於"外人"。儘管如梁紅玉,其後順利委嫁於韓世忠,且有擊鼓助陣破金兵的赫赫事迹,但當初梁紅玉所仗義欷助的,並不是後來功高業偉的韓蘄王,而是小卒韓世忠。這與《列女傳》系統的以父、夫、子為核心的女子"節義",是迥然有異的。

走出閨門的女俠,一方面受其所交結的俠客類型人物濡染,學得其仗義的精神,一方面也以其豐富而細膩的情感,讓俠客體認到其生命世界中原有而過去從未被正視的情感內涵。其中,"秦淮八豔"中年代稍前,且在《二俠傳》《女俠傳》成書之前的名妓馬湘蘭(1548~1604),是一個相當重要的觀察對象。

馬湘蘭是活躍於嘉靖、隆慶、萬曆之間的金陵名妓,工詩文、善畫蘭,豔名甚著,"凡游閑子逻拖少年走馬章臺街者,以不識馬姬為辱"[1]。她與當時名士王穉登(1535~1613)的戀情,頗受時人矚目。王穉登少年成名,廣愛交游,夙有俠士之風。當時有個貪墨的官吏,藉故以小事勒索馬湘蘭,王穉登盡力相助,脫其於危難之中,使馬湘蘭備感"王家郎有心人哉",因此終其生對王穉登情深意厚,念念難忘。既已受人欷助,馬湘蘭也同樣願意盡力幫助他人,"雖纏頭錦堆床滿案,而金鳳釵、玉條脫、石榴裙、紫襦襠常在子錢家,以贈施多,無所積也"[2],也因此博得"俠名"。可惜的是,走馬章臺已久的王穉登,晚年潛心向佛,始終未能接納馬湘蘭,遂使其抱

---

[1] 王穉登:《馬姬傳》,收錄于潘之恒:《亙史鈔》外紀卷四,《四庫全書存目叢書·子部》,第193冊,第530頁。
[2] 同上。在《馬姬傳》中也記載了"烏江一少年游太學,慕姬甚,一見不自持,留姬家不去。俄聞門外索逋者聲如哮虎,立為償三百緡,呵使去。姬本俠也,見少年亦俠,甚德之"一事,可見娼妓女、俠士間的相互影響。

憾而終。但從王穉登後來所寫的《馬姬傳》看來，情深辭切，其心中未嘗沒有掀起情感波瀾。

此外，南宋的天臺名妓嚴蕊、明代嘉靖年間的臨淄妓女王翠翹，亦可以窺見其一斑。

嚴蕊是天臺名妓，《二刻拍案驚奇》卷十二《硬勘案大儒爭閒氣，甘受刑俠女著芳名》記載了她夾雜在南宋大儒朱熹與唐仲友的鬥爭中，寧肯受百般酷刑的肆虐，卻不願枉顧正義、以莫須有的罪名誣攀唐仲友，的確"堪比古來義俠之倫"[1]，因此作者讚揚不已：

> 貫高當時白趙王，身無完膚猶自強。今日蛾眉亦能爾，千載同聞俠骨香！[2]

仗義執言，不受權勢所威脅，原乃俠客本分，而嚴蕊雖為女子，於此卻不遑多讓，故亦被稱為"俠"。

王翠翹的事迹，頗見於明、清文人的傳述[3]，敘述臨淄妓女王翠翹設計協助官軍平服徐海之亂的故事。在故事中，王翠翹所展現出來的又是另一種特質——智慧。

儘管《列女傳》已開始注重女子的智慧，劉向之特列《仁智》一門，正是代表。但歷朝歷代，未必會特別予以強調，所謂"女子無才便是德"之說，始終為相當根深蒂固的觀念[4]，但到明代中晚期開

---

[1] 凌蒙初：《二刻拍案驚奇》卷十二，李田意校閱，正中書局，1960，第 192 頁。
[2] 同上書，第 194 頁。
[3] 徐學謨的《王翹兒傳》、馮夢龍的《智囊補》、余懷的《王翠翹傳》等，均有記載，相關的小說主要有《型世言》第七回《胡總制巧用華棣卿，王翠翹死報徐明山》《幻影》第七回作《生報華萼恩，死謝徐海義》)、周清源《西湖二集》卷三十四之《胡少保平倭戰功》及清代青心才人之《金雲翹傳》，有關的研究，請參見陳益源：《王翠翹故事研究》，里仁書局，2001。
[4] 相關討論，可參見劉詠聰《"女子無才便是德"說的文化涵義》，收入《女性與歷史——中國傳統觀念新探》，臺灣商務印書館，1995。

始,情況就有了相當大的變化,馮夢龍在《智囊補》一書中,特別辟了一門《閨智》,在《總敘》中謂:

> 馮子曰:語有之"男子有德便是才,女子無才便是德"。其然,豈其然乎?……成周聖善,首推邑姜,孔子稱其才與九臣埒,不聞以才貶德也。夫才者,智而已矣。不智則懵,無才而可以為德,則天下之懵婦人,毋乃皆德類也乎?[1]

顯然馮夢龍是完全反對"女子無才便是德"的觀念的,且刻意將"才"導向於"智"。《閨智》下分《賢哲》《雄略》兩部,如此的劃分,是有意為之的,所謂"賢哲者,以別於愚也;雄略者,以別於雌也"[2],"雄略"之刻意將原屬於男性的智略轉嫁於女性身上的企圖至為明顯。而這些具"雄略"的女子,部分亦被稱為"俠",《齊襄王后》《莒城婦》《冼氏》《申徒希光》《謝小娥》《紅拂女》《沈襄妾》《木蘭》等,都列在徐廣的《二俠傳》中;而《莒婦》《木蘭》,則在鄒之麟《女俠傳》的"任俠"類。這些具有"雄略"的女子,也在當時的小說中得到淋漓盡致的描寫,如謝小娥之見於《初刻拍案驚奇》[3]、沈小霞妾之見於《古今小說》[4]、申屠希光之見於《石點頭》[5]、王翠

---

[1] 馮夢龍:《智囊補》,《四庫全書存目叢書·子部》,第135冊,卷25,莊嚴圖書出版公司,1997,第1a頁。
[2] 同上書,第1b頁。
[3] 《初刻拍案驚奇》中雖未明指謝小娥為"俠",但其引詩"俠概惟推古劍仙,除凶雪恨只香煙,誰知估客生奇女,只手能翻兩姓冤",以小娥與"劍仙"相提並論,其意可見。
[4] 《古今小說》卷四十《沈小霞相會出師表》亦未明言沈小霞妾為"俠",但馮夢龍亦將之列於《情史·情俠》中。
[5] 《石點頭》第十二回《侯官縣烈女殲仇》有"飽學書生垂命日,紅顏俠女斷頭時"之詩,且盛道其受封為"俠烈夫人"之事。

翹之見於《型世言》[1]，幾乎占了"俠女"的大半，可見女子智略的開展，實際上是自"俠女"伊始的。

《雄略》中也收錄了王翠翹事迹，但僅約略言之而已。但在小說中，尤其是《型世言》對王翠翹折衝於朝廷與海寇之間的智慧，如先分析利害關係，勸徐海詐降；再說服徐海攻擊另一海寇陳東，削弱海寇實力；最後則暗通明軍，導致徐海勢絀受擒。誠如小說中所說，王翠翹實為"天壤一奇女子"，而"奇莫奇於柔豺虎于衽席，蘇東南半壁之生靈，豎九重安攘之大烈，息郡國之轉輸，免羽檄之征擾"[2]，可謂是稱讚到無以復加的地步了。

王翠翹的行事，顯然與謝小娥、聞淑女、申屠希光不同，謝小娥是為報父夫之仇，聞淑女以智計周全其夫沈小霞，申屠希光是為丈夫報仇，而王翠翹卻在建立事功後，覺得愧對徐海，故而投海自盡，其為朝廷建功的"義"，卻明顯未受重視，反而在"死報徐明山""生報華萼恩，死謝徐海義"[3]上，被著力渲染，《型世言》中描繪王翠翹投海自盡的一段文字，甚是精彩：

> 翠翹起，更麗服，登輿，呼一樽自隨，抵舟，漏已下。彭宣慰見其朱裳翠袖，珠絡金纓，修眉淡拂，江上遠山；鳳眼斜流，波心澄碧。玉顏與皎月相映，真天上人！神狂欲死，遽起迎之，欲進合巹之觴。翠翹曰："待我奠明山，次與君飲。"因取所隨酒灑于江，悲歌曰："星隕前營折羽旄，歌些江山一投醪。英魂豈逐狂瀾逝？應作長風萬裡濤。"又："紅樹蒼山江上秋，孤

---

[1] 見陸人龍編著，崔恩烈、田禾校點《型世言》第七回《胡總制巧用華棣卿，王翠翹死報徐明山》稱王翠翹為"義俠女子"。
[2] 陸人龍編著《型世言》第七回《胡總制巧用華棣卿，王翠翹死報徐明山》，崔恩烈、田禾校點，第68頁。
[3] 陸人龍編著《型世言》，《型世言》一本作《幻影》，崔恩烈、田禾校點，第七回回目作《生報華萼恩，死謝徐海義》。

蓬片月不勝愁。鍛翎未許同遐舉,且向長江此目遊。"歌竟,大呼曰:"明山,明山!我負爾!我負爾!失爾得此,何以生為!"因奮身投于江。[1]

如此淋漓盡致的描繪,大有荊軻"風蕭蕭兮易水寒"的悲慨,但作者的用心,實際上是意圖導向"其一死殉人,忠義彪炳一世"[2],"卒能以死酬恩,宜其光於史冊"[3]的道德訓誡,這點從文中屢舉西施為對照,認為西施有負於夫差深恩,"范蠡沉他在五湖,沉他極是,是為越去這禍種,為吳殺這薄情婦人"[4]的觀點中,可以明白看出。臺灣學者林保淳認為王翠翹的絕命詩,"充滿了'殉節'的色彩,完全模糊了應有的'俠義'面貌"[5],可謂一語中的。

這點是非常值得關注的,據陳益源考證,徐學謨的《王翹兒傳》,應是最早記述王翠翹事迹的文章,其後為各家輾轉刪削傳抄,並改編為小說、戲曲。[6] 在《王翹兒傳》中,徐學謨以外史氏之名,發表了評論:

  余過海上,海上之縉紳先生多能道翹兒死事,蓋得之華老人口云。昔李陵陷虜,欲乘匈奴之間,為漢內應,迄無成立,潰其家聲。悲夫!翹兒以一賤倡,能審於順逆,身陷不測,竟滅賊以報國,誠偉烈矣。太史公曰:"禍之生,由愛姬殖。"則海之

---

[1] 陸人龍編著《型世言》第七回《胡總制巧用華棣卿,王翠翹死報徐明山》,崔恩烈、田禾校點,第68頁。
[2] 見《型世言》第七回篇首翠娛閣主人的《題詞》。
[3] 見《型世言》第七回篇末陸雨侯的評語。
[4] 陸人龍編著《型世言》第七回《胡總制巧用華棣卿,王翠翹死報徐明山》,崔恩烈、田禾校點,第60頁。
[5] 林保淳:《中國古典小說中的"女俠"形象》,收入林保淳《縱橫今古說武俠》,五南圖書出版公司,2017,第207頁。
[6] 陳益源:《王翠翹故事研究》,里仁書局,2001。

謂也。而翹之卒以死殉海,其或可附於墜樓之義也乎?[1]

徐學謨將王翠翹等同於綠珠,應是後來小說中皆承續的觀點,卻完全忽略了王翠翹之投海,其實是非常濃厚的"義不再辱",頗類于田光的"節俠"精神。從整個故事看來,王翠翹建有殊功,誠如胡宗憲的祭文所說,"顧予之功,維爾之功"[2],沒有王翠翹,海寇根本無法清剿。但具有如此殊功的女子,只不過是因出身於娼妓,居然就被胡宗憲當成玩褻的物件,有功不賞,進而狎侮,弄得"席上哄亂"[3],更將其"賞賜"給彭宣慰,豈非等如李甲之將杜十娘賣與孫富?是可忍,孰不可忍!女俠之骨鯁,同現於王翠翹與杜十娘之投海投江中,寧讓於鬚眉?胡宗憲後來的悔悟,"爾之死,實予死之"[4],羊已亡矣,補牢何益?卻也喻示了娼妓悲慘的宿命,後來文人士大夫真正關注的"節烈"女子,還是以為父為夫守貞,乃至盡節而死的良家婦人居多。

五、女俠的後續開展

娼妓與良家婦女當然是有極大差異的,在明清文人筆下,儘管對某些具有情義的娼妓,不吝多所揄揚,無論如何,多數還是將其視為點綴男性生活的裝飾品而已,娼妓因其在"貞節"上無法持守,總是未能取得與良家婦女同等的地位。因此,儘管《二俠傳》與《女

---

[1] 徐學謨:《王翹兒傳》,見於梅鼎祚纂輯《青泥蓮花記》,中州古籍出版社,1988,第66-67頁。
[2] 見陸人龍編著《型世言》第七回《胡總制巧用華棣卿,王翠翹死報徐明山》,崔恩烈、田禾校點,第68頁。
[3] 見陸人龍編著《型世言》第七回《胡總制巧用華棣卿,王翠翹死報徐明山》,崔恩烈、田禾校點,第67頁。
[4] 見陸人龍編著《型世言》第七回《胡總制巧用華棣卿,王翠翹死報徐明山》,崔恩烈、田禾校點,第68頁。

俠傳》中有不少娼妓被視為俠，但真正能獲得時人認可的，還是一些能謹守"貞節"的女子，而從良的娼妓，最多也只能取得妾的地位。在這裡，"貞節"的重要性是不言而喻的。

在此，我們不妨以成書于清初的《俠義風月傳》來作說明。書中的女子水冰心，無疑是書中特欲標榜的女俠[1]，其所行事，也符合當時對女子智慧的重視。水冰心夾雜在叔父水運、紈袴子弟過公子的威逼利誘中，先是利用水運"一字不識"的弱點，變造庚帖，以"移花接木"之計，豁免了自身的危機，面面俱到，穩占情理，不但使水、過二人無所施其詭計，連縣尊也不得不深感佩服；繼而又能"預知禍福"，警覺到"鼓樂聲裡含有一團殺氣"[2]，當機立斷，回轎而去，破解水、過的陰謀；其後再巧施"偷龍轉鳳"之法，使過公子徒然搶到一轎石塊而已；更於巡按欲強行婚配時，假自殺，真抗辯，又暗中上告，三管齊下，乃使巡按詞窮理屈，不得不改易判決。誠如鐵中玉所感受到的：

> 況聞她三番妙智，幾乎將過公子氣死，便是陳平六出奇計，也不過如此；就是倉猝遇難，又能嚇倒縣尹，既至縣庭，又能侃侃談論。若無才辨識膽，安能如此！[3]

水冰心以一介弱質女子，儘管於形貌上仍不脫才子佳人小說的故套，卻絕不言其詩詞歌賦上的閨閣文才，反而展現出她"及至

---

[1] 例證極多，如名教中人《俠義風月傳》第六回的"瓜田李下，明俠女之志"、第七回的"烈男俠女"、第九回的"義骨俠腸"、第十八回之"義夫俠婦"等皆是，不煩贅舉。名教中人：《俠義風月傳》，廣西人民出版社，1980。
[2] 名教中人編次《好逑傳》第四回《過公子癡心捉月》，廖祖燦點校，安徽文藝出版社，2005，第32頁。
[3] 名教中人編次《好逑傳》第九回《虛捏鬼哄佳人止引佳人噴飯》，廖祖燦點校，安徽文藝出版社，2005，第76頁。

臨事作為,卻又有才有膽,賽過鬚眉男子"[1]的智慧,這正與馮夢龍在《智囊補》中將女子才德轉向於"雄略"的趨勢相同。水冰心縱橫捭闔、談笑用兵的睥睨神采,正是其"雄略"之處,不但作者反復強調,甚至更藉反面人物推崇、誇譽其智計。《俠義風月傳》事實已為女性的智慧表現,奠築了堅穩而踏實的基礎。

但是,我們仍能從其中關鍵的情節中,發現水冰心對傳統禮教,尤其是"貞節"的堅持。《俠義風月傳》既以"風月"為名,自然少不了兒女情長的描繪,水冰心與鐵中玉儘管彼此愛慕極深,卻始終不肯稍加透露,嚴持男女大防,甚至到了奉父命完婚,依舊顧慮到前此一段涉及"孤男寡女,共處一室"嫌疑之惹人非議,還要請天子聖旨下令檢驗,知為完璧後,二人方肯同房,這等於是由天子為其"貞節"作了背書,這無疑符合了自明初以來對婦女"貞節"的強調,具有相當濃厚的禮教色彩。

當然,我們也絕對不能忽視了女性原有的豐富情感特質,一旦在女俠不得已步出閨門,而與形形色色的人,尤其是具有英雄氣質的男性交結時,所可能造成的影響。

俠客無論是男是女,在他生命的層次中,原都是具有男女情愫的。在唐人小說中,女性情感投射的對象,主要是書生文士,諸多男性俠客,無論是虬髯客、黃衫客、昆侖奴、許俊等,都從來未能透露出絲毫情感的表現。《水滸傳》一書中的俠客,儘管如宋江曾經與閻惜姣有過瓜葛,但當他得知她與張文遠有姦情的時候,其反應是完全超脫一般人的觀念的,"又不是我父母匹配的妻室,他若無心戀我,我沒來由惹氣做甚麼?我只不上門便了"[2],絲毫沒有任何情感上的留戀。《水滸傳》一書,有家室者不少,好色如王英者亦

---

[1] 名教中人編次《好逑傳》第三回《水小姐俏膽移花》,廖祖燦點校,安徽文藝出版社,2005,第19頁。
[2] 施耐庵、羅貫中:《水滸傳》第二十回《梁山泊義士尊晁蓋,鄆城縣月夜走劉唐》,人民文學出版社,1997,第262頁。

可見到,但全書無一展現出其對情感的任何關注,書中美貌而可能足以讓人興起情絲的女子,如閻惜姣、潘金蓮、潘巧雲等[1],都被視為妨害英雄事業的淫婦。在俠客的生命世界中,仿佛是無須有任何的情牽愛纏的。事實上,果真俠客就是鐵石心腸嗎?話本小說中的《趙太祖千里送京娘》是個有趣的例子。

趙匡胤從歹徒的手中救下了京娘,並千里跋涉,護送其返回家門。京娘願意委身相嫁,京娘的父親也同意,卻被趙匡胤嚴辭拒絕了,他大罵趙太公:"老匹夫!俺為義氣而來,反把此言來污辱我。俺若貪女色時,路上也就成親了,何必千里相送!你這般不識好歹的,枉費俺一片熱心。"[2]對京娘亦不假任何辭色,"趙某是頂天立地的男子,一生正直,並無邪佞。你把我看做施恩望報的小輩、假公濟私的好人,是何道理?你若邪心不息,俺即今撒開雙手,不管閒事,怪不得我有始無終了"[3]。事實上,不願"惹天下豪傑們笑話"[4],恐怕才是最重要的原因。

英雄也是常人做的,當然不可能不因情而感,此所以事隔二十年,趙匡胤黃袍加身,登上帝位,仍然會遣使者前去奉迎。我們很難逆揣趙匡胤當時的真正心理,卻可看到京娘是以如何多情婉轉的方式向趙匡胤傳達這份情意的:

> 京娘悶悶不悅。心生一計,于路只推腹痛難忍,幾遍要解。要公子扶他上馬,又扶他下馬。一上一下,將身偎貼公

---

[1] 梁山成員中的扈三娘亦復如此。
[2] 馮夢龍編著《警世通言》第二十一卷《趙太祖千里送京娘》,余雨校點,齊魯書社,1995,第317—318頁。
[3] 馮夢龍編著《警世通言》第二十一卷《趙太祖千里送京娘》,余雨校點,齊魯書社,1995,第316頁。
[4] 馮夢龍編著《警世通言》第二十一卷《趙太祖千里送京娘》,余雨校點,齊魯書社,1995,第316頁。

子,挽頸勾肩,萬般倚旋。夜宿又嫌寒道熱,央公子減被添裳,軟香溫玉,豈無動情之處。[1]

英雄不是無情,無奈是不能多情。多情女子與俠客的交結,首先就在於激觸俠客原本應有的感情波瀾,也讓俠客開始意識到他們自己的生命世界中,除了"義"之外,"情"的重要性。

一如趙匡胤在千里送京娘中的表現,俠客儘管未必"戒色",但為了博得仗義的名聲,無論如何都是需要克制的,所以趙匡胤堅持不能與京娘有所瓜葛。事實上,在俠客的江湖世界中,英雄好漢是絕不應該沉迷於美色之中的。《水滸傳》中的矮腳虎王英,只能算是個異數,且也只能忝居地煞星中(排名第五十八),是不無道理的。《水滸傳》中也的確從未正面描摹過梁山英雄的感情世界。

不過,自從萬曆中晚葉以來,情感的因素逐漸受到重視,無論戲曲、小說,或是雜纂類的叢書,都對男女之情格外關注,其中較重情欲的部分,則流衍成色情小說,但大體上還是以強調情感之專一與互動者為主,明末清初的"才子佳人"小說之風行一時,可以概見。

"才子佳人"小說雖承續唐代傳奇之風,以書生型人物為主角,但娼妓基本上已漸漸潛消,取而代之的則是官家閨閣的千金,這是很容易理解的,畢竟"才子佳人"對佳人"才情德貌"的"德",依舊是從"貞節"而來的,娼妓顯然不可能勝任。此時,也開始出現了男俠與佳人的互動。

《俠義風月傳》中的男主角是有"鐵美人"美稱,"美而又俠"的人物,曾在報國寺仗義援助了備受沙武及過其祖欺凌的水冰心,兩人發展出一段算是相當錯綜複雜的情感。尤其是鐵中玉還必須面

---

[1] 馮夢龍編著《警世通言》第二十一卷《趙太祖千里送京娘》,余雨校點,齊魯書社,1995,第316頁。

臨其義兄侯孝與水冰心訂有婚約的難題,對俠客之徘徊於"情與義"間的衝突,有更引人入勝的描寫。水冰心躊躇再三,也終於纔認清自己情之所歸,奉旨完婚。

俠女内心的感情世界,顯然不會遜色於一般女子,如《綠牡丹》一書,全書的脈絡,以駱宏勳和花碧蓮的婚姻為主線,駱宏勳的英雄氣格,自是男俠寫照;而花碧蓮以"山東陸地有名響馬"[1]之女的身份,武藝超群,已屬女俠,然而其藉賣解而涉入江湖,則是為了尋求一段"立志不嫁庸俗,必要個英雄豪傑(不)〔方〕遂其願"[2]的姻緣。此處的"江湖",顯然已不完全是英雄叱咤風雲的場所,亦是有情人兒女情長的天地。因此,花碧蓮除了在"生(城)〔成〕傾國傾城貌,長就乘(沉)魚落雁顏"[3]上具有"佳人"的優點外,就連其心中委婉的心事,也為之和盤托出,故作者屢屢言及駱宏勳拒婚之後,花碧蓮相思成病的情景,尤其是第二十回《四望亭上女捉猴》,花碧蓮自亭上失足墜落,適巧駱宏勳趕上抱住,一刹時人聲嘈亂之中:

> 此時花碧蓮已醒了八九分,耳中聽得爹娘俱說"多感駱大爺相救,已(竟)〔經〕抱了這半日",又說他"身遍流汗",還只當爹娘寬他之心,那(里)〔裏〕就有這宗相巧之事——"我今墜下,偏偏駱公子在此救我?"覺乎著自己身子不像在地上,似乎在人身上般,遂暗暗將眼睛將(睜)開——真是駱公子抱在懷中! 故意將眼合上,只做不醒神(睛)〔情〕,將身子向駱大爺身上又貼了兩貼。[4]

---

[1] 佚名:《綠牡丹》第三回《駱宏勳命餘千硬奪把戲》,清道光刊本。
[2] 同上書。
[3] 佚名:《綠牡丹》第二回《王公子桃花塢游春》,清道光刊本。
[4] 佚名:《綠牡丹》第二十回《四望亭上女捉猴》,清道光刊本。

这段细腻委婉的描写,将花碧莲的小儿女情态缕缕述尽,为全书充斥的武打兇殺場面,添注了旖旎的風光。此外,即便是鮮少談情說愛的"俠義公案小說",如《三俠五義》中丁月華與展昭的一場對手戲,雖說毫無旖旎風光,但比武訂情,雙方自是情投意合。當然,《兒女英雄傳》中扮演十三妹對手戲的安公子安驥,是絕對稱不上是俠客的,但是,作者卻藉此推衍出一段議論:

> 這"兒女英雄"四個字,如今世上人,大半把他看成兩種人,兩樁事,誤把些使用氣力、好勇鬥狠的認作英雄,又把些調脂弄粉、斷袖餘桃的,認作兒女。所以一開口便道是某某英雄志短,兒女情長;某某兒女情薄,英雄氣壯。殊不知有了英雄至性,才成就得兒女心腸;有了兒女真情,才作得出英雄事業![1]

《兒女英雄傳》全書相當迂腐固陋,但強調"兒女真情",無疑為後來武俠小說的"俠骨柔情"兩大主脈,鋪墊了堅實的基礎。

事實上,女俠的出現,不僅僅是讓男俠體悟到情感的必要性,連帶著也讓俠客的造型,有了本質上的轉變,在《水滸傳》中以魁梧威武、六塊肌式的俠客,顯然難以與女俠激蕩出愛戀的火花的。閻惜姣之所以嫌棄黑矮瘦的"黑宋江",而與張文遠情深意蜜,無可否認,張文遠"生得眉清目秀,齒白唇紅"[2],是較易獲得女性歡心的。從《水滸傳》跳脫開來自成一格的《金瓶梅》,本只是配角的西門慶,以"潘驢鄧小閑",躍居成為男主角,"潘安的貌"擺放在第一

---

[1] 文康:《兒女英雄傳》緣起首回《開宗明義閑評兒女英雄,引古證今演說人情天理》,澤潤點校,鳳凰出版傳媒集團,2008,第3—4頁。
[2] 施耐庵、羅貫中:《水滸傳》第二十一回《虔婆醉打唐牛兒,宋江怒殺閻惜婆》,人民文學出版社,1997,第262頁。

位,其趨勢可想而知。[1] 林怡君在《明末清初小說中的"美少年"研究》中指出,《金瓶梅》中的西門慶,可以說是明清小說中"美少年"的先驅,其書後所附錄的《附表》中[2],詳列了自《金瓶梅》而下許多小說中男主角的外貌,幾近以英俊瀟灑、唇紅齒白的書生型男性為主角,以愛情為主脈的小說姑不必論,即便是俠客,造型也多半難以自外於此。其中,《弁而釵·情俠紀》中的張機,"雅度從容,毫無鹵莽氣象",是個允文允武的英雄俠客,連敵對陣營中的王飛豹,一見其面,都願"得婿如此足矣",其後陣中連擒女英、女傑二女,成就了"雙娶"的姻緣,正是其題卷所謂"可見兒女之情,雖英雄亦不能免"。

英雄多情,自然使英雄的形象塑造產生各種變化,在才子佳人小說強調"郎兼女色"[3]的影響下,男性俠客(主要是主角)逐漸沾染上"嫵媚"的色彩,鐵中玉的"鐵美人"綽號,自不必說;純粹粗獷豪邁、棱角分明的陽剛性人物,退居第二線;若干面目猥瑣、其貌不揚的角色,更淪為甘草型的配角。在《綠牡丹》(嘉慶間)中,駱宏勳還保持著"白麵廣額,虎背熊腰,丈二身(才)[材],堂堂威風,見之令人愛慕"[4]的造型、《施公案》(嘉慶間)中的黃天霸也"身輕體健,甚是雄壯"[5],而《龍圖耳錄》(道光前)中的展昭則已是"好人

---

[1] 蘭陵笑笑生:《金瓶梅》第三回《定挨光王婆受賄,設圈套浪子私挑》,明崇禎刻本。
[2] 林怡君:《明末清初小說中的"美少年"研究》,博士學位論文,臺灣師範大學國文學系,2014,第26頁。
[3] 素政堂主人:《玉嬌梨序》,見於夷荻散人編次,冉休丹點校《玉嬌梨》,中華書局,2000,第5頁。
[4] 佚名:《綠牡丹》第二回《王公子桃花塢游春》,清道光刊本。
[5] 佚名編撰《施公案》第二十九回《戚覇子告妻,黑犬閙公堂》,北京燕山出版社,2007,第44頁。

品,好像(相)貌"[1]"一派英氣,舉止儒雅"[2],白玉堂亦"武中帶秀"[3],到《雲鐘雁三鬧太平莊》(道光末)中的鐘山玉,則變成"生得面如冠玉,唇若塗朱,一(儀)表非凡"[4]。

大體上,草莽氣息愈重的俠客,愈見其粗獷豪邁,保留較多的陽剛性格,而且較少有感情方面的波折;而愈近廟堂,與官僚體系愈接近的英雄,面貌也愈溫文儒雅,於情感上亦愈波瀾起伏。很顯然,這是為了與女俠配親的緣故。同時,俠客的技業,也愈見"文武雙全"的趨勢,除了武藝超群外,上自安邦定國的治國韜略,下至吟風弄月的詩詞歌賦,不妨其兼備。《野叟曝言》(乾隆間)中的文素臣,不但容貌是"面冠玉而溫潤,栗然備首春之元氣;目涵珠而精瑩,徹若發照夜之奇光"[5],而且:

> 錚錚鐵漢,落落奇才,吟遍江山,胸羅星斗。說他不求宦達,卻見理如漆雕;說他不會風流,卻多情如宋玉。揮毫作賦,則頡頏相如;抵掌談兵,則伯仲諸葛。力能扛鼎,退然如不勝衣;勇可屠龍,凜然若將隕穀。旁通歷數,下視一行;間涉岐黃,肩隨仲景。以朋友為性命,奉名教若神明。真是極有血性的真儒,不識炎涼的名士。[6]

---

[1] 石玉崑述:《龍圖耳錄》第三十一回《展熊飛比劍定良緣,鑽天鼠奪魚甘陪罪》,上海古籍出版社,1981,第332頁。
[2] 石玉崑述:《龍圖耳錄》第三十一回《展熊飛比劍定良緣,鑽天鼠奪魚甘陪罪》,上海古籍出版社,1981,第332頁。
[3] 石玉崑述:《龍圖耳錄》第五十八回《白玉堂龍樓封護衛,徹地鼠飯店救孩童》,上海古籍出版社,1981,第628頁。
[4] 無名氏撰:《雲鐘雁三鬧太平莊》第二回《雲太師無兒繼子,鐘禦史愛子聯姻》,黃山書社,1991,第8頁。
[5] 夏敬渠:《野叟曝言》第五回《燈花發火茶毗兩個淫僧,虎足從風結識一條好漢》,龔彤點校,人民中國出版社,1993,第56頁。
[6] 夏敬渠:《野叟曝言》第一回《三首詩寫書門大意,十觥酒賀聖教功臣》,龔彤點校,人民中國出版社,1993,第5頁。

真不如卷名所示,文素臣乃作者精心設計出來的"奮武揆文天下無雙正士"[1]!俠客至此,真是"盡美矣,又盡善也"!這對後來武俠小說的影響是十分顯著的。

結語

綜上所述,明代中葉以來,延續著唐人小說中對女性情感的關注,而在以劉向《列女傳》為主導的傳統觀念範限下,女性的殊異性開始獲得了前所未有的重視,有關女性詩文、生活、用物、規範、傳記的著作,無論是總集、合集、別集都顯著增多,充分彰顯出一個時代的特色。

儘管傳統觀念的制約依然非常強勢,但在此一風潮下,也獲得了某些點與側面的突破。而其中尤以原本屬於男性專稱的"俠",開始轉用於女性身上,出現了一群"女俠",更是過去所未曾出現過的現象。而徐廣的《二俠傳》初標"女俠",鄒之麟的《女俠傳》,更直接以"女俠"命名,可以說是其中最具代表性及扭轉意義的著作,對後來的相關俠義或武俠作品,有極其深遠的影響。

徐廣與鄒之麟都是企圖以儒家思想的角度,重新為"俠客"別開生面,但他們對俠客的理解與認知,還是相當模糊、籠統的。徐廣泛然無別的將一應有言有德有功的人視為"俠客",而對女性之符合《列女傳》規範,尤其是"賢明""仁智""節義"者多所稱揚,且視之為"女俠",破天荒之功雖大,但局限也相當明顯。鄒之麟較諸徐廣是更為嚴謹與精確的,他以"歧義性的轉換"方式,重新定義了本屬男性專稱的"豪""義""節""任""游""劍"字義,使得女俠的面目更為清晰明朗。儘管仍不免有削足適履的現象,卻確定了"女俠"不可搖撼的地位。

---

[1] 夏敬渠:《野叟曝言》之《凡例》,龔彤點校,人民中國出版社,1993,"凡例"第1頁。

徐、鄒二人，不妨視作"女俠"蓽路藍縷的功臣。

徐、鄒二人除開無法避免地受到傳統觀念制約的部分而言，他們共通的特點在於：(1)將具有"道術"(劍術)的女子視為女俠；(2)特別著重於表彰具有"智慧"的女俠；(3)強調女俠豐富而真誠的情感。而貫串於這三項特點的一個明顯現象，則是他們有意將女性從單一的家門、宗族的桎梏中解放出來，一切道術、智慧、情感的施與物件都落實於外在社會的範疇中，而這是與俠客之以外在社會、人際脈絡為舞臺，是足以合拍共振的。深鎖於閨門的女子，自此可以昂首闊步地邁開走向社會的腳步，而無懼無畏於傳統對女性的評議。

顯然，首先舉步邁向社會的女子，娼妓是其間的重要關鍵。女俠的出現，正是由於娼妓可以相對自由地與外在社會人際的脈絡發生關聯，一方面自身感染到俠情俠氣，另一方面也對外在社會，尤其是屬於俠客的人物產生了質的變化。

此一質的變化，表現在女俠可以施用道術、智慧或情感的投射，直接涉入社會群體，乃至於國家、朝廷。這不但使女性得以突破傳統禮教的樊籬，在社會上尋得安身立命的所在，展示出其未必讓於鬚眉的智慧與能力。更重要的是，也連帶地影響到了男性俠客。

此一影響，是女俠以女性特有的豐富而細膩感情，觸化了男俠內心原亦具有，卻始終自我壓抑住的情感，使得俠客也體認到自己內心的情感需求，而這未必會與俠行義舉有若何嚴重的衝突。男俠情感的火苗，一旦開始燃燒，自然使得男俠從外貌到行止，都有了相應的改變。粗魯不文、莽撞豪強的魁偉俠客，在愛情的浸潤潛化下，又受到了當時流行的"才子佳人"小說的影響，開始逐漸文士、書生化，除了溫文瀟灑、面貌英俊外，復又飽讀詩書、經綸滿腹，與美貌多情、堅貞自守的女俠，相得而益彰，對後來武俠小說的"俠骨柔情"主脈的建立，可謂是奠定了厚實的基礎。

當然,我們也不能忽視在如此的發展趨勢中,傳統禮教的約限,還是如影隨形的。女俠的情感儘管豐富而敏銳,但施與物件,只能在男俠一人,且對"貞節"的重視,亦未嘗會遜色於一般節烈的女子。因此,不符"貞節"原則的娼妓型俠客,逐漸在完成其開創之功後,淡出俠客的世界,即便到了後來的港、台新派武俠小說中,還是難以有力的突破。

相較於男性俠客之可以"專情而多情",情感施與物件不妨多多而益善,無可諱言的是,根深蒂固的父權意識,在其間起了不可言喻的作用,直到武俠小說蓬勃發展之時,依然無法真正突破。

透視整個女俠發展的歷程,徐廣的《二俠傳》與鄒之麟的《女俠傳》,開創與墨守兼而有之,卻無疑是其間最關鍵的著作。

【附表】

《二俠傳》與《女俠傳》中的女俠列表

(一)《二俠傳》

時代	人物	事略	特點
周	姜后	諫周宣王莫好色。	德
魯	敬姜	以勞逸之道責子。	賢母
	黔婁妻	安貧而樂道。	賢妻
	母師	明婦人三從四德之道。	賢德
	柳下惠妻	為柳下惠作誄詞,適得其分。	賢
宋	伯姬	謹守婦人之禮,身死不惜。	賢
楚	越姬	勸楚昭王莫淫於樂,昭王病,願以身代之,自刎而死。	賢
	貞姜	大水至,昭王命使迎之,忘符信,不肯從,遂守義而死。	貞
	樊姬	與楚莊論賢臣之義。	德智

續表

時代	人物	事略	特點
楚	北郭婦	勸北郭先生安貧,莫應莊王聘。	賢
	李園女弟	先與春申君善,後勸春申君送其於楚考烈王,生子,為太子。	??
	伯嬴	闔閭破楚,淫遍楚平王嬪妃,伯嬴正色以責之,遂得免。	貞
	息夫人	楚破息,納息夫人,息夫人勸息君同死。	節義
晉	弓工妻	弓人製弓,試不穿一劄,欲殺之,其妻進言非弓之罪,王不善射也。	賢
	伯宗妻	預知伯宗將及難,勸其交結賢人,以護其子州犁。後得畢羊,於伯宗遭難後,保全州犁。	賢智
齊	田稷母	田稷收下屬之賄,母責之。	賢
	無鹽	貌醜,自薦於宣王,以四殆規之,卒立為后。	賢
	義母	二子殺人,皆欲相代。王召其母問之,欲捨其親子,遂得兩全。	義
	御妻	晏子車夫之妻,勸其夫莫自尊自傲。	賢
	宿瘤女	貌醜而守禮,勸閔王以仁為飾。	賢
	傷槐女	景公愛槐樹,有傷之者,欲罪之。其女見晏子,請為言,晏子說公,免之。	孝賢
	虞姬	勸威王逐不賢之臣周破胡、阿大夫,國遂強。	賢
	襄王后	襄王未立前,隱名莒太史家,與其女通。後即位,欲立太史女為后,不見之。有子建,襄王死後即位,有解玉連環之事。	賢德
	王孫賈母	齊閔王出走,莫知其處。王孫賈母責之,遂盡力,結市人殺淖齒。	賢
	陶答子妻	其夫治陶三年,家富國貧,預知有禍,求去,後果然。	賢智
趙	女娟	津人之女,津人因醉失期,趙簡子欲殺之,女娟為父請命。後親操楫櫂,王不許,勸之而從,後娶之,立為夫人。	孝賢
	代夫人	趙襄子殺代王,其姊為代夫人,願俱死,自殺。	貞烈

续表

時代	人物	事略	特點
趙	趙娥	鬧市中為父報仇。	孝烈
吳	溧陽女子	伍員奔吳,有溧陽女子供飯食之。後疑其不貞,乃投河而死。	貞
秦	杞良妻	孟姜女哭倒長城。	節義
	羅敷女	陌上行,羅敷自言有夫。	貞
西漢	王陵母	王陵投漢,項羽擄其母,欲招降陵,母自殺。	義烈
	陳嬰母	陳嬰起兵反秦,母勸其莫自主,乃以兵歸項梁,後得全。	智
	緹縈	上書救父,除肉刑。	孝
	卓文君	私奔相如,計賺其父卓王孫財。	情智
	雋不疑母	教令其子行寬厚之政。	德
	嚴延年母	勸延年行寬政,不從,後果受災。	智
東漢	明德馬后	馬援之女,雖貴為皇后,然不引外戚干政。	賢
	王昭君	昭君出塞。	功
	班婕妤	班況之女,守禮知進退。	德
	虞潭母	自幼訓虞潭以忠義。	賢
	曹大家	班彪女,謹守婦道。	賢
	李夫人	受寵入宮,病不願見武帝。	智
	王霸妻	勸夫不必慕榮貴。	賢
	禮宗	貌美,夫死,董卓欲聘之,不從,罵賊而死。	貞烈
	伏皇后	獻帝皇后,侍帝甚謹。	賢
	樂羊子妻	斷機杼勸夫力學;盜欲犯之,自刎而死。	
西晉	梁緯妻	劉曜陷涇陽,梁緯死,曜欲妻之,不從而死。	貞
	陶侃母	責陶侃以官物遺母,又剪髮剉席以款范逵。	賢
東晉	韋母宋氏	盡心教子,傳《周官》之學。	賢
後魏	魏溥妻	夫死,割耳誓不再嫁,終生不聽絲竹、不出門。	貞
	朝雲	善吹箎,諸羌叛,裝成老嫗,吹箎而感之。	能、功
	魏芒慈母	有前妻子五人,不敬愛之,子犯法,猶盡力救之。	賢
	曹文叔妻	夫死,割鼻矢志不嫁。	貞
南北朝	魯秋胡妻	秋胡戲妻事。	德

续表

時代	人物	事略	特點
南北朝	樂昌公主	破鏡重圓事。	情
	冼夫人	建立事功。	功
	紅拂	虯髯客事。	智
唐	綠珠	綠珠墜樓事（文甚雜長）。	貞節
	文德后	唐太宗后，謹守婦德，作《女則》一書。	德
	徐充容	唐太宗充容，勸諫太宗息兵罷役。	德
	盧氏	狄仁傑堂姨，諷刺狄仁傑事武則天。	智
	車中女子	道術女子。	劍俠
	李娃	鄭生與李娃事。	義
	章臺柳	許俊為韓翃從沙吒利處救回章臺柳事。	情
	紅線	盜金盒事。	道術
	紅綃	崑崙奴盜一品妓事。	情
	潘炎妻	智能勸夫。	智
	竇氏	為李希烈所劫，佯事之，又結其將帥之妻，希烈死，離間將帥，終殺希烈子。後事發，亦死。	智烈
	楊氏	縣令之妻，勸夫守城盡職，終獲保全。	智勇
	無雙	古押衙為王仙客救無雙事。	情
	上清	為主家竇參於德宗前辯冤。	忠義
	聶隱娘	道術女子。	劍俠
	崔慎思妾	與王立妾類同。（王立妾在後）	劍俠
	玉簫	今生情盡，來生情續。	情
	謝小娥	為父夫報仇。	節烈
	非烟	趙象與步非烟偷情事。	情
	倩娘	倩女離魂事。	情貞
	鄭義宗妻	夜有賊入寇，姑避不及，奮身以救，卒以兩全。	孝
	余洪妻	有美色，陷賊中，為官軍所救，獻於主帥，罵帥而得歸。	貞
	霍小玉	與李益事。	情貞
	王立妾	為報仇，與王立為夫妻二年，生一子，仇得報後，殺其子而離開。	劍俠

續表

時代	人物	事略	特點
唐	木蘭女	代父從軍。	孝
五代	慈母柴氏	正妻長子犯法當誅,引其親生子頂罪,俱獲減免。	慈
五代	王章妻	王章貧困,與妻牛衣對泣,妻正色責之。	賢
五代	毛氏	符登妻,姚萇攻秦,執之,不屈而死。	義烈
五代	封景文	殷保晦妻,黃巢入長安,擄之,逼從。不從,罵賊而死。	忠烈
五代	章郇公夫人	章太傅夫人,曾義釋二將,二將奔南唐,攻建州,感夫人之德,遺白旗一幟,欲於屠城時免其禍。練氏不受,願止屠其城,遂保一城之命。	義
宋	宣仁高后	先見之明。	智慧
宋	張盼盼	唐張建封妾,建封死,獨居燕子樓。	貞
宋	琴操	名妓,因感東坡之言,削髮為尼。	穎悟
宋	楊娟	名妓,某帥為之脫籍,家有悍婦,藏於外室。帥病危,思得一見,乃詐為婢以見之,事洩。帥止之,並餽珍奇,衛以北歸。中途,聞帥歿,盡返珍寶,以身殉之。	義
宋	義娼	慕少游文詞,見而愛之,矢志不失身,少游死,跋涉千里問喪,一慟而絕。	貞義
宋	劉氏	捐錢百萬緡,以解下戶之輸。	俠義
宋	董國度妾	善經營,有智計,交往多豪俊。	俠義
宋	銀瓶烈女	岳飛女,飛死,負銀瓶投井死。	孝
宋	申屠氏	方六一垂涎美色,設計害其夫,詭為許嫁,盡滅方家人,自縊而死。	貞烈
宋	韓非(希)孟	為元兵所擄,投河自盡。	貞烈
宋	忠臣婦	趙昂發之妻,元兵破城,一同赴死。	忠
宋	羅惜惜	與張幼謙私通,終成就好姻緣。	情真
宋	馬瓊瓊	為妓,而傾財力助朱朝端,卒能妻妾好合。	俠義
宋	謝疊山妻	疊山兵敗,李氏逃躲山中,賊指名索求,不出將屠墟,李氏出俘,後自盡獄中。	俠義
元	李仲義妻	代夫受烹。	烈

續表

時代	人物	事略	特點
元	湯燴妻	為賊所迫,懼受汙而自刎。	貞烈
	臨海民妻	賊人殺夫逼娶,佯應之,投崖而死。	貞烈
	吳氏女	因愛鄭生之才,矢志不別嫁,終抑鬱以死。	貞
時代不詳	京師女	代其夫死。	烈
	俠媼	施術藏修容母女於神像中,且殺盜魁。	道術

(二)《女俠傳》

類別	女俠名	事迹
豪俠	漂母	飯食韓信。
	張耳妻	請嫁張耳,為其致千里客。
	齊姜	知重耳非常人,與子犯合謀,殺蠶婦,護重耳出奔。
	儶負羈妻	知重耳非常人,勸其夫著意籠絡。
	瀨女	知伍子胥非常人,飯食之,後自投河死。
	文君	私奔司馬相如,並設計獲其父資助,助司馬相如成名。
	梁夫人	慧眼識小卒韓世忠,助其建立事功。
義俠	如姬	為酬信陵君代報父仇之恩,盜取兵符予信陵君。
	聶榮	不忍其弟聶政默默以死,出面認屍,因而遭戮。
	魯保母	以其子代公子稱(孝公)死。
	魏乳母	極力護衛魏公子,拒絕重賞誘惑,不惜與之同死。
	龐娥親	為其父當街殺仇。
節俠	虞姬	感於項羽"奈若何"之歌,自刎而死。
	綠珠	感於石崇"禍自爾生"之語,墜樓自殺。
	段東美	感於薛宜僚之情,自殺以殉。
任俠	昭君	代君王塞外和蕃。
	木蘭	代父從軍。
	莒婦	為報莒子殺夫之仇,夜半綴繩,助齊師入紀。
	緹縈	上書文帝廢除肉刑以救父。
游俠	陶母	助其子陶侃廣交游。
	澤媼	為其子出路,籠絡劉道真。

续表

類別	女俠名	事迹
游俠	絡秀	為娘家未來出路,自願嫁與周俊。
	獨孤氏	助其夫張樂三千人,以廣聲氣。
劍俠	紅線	施神術助薛嵩盜取田承嗣金盒。
	聶隱娘	施道術保全劉昌裔。
	賈人妻	為報仇,委嫁賈人,報完仇後,殺子而離去。
	三鬟女子	施術偷盜玉唸珠。
	車中女子	有道術,盜寶物,不忍吳郡士人冤屈,脫之於獄。

《二俠傳》凡例

一、周元相距歷二千五百二十五年,其間以"俠"名者,猗歟盛哉!第行實無聞,未經傳述。不臆為採綴,以滋魚目之溷。

二、本傳俱照名筆,稍勤刪芟,俾觀者不惟揖其人品,且賞其文章。

三、韓子云:"儒以文犯法,俠文(案:當作'以')武犯禁。"是儒、俠判晨星,文、武相水石,豈其然歟,非所論矣。夫俠者,挈綱常,激烈時用之;儒者守名義,和平處維之。維不用,胡以徵意氣?用不維,胡以試精神?是一迂腐、一強暴爾,豈俠耶?俠者,抱有盡之身,成儒者無窮之業,文需廊廟,武濟邊陲。大儒不可無俠心,真儒不可無俠骨,俠豈片言隻語所能衡哉?景行者味孔子思剛、孟氏養氣,斯得之矣。

四、俠之義為傑,傑出於人,而旦暮植千秋之行,故不論窮達顯晦,有一時卓犖,一事也明,輒錄之不置。

五、古有男俠,而未聞以俠鳴女。茲搜其捐生就義、殺身成仁者,續於簡後,殊見妾媵可為丈夫,丈夫可愧於妾媵乎?

六、男俠七十人,女俠一百〇八人,非偏有所多寡,男核其詳,女收其略,略故多,詳故寡也。

七、傳中有一人而及二三人,如荊軻之于田光,紅拂之於樂昌公主,時同事異,或合彙,或分載,各因其舊,不敢強析,以辱大觀。

八、駱賓王有可考,而見於武瞾之傳;隱君子不可考,而得於東坡之記。慕彼餘馣,憚夫肇述,故互存以彰豹彩,聊旁拾以備龍龥。

九、不任俠而能俠者,前金印,後鐵椎;不知俠而自俠者,前寶珥,後玉釵。凡我同志,幸輸震旦之眼,毋徒井埳之思。

十、始於周,而周之上不及,去古未遠,俠難以德收;終於元,而元之下不及,於今為烈,俠難以人盡。

十一、輯諸書叅訂,鞭心役目,殆經載餘,毫無魯魚亥豕之病。

十二、著書體聖賢之心,披書覿聖賢之面,幸毋以辭害意,豈曰雖麗非經。

《二俠傳》目錄

目次依內文順序及題名排定,偶有與原目錄不同者,以小字附記。為眉目清楚起見,男、女俠各標順次,以利檢索。

男俠傳

卷一
  周
　　(1) 甾丘訢
　　(2) 佽非
　　(3) 蘇秦
  魯國
　　(4) 曹沫
  楚國
　　(5) 申鳴
　　(6) 優孟
　　(7) 成文子

卷二
  楚國
　　(8) 伍子胥
  晉國
　　(9) 豫讓
  衛國

(10) 弘演
(11) 荊軻
齊國
(12) 鮑叔牙
(13) 晏平仲
(14) 淳于髡
(15) 司馬喜

卷三
齊國
(16) 孟嘗君
(17) 聶政
(18) 田單
(19) 魯仲連

卷四
趙國
(20) 程嬰
(21) 青笄
(22) 平原君
(23) 藺相如
吳國
(24) 季札
(25) 專諸
(26) 要離

卷五
魏國
(27) 信陵君
(28) 范雎

卷六
燕國
(29) 蔡澤

秦國
 （30）呂不韋
 （31）優旃
 （32）陳勝

卷七
 後楚
  （33）項羽

卷八
 西漢
  （34）張良
  （35）韓信

卷九
 西漢
  （36）田橫
  （37）酈食其
  （38）朱家
  （39）季布
  （40）欒布
  （41）郭解
  （42）袁盎

卷十
 西漢
  （43）灌夫
  （44）司馬相如[1]
  （45）汲黯
  （46）鄭莊[2]
  （47）李龜壽

---

[1] 原目錄與"鄭莊"易位。
[2] 原目錄與司馬相如易位。

東漢
　　（48）楊賢

卷十一
　後漢
　　（49）郭亮
　　（50）裴寬
　　（51）臧洪
　西晉
　　（52）石崇
　　（53）辛嫁〔稼〕軒
　唐
　　（54）駱賓王

卷十二
　唐
　　（55）杜牧
　　（56）周簡老
　　（57）門下生
　　（58）岐王
　　（59）王琚
　　（60）韓滉
　　（61）于頔
　　（62）韋皋
　　（63）黃子野
　五代
　　（64）義卒
　宋
　　（65）隱君子
　　（66）吳仲廣
　　（67）張二
　　（68）法松

(69）柳仲塗

元

（70）鄭思肖

女俠傳

卷十三

周

（71）周宣姜后[1]

魯國

（72）魯姬敬姜[2]

（73）魯黔婁妻[3]

（74）魯母師[4]

（75）柳下惠妻

宋國

（76）宋恭伯姬[5]

楚國

（77）楚昭越姬[6]

（78）楚昭貞姜[7]

（79）楚莊樊姬[8]

（80）北郭嬺

（81）李園女弟

---

[1] 原目錄作姜后。
[2] 原目錄作敬姜。
[3] 原目錄作黔婁妻。
[4] 原目錄作母師。
[5] 原目錄作伯姬。
[6] 原目錄作越姬。
[7] 原目錄作貞姜。
[8] 原目錄作樊姬。

（82）楚平伯嬴[1]

　　（83）息君夫人[2]

晉國

　　（84）晉弓工妻[3]

　　（85）晉伯宗妻[4]

卷十四

齊國

　　（86）齊田稷母[5]

　　（87）無鹽

　　（88）齊義繼母[6]

　　（89）齊相御妻[7]

　　（90）齊宿瘤女[8]

　　（91）齊傷槐女[9]

　　（92）齊威虞姬[10]

　　（93）齊襄王后[11]

　　（94）王孫賈母

　　（95）陶答子妻

趙國

　　（96）趙津女娟[12]

---

[1] 原目錄作伯嬴。
[2] 原目錄作息夫人。
[3] 原目錄作弓工妻。
[4] 原目錄作伯宗妻。
[5] 原目錄作田稷母。
[6] 原目錄作義母。
[7] 原目錄作御妻。
[8] 原目錄作宿瘤女。
[9] 原目錄作傷槐女。
[10] 原目錄作虞姬。
[11] 原目錄作襄王后。
[12] 原目錄作女娟。

（97）趙代夫人[1]

　　（98）趙娥

吳國

　　（99）溧陽女子

秦國

　　（100）秦杞良妻[2]

　　（101）秦羅敷女[3]

西漢

　　（102）王陵母

　　（103）陳嬰母

　　（104）緹縈

　　（105）卓文君

　　（106）雋不疑母

　　（107）嚴延年母

卷十五

東漢

　　（108）明德馬后

　　（109）王昭君

　　（110）漢班婕妤[4]

　　（111）虞潭母

　　（112）漢曹大家[5]

　　（113）孝武李夫人[6]

　　（114）王霸妻

　　（115）禮宗

---

[1] 原目錄作代夫人。
[2] 原目錄作杞良妻。
[3] 原目錄作羅敷女。
[4] 原目錄作班婕妤。
[5] 原目錄作曹大家。
[6] 原目錄作李夫人。

(116) 伏皇后
(117) 樂羊子妻
西晉
　(118) 晉梁緯妻[1]
　(119) 陶侃母
東晉
　(120) 韋母宋氏
後魏
　(121) 魏溥妻
　(122) 朝雲
　(123) 魏芒慈母
　(124) 曹文叔妻

卷十六
南北朝
　(125) 魯秋胡妻
　(126) 樂昌公主
　(127) 冼夫人
　(128) 紅拂
唐
　(129) 綠珠
　(130) 唐文德后[2]
　(131) 徐充容
　(132) 盧氏
　(133) 車中女子

卷十七
唐
　(134) 李娃

---

[1] 原目錄作梁緯妻。
[2] 原目錄作文德后。

(135) 章臺柳

(136) 紅線

(137) 紅綃

(138) 潘炎妻

(139) 竇氏

卷十八
唐

(140) 楊氏

(141) 無雙

(142) 上清

(143) 聶隱娘

(144) 崔慎思妾

(145) 玉簫

(146) 謝小娥

(147) 非烟

卷十九
唐

(148) 倩娘

(149) 鄭義宗妻

(150) 唐余洪妻[1]

(151) 霍小玉

(152) 王立妾

(153) 木蘭女

五代

(154) 慈母柴氏

(155) 王章妻

(156) 毛氏

(157) 封景文

---

[1] 原目錄作余洪妻。

(158) 章郇公夫人
宋
(159) 宣仁高后
(160) 張盼盼
(161) 琴操
(162) 楊娼

卷二十
宋
(163) 義娼
(164) 劉氏
(165) 董國度妾
(166) 銀瓶烈女
(167) 申屠氏
(168) 宋韓希孟[1]
(169) 宋忠臣嬪[2]
(170) 羅惜惜
(171) 馬瓊瓊
(172) 謝疊山妻

元
(173) 李仲義妻
(174) 湯輝妻
(175) 臨海民妻
(176) 吳氏女

附
(177) 京師女
(178) 俠嫗

---

[1] 原目錄作韓非孟。
[2] 原目錄作忠臣嬪。

《女俠傳》目錄

《俠女傳》序
豪俠
  （1）漂母
  （2）張耳妻
  （3）齊姜
  （4）僖負羈妻
  （5）瀨女
  （6）文君
  （7）梁夫人
義俠
  （1）如姬
  （2）聶榮
  （3）魯保母
  （4）魏乳母
  （5）龐娥親
節俠
  （1）虞姬
  （2）綠珠
  （3）段東美
任俠
  （1）昭君

(2) 木蘭

(3) 莒婦

(4) 緹縈

游俠

(1) 陶母

(2) 澤嫗

(3) 絡秀

(4) 獨孤氏

劍俠

(1) 紅線

(2) 聶隱娘

(3) 買人妻

(4) 三鬟女子

(5) 車中女子

二俠傳·男俠傳

明·柘浦　徐　廣　廣居　甫輯
明·平昌　黃國士　允符　甫校

卷一

周

(1) 甾丘訢

原出漢·韓嬰《韓詩外傳》卷十,稍改其字句。

周室東海之上,有勇士甾丘訢,以勇聞於天下。過神泉,令飲馬,其僕曰:"飲馬於此者,馬必死。"丘訢曰:"以丘訢之言飲之。"其馬果死。丘訢乃去衣,拔劍而入。三日三夜,殺二蛟一龍而出。雷神隨而擊之,十日十夜,眇其左目。要離聞而往見之,丘訢出送有喪者,要離往見丘訢於墓所,曰:"雷神擊子,十日十夜,眇子左目。夫天怨不旋日,人怨不旋踵。子至今弗報,何也?"叱之而去,墓上扼憤者,不可勝數。要離歸,謂人曰:"甾丘訢,天下勇士也。今日我辱之於眾人之中,必來殺我。"暮無閉門,寢無閉戶。丘訢至夜半果來,拔劍柱頸,曰:"子有死罪三:辱我于眾人之中,死罪一也;暮無閉門,死罪二也;寢不閉戶,死罪三也。"要離曰:"子待我一言而後殺也。子來不謁,一不肖也;拔劍不刺,二不肖也;刃先詞後,三不肖也。子能殺我,是毒藥之死耳。"丘訢收劍而去,曰:"嘻!天下所不若者,唯此子爾!"

(2) 佽非

原出战国·吕不韋《呂氏春秋·恃君覽·知分》,稍改其字句。

荊有佽非者,得寶劍于干遂。還,又涉江。至于中流,有兩蛟夾繞其船。佽非謂舟人曰:"汝常見兩蛟夾舟,而舟中之人有全活者乎?"舟人曰:"未之見也。"佽非曰:"若如是,吾固江中腐肉朽骨耳,棄劍而已,余何愛焉。"遂攘臂袪衣,拔劍赴江刺蛟,殺之而復上船。舟中之人皆獲全。荊王聞之,仕以執圭。孔子聞之,曰:"腐肉朽骨,猶能除害,見機哉!"

(3) 蘇秦

原出漢·司馬遷《史記·蘇秦列傳》,僅少數字詞不同。

蘇秦者,東周雒陽人也。東事師於齊,而習之于鬼谷先生。

出游數歲,大困而歸。兄弟嫂妹妻妾竊皆笑之,曰:"周人之俗,治產業,力工商,逐什二以為務。今子釋本而事口舌,困,不亦宜乎!"蘇秦聞之而慙,自傷,乃閉室不出,出其書徧觀之,曰:"夫士業已屈首受書,而不能以取尊榮,雖多亦奚以為!"於是得周書《陰符》,伏而讀之。期年以出,揣摩曰:"此可以說當世之君矣。"求說周顯王。顯王左右素習知蘇秦,皆少之。弗信。

乃西至秦,秦孝公卒。說惠王曰:"秦四塞之國,被山帶渭,東有關河,西有漢中,南有巴蜀,北有代馬,此天府也。以秦士民之眾,兵法之教,可以吞天下,稱帝而治。"秦王曰:"毛羽未成,不可以高蜚;文理未明,不可以并兼。"方誅商鞅,疾辯士,弗用。

乃東之趙。趙肅矦令其弟成為相，號奉陽君。奉陽君弗說之。去遊燕，歲餘而後得見。說燕文矦曰："燕東有朝鮮、遼東，北有林胡、樓煩，西有雲中、九原，南有滹沱、易水，地方二千餘里，帶甲數十萬，車六百乘，騎六千匹，粟支數年。南有碣石、雁門之饒，北有棗栗之利，民雖不佃作而足於棗栗矣。此所謂天府者也。夫安樂無事，不見覆軍殺將，無過燕者。大王知其所以然乎？夫燕之所以不犯寇被甲兵者，以趙之為蔽其南也。秦趙五戰，秦再勝而趙三勝。秦趙相獘，而王以全燕制其後，此燕之所以不犯寇。且夫秦之攻燕也，踰雲中、九原，過代、上谷，彌地數千里。雖得燕城，秦計固不能守也。秦之不能害燕也，亦明矣。今趙之攻燕也，發號出令，不至十日，而數十萬之軍軍於東垣矣。渡滹沱，涉易水，不至四五日而距國都矣。故曰秦之攻燕也，戰於千里之外；趙之攻燕也，戰於百里之內。夫不憂百里之患，而重千里之外，計無過於此者。是故願大王與趙從親，天下為一，則燕國必無患矣。"

文矦曰："子言則可，然吾國小，西迫彊趙，南近齊，齊、趙彊國也。子必欲合從以安燕，寡人請以國從。"

於是，資蘇秦車馬金帛以至趙。而奉陽君已死，因說趙肅矦曰："天下卿相人臣及布衣之士，皆高賢君之行義，皆願奉教陳忠於前之日久矣。雖然，奉陽君妬君而不任事，是以賓客游士莫敢自盡於前者。今奉陽君捐館舍，君乃今復與士民相親也，臣故敢進其愚慮。竊為君計者，莫若安民無事，且無庸有事於民也。安民之本，在于擇交，擇交而得則民安，擇交而不得則民終身不安。請言外患：齊、秦為兩敵而民不得安，倚秦攻齊而民不得安，倚齊攻秦而民不得安。故夫謀人之主，伐人之國，常苦出辭斷絕人之交也。願君慎勿出於口。請別白黑，所以異陰陽而已矣。君誠能聽臣，燕必致旃裘狗馬之地，齊必致魚鹽之海，楚必致橘柚之園，韓、魏、中山皆可使致湯沐之奉，而貴戚父兄皆可以受封矦。夫割地包利，五霸之所以覆軍禽將而求也；封矦貴戚，湯、武之所以放弒而爭也。今君高拱而兩有之,此臣所以為君願也。

"今大王與秦,則秦必弱韓、魏;與齊,則齊必弱楚、魏。魏弱,則割河外。韓弱,則效宜陽。宜陽效則上郡絕,河外割則道不通。楚弱,則無援。此三策,不可不熟計也。

"夫秦下軹道,則南陽危;劫韓包周,則趙氏自操兵;據衛取淇、卷,則齊必朝秦。秦欲已得乎山東,則必舉兵而嚮趙矣。秦甲渡河踰漳,據番吾,則兵必戰於邯鄲之下矣。此臣之所為君患也。

"當今之時,山東之建國莫彊於趙。趙地方二千餘里,帶甲數十萬,車千乘,騎萬匹,粟支數年。西有常山,南有河漳,東有清河,北有燕國。燕固弱國,不足畏也。秦之所害於天下者莫如趙;然而秦不敢舉兵伐趙者,何也?畏韓、魏之議其後也。然則韓、魏,趙之南蔽也。秦之攻韓、魏也,無有名山大川之限,稍蠶食之,傅國都而止。韓、魏不能支秦,必入臣於秦。秦無韓、魏之規,則禍必中於趙矣。此臣之所為君患也。

"臣聞堯無三夫之分,舜無咫尺之地,以有天下;禹無百人之聚,以王諸侯;湯、武之士不過三千,車不過三百乘,卒不過三萬,立為天子,誠得其道也。是故明主外料其敵之彊弱,內度其士卒賢不肖,不待兩軍相當,而勝敗存亡之機,固已形於胷中矣,豈揜於眾人之言而以冥冥決事哉!

"臣竊以天下之地圖按之,諸侯之地五倍於秦,料度諸侯之卒十倍於秦;六國為一,并力西鄉而攻秦,秦必破矣。今西面而事之,見臣於秦。夫破人之與見破於人也,臣人之與見臣於人也,豈可同日而論哉!

"夫衡人者,皆欲割諸侯之地以予秦。秦成,則高臺榭,美宮室,聽竽瑟之音,前有樓闕軒轅,後有長姣美人,國被秦患而不與其憂。是故夫衡人日夜務以秦權恐喝諸侯以求割地,故願大王熟計之也。

"臣聞明主絕疑去讒,屏流言之迹,塞朋黨之門,故尊主廣地彊兵之計，臣得陳忠於前矣。故竊為大王計莫如一韓、魏、齊、楚、燕、趙以從親，以畔秦。令天下之將相會於洹水之上，通質，刳白馬而盟，要約曰：'秦攻楚，齊、魏各出銳師以佐之，韓絕其糧道，趙涉河漳，燕守常山之北。秦攻韓、魏，則楚絕其後，齊出銳師以佐之，趙涉河漳，燕守雲中。秦攻齊，則楚絕其後，韓守成皋，魏塞其道，趙涉河〔漳〕、博關，燕出銳師以佐之。秦攻燕，則趙守常山，楚軍武關，齊涉渤海，韓、魏皆出銳師以佐之。秦攻趙，則韓軍宜陽，楚軍武關，魏軍河外，齊涉清河，燕出銳師以佐之。諸侯有不如約者，以五國之兵共伐之。'六國從親以擯秦，則秦甲必不敢出於函谷以害山東矣。如此，則霸王之業成矣。"

趙王曰："寡人年少，立國日淺，未嘗得聞社稷之長計也。今上客有意存天下、安諸侯，寡人敬以國從。"乃飾車百乘，黃金千鎰，白璧百雙，錦繡千純，以約諸侯。

是時，周天子致文、武之胙於秦惠王。惠王使犀首攻魏，擒將龍賈，取魏之雕陰，且欲東兵。蘇秦恐秦兵之至趙也，乃激怒張儀，入之於秦。

於是說韓宣惠王，曰："夫韓北有鞏、洛、成皋之固，西有宜陽、商阪之塞，東有宛、穰、洧水，南有陘山，地方九百餘里，帶甲數十萬，天下之彊弓勁弩皆從韓出。谿子、少府時力距來者，皆射六百步之外。韓卒超足而射，百發不暇止，遠者括蔽洞胸，近者鋒鏑弇心。韓卒之劍戟皆出於冥山、棠谿、墨陽、合賻、鄧師、宛馮、龍淵、太阿，皆陸斷牛馬，水截鵠鴈，當敵則斬，堅甲鐵幕，革抉咇芮，無不畢具。以韓卒之勇，被堅甲，蹠勁弩，帶利劍，一人當百，不足言也。夫以韓之勁與大王之賢，乃西面事秦，交臂而服，羞社稷而為天下笑，無大於此者矣。是故願大王熟計之。

"大王事秦，秦必求宜陽、成皋。今茲效之，明年又復求割地。與，則無地以給之；不與，則棄前功而受後禍。且大王之地有盡，而秦之求無已，以有盡之地而逆無已之求，此所謂市怨結禍者也，不戰而地已削矣。臣聞鄙諺曰：'寧為雞口，無為牛後。'今西面交臂而事秦，何異於牛後乎？夫以大王之賢，挾彊韓之兵，而有牛後之名，臣竊為大王羞之。"

於是韓王勃然作色，攘臂瞋目，按劍仰天太息曰："寡人雖不肖，必不能事秦。今主君詔以趙王之教，敬奉社稷以從。"

又說魏襄王曰："大王之地，南有鴻溝、陳、汝南、許、郾、昆陽、召陵、舞陽、新都、新郪，東有淮、潁、煮棗、無胥，西有長城之界，北有河外、卷、衍、酸棗，地方千里。地名雖小，然而田舍廬廡之數，曾無所芻牧。人民之衆，車馬之多，日夜行不絕，輷〔鞈〕殷殷，若有三軍之衆。臣竊量大王之國不下於楚。然衡人怵王交彊虎狼之秦以侵天下，卒有秦患，不顧其禍。夫挾彊秦之勢以內劫其主，罪無過此者。魏，天下之彊國也；王，天下之賢王也。今乃有意西面而事秦，稱東藩，築帝宮，受冠帶，祠春秋。臣竊為大王恥之。

"臣聞越王勾踐戰敝卒三千人，禽夫差於干遂；武王卒三千人，革車三百乘，制紂於牧野。豈其士卒衆哉，誠能奮其威也。今竊聞大王之卒，武士二十萬，蒼頭二十萬，奮擊二十萬，廝徒十萬，車六百乘，騎五千匹。此其過越王勾踐、武王遠矣，今乃聽於群臣之說而欲臣事秦。夫事秦必割地以效實，故兵未用而國已虧矣。凡群臣之言事秦者，皆姦人，非忠臣也。夫為人臣，割其主之地以求外交，偷取一時之功而不顧其後，破公家而成私門，外挾彊秦之勢以內劫其主，以求割地，願〔大〕王熟察之。

"《周書》曰：'綿綿不絕，蔓蔓奈何？毫釐不伐，將用斧柯。'前慮不定，後有大患，將奈之何？大王誠能聽臣，六國從親，專心并力一意，則必無彊秦之患。故敝邑趙王使臣效愚計，奉明約，在大王之詔詔之。"

魏王曰："寡人不肖，未嘗得聞明教。今主君以趙王之詔詔之，敬以國從。"

因東說齊宣王曰："齊南有泰山，東有琅邪，西有清河，北有渤海，此所謂四塞之國也。齊地方二千餘里，帶甲數十萬，粟如丘山。三軍之良，五家之兵，進如鋒矢，戰如雷霆，解如風雨。即有軍役，未嘗倍泰山，絕清河，涉渤海也。臨菑之中七萬戶，臣竊度之，不下戶三男子，三七二十一萬，不待發於遠縣，而臨菑之卒固已二十一萬矣。臨菑甚富而實，其民無不吹竽鼓瑟，彈琴擊筑，鬥雞走狗，六博蹹鞠者。臨菑之塗，車轂擊，人肩摩，連衽成帷，舉袂之幕，揮汗成雨，家殷人足，志高氣揚。夫以大王之賢與齊之彊，天下莫能當。今乃西面而事秦，臣竊為大王羞之。

"且夫韓、魏之所以重畏秦者，為與秦接境壤界也。兵出而相當，不出十日而戰勝存亡之機決矣。韓、魏戰而勝秦，則兵半折，四境不守；戰而不勝，則國已危亡隨其後。是故韓、魏之所以重與秦戰，而輕為之臣也。今秦之攻齊則不然。倍韓、魏之地，過衞陽晉之道，徑乎亢父之險，車不得方軌，騎不得比行，百人守險，千人不敢過也。秦雖欲深入，則狼顧，恐韓、魏之議其後也。是故恫疑虛喝，驕矜而不敢進，則秦之不能害齊亦明矣。

"夫不深料秦之無奈齊何，而欲西面而事之，是群臣之計過也。今無臣事秦之名而有彊國之實，臣是故願大王少留意計之。"

齊王曰："寡人不敏，僻遠守海，窮道東境之國也，未嘗得聞餘教。今足下以趙王詔詔之，敬以國從。"

乃西向說楚威王曰："楚，天下之彊國也；王，天下之賢王也。西有黔中、巫郡，東有夏州、海陽，南有洞庭、蒼梧，北有（徑）〔陘〕塞、郇陽，地方五千餘里，帶甲百萬，車千乘，騎萬匹，粟支十年。此霸王之資也。夫以楚之彊與王之賢，天下莫能當也。今乃欲西面而事秦，則諸侯莫不西面而朝於章臺之下矣。

"秦之所害莫如楚，楚彊則秦弱，秦彊則楚弱，其勢不兩立。為大王計，莫如從親以孤秦。大王不從，秦必起兩軍，一軍出武關，一軍下黔中，則鄢、郢動矣。

"臣聞治之其未亂也，為之其未有也。患至其後憂之，則無及已。故願大王蚤熟計之。

"大王誠能聽臣,臣請令山東之國奉四時之獻,以承大王之明詔,委社稷,奉宗廟,練士厲兵,在大王之所用之。大王誠能用臣之愚計,則韓、魏、齊、燕、趙、衛之妙音美人必充後宮,燕、代橐駝良馬必實外廄。故從合則楚王,衡成則秦帝。今釋霸王之業,而有事人之名,臣竊為大王不取也。

"夫秦,虎狼之國也,有吞天下之心。秦,天下之仇讎也。衡人皆欲割諸侯之地以事秦,此所謂養仇而奉讎者也。夫為人臣,割其主之地以外交彊虎狼之秦,以侵天下,卒有秦患,不顧其禍。夫外挾彊秦之威以内劫其主,以求割地,大逆不忠,無過此者。故從親則諸矦割地以事楚,衡合則楚割地以事秦,此兩策者相去遠矣,二者大王何居焉?故敝邑趙王使臣效愚計,奉明約,在大王詔之。"

楚王曰:"寡人之國西與秦接境,秦有舉巴蜀并漢中之心。秦,虎狼之國,不可親也。而韓、魏迫於秦患,不可與深謀,與深謀恐反人以入於秦,故謀未發而國已危矣。寡人自料以楚當秦,不見勝也;内與群臣謀,不足恃也。寡人臥不安席,食不甘味,心搖搖然如縣旌而無所終薄。今主君欲一天下,收諸矦,存危國,寡人謹奉社稷以從。"

於是六國從合而并力焉。蘇秦為從約長,并相六國。

北報趙王,乃行過雒陽,車騎輜重,諸矦各發使送之甚眾,擬於王者。周顯王聞之恐懼,除道,使人郊勞。蘇秦之兄弟妻嫂側目不敢仰視,俯伏侍取食。蘇秦笑謂其嫂曰:"何前倨而後恭也?"嫂委蛇蒲服,以面掩地而謝曰:"見季子位高金多也。"蘇秦喟然歎曰:"此一人之身,富貴則親戚畏懼之,貧賤則輕易之,況眾人乎!且使我有雒陽附郭田二頃,吾豈能佩六國相印乎!"於是散千金以賜宗族朋友。初,蘇秦之燕,貸百錢為資,及得富貴,以百金償之。徧報諸所嘗見德者。其從者有一人獨未得報,乃前自言。蘇秦曰:"非我忘子。子之與我至燕,再三欲去我易水之上,方是時,我困,故望子深,是以後子。子今亦得矣。"

蘇秦既約六國從親,歸趙,趙肅侯封為武安君,乃投從約書於秦。秦人不敢闚函谷關十五年。

其後,秦使犀首欺齊、魏,與其伐趙,以敗從約。齊、魏伐趙,趙王讓蘇秦。蘇秦恐,請使燕,必報齊。蘇秦去趙,而從約皆解。

秦惠王以其女為燕太子婦。是歲,文侯卒,太子立,是為燕易王。易王初立,齊宣王因燕喪伐燕,取十城。易王謂蘇秦曰:"徃日先生至燕,而先王資先生見趙,遂約六國從。今齊先伐趙,次至燕,以先生之故為天下笑,先生能為燕得侵地乎?"蘇秦大慙,曰:"請為王取之。"

蘇秦見齊王,再拜,俯而慶,仰而弔。齊王曰:"是何慶弔相隨之速也?"蘇秦曰:"臣聞饑人所以饑而不食烏喙者,為其愈充腹而與餓死同患也。今燕雖弱小,即秦王之少婿也。大王利其十城而長與彊秦為仇。今使弱燕為鴈行而彊秦敝其後,以招天下之精兵,是食烏喙之類也。"齊王愀然變色曰:"然則奈何?"蘇秦曰:"臣聞古之善制事者,轉禍為福,因敗為功。大王誠聽臣計,即歸燕之十城。燕無故而得十城,必喜;秦王知以己之故而歸燕之十城,亦必喜。此所謂棄仇讎而得石交者也。夫燕、秦俱事齊,則大王號令天下,莫敢不聽。是王以虛辭附秦,以十城取天下。此霸王之業也。"王曰:"善。"於是乃歸燕之十城。

人有毀蘇秦曰:"左右賣國反覆之臣也,將作亂。"蘇秦恐得罪,歸,而燕王不復官也。蘇秦見燕王曰:"臣,東周之鄙人也,無有分寸之功,而王親拜之於廟而禮之於廷。今臣為王却齊之兵而攻得十城,宜以益親。今來,而王不官臣者,人必有以不信傷臣於王者。臣之不信,王之福也。臣聞忠信者,所以自為也;進取者,所以為人也。且臣之說齊王,曾非欺之也。臣棄老母於東周,固去自為而行進取也。今有孝如曾參,廉如伯夷,信如尾生,得此三人者以事大王,何若?"王曰:"足矣。"蘇秦曰:"孝如曾參,義不離其親一宿於外,王又安能使之步行千里而事弱燕之危王哉?廉如伯夷,義不為孤竹君之嗣,不肯為武王臣,不受封矦而餓死首陽山下。有廉如此,王又安能使之步行千里而行進取於齊哉?信如尾生,與女子期於梁下,女子不來,水至不去,抱柱而死。有信如此,王又安能使之步行千里却齊之彊兵哉?臣所謂以忠信得罪於上者也。"燕王曰:"若不忠信耳,豈有以忠信而得罪者乎?"蘇秦曰:"不然。臣聞客有遠為吏而其妻私於人者,其夫將來,其私者憂之,妻曰:'勿憂,吾已作藥酒待之矣'。居三日,其夫果至,妻使妾舉藥酒進之。妾欲言酒之有藥,則恐其逐主母也;欲勿言乎,則恐其殺主父也。於是乎佯僵而棄酒。主父大怒,笞之五十。故妾一僵而覆酒,上存主父,下存主母,然而不免於笞,惡在乎忠信之無罪也?夫臣之過,不幸而類是乎!"燕王曰:"先生復就故官。"益厚遇之。

易王母,文矦夫人也,與蘇秦私通。燕王知之,而事之加厚。蘇秦恐誅,乃說燕王曰:"臣居燕不能使燕重,而在齊則燕必重。"燕王曰:"唯先生之所為。"於是蘇秦佯為得罪於燕而亡走齊,齊宣王以為客卿。

齊宣王卒,湣王卽位,說湣王厚葬以明孝,高宮室、大苑囿以明得意,欲破敝齊而為燕。燕易王卒,燕噲立為王。其後齊大夫多與蘇秦爭寵者,而使人刺蘇秦,不死,殊而走。齊王使人求賊,不得。蘇秦且死,乃謂齊王曰:"臣卽死,車裂臣以殉於市,曰'蘇秦為燕作亂於齊',如此則臣之賊必得矣。"於是如其言,而殺蘇秦者果自出,齊王因而誅之。燕聞之曰:"甚矣,齊之為蘇生報仇也!"

蘇秦既死,其事大泄。齊後聞之,乃恨怒燕。燕甚恐。蘇秦之弟曰代,代弟蘇厲,見兄遂,亦皆學。及蘇秦死,代乃求見燕王,欲襲故事。曰:"臣,東周之鄙人也。竊聞大王誼甚高,鄙人不敏,釋鉏耨而干大王。至於邯鄲,所見者絀於所聞於東周,臣竊負其志。及至燕廷,觀王之群臣下吏,王,天下之明王也。"燕王曰:"子所謂明王者何如也?"對曰:"臣聞明王務聞其過,不欲聞其善,臣請謁王之過。夫齊、趙者，燕之仇讎也；楚、魏者，燕之援國也。今王奉仇讎以伐援國，非所以利燕也。王自慮之，此則計過，無以聞者，非忠臣也。"王曰："夫齊者固寡人之仇，所欲伐也，直患國敝力不足也。子能以燕伐齊，則寡人舉國委子。"對曰："凡天下戰國七，燕處弱焉。獨戰則不能，有所附則無不重。南附楚，楚重；西附秦，秦重；中附韓、魏，韓、魏重。且苟所附之國重，此必使王重矣。今夫齊，長主而自用也。南攻楚五年，畜聚竭；西因秦三年，士卒罷敝；北與燕人戰，覆三軍，得二將。然而以其餘兵南面舉五千乘之大宋，而包十二諸侯。此其君欲得，其民力竭，惡足取乎！且臣聞之，數戰則民勞，久師則兵敝矣。"燕王曰："吾聞齊有清濟、濁河可以為固；長城、鉅防足以為塞，誠有之乎？"對曰："天時不與，雖有清濟、濁河，惡足以為固！民力罷敝，雖有長城、鉅防，惡足以為塞！且異日濟西不師，所以備趙也；河北不師，所以備燕也。今濟西、河北盡已役矣，封內敝矣。夫驕君必好利，而亡國之臣必貪於財。王誠能無羞寵子母弟以為質，寶珠玉帛以事左右，彼將有德燕而輕亡宋，則齊可亡已。"燕王曰："吾終以子受命於天矣。"燕乃使一子質於齊。而蘇厲因燕質子而求見齊王。齊王怨蘇秦，欲囚蘇厲。燕質子為謝，已遂委質為齊臣。

　　燕相子之與蘇代婚，而欲得燕權，乃使蘇代侍質子於齊。齊使代報燕，燕王噲問曰："齊王其霸乎？"曰："不能。"曰："何也？"曰："不信其臣。"於是燕王專任子之，已而讓位，燕大亂。齊伐燕，殺王噲、子之。燕立昭王，而蘇代、蘇厲遂不敢入燕，皆終歸齊，齊善待之。

　　蘇代過魏，魏為燕執代。齊使人謂魏王曰："齊請以宋地封涇陽君，秦必不受。秦非不利有齊而得宋地也，不信齊王與蘇子也。今齊、魏不和如此其甚，則齊不欺秦。秦信齊，齊、秦合，涇陽君有宋地，非魏之利也。故王不如東蘇子，秦必疑齊而不信蘇子矣。齊、秦不合，天下無變，伐齊之形成矣。"於是出蘇代。代之宋，宋善待之。

齊伐宋，宋急，蘇代乃遺燕昭王書曰："夫列在萬乘而寄質於齊，名卑而權輕；奉萬乘助齊伐宋，民勞而實費；夫破宋，殘楚淮北，肥大齊，讎彊而國害。此三者皆國之大敗也。然且王行之者，將以取信於齊也。齊加不信於王，而忌燕愈甚，是王之計過矣。夫以宋加之淮北，彊萬乘之國也，而齊并之，是益一齊也。北夷方七百里，加之以魯、衛，彊萬乘之國也，而齊并之，是益二齊也。夫一齊之彊，燕猶狼顧而不能支，今以三齊臨燕，其禍必大矣。

"雖然，智者舉事，因禍為福，轉敗為功。齊紫，敗素也，而賈十倍；越王勾踐棲於會稽，復殘彊吳而霸天下。此皆因禍為福，轉敗為功者也。

"今王若欲因禍為福，轉敗為功，則莫若挑霸齊而尊之，使使盟於周室，焚秦符，曰'其大上計，破秦；其次，則長賓之'。秦挾賓以待破，秦王必患之。秦五世伐諸侯，今為齊下，秦王之志苟得窮齊，不憚以國為功。然則王何不使辯士以此言說秦王曰：燕、趙破宋肥齊，尊之為之下者，燕、趙非利之也。燕、趙不利而勢為之者，以不信秦王也。然則王何不使可信者接收燕、趙，令涇陽君、高陵君先於燕、趙？秦有變，因以為質，則燕、趙信秦。秦為西帝，燕為北帝，趙為中帝，立三帝以令於天下。韓、魏不聽則秦伐之，齊不聽則燕、趙伐之，天下孰敢不聽？天下服聽，因驅韓以伐齊，曰'必反宋地，歸楚淮北'。反宋地，歸楚淮北，燕、趙之所利也；並立三帝，燕、趙之所願也。夫實得所利，尊得所願，燕、趙棄齊如脫躧矣。今不收燕、趙，齊霸必成。諸侯贊齊而王不從，是國伐也；諸侯贊齊而王從之，是名卑也。今收燕、趙，國安而名尊；不收燕、趙，國危而名卑。（天）〔夫〕去尊安而取卑危，智者不為也。秦王聞若說，必若刺心。然則王何不使辯士以苦言說秦？秦必取，齊必伐矣。

"夫取秦，厚交也；伐齊，正利也。尊厚交，務正利，聖王之事也。"

燕昭王善其書，曰："先人嘗有德蘇氏，子之之亂而蘇氏去燕。燕欲報仇於齊，非蘇氏莫可。"乃召蘇代，復善待之，與謀伐齊。竟破齊，湣王出走。

久之，秦召燕王，燕王欲徃，蘇代約燕王曰："楚得枳而國亡，齊得宋而國亡，齊、楚不得以有枳、宋而事秦者，何也？則有功者，秦之深讎也。秦取天下，非行義也，暴也。秦之行暴，正告天下。告楚曰：'蜀地之甲，乘船浮於汶，乘夏水而下江，五日而至郢。漢中之甲，乘船出於巴，乘夏水而下漢，四日而至五渚。寡人積甲宛東下隨，智者不及謀，勇士不及怒，寡人如射隼矣。王乃欲待天下之攻函谷，不亦遠乎！'楚王為是故，十七年事秦。

"秦正告韓曰：'我起乎少曲，一日而斷大行；我起乎宜陽而觸平陽，二日而莫不盡繇。我離兩周而觸鄭，五日而國舉。'韓氏以為然，故事秦。

"秦正告魏曰：'我舉安邑，塞女戟，韓氏太原卷；我下軹，道南陽，封冀，包兩周。乘夏水，浮輕舟，彊弩在前，錟戈在後，決榮口，魏無大梁；決白馬之口，魏無外黃、濟陽；決宿胥之口，魏無虛、頓丘。陸攻則擊河內，水攻則滅大梁。'魏氏以為然，故事秦。

"秦欲攻安邑，恐齊救之，則以宋委於齊。曰：'宋王無道，為木人以（寫）〔象〕寡人，射其面。寡人地絕兵遠，不能攻也。王苟能破宋有之，寡人如自得之。'已得安邑，塞女戟，因以破宋為齊罪。

"秦欲攻韓，恐天下救之，則以齊委於天下。曰：'齊王四與寡人約，四欺寡人，必率天下以攻寡人者三。有齊無秦，有秦無齊，必伐之，必亡之。'已得宜陽、少曲，致藺、〔離〕石，因以破齊為天下罪。

"秦欲攻魏重楚，則以南陽委於楚。曰：'寡人固與韓且絕矣。殘均陵，塞鄳阨，苟利於楚，寡人如自有之。'魏棄與國而合於秦，因以塞鄳阨為楚罪。

"兵困於林中，重燕、趙，以膠東委於燕，以濟西委於趙。趙得講於魏，至公子延，因犀首屬行而攻趙。

"兵傷於譙石,遇敗於陽馬,而重魏,則以葉、蔡委於魏。已得講於趙,則劫魏,〔魏〕不為割。困則使太后弟穰侯為和,嬴則兼欺舅與母。

"適燕者曰'以膠東',適趙者曰'以濟西',適魏者曰'以葉、蔡',適楚者曰'以塞鄳阨',適齊者曰'以宋'。此必令言如循環,用兵如刺蜚,母不能制,男不能約。

"龍賈之戰,岸門之戰,封陵之戰,高商之戰,趙莊之戰,秦之所殺三晉之民數百萬,今其生者,皆死秦之孤也。西河之外,上雒之地,三川晉國之禍,三晉之(牛)〔半〕,秦禍如此其大也。而燕、趙之秦者,皆以爭事秦說其主,此臣之所大患也。"

燕昭王不行。蘇代復重於燕。燕使約諸侯從親如蘇秦時,或從或不,而天下由此宗蘇氏之從約。代、厲皆以壽死,名顯諸侯。

魯國

(4) 曹沫

原出漢·司馬遷《史記·刺客列傳》,文字幾全同。

曹沫者,魯人也,以勇力事魯莊公。莊公好力。曹沫為魯將,與齊戰,三敗北。魯莊公懼,乃獻遂邑之地以和。猶復以為將。

齊桓公許與魯會於柯而盟。桓公與莊公既盟於壇上,曹沫執匕首劫齊桓公,桓公左右莫敢動,而問曰:"子將何欲?"曹沫曰:"齊彊魯弱,而大國侵魯亦已甚矣。今魯城壞即壓齊境,君其圖之!"桓公乃許盡歸魯之侵地。既已言,曹沫投其匕首,下壇,北面就群臣之位,顏色不變,辭令如故。

桓公怒,欲倍其約。管仲曰:"不可。夫貪小利以自快,棄信於諸侯,失天下之援,不如與之。"於是桓公乃遂割魯侵地,曹沫三戰所亡地盡復予魯。

楚國

(5) 申鳴

原出漢·劉向《說苑·立節》,文句幾全同。

楚申鳴者,孝聞於國。王欲授之相,申鳴辭不受。其父曰:"王欲相汝,汝何不受乎?"申鳴對曰:"舍父之孝子,而為王之忠臣,何也?"其父曰:"使有祿於國,立義於庭,汝樂吾無憂也,吾欲汝之相也。"申鳴曰:"諾。"遂入朝,楚王因授之相。

居三年,白公為亂,殺司馬子期,申鳴將徃死之,父止之,曰:"棄父而死,其可乎?"申鳴曰:"聞夫仕者,身歸於君,而祿歸於親,今既棄子事君,得無死其難?"遂徃,而以兵圍之。白公謂石乞曰:"申鳴者,天下之勇士也,今以兵圍我,吾為之奈何?"石乞曰:"申鳴者,天下之孝子也,徃劫其父以兵,申鳴聞之必來,因與之語。"白公曰:"善。"

則徃取其父,持之以兵,告申鳴曰:"子與吾,吾與子分楚國;子不與吾,子父則死矣。"申鳴流涕而應之曰:"始吾父之孝子也,今吾君之忠臣也;吾聞之也,食其食者死其事,受其祿者畢其能;今已不得為父之孝子矣,乃君之忠臣也,吾何得以全身!"援桴鼓之,遂殺白公,其父亦死。

王賞之金百斤,申鳴曰:"食君之食,避君之難,非忠臣也;定君之國,殺臣之父,非孝子也。名不可兩立,行不可兩全,如是而生,何面目立於天下?"遂自殺。

(6) 優孟

原出漢·司馬遷《史記·滑稽列傳》,文字幾全同。

優孟者，故楚之樂人也。長八尺，多辯，常以談笑諷諫。楚莊王之時，有所愛馬，衣以文繡，置之華屋之下，席以露牀，啗以棗脯。馬病肥死，使群臣喪之，欲以棺椁大夫禮葬之。左右爭之，以為不可。王下令曰："有敢以馬諫者，罪至死。"

優孟聞之，入殿門，仰天大哭。王驚而問其故。優孟曰："馬者王之所愛也，以楚國堂堂之大，何求不得，而以大夫禮葬之，薄，請以人君禮葬之。"王曰："何如？"對曰："臣請以彫玉為棺，文梓為椁，楩楓豫章為題湊，發甲卒為穿壙，老弱負土，齊、趙陪位於前，韓、魏翼衛其後，廟食太牢，翼以萬戶之邑。諸侯聞之，皆知大王賤人而貴馬也。"王曰："寡人之過，一至此乎？為之奈何？"優孟曰："請為大王六畜葬之。以壟竈為椁，銅歷為棺，齎以薑棗，薦以木蘭，祭以稻糧，衣以火光，葬之於人腹腸。"於是王乃使以馬屬太官，無令天下久聞也。

楚相孫叔敖知其賢人也，善待之。病且死，屬其子曰："我死，汝必貧困。若往見優孟，言我孫叔敖之子也。"居數年，其子窮困負薪，逢優孟，與言曰："我孫叔敖之子也。父且死時，屬我貧困往見優孟。"優孟曰："若無遠有所之。"即為孫叔敖衣冠，抵掌談語。歲餘，像孫叔敖，楚王左右不能別也。

莊王置酒，優孟前為壽。莊王大驚，以為孫叔敖復生也，欲以為相。優孟曰："請歸與婦計之，三日而為相。"莊王許之。三日後，優孟復來。王曰："婦言謂何？"孟曰："婦言慎無為，楚相不足為也。如孫叔敖之為楚相，盡忠為廉以治楚，楚王得以霸。今死，其子無立錐之地，貧困負薪以自飲食。必如孫叔敖，不如自殺。"因歌曰："山居耕田苦，難以得食。起而為吏，身貪鄙者餘財，不顧恥辱。身死家室富，又恐受賕枉法，為姦觸大罪，身死而家滅。貪吏安可為也！念為廉吏，奉法守職，竟死不敢為非。廉吏安可為也！楚相孫叔敖，持廉至死，方今妻子窮困負薪而食，不足為也！"

於是莊王謝優孟，乃召孫叔敖子，封之寢丘四百戶，以奉其祀，後十世不絕。此知可以言時矣。

（7）成文子

原出漢・蔡邕《琴操》，據唐・徐堅《初學記・賢第二・贈帛推衣》所引，少"叔儋子"之名；全文與明・劉仲達輯《劉氏鴻書》卷五六《人品部十一》全同。

昔思革子、成文子〔、叔儋子〕三人相與為友，聞楚成王好士，三子相傳，與俱往見之。於豪、嶔巖之間，卒遇飄風暴雨，俱伏於空柳之下。衣寒糧乏，度不俱活，三人相視歎曰："與其俱死也，豈若併衣糧於一人哉。"二子以革為賢，推衣與之。

卷二

楚國

（8）伍子胥

原文見漢・司馬遷《史記・伍子胥列傳》，文字幾全同。

伍子胥者，楚人也，名員。員父曰伍奢。員兄曰伍尚。其先曰伍舉，以直諫事楚莊王，有顯，故其後世有名於楚。

楚平王有太子名曰建，使伍奢為太傅，費無忌為少傅。無忌不忠於太子建。

平王使無忌為太子取婦於秦，秦女好，無忌馳歸報平王曰："秦女絕美，王可自取，而更為太子取婦。"平王遂自取秦女而絕愛幸之，生子軫。更為太子取婦。

無忌既以秦女自媚於平王，因去太子而事平王。恐一旦平王卒而太子立,殺己,乃因讒太子建。建母,蔡女也,無寵於平王。平王稍益疏建,使建守城父,備邊兵。

頃之,無忌又日夜言太子短於王曰:"太子以秦女之故,不能無怨望,願王少自備也。自太子居城父,將兵,外交諸侯,且欲入為亂矣。"平王乃召其太傅伍奢考問之。伍奢知無忌讒太子於平王,因曰:"王獨奈何以讒賊小臣疏骨肉之親乎?"無忌曰:"王今不制,其事成矣。王且見禽。"於是平王怒,囚伍奢,而使城父司馬奮揚徃殺太子。行未至,奮揚使人先告太子:"太子急去,不然將誅。"太子建亡奔宋。

無忌言於平王曰:"伍奢有二子,皆賢,不誅且為楚憂。可以其父質而召之,不然且為楚患。"王使使謂伍奢曰:"能致汝二子則生,不能則死。"伍奢曰:"尚為人仁,呼必來。員為人剛戾忍訽,能成大事,彼見來之并禽,其勢必不來。"王不聽,使人召二子曰:"來,吾生汝父;不來,今殺奢也。"伍尚欲徃,員曰:"楚之召我兄弟,非欲以生我父也,恐有脫者後生患,故以父為質,詐召二子。二子到,則父子俱死。何益父之死?徃而令讎不得報耳。不如奔他國,借力以雪父之恥,俱滅,無為也。"伍尚曰:"我知徃終不能全父命。然恨父召我以求生而不徃,後不能雪恥,終為天下笑耳。"謂員:"可去矣!汝能報殺父之讎,我將歸死。"尚既就執,使者捕伍胥。伍胥貫弓執矢嚮使者,使者不敢進,伍胥遂亡。聞太子建之在宋,徃從之。奢聞子胥之亡也,曰:"楚國君臣且苦兵矣。"伍尚至楚,楚并殺奢與尚也。

伍胥既至宋,宋有華氏之亂,乃與太子建俱奔於鄭,鄭人甚善之。太子建又適晉,晉頃公曰:"太子既善鄭,鄭信太子。太子能為我內應,而我攻其外,滅鄭必矣,滅鄭而封太子。"太子乃還鄭。事未會,會自私欲殺其從者,從者知其謀,乃告之於鄭。鄭定公與子產誅殺太子建。建有子名勝。伍胥懼,乃與勝俱奔吳。到昭關,昭關欲執之。伍胥遂與勝獨身步走,幾不得脫。追者在後。至江,江上有一漁父乘船，知伍胥之急，乃渡伍胥。伍胥既渡，解其劍曰："此劍直百金，以與父。"父曰："楚國之法，得伍胥者賜粟五萬石，爵執珪，豈徒百金劍邪！"不受。伍胥未至吳而疾，止中道，乞食。至於吳，吳王僚方用事，公子光為將。伍胥乃因公子光以求見吳王。

久之，楚平王以其邊邑鍾離與吳邊邑卑梁氏俱蠶，兩女子爭桑相攻，乃大怒，至於兩國舉兵相伐。吳使公子光伐楚，拔其鍾離、居巢而歸。伍子胥說吳王僚曰："楚可破也。願復遣公子光。"公子光謂吳王曰："彼伍胥父兄為僇於楚，而勸王伐楚者，欲以自報其讎耳。伐楚未可破也。"伍胥知公子光有內志，欲殺王而自立，未可說以外事，乃進專諸於公子光，退而與太子建之子勝耕於野。

五年而楚平王卒。初，平王所奪太子建秦女生子軫，竟立為後，是為昭王。吳王僚因楚喪，遣二公子將兵伐襲楚。楚發兵絕吳兵之後，不得歸。吳國內空，而公子光乃令專諸襲刺吳王僚而自立，是為吳王闔廬。闔廬既立，得志，乃召伍員以為行人，而與謀國事。

楚誅其大臣郤宛、伯州犁，伯州犁之孫伯嚭亡奔吳，吳亦以嚭為大夫。

前王僚所遣二公子將兵伐楚者，道絕不得歸。後聞闔廬弒王僚自立，遂以其兵降楚，楚封之於舒。闔廬立三年，乃興師與伍胥、伯嚭伐楚，拔舒，遂禽故吳反二將軍。因欲至郢，將軍孫武曰："民勞，未可，且待之。"乃歸。

四年，吳伐楚，取六與灊。五年，伐越，敗之。六年，楚昭王使公子囊瓦將兵伐吳。吳使伍員迎擊，大破楚軍於豫章，取楚之居巢。

九年，吳王闔廬謂子胥、孫武曰："始子言郢未可入，今果何如？"二子對曰："楚將囊瓦貪，而唐、蔡皆怨之。王必欲大伐之，必先得唐、蔡乃可。"闔廬聽之，悉興師與唐、蔡伐楚，與楚夾漢水而陳。吳王之弟夫概將兵請從，王不聽，遂以其屬五千人擊楚將子常。子常敗走，奔鄭。於是吳乘勝而前，五戰，遂至郢。己卯，楚昭王出奔。庚辰，吳王入郢。

昭王出亡，入雲夢；盜擊王，王走鄖。鄖公弟懷曰："平王殺我父，我殺其子，不亦可乎！"鄖公恐其弟殺王，與王奔隨。吳兵圍隨，謂隨人曰："周之子孫在漢川者，楚盡滅之。"隨人欲殺王，王子綦匿王，己自為王以當之。隨人卜與王於吳，不吉，乃謝吳不與王。

始伍員與申包胥為交，員之亡也，謂包胥曰："我必覆楚。"包胥曰："我必存之。"及吳兵入郢，伍子胥求昭王。既不得，乃掘楚平王墓，出其尸，鞭之三百，然後已。申包胥亡於山中，使人謂子胥曰："子之報讎，其已甚乎！吾聞之，人衆者勝天，天定亦能破人。今子故平王之臣，親北面而事之，今至於僇死人，此豈其無天道之極乎！"伍子胥曰："為我謝申包胥，吾日暮塗遠，吾故倒行而逆施之。"於是申包胥走秦告急，求救於秦。秦不許。包胥立於秦廷，晝夜哭，七日七夜不絕其聲。秦哀公憐之，曰："楚雖無道，有臣若是，可無存乎！"乃遣車五百乘救楚擊吳。六月，敗吳兵於稷。會吳王久留楚求昭王，而闔廬弟夫概乃亡歸，自立為王。闔廬聞之，乃釋楚而歸，擊其弟夫概。夫概敗走，遂奔楚。楚昭王見吳有内亂，乃復入郢。封夫概於堂谿，為堂谿氏。楚復與吳戰，敗吳，吳王乃歸。

後一歲，闔廬使太子夫差將兵伐楚，取番。楚懼吳復大來，乃去郢，徙於鄀。當是時，吳以伍子胥、孫武之謀，西破彊楚，北威齊晉，南服越人。

其後四年，孔子相魯。

後五年，伐越。越王勾踐迎擊，敗吳於姑蘇，傷闔廬指，軍卻。闔廬病創將死，謂太子夫差曰："爾忘勾踐殺爾父乎？"夫差對曰："不敢忘。"是夕，闔廬死。夫差既立為王，以伯嚭為太宰，習戰射。二年後伐越，敗越於夫椒。越王勾踐乃以餘兵五千人棲於會稽之上，使大夫種厚幣遺吳太宰嚭以請和，求委國為臣妾。吳王將許之。伍子胥諫曰："越王為人能辛苦。王不滅，後必悔之。"吳王不聽,用太宰嚭計,與越平。

其後五年,而吳王聞齊景公死而大臣爭寵,新君弱,乃興師北伐齊。伍子胥諫曰:"勾踐食不重味,弔死問疾,且欲有所用之也。此人不死,必為吳患。今吳之有越,猶人之有腹心疾也。而王不先越而乃務齊,不亦謬乎!"吳王不聽,伐齊,大敗齊師於艾陵,遂滅鄒、魯之君以歸。益疏子胥之謀。

其後五年,吳王將北伐齊,越王勾踐用子貢之謀,乃率其衆以助吳,而重寶以獻遺太宰嚭。太宰嚭既數受越賂,其愛信越殊甚,日夜為言於吳王。吳王信用嚭之計。伍子胥諫曰:"夫越,腹心之病,今信其浮辭詐偽而貪齊。破齊,譬猶石田,無所用之。且《盤庚之誥》曰:'有顛越不恭,劓殄滅之,俾無遺育,無使易種於兹邑。'此商之所以興。願王釋齊而先越;若不然,後將悔之無及。"而吳王不聽,使子胥於齊。子胥臨行,謂其子曰:"吾數諫王,王不用,吾今見吳之亡矣。汝與吳俱亡,無益也。"乃屬其子於齊鮑牧,而還報吳。

吳太宰嚭既與子胥有隙,因讒曰:"子胥為人剛暴,少恩,猜賊,其怨望恐為深禍也。前日王欲伐齊,子胥以為不可,王卒伐之而有大功。子胥恥其計謀不用,乃反怨望。而今王又復伐齊,子胥專愎彊諫,沮毀用事,徒幸吳之敗以自勝其計謀耳。今王自行,悉國中武力以伐齊,而子胥諫不用,因輟謝,佯病不行。王不可不備,此起禍不難。且嚭使人微伺之,其使於齊也,乃屬其子於齊之鮑氏。夫為人臣,内不得意,外倚諸矦,自以為先王之謀臣,今不見用,常鞅鞅怨望。願王早圖之。"吳王曰:"微子之言,吾亦疑之。"乃使使賜伍子胥屬鏤之劍,曰:"子以此死。"伍子胥仰天歎曰:"嗟乎!讒臣嚭為亂矣,王乃反誅我。我令若父霸。自若未立時,諸公子爭立,我以死爭之於先王,幾不得立。若既得立,欲分吳國予我,我顧不敢望也。然今若聽諛臣言以殺長者。"乃告其舍人曰:"必樹吾墓上以梓,令可以為器,而抉吾眼縣吳東門之上,以觀越寇之入滅吳也。"乃自剄死。吳王聞之大怒,乃取子胥尸盛以鴟夷革,浮之江中。吳人憐之,為立祠於江上,因命曰胥山。

吳王既誅伍子胥,遂伐齊。齊鮑氏殺其君悼公而立陽生。吳王欲討其賊,不勝而去。其後二年,吳王召魯、衛之君會之橐皋。其明年,因北大會諸侯於黃池,以令周室。越王勾踐襲殺吳太子,破吳兵。吳王聞之,乃歸,使使厚幣與越平。後九年,越王勾踐遂滅吳,殺王夫差,而誅太宰嚭,以不忠於其君,而外受重賂,與己比周也。

伍子胥初所與俱亡故楚太子建之子勝者,在於吳。吳王夫差之時,楚惠王欲召勝歸楚。葉公諫曰:"勝好勇而陰求死士,殆有私乎!"惠王不信。遂召勝,使居楚之邊邑鄢,號為白公。白公歸楚三年而吳誅子胥。

白公勝既歸楚,怨鄭之殺其父,乃陰養死士求報鄭。歸楚五年,請伐鄭,楚令尹子西許之。兵未發而晉伐鄭,鄭請救於楚。楚使子西往救,與盟而還。白公勝怒曰:"非鄭之仇,乃子西也。"勝自礪劍,人問曰:"何以為?"勝曰:"欲以殺子西。"子西聞之,笑曰:"勝如卵耳,何能為也。"

其後四歲,白公勝與石乞襲殺楚令尹子西、司馬子綦於朝。石乞曰:"不殺王,不可。"乃劫之王如高府。石乞從者屈固負楚惠王亡走昭夫人之宮。葉公聞白公為亂,率其國人攻白公。白公之徒敗,走亡山中,自殺。而虜石乞,而問白公尸處,不言將烹。石乞曰:"事成為卿,不成而烹,固其職也。"終不肯告其尸處。遂烹石乞,而求惠王復立之。

晉國

(9)豫讓

原文出漢・司馬遷《史記・刺客列傳》,文字幾全同。

豫讓者，晉人也，故嘗事范、中行氏，而無所知名。去而事智伯，智伯甚尊寵之。

及智伯伐趙襄子，趙襄子與韓、魏合謀滅智伯，滅智伯之後而三分其地。趙襄子最怨智伯，漆其頭以為飲器。豫讓遁逃山中，曰："嗟乎！士為知己者死，女為說己者容。今智伯知我，我必為報讎而死，以報智伯，則吾魂魄不愧矣。"乃變名姓為刑人，入宮塗廁，挾匕首，欲以刺襄子。襄子如廁，心動，執問塗廁之刑人，則豫讓，内持刀兵，曰："欲為智伯報仇！"左右欲誅之。襄子曰："彼義人也，吾謹避之耳。且智伯亡無後，而其臣欲為報仇，此天下之賢人也。"卒釋去之。

居頃之，豫讓又漆身為厲，吞炭為啞，使形狀不可知，行乞於市。其妻不識也。行見其友，其友識之，曰："汝非豫讓邪？"曰："我是也。"其友為泣曰："以子之才，委質而臣事襄子，襄子必近幸子。近幸子，乃為所欲，顧不易邪？何乃殘身苦形，欲以求報襄子，不亦難乎！"豫讓曰："既已委質臣事人，而求殺之，是懷二心以事其君也。且吾所為者極難耳！然所以為此者，將以愧天下後世之為人臣懷二心以事其君者也。"

既去，頃之，襄子當出，豫讓伏於所當過之橋下。襄子至橋，馬驚，襄子曰："此必是豫讓也。"使人問之，果豫讓也。於是襄子乃數豫讓曰："子不嘗事范、中行氏乎？智伯盡滅之，而子不為報仇，而反委質臣於智伯。智伯亦已死矣，而子獨何以為之報仇之深也？"豫讓曰："臣事范、中行氏，范、中行氏皆眾人遇我，我固眾人報之。至於智伯，國士遇我，我固國士報之。"襄子喟然歎息而泣曰："嗟夫豫子！子之為智伯，名既成矣，而寡人赦子，亦已足矣。子其自為計，寡人不復釋子。"使兵圍之。豫讓曰："臣聞明主不掩人之美，而忠臣有死名之義。前君已寬赦臣，天下莫不稱君之賢。今日之事，臣固伏誅，然願請君之衣而擊之焉，以致報仇之意，則雖死不恨。非所敢望也，敢布腹心！"於是襄子大義之，乃使使持衣與豫讓。豫讓拔劍，三躍而擊之，曰："吾可以下報智伯矣！"遂伏劍自殺。死之日，趙國志士聞之，皆為涕泣。

衛國

（10）弘演

原文出周·呂不韋《呂氏春秋·仲冬紀·忠廉》，然文字與漢·劉向《新序》卷八《義勇》幾全同，與明·馮琦輯《經濟類編》卷八五《人品類二》、明·劉仲達輯《劉氏鴻書》卷五六《人品部十一》亦全同。

衛懿公有臣曰弘演，遠使未還。狄人攻衛，其民曰："君之所與祿位者，鶴也；所富者，宮人也。君使宮人與鶴戰，予焉能戰？"遂潰而去。狄人追及懿公於熒澤，殺之，盡食其肉，獨舍其肝。弘演至，報使於肝，畢，呼天而號，盡哀而止，曰："臣請為表。"因自刺其腹，內懿公之肝而死。齊桓公聞之，曰："衛之亡也以無道。今有臣若此，不可不存。"於是救衛楚丘。

（11）荊軻

原文出漢·司馬遷《史記·刺客列傳》，文句幾全同。

荊軻者，衛人也。其先乃齊人，徙於衛，衛人謂之慶卿。而之燕，燕人謂之荊卿。

荊卿好讀書擊劍，以術說衛元君，衛元君不用。其後秦伐魏，置東郡，徙衛元君之支屬於野王。

荊軻嘗游過榆次，與蓋聶論劍，蓋聶怒而目之。荊軻出，人或言復召荊卿。蓋聶曰："曩者吾與論劍有不稱者，吾目之；試往，是宜去，不敢留。"使使徃之主人，荊卿則已駕而去榆次矣。使者還報，蓋聶曰："固去也，吾曩者目攝之！"

荊軻游於邯鄲，魯勾踐與荊軻博，爭道，魯勾踐怒而叱之，荊軻嘿而逃去，遂不復會。

荊軻既至燕，愛燕之狗屠及善擊筑者高漸離。荊軻嗜酒，日與狗屠及高漸離飲於燕市，酒酣以徃，高漸離擊筑，荊軻和而歌於市中，相樂也，已而相泣，旁若無人者。荊軻雖游於酒人乎，然其為人沈深好書；其所游諸侯，盡與其賢豪長者相結。其之燕，燕之處士田光先生亦善待之，知其非庸人也。

居頃之，會燕太子丹質秦亡歸燕。燕太子丹者，故嘗質於趙，而秦王政生於趙，其少時與丹歡。及政立為秦王，而丹質於秦。秦王之遇燕太子丹不善，故丹怨而亡歸。歸而求為報秦王者，國小，力不能。其後秦日出兵山東以伐齊、楚、三晉，稍蠶食諸侯，且至於燕，燕君臣皆恐禍之至。太子丹患之，問其傅鞠武。武對曰："秦地徧天下，威脅韓、魏、趙氏，北有甘泉、谷口之固，南有涇、渭之沃，擅巴、漢之饒，右隴、蜀之山，左關、殽之險，民眾而士厲，兵革有餘。意有所出，則長城之南，易水以北，未有所定也。柰何以見陵之怨，欲批其逆鱗哉！"丹曰："然則何由？"對曰："請入圖之。"

居有間，秦將樊於期得罪於秦王，亡之燕，太子受而舍之。鞠武諫曰："不可。夫以秦王之暴而積怒於燕，足為寒心，又況聞樊將軍之所在乎？是謂'委肉當餓虎之蹊'也，禍必不振矣！雖有管、晏，不能為之謀也。願太子疾遣樊將軍入匈奴以滅口。請西約三晉，南連齊、楚，北購於單于，其後乃可圖也。"太子曰："太傅之計，曠日彌久，心惛然，恐不能須臾。且非獨於此也，夫樊將軍窮困於天下，歸身於丹，丹終不以迫於彊秦而棄所哀憐之交，置之匈奴，是固丹命卒之時也。願太傅更慮之。"鞠武曰："夫行危欲求安，造禍而求福，計淺而怨深，連結一人之後交，不顧國家之大害，此謂'資怨而助禍'矣。夫以鴻毛燎於爐炭之上，必無幸矣。且以鵰鷙之秦，行怨暴之怒，豈足道哉！燕有田光先生，其為人智深而勇沈，可與謀。"太子曰："願因太傅而得交於田先生，可乎？"鞠武曰："敬諾。"出見田先生，言太子將圖國事於先生也。田光曰："敬奉教。"乃造焉。

太子逢迎，却行為導，跽而蔽席。田光坐定，左右無人，太子避席而請曰："燕、秦不兩立，願先生留意也。"田光曰："臣聞騏驥盛壯之時，一日而馳千里；至其衰老，駑馬先之。今太子聞光盛壯之時，不知臣精已消亡矣。雖然，光不敢以圖國事，所善荊卿可使也。"太子曰："願因先生得結交，而荊卿可乎？"田光曰："敬諾。"即起，趨出。太子送至門，戒曰："丹所報，先生所言者，國之大事也，願先生勿泄也！"田光俛而笑曰："諾。"僂行見荊卿，曰："光與子相善，燕國莫不知。今太子聞光壯盛之時，不知吾形已不逮也，幸而教之曰'燕、秦不兩立，願先生留意也'。光竊不自外，言足下於太子也，願足下過太子於宮。"荊軻曰："謹奉教。"田光曰："吾聞之，長者為行，不使人疑之。今太子告光曰'所言者，國之大事也，願先生勿泄'，是太子疑光也。夫為行而使人疑之，非節俠也。"欲自殺以激荊卿，曰："願足下急過太子，言光已死，明不言也。"因遂自刎而死。

荊軻遂見太子，言田光已死，致光之言。太子再拜而跪，膝行流涕，有頃而後言曰："丹所以誡田先生毋言者，欲以成大事之謀也。今田先生以死明不言，豈丹之心哉！"荊軻坐定，太子避席頓首曰："先生不知丹之不肖，使得至前，敢有所道，此天之所以哀燕而不棄其孤也。今秦有貪利之心，而欲不可足也。非盡天下之地，臣海內之王者，其意不厭。今秦已虜韓王，盡納其地。又舉兵南伐楚，北臨趙；王翦將數十萬之衆距漳、鄴，而李信出太原、雲中。趙不能支秦，必入臣，入臣則禍至燕。燕小弱，數困於兵，今計舉國不足以當秦。諸侯服秦，莫敢合從。丹之私計，愚以為誠得天下之勇士使於秦，闚以重利；秦王貪，其勢必得所願矣。誠得劫秦王，使悉反諸侯侵地，若曹沫之與齊桓公，則大善矣；則不可，因而刺殺之。

故秦大將擅兵於外而內有亂,則君臣相疑,以其間諸侯得合從,其破秦必矣。此丹之上願,而不知所委命,唯荊卿留意焉。"久之,荊軻曰:"此國之大事也,臣駑下,恐不足任使。"太子前頓首,固請毋讓,然後許諾。於是尊荊卿為上卿,舍上舍。太子日造門下,供太牢具,異物間進,車騎美女恣荊軻所欲,以順適其意。

久之,荊軻未有行意。秦將王翦破趙,虜趙王,盡收入其地,進兵北略地至燕南界。太子丹恐懼,乃請荊軻曰:"秦兵旦暮渡易水,則雖欲長侍足下,豈可得哉!"荊軻曰:"微太子言,臣願謁之。今行而毋信,則秦未可親也。夫樊將軍,秦王購之金千斤,邑萬家。誠得樊將軍首與燕督亢之地圖,奉獻秦王,秦王必說見臣,臣乃得有以報。"太子曰:"樊將軍窮困來歸丹,丹不忍以己之私而傷長者之意,願足下更慮之!"

荊軻知太子不忍,乃遂私見樊於期曰:"秦之遇將軍可謂深矣,父母宗族皆為戮沒。今聞購將軍首金千斤,邑萬家,將奈何?"於期仰天太息流涕曰:"於期每念之,常痛於骨髓,顧計不知所出耳!"荊軻曰:"今有一言可以解燕國之患,報將軍之仇者,何如?"於期乃前曰:"為之奈何?"荊軻曰:"願得將軍之首以獻秦王,秦王必喜而見臣,臣左手把其袖,右手揕其胸,然則將軍之仇報而燕見陵之愧除矣。將軍豈有意乎?"樊於期偏袒搤腕而進曰:"此臣之日夜切齒腐心也,乃今得聞教!"遂自刎。太子聞之,馳往,伏屍而哭,極哀。既已不可奈何,乃遂盛樊於期首函封之。

於是太子豫求天下之利匕首,得趙人徐夫人匕首,取之百金,使工以藥焠之,以試人,血濡縷,人無不立死者。乃裝為遣荊卿。燕國有勇士秦舞陽,年十三,殺人,人不敢忤視。乃令秦舞陽為副。荊軻有所待,欲與俱;其人居遠未來,而為治行。頃之,未發,太子遲之,疑其改悔,乃復請曰:"日已盡矣,荊卿豈有意哉?丹請得先遣秦舞陽。"荊軻怒,叱太子曰:"何太子之遣?往而不返者,豎子也!且提一匕首入不測之強秦,僕所以留者,待吾客與俱。今太子遲之，請辭決矣！"遂發。

太子及賓客知其事者，皆白衣冠以送之。至易水之上，既祖，取道，高漸離擊筑，荊軻和而歌，為變徵之聲，士皆垂淚涕泣。又前而歌曰："風蕭蕭兮易水寒，壯士一去兮不復還！"復為羽聲慷慨，士皆瞋目，髮盡上指冠。於是荊軻就車而去，終已不顧。

遂至秦，持千金之資幣物，厚遺秦王寵臣中庶子蒙嘉。嘉為先言於秦王曰："燕王誠振怖大王之威，不敢舉兵以逆軍吏，願舉國為內臣，比諸侯之列，給貢職如郡縣，而得奉守先王之宗廟。恐懼不敢自陳，謹斬樊於期之頭，及獻燕督亢之地圖，函封，燕王拜送于庭，使使以聞大王，唯大王命之。"秦王聞之，大喜，乃朝服，設九賓，見燕使者咸陽宮。荊軻奉樊於期頭函，而秦舞陽奉地圖匣，以次進。至陛，秦舞陽色變振恐，群臣怪之。荊軻顧笑舞陽，前謝曰："北蕃蠻夷之鄙人，未嘗見天子，故震慴。願大王少假借之，使得畢使於前。"秦王謂軻曰："取舞陽所持地圖。"軻既取圖奏之，秦王發圖，圖窮而匕首見。因左手把秦王之袖，而右〔手〕持匕首揕之。未至身，秦王驚，自引而起，袖絕。拔劍，劍長，操其室。時惶急，劍堅，故不可立拔。荊軻逐秦王，秦王環柱而走。群臣皆愕，卒起不意，盡失其度。而秦法，群臣侍殿上者不得持尺寸之兵；諸郎中執兵皆陳殿下，非有詔召不得上。方急時，不及召下兵，以故荊軻乃逐秦王。而卒惶急，無以擊軻，而以手共搏之。是時侍醫夏無且以其所奉藥囊提荊軻也。秦王方環柱走，卒惶急，不知所為，左右乃曰："王負劍！"負劍，遂拔以擊荊軻，斷其左股。荊軻廢，乃引其匕首以擿秦王，不中，中銅柱。秦王復擊軻，軻被八創。軻自知事不就，倚柱而笑，箕倨以罵曰："事所以不成者，以欲生劫之，必得約契以報太子也。"於是左右既前殺軻，秦王不怡者良久。已而論功，賞群臣及當坐者各有差，而賜夏無且黃金二百鎰，曰："無且愛我，乃以藥囊提荊軻也。"

於是秦王大怒，益發兵詣趙，詔王翦軍以伐燕。十月而拔薊城。燕王喜、太子丹等盡率其精兵東保於遼東。秦將李信追燕王急,代王嘉乃遺燕王書曰:"秦所以尤追燕急者,以太子丹故也。今王誠殺丹獻之秦王,秦王必解,而社稷幸得血食。"其後李信追丹,丹匿衍水中,燕王乃使使斬太子丹,欲獻之秦。秦復進兵攻之。後五年,秦卒滅燕,虜燕王喜。

其明年,秦并天下,立號為皇帝。於是秦逐太子丹、荊軻之客,皆亡。高漸離變名姓為人庸保,匿作於宋子。久之,作苦,聞其家堂上客擊筑,旁皇不能去。每出言曰:"彼有善有不善。"從者以告其主,曰:"彼庸乃知音,竊言是非。"家丈人召前使擊筑,一坐稱善,賜酒。而高漸離念久隱畏約無窮時,乃退,出其裝匣中筑與其善衣,更容貌而前。舉坐客皆驚,下與抗禮,以為上客。使擊筑而歌,客無不流涕而去者。宋子傳客之,聞於秦始皇。秦始皇召見,人有識者,乃曰:"高漸離也。"秦皇帝惜其善擊筑,重赦之,乃矐其目。使擊筑,未嘗不稱善。稍益近之,高漸離乃以鉛置筑中,復進得近,舉筑朴秦皇帝,不中。於是遂誅高漸離,終身不復近諸侯之人。

魯勾踐已聞荊軻之刺秦王,私曰:"嗟乎,惜哉其不講於刺劍之術也!甚矣吾不知人也!曩者吾叱之,彼乃以我為非人也!"

齊國

(12) 鮑叔牙

原文出漢·司馬遷《史記·管晏列傳》,文句幾全同。

管仲夷吾者,穎上人也。少時嘗與鮑叔牙游,鮑叔知其賢。管仲貧困,常欺鮑叔,鮑叔終善遇之,不以為言。已而鮑叔事齊公子小白,管仲事公子糾。及小白立,為桓公,公子糾死,管仲囚焉。鮑叔遂進管仲。管仲既用,任政於齊,齊桓公以霸,九合諸侯,一匡天下,管仲之謀也。

管仲曰："吾始困時,嘗與鮑叔賈,分財利多自與,鮑叔不以我為貪,知我貧也。吾嘗與鮑叔謀事而更窮困,鮑叔不以我為愚,知時有利不利也。吾嘗三仕三見逐於君,鮑叔不以我為不肖,知我不遭時也。吾嘗三戰三走,鮑叔不以我為怯,知我有老母也。公子糾敗,召忽死之,吾幽囚受辱,鮑叔不以我為無恥,知我不羞小節而恥功名不顯于天下也。生我者父母,知我者鮑子也。"

鮑叔既進管仲,以身下之。子孫食祿於齊,有封邑者十餘世,常為名大夫。天下不多管仲之賢而多鮑叔能知人也。

管仲既任政相齊,以區區之齊在海濱,通貨積財,富國彊兵,與俗同好惡。故其稱曰："倉廩實而知禮節,衣食足而知榮辱,上服度則六親固。四維不張,國乃滅亡。下令如流水之原,令順民心。"故論卑而易行。俗之所欲,因而予之;俗之所否,因而去之。

其為政也,善因禍而為福,轉敗而為功。貴輕重,慎權衡。桓公實怒少姬,南襲蔡,管仲因而伐楚,責包茅不入貢於周室。桓公實北征山戎,而管仲因而令燕脩召公之政。於柯之會,桓公欲背曹沫之約,管仲因而信之,諸侯由是歸齊。故曰："知與之為取,政之寶也。"

管仲富擬於公室,有三歸、反坫,齊人不以為侈。管仲卒,齊國遵其政,常彊於諸矦。

(13) 晏平仲

原文出漢·司馬遷《史記·管晏列傳》,文句幾全同。

晏平仲嬰者,萊之夷維人也。事齊靈公、莊公、景公,以節儉力行重於齊。既相齊,食不重肉,妾不衣帛。其在朝,君語及之,則危言;語不及之,即危行。國有道,則順命;無道,即衡命。以此三世顯名於諸矦。

越石父賢,在縲紲中。晏子出,遭之塗,解左驂贖之,載歸。弗謝，入閨。久之，越石父請絕。晏子懼然，攝衣冠謝曰："嬰雖不仁，免子於厄，何子求絕之速也？"石父曰："不然。吾聞君子詘於不知己而信於知己者。方吾在縲紲中，彼不知我也。夫子既以感寤而贖我，是知我；知我而無禮，固不如在縲紲之中。"晏子於是延入為上客。

晏子為齊相，出，其御之妻從門間而闚其夫。其夫為相御，擁大蓋，策駟馬，意氣揚揚，甚自得也。既而歸，其妻請去。夫問其故。妻曰："晏子長不滿六尺，身相齊國，名顯諸侯。今者妾觀其出，志念深矣，常有以自下者。今子長八尺，乃為人僕御，然子之意自以為足，妾是以求去也。"其後夫自抑損。晏子怪而問之，御以實對。晏子薦以為大夫。

（14）淳于髡

原文出漢·司馬遷《史記·滑稽列傳》，文句幾全同。

淳于髡者，齊之贅壻也。長不滿七尺，滑稽多辯，數使諸侯，未嘗屈辱。齊威王之時喜隱，好為淫樂長夜之飲，沈湎不治，委政卿大夫。百官荒亂，諸侯並侵，國且危亡，在於旦暮，左右莫敢諫。淳于髡說之以隱，曰："國中有大鳥，止王之庭，三年不蜚又不鳴，王知此鳥何也？"王曰："此鳥不飛則已，一飛沖天；不鳴則已，一鳴驚人。"於是乃朝諸縣令長七十二人，誅一人，賞一人，奮兵而出。諸侯振驚，皆還齊侵地。威行三十六年。語在《田完世家》中。

威王八年，楚大發兵加齊。齊王使淳于髡之趙請救兵，齎金百斤，車馬十駟。淳于髡仰天大笑，冠纓索絕。王曰："先生少之乎？"髡曰："何敢！"王曰："笑豈有說乎？"髡曰："今者臣從東方來，見道傍有禳田者，操一豚蹄，酒一盂而祝曰：'甌窶滿篝，汙邪滿車，五穀蕃熟，穰穰滿家。'臣見其所持者狹而所欲者奢，故笑之。"於是齊威王乃益齎黃金千鎰，白璧十雙，車馬百駟。髡辭而行，至趙。趙王與之精兵十萬,革車千乘。楚聞之,夜引兵而去。

威王大說,置酒後宮,召髡賜之酒。問曰:“先生能飲幾何而醉?”對曰:“臣飲一斗亦醉,一石亦醉。”威王曰:“先生飲一斗而醉,惡能飲一石哉!其說可得聞乎?”髡曰:“賜酒大王之前,執法在傍,御史在後,髡恐懼俯伏而飲,不過一斗徑醉矣。若親有嚴客,髡帣鞲鞠䠞,侍酒於前,時賜餘瀝,奉觴上壽,數起,飲不過二斗徑醉矣。若朋友交遊,久不相見,卒然相覩,歡然道故,私情相語,飲可五六斗徑醉矣。若乃州閭之會,男女雜坐,行酒稽留,六博投壺,相引為曹,握手無罰,目眙不禁,前有墮珥,後有遺簪,髡竊樂此,飲可八斗而醉二參。日暮酒闌,合尊促坐,男女同席,履舄交錯,杯盤狼藉,堂上燭滅,主人留髡而送客,羅襦襟解,微聞薌澤,當此之時,髡心最歡,能飲一石。故曰酒極則亂,樂極則悲,萬事盡然。”言不可極,極之而衰。以諷諫焉。齊王曰:“善。”乃罷長夜之飲,以髡為諸侯主客。宗室置酒,髡嘗在側。

(15) 司馬喜

原文出漢·劉向編《戰國策·中山策》,文句略有不同。

陰姬與江姬爭為后。司馬喜謂陰姬公曰:“事成,則有土得民;不成,則恐無身。欲成之,何不見臣乎?”陰姬公稽首曰:“誠如君言,事何可豫道者。”司馬喜卽奏書中山王曰:“臣聞弱趙強中山。”中山王說而見之,曰:“願聞弱趙強中山之說。”司馬喜曰:“臣願之趙,觀其地形險阻,人民貧富,君臣賢不肖,商敵為資,未可豫陳也。”中山王遣之。

見趙王曰:“臣聞趙,天下善為音,佳麗人之所出也。今者,臣來至境,入都邑,觀人民謠俗,容貌顏色,殊無佳麗美好者。以臣所行多矣,周流無所不至,未嘗見人有中山陰姬者也。不知者,特以為神,人言不能及也。其容貌顏色,固已過絕人矣。若其眉目準頞權衡,犀角偃月,彼乃帝王之后,非諸侯之姬也。"趙王意移,大悅曰:"吾願請之,何如?"司馬喜曰:"臣竊見其佳麗,口不能無道爾。卽欲請之,是非臣所敢議,願王無泄也。"

司馬喜辭去,歸報中山王曰:"趙王非賢王也,不好道德而好色,不好仁義而好勇力。臣聞其乃欲請所謂陰姬者。"中山王作色不悅。司馬喜曰:"趙彊國也,其請之必矣。王如不與,卽社稷危矣,與之,卽為諸侯笑。"中山王曰:"為將奈何?"司馬喜曰:"王立為(後)〔后〕,以絕趙王之意。世無請后者。雖欲得請之,鄰國不與也。"中山王遂立為后,趙王亦無請言也。

卷三

齊國

(16) 孟嘗君

原文出漢·司馬遷《史記·孟嘗君列傳》,文句幾全同。

孟嘗君名文,姓田氏。文之父曰靖(國)〔郭〕君田嬰。田嬰者,齊威王少子而齊宣王庶弟也。田嬰自威王時任職用事,與成侯鄒忌及田忌將而救韓伐魏。成侯與田忌爭寵,成侯賣田忌。田忌懼,襲齊之邊邑,不勝,亡走。會威王卒,宣王立,知成侯賣田忌,乃復召田忌以為將。宣王二年,田忌與孫臏、田嬰俱伐魏,敗之馬陵,虜魏太子申而殺魏將龐涓。宣王七年,田嬰使於韓、魏,韓、魏服於齊。嬰與韓昭侯、魏惠王會齊宣王東阿南,盟而去。明年,復與梁惠王會甄。是歲,梁惠王卒。宣王九年,田嬰相齊。齊宣王與魏襄王會徐州而相王也。楚威王聞之,怒田嬰。明年,楚伐敗齊師於徐州,而使人逐田嬰。田嬰使張丑說楚威王,威王乃止。田嬰相齊十一年,宣王卒,湣王卽位。卽位三年,而封田嬰於薛。

初，田嬰有子四十餘人，其賤妾有子名文，文以五月五日生。嬰告其母曰："勿舉也。"其母竊舉生之。及長，其母因兄弟而見其子文於田嬰。田嬰怒其母曰："吾令若去此子，而敢生之，何也？"文頓首，因曰："君所以不舉五月子者，何故？"嬰曰："五月子者，長與戶齊，將不利其父母。"文曰："人生受命於天乎？將受命於戶耶？"嬰默然。文曰："必受命於天，君何憂焉。必受命於戶，則高其戶耳，誰能至者！"嬰曰："子休矣。"

久之，文承間問其父嬰曰："子之子為何？"曰："為孫。""孫之孫為何？"曰："為玄孫。""玄孫之孫為何？"曰："不能知也。"文曰："君用事相齊，至今三王矣，齊不加廣而君私家富累萬金，門下不見一賢者。文聞將門必有將，相門必有相。今君後宮蹈綺縠而士不得（短）〔裋〕褐，僕妾餘粱肉而士不厭糟糠。今君又尚厚積餘藏，欲以遺所不知何人，而忘公家之事日損，文竊怪之。"於是嬰乃禮文，使主家待賓客。賓客日進，名聲聞於諸侯。諸侯皆使人請薛公田嬰以文為太子，嬰許之。嬰卒，謚為靖郭君。而文果代立於薛，是為孟嘗君。

孟嘗君在薛，招致諸侯賓客及亡人有罪者，皆歸孟嘗君。孟嘗君舍業厚遇之，以故傾天下之士。食客數千人，無貴賤一與文等。孟嘗君待客坐語，而屏風後常有侍史，主記君所與客語，問親戚居處。客去，孟嘗君已使使存問，獻遺其親戚。孟嘗君曾待客夜食，有一人蔽火光。客怒，以飯不等，輟食辭去。孟嘗君起，自持其飯比之。客慚，自剄。士以此多歸孟嘗君。孟嘗君客無所擇，皆善遇之。人人各自以為孟嘗君親己。

秦昭王聞其賢，乃先使涇陽君為質於齊，以求見孟嘗君。孟嘗君將入秦，賓客莫欲其行，諫，不聽。蘇代謂曰："今旦代從外來，見木偶人與土偶人相與語。木偶人曰：'天雨，子將敗矣。'土偶人曰：'我生於土，敗則歸土。今天雨，流子而行，未知所止息也。'今秦，虎狼之國也，而君欲往，如有不得還，君得無為土偶人所笑乎？"孟嘗君乃止。

　　齊湣王二十五年，復卒使孟嘗君入秦，昭王即以孟嘗君為秦相。人或說秦昭王曰："孟嘗君賢，而又齊族也，今相秦，必先齊而後秦，秦其危矣。"於是秦昭王乃止。囚孟嘗君，謀欲殺之。孟嘗君使人抵昭王幸姬求解。幸姬曰："妾願得君狐白裘。"此時孟嘗君有一狐白裘，直千金，天下無雙，入秦獻之昭王，更無他裘。孟嘗君患之，徧問客，莫能對。最下坐有能為狗盜者，曰："臣能得狐白裘。"乃夜為狗，以入秦宮藏中，取所獻狐白裘至，以獻秦王幸姬。幸姬為言昭王，昭王釋孟嘗君。孟嘗君得出，即馳去，更封傳，變名姓以出關。夜半至函谷關。秦昭王後悔出孟嘗君，求之，已去，即使人馳傳逐之。孟嘗君至關，關法雞鳴而出客，孟嘗君恐追至，客之居下坐者有能為雞鳴，而雞盡鳴，遂發傳出。出如食頃，秦追果至關，已後孟嘗君出，乃還。始孟嘗君列此二人於賓客，賓客盡羞之，及孟嘗君有秦難，卒此二人拔之。自是之後，客皆服。

　　孟嘗君過趙，趙平原君客之。趙人聞孟嘗君賢，出觀之，皆笑曰："始以薛公為魁然也，今視之，乃眇小丈夫耳。"孟嘗君聞之，怒。客與俱者下，斫擊殺數百人，遂滅一縣以去。

　　齊湣王不自得，以其遣孟嘗君。孟嘗君至，則以為齊相，任政。

　　孟嘗君怨秦，將以齊為韓、魏攻楚，因與韓、魏攻秦，而借兵食於西周。蘇代為西周謂曰："君以齊為韓、魏攻楚九年，取宛、葉以北以彊韓、魏，今復攻秦以益之。韓、魏南無楚憂，西無秦患，則齊危矣。韓、魏必輕齊畏秦，臣為君危之。君不如令敝邑深合於秦，而君無攻，又無借兵食。君臨函谷而無攻，令敝邑以君之情謂秦昭王曰'薛公必不破秦以彊韓、魏。其攻秦也，欲王之令楚王割東國以與齊，而秦出楚懷王以為和'。君令敝邑以此惠秦，秦得無破而以東國自免也，秦必欲之。楚王得出，必德齊。齊得東國益彊，而薛世世無患矣。秦不大弱，而處三晉之西，三晉必重齊。"薛公曰："善。"因令韓、魏賀秦，使三國無攻，而不借兵食於西周矣。是時，楚懷王入秦，秦留之，故欲必出之。秦不果出楚懷王。

孟嘗君相齊，其舍人魏子為孟嘗君收邑入，三反而不致一人。孟嘗君問之，對曰："有賢者，竊假與之，以故不致入。"孟嘗君怒而退魏子。居數年，人或毀孟嘗君於齊湣王曰："孟嘗君將為亂。"及田甲劫湣王，湣王意疑孟嘗君，孟嘗君乃奔。魏子所與粟賢者聞之，乃上書言孟嘗君不作亂，請以身為盟，遂自剄宮門以明孟嘗君。湣王乃驚，而蹤跡驗問，孟嘗君果無反謀，乃復召孟嘗君。孟嘗君因謝病，歸老於薛。湣王許之。

其後，秦亡將呂禮相齊，欲困蘇代。代乃謂孟嘗君曰："周最於齊，至厚也，而齊王逐之，而聽親弗相呂禮者，欲取秦也。齊、秦合，則親弗與呂禮重矣。有用，齊、秦必輕君。君不如急北兵，趨趙以和秦、魏，收周最以厚行，且反齊王之信，又禁天下之變。齊無秦，則天下集齊，親弗必走，則齊王孰與為其國也！"於是孟嘗君從其計，而呂禮嫉害於孟嘗君。

孟嘗君懼，乃遺秦相穰侯魏冉書曰："吾聞秦欲以呂禮收齊，齊，天下之彊國也，子必輕矣。齊、秦相取以臨三晉，呂禮必并相矣，是子通齊以重呂禮也。若齊免於天下之兵，其讎子必深矣。子不如勸秦王伐齊。齊破，吾請以所得封子。齊破，秦畏晉之彊，秦必重子以取晉。晉國獎於齊而畏秦，晉必重子以取秦。是子破齊以為功，挾晉以為重；是子破齊定封，秦、晉交重子。若齊不破，呂禮復用，子必大窮。"於是穰侯言於秦昭王伐齊，而呂禮亡。

後齊湣王滅宋，益驕，欲去孟嘗君。孟嘗君恐，乃如魏。魏昭王以為相，西合於秦、趙，與燕共伐破齊。齊湣王亡在莒，遂死焉。齊襄王立，而孟嘗君中立為諸侯，無所屬。齊襄王新立，畏孟嘗君，與連和，復親薛公。文卒，謚為孟嘗君。諸子爭立，而齊、魏共滅薛。孟嘗絕嗣無後也。

初，馮驩聞孟嘗君好客，躡屩而見之。孟嘗君曰："先生遠辱，何以教文也？"馮驩曰："聞君好士，以貧身歸於君。"孟嘗君置傳舍十日,孟嘗君問傳舍長曰:"客何所為?"答曰:"馮先生甚貧,猶有一劍耳,又蒯緱。彈其劍而歌曰'長鋏歸來乎,食無魚'。"孟嘗君遷之幸舍,食有魚矣。五日,又問傳舍長。答曰:"客復彈劍而歌曰'長鋏歸來乎,出無輿'。"孟嘗君遷之代舍,出入乘輿車矣。五日,孟嘗君復問傳舍長。舍長答曰:"先生又嘗彈劍而歌曰'長鋏歸來乎,無以為家'。"孟嘗君不悅。

居朞年,馮驩無所言。孟嘗君時相齊,封萬戶於薛。其食客三千人。邑入不足以奉客,使人出錢於薛。歲餘不入,貸錢者多不能與其息,客奉將不給。孟嘗君憂之,問左右:"何人可使收債於薛者?"傳舍長曰:"代舍客馮公形容狀貌甚辯,長者,無他技能,宜可令收債。"孟嘗君乃進馮驩而請之曰:"賓客不知文不肖,幸臨文者三千餘人,邑入不足以奉賓客,故出息錢於薛。薛歲不入,民頗不與其息。今客食恐不給,願先生責之。"馮驩曰:"諾。"辭行,至薛,召取孟嘗君錢者皆會,得息錢十萬。乃多釀酒,買肥牛,召諸取錢者,能與息者皆來,不能與息者亦來,皆持取錢之券書合之。齊為會,日殺牛置酒。酒酣,乃持券如前合之,能與息者,與為期;貧不能與息者,取其券而燒之。曰:"孟嘗君所以貸錢者,為民之無者以為本業也;所以求息者,為無以奉客也。今富給者以要期,貧窮者燔券書以捐之。諸君彊飲食。有君如此,豈可負哉!"坐者皆起,再拜。

孟嘗君聞馮驩燒券書,怒而使使召驩。驩至,孟嘗曰:"文食客三千人,故貸錢於薛。文奉邑少,而民尚多不以時與其息,客食恐不足,故請先生收責之。聞先生得錢,即以多具牛酒而燒券書,何?"馮驩曰:"然。不多具牛酒即不能畢會,無以知其有餘不足。有餘者,為要期。不足者,雖守而責之十年,息愈多,急,即以逃亡自捐之。若急,終無以償,上則為君好利不愛士民,下則有離上抵負之名,非所以厲士民彰君聲也。焚無用虛債之券,捐不可得之虛計,令薛民親君而彰君之善聲也,君有何疑焉!"孟嘗君乃拊手而謝之。

　　齊王惑於秦、楚之毀，以為孟嘗君名高其主而擅齊國之權，遂廢孟嘗君。諸客見孟嘗君廢，皆去。馮驩曰："借臣車一乘，可以入秦者，必令君重於國而奉邑益廣，可乎？"孟嘗君乃約車幣而遺之。馮驩乃西說秦王曰："天下之游士馮軾結靷西入秦者，無不欲彊秦而弱齊；馮軾結靷東入齊者，無不欲彊齊而弱秦。此雄雌之國也，勢不兩立為雄，雄者得天下矣。"秦王跽而問之曰："何以使秦無為雌而可？"馮驩曰："王亦知齊之廢孟嘗君乎？"秦王曰："聞之。"馮驩曰："使齊重於天下者，孟嘗君也。今齊王以毀廢之，其心怨，必背齊；背齊入秦，則齊國之情，人事之誠，盡委之秦，齊地可得也，豈直為雄也！君急使使載幣陰迎孟嘗君，不可失時也。如有齊覺悟，復用孟嘗君，則雌雄之所在未可知也。"秦王大悅，乃遣車十乘黃金百鎰以迎孟嘗君。馮驩辭以先行，至齊，說齊王曰："天下之遊士馮軾結靷東入齊者，無不欲彊齊而弱秦者；馮軾結靷西入秦者，無不欲彊秦而弱齊者。夫秦、齊雄雌之國，秦彊則齊弱矣，此勢不兩雄。今臣竊聞秦遣使車十乘載黃金百鎰以迎孟嘗君。孟嘗君不西則已，西入相秦則天下歸之，秦為雄而齊為雌，雌則臨淄、即墨危矣。王何不先秦使之未到，復孟嘗君，而益與之邑以謝之？孟嘗君必喜而受之。秦雖彊國，豈可以請人相而迎之哉！折秦之謀，而絕其霸彊之略。"齊王曰："善。"乃使人至境候秦使。秦使車適入齊境，使還馳告之，王召孟嘗君而復其相位，而與其故邑之地，又益以千戶。秦之使者聞孟嘗君復相齊，還車而去矣。

　　自齊王毀廢孟嘗君，諸客皆去。後召而復之，馮驩迎之。未到，孟嘗君太息歎曰："文常好客，遇客無所敢失，食客三千有餘人，先生所知也。客見文一日廢，皆背文而去，莫顧文者。今賴先生得復其位，客亦有何面目復見文乎？如復見文者，必唾其面而大辱之。"馮驩結轡下拜。孟嘗君下車接之，曰："先生為客謝乎？"馮驩曰："非為客謝也，為君之言失。夫物有必至，事有固然，君知之乎？"孟嘗君曰："愚不知所謂也。"曰："生者必有死，物之必至也；富貴多士，貧賤寡友，事之固然也。君獨不見夫(朝)趣市[朝]者乎？明旦，側肩爭門而入；日暮之後，過市朝者掉臂而不顧。非好朝而惡暮，所期物忘其中。今君失位，賓客皆去，不足以怨士而徒絕賓客之路。願君遇客如故。"孟嘗君再拜曰："敬從命矣。聞先生之言，敢不奉教焉。"

（17）聶政

原文出漢·司馬遷《史記·刺客列傳》，文句幾全同。

聶政者，軹深井里人也。殺人避仇，與母、姊如齊，以屠為事。

久之，濮陽嚴仲子事韓哀侯，與韓相俠累有卻。嚴仲子恐誅，亡去，游求人可以報俠累者。至齊，齊人或言聶政勇敢士也，避仇隱于屠者遂閒。嚴仲子至門請，數反，然後具酒自暢聶政母前。酒酣，嚴仲子奉黃金百鎰，前為聶政母壽。聶政驚怪其厚，固謝嚴仲子。嚴仲子固進，而聶政謝曰："臣幸有老母，家貧，客游以為狗屠，可以旦夕得甘毳以養親。親供養備，不敢當仲子之賜。"嚴仲子辟人，因為聶政言曰："臣有仇，而行游諸侯眾矣；然至齊，竊聞足下義甚高，故進百金者，將用為(夫)〔大〕人麤糲之費，得以交足下之驩，豈敢以有求望邪！"聶政曰："臣所以降志辱身居市井屠者，徒幸以養老母；老母在，政身未敢以許人也。"嚴仲子固讓，聶政竟不肯受也。然嚴仲子卒備賓主之禮而去。

久之，聶政母死。既已葬，除服，聶政曰："嗟乎！政乃市井之人，鼓刀以屠，而嚴仲子乃諸侯之卿相也，不遠千里，枉車騎而交臣。臣之所以待之，至淺鮮矣，未有大功可以稱者，而嚴仲子奉百金為親壽，我雖不受，然是者徒深知政也。夫賢者以感忿睚眦之意，而親信窮僻之人，而政獨安得默然而已乎！且前日要政，政徒以老母，老母今以天年終，政將為知己者用。"

乃遂西至濮陽,見嚴仲子,曰:"前日所以不許仲子者,徒以親在,今不幸而母以天年終。仲子所欲報仇者為誰?請得從事焉!"嚴仲子具告曰:"臣之仇韓相俠累,俠累又韓君之季父也,宗族甚多,居處兵衛甚設,臣欲使人刺之,(衆)終莫能就。今足下幸而不棄,請益其車騎壯士可為足下輔翼者。"聶政曰:"韓之與衛,相去中間不甚遠,今殺人之相,相又國君之親,此其勢不可以多人,多人不能無生得失,生得失則語泄,語泄是韓舉國而與仲子為仇,豈不殆哉!"遂謝車騎人徒,聶政乃辭獨行。

仗劍至韓,韓相俠累方坐府上,持兵戟而衛侍者甚眾。聶政直入,上階刺殺俠累,左右大亂。聶政大呼,所擊殺者數十人,因自皮面決眼,自屠出腸,遂以死。

韓取聶政尸暴於市,購問莫知誰子。於是韓(購)縣〔購〕之,有能言殺相俠累者予千金。久之莫知也。

政姊榮聞人有刺殺韓相者,賊不得,國不知其名姓,暴其尸而縣之千金,乃於邑曰:"其是吾弟與?嗟乎,嚴仲子知吾弟!"立起,如韓,之市,而死者果政也,伏尸哭極哀,曰:"是軹深井里所謂聶政者也。"市行者諸眾人皆曰:"此人暴虐吾國相,王縣購其名姓千金,夫人不聞與?何敢來識之也?"榮應之曰:"聞之。然政所以蒙污辱自棄于市販之間者,為老母幸無恙,妾未嫁也。親既以天年下世,妾已嫁夫,嚴仲子乃察舉吾弟困污之中而交之,澤厚矣,可柰何!士固為知己者死,今乃以妾尚在之故,重自刑以絕從,妾其柰何畏歿身之誅,終滅賢弟之名!"大驚韓市人。乃大呼天者三,卒於邑悲哀而死政之旁。

晉、楚、齊、衛聞之,皆曰:"非獨政能也,及其姊亦烈女也。鄉使政誠知其姊無濡忍之志,不重暴骸之難,必絕險千里以列其名,姊弟俱僇於韓市者,亦未必敢以身許嚴仲子也。嚴仲子亦可謂知人能得士矣!

（18）田單

原文出漢·司馬遷《史記·田單列傳》，文句幾全同，唯略去"君王后"及王蠋之事。

田單者，齊諸田疏屬也。湣王時，單為臨淄市掾，不見知。及燕使樂毅伐破齊，齊湣王出奔，已而保莒城。燕師長驅平齊，而田單走安平，令其宗人盡斷其車軸末而傅鐵籠。已而燕軍攻安平，城壞，齊人走，爭塗，以轊折車敗，為燕所虜，唯田單宗人以鐵籠故得脫，東保即墨。

燕既盡降齊城，唯獨莒、即墨不下。燕軍聞齊王在莒，并兵攻之。淖齒既殺湣王於莒，因堅守，拒燕軍，數年不下。燕引兵東圍即墨，即墨大夫出與戰，敗死。城中相與推田單，曰："安平之戰，田單宗人以鐵籠得全，習兵。"立以為將軍，以即墨距燕。

頃之，燕昭王卒，惠王立，與樂毅有隙。田單聞之，乃縱反間於燕，宣言曰："王已死，城之不拔者二耳。樂毅畏誅而不敢歸，以伐齊為名，實欲連兵南面而王齊。齊人未附，故且緩攻即墨以待其事。齊人所懼，唯恐他將之來，即墨殘矣。"燕王以為然，使騎劫代樂毅。

樂毅因歸趙，燕人士卒忿。而田單乃令城中人食必祭其先祖於庭，飛鳥悉翔舞城中下食。燕人怪之。田單因宣言曰："神來下教我。"乃令城中人曰："當有神人為我師。"有一卒曰："臣可以為師乎？"因反走。田單乃起，引還，東鄉坐，師事之。卒曰："臣欺君，誠無能也。"田單曰："子勿言也！"因師之。每出約束，必稱神師。乃宣言曰："吾唯懼燕軍之劓所得齊卒，置之前行，與我戰，即墨敗矣。"燕人聞之，如其言。城中人見齊諸降者盡劓，皆怒，堅守，唯恐見得。單又縱反間曰："吾懼燕人掘吾城外冢墓，僇先人，可為寒心。"燕軍盡掘壠墓，燒死人。即墨人從城上望見，皆涕泣，其欲出戰，怒自十倍。

田單知士卒之可用，乃身操版插，與士卒分功，妻妾編於行伍之間，盡散飲食饗士。令甲卒皆伏，使老弱女子乘城，遣使約降於燕，燕軍皆呼萬歲。田單又收民金，得千鎰，令即墨富豪遺燕將，曰："即墨即降，願無虜掠吾族家妻妾，令安堵。"燕將大喜，許之。燕軍由此益懈。

田單乃收城中得千餘牛，為絳繒衣，畫以五彩龍文，束兵刃於其角，而灌脂束葦於尾，燒其端。鑿城數十穴，夜縱牛，壯士五千人隨其後。牛尾熱，怒而奔燕軍，燕軍夜大驚。牛尾炬火光明炫燿，燕軍視之皆龍文，所觸盡死傷。五千人因銜枚擊之，而城中鼓譟從之，老弱皆擊銅器為聲，聲動天地。燕軍大駭，敗走。齊人遂夷殺其將騎劫。燕軍擾亂奔走，齊人追亡逐北，所過城邑皆畔燕而歸田單，兵日益多，乘勝，燕日敗亡，卒至河上，而齊七十餘城皆復為齊。乃迎襄王於莒，入臨菑而聽政。襄王封田單，號曰安平君。

（19）魯仲連

原文出漢・司馬遷《史記・魯仲連鄒陽列傳》，偶有脫句。

魯仲連者，齊人也。好奇偉俶儻之畫策，而不肯仕官任職，好持高節。游於趙。

趙孝成王時，而秦王使白起破趙長平之軍前後四十餘萬，秦兵遂東圍邯鄲。趙王恐，諸侯之救兵莫敢擊秦軍。魏安釐王使將軍晉鄙救趙，畏秦，止於蕩陰不進。魏王使客將軍新垣衍間入邯鄲，因平原君謂趙王曰："秦所為急圍趙者，前與齊湣王爭強為帝，已而復歸帝；今齊湣王已益弱，方今唯秦雄天下，此非必貪邯鄲，其意欲復求為帝。趙誠發使尊秦昭王為帝，秦必喜，罷兵去。"平原君猶豫未有所決。

此時魯仲連適游趙，會秦圍趙，聞魏將欲令趙尊秦為帝，乃見平原君曰："事將奈何？"平原君曰："勝也何敢言事！前亡四十萬之眾於外,今又内圍邯鄲而不能去。魏王使客將軍新垣衍令趙帝秦,今其人在是。勝也何敢言事!"魯仲連曰:"吾始以君為天下之賢公子也,吾乃今然後知君非天下之賢公子也。梁客新垣衍安在?吾請為君責而歸之。"平原君曰:"勝請為紹介而見之於先生。"平原君遂見新垣衍曰:"東國有魯仲連先生者,今其人在此,勝請為紹介,交之於將軍。"新垣衍曰:"吾聞魯仲連先生,齊國之高士也。衍,人臣也,使事有職,吾不願見魯仲連先生。"平原君曰:"勝既已泄之矣。"新垣衍許諾。

魯仲連見新垣衍而無言。新垣衍曰:"吾視居此圍城之中者,皆有求於平原君者也,〔今吾觀先生之玉貌,非有求於平原君者也,〕曷為久居此圍城之中而不去?"魯仲連曰:"世以鮑焦為無從頌而死者,皆非也。眾人不知,則為一身。彼秦者,棄禮義而上首功之國也,權使其士,虜使其民。彼即肆然而為帝,過而為政於天下,則連有蹈東海而死耳,吾不忍為之民也。所為見將軍者,欲以助趙也。"

新垣衍曰:"先生助之,將奈何?"魯連曰:"吾將使梁及燕助之,齊、楚則固助之矣。"新垣衍曰:"燕則吾請以從矣。若乃梁者,則吾乃梁人也,先生惡能使梁助之?"魯連曰:"梁未睹秦稱帝之害故(宜)〔耳〕,使梁睹秦稱帝之害,則必助趙矣。"

新垣衍曰:"秦稱帝之害何如?"魯連曰:"昔者齊威王嘗為仁義矣,率天下諸侯而朝周。周貧且微,諸侯莫朝,而齊獨朝之。居歲餘,周烈王崩,齊後往,周怒,赴於齊曰:'天崩地拆,天子下席。東藩之臣,因齊後至,則斮。'齊威王勃然怒曰:'叱嗟,而母婢也!'卒為天下(莫)〔笑〕。故生則朝周,死則叱之,誠不忍其求也。彼天子固然,其無足怪。"

新垣衍曰:"先生獨不見夫僕乎?十人而從一人者,寧力不勝而智不若邪?畏之也。"魯仲連曰:"嗚呼!梁之比於秦若僕邪?"新垣衍曰:"然。"魯仲連曰:"吾將使秦王烹醢梁王。"新垣衍怏然不悦，曰："噫嘻，亦太甚矣！先生之言也！先生又惡能使秦王烹醢梁王？"魯仲連曰："固也，吾將言之。昔者九侯、鄂侯、文王，紂之三公也。九侯有子而好，獻之於紂，紂以為惡，醢九侯。鄂侯爭之強，辯之疾，故脯鄂侯。文王聞之，喟然而歎，故拘之羑里之庫百日，欲令之死。以為與人俱稱王，卒就脯醢之地？齊湣王將之魯，夷維子為執策而從，謂魯人曰：'子將何以待吾君？'魯人曰：'吾將以十太牢待子之君。'夷維子曰：'子安取禮而來吾君？彼吾君者，天子也。天子巡狩，諸侯辟舍，納筦籥，攝衽抱机，視膳於堂下，天子已食，乃退而聽朝也。'魯人投其籥，不果納。不得入於魯，將之薛，假途於鄒。當是時，鄒君死，湣王欲入弔，夷維子謂鄒之孤曰：'天子弔，主人必將倍殯棺，設北面於南方，然後天子面南弔也。'鄒之群臣曰：'必若此，吾將伏劍而死。'固不敢入於鄒。鄒、魯之臣，生則不得事養，死則不得賻襚，然且欲行天子之禮於鄒、魯，鄒、魯之臣不果納。今秦萬乘之國也，梁亦萬乘之國也。俱據萬乘之國，各有稱王之名，睹其一戰而勝，欲從而帝之，是使三晉之大臣不如鄒、魯之僕妾也。且秦無已而帝，則且變易諸侯之大臣。彼將奪其所不肖而與其所賢，奪其所憎而與其所愛。彼又將使其子女讒妾為諸侯妃姬，處梁之宮。梁王安得晏然而已乎？而將軍又何以得故寵乎？"

於是新垣衍起，再拜謝曰："始以先生為庸人，吾乃今日知先生為天下之士也。吾請出，不敢復言帝秦。"秦將聞之，為却軍五十里。適會魏公子無忌奪晉鄙軍以救趙，擊秦軍，秦軍遂引而去。於是平原君欲封魯連，魯連辭讓，使者三，終不肯受。平原君乃置酒，酒酣起前，以千金為魯連壽。魯連笑曰："所謂貴於天下之士者，為人排患釋難解紛亂而無取也。卽有取者，是商賈之事也，而連不忍為也。"遂辭平原君而去，終身不復見。

其後二十餘年，燕將攻下聊城，聊城人或讒之燕，燕將懼誅，因保守聊城，不敢歸。齊田單攻聊城歲餘，士卒多死而聊城不下。魯連乃為書，約之矢以射城中，遺燕將書曰：

"吾聞之，智者不倍時而棄利，勇士不怯死而滅名，忠臣不先身而後君。今公行一朝之忿，不顧燕王之無臣，非忠也；殺身亡聊城，而威不信於齊，非勇也；功敗名滅，後世無稱焉，非智也。三者世主不臣，說士不載，故智者不再計，勇士不怯死。今死生榮辱，貴賤尊卑，此時不再至，願公詳計而無與俗同。

"且楚攻齊之南陽，魏攻平陸，而齊無南面之心，以為亡南陽之害小，不如得濟北之利大，故定計審處之。今秦人下兵，魏不敢東面；衡秦之勢成，楚國之形危；齊棄南陽，斷右壤，定濟北，計猶且為之也。且夫齊之必決於聊城，公勿再計。今楚、魏交退於齊，而燕救不至。以全齊之兵，無天下之規，與聊城共據期年之敝，則臣見公之不能得也。且燕國大亂，君臣失計，上下迷惑，栗腹以十萬之眾，五折於外，以萬乘之國被圍於趙，壤削主困，為天下僇笑。國敝而禍多，民無所歸心。今公又以敝聊之民距全齊之兵，是墨翟之守也。食人炊骨，士無反外之心，是孫臏之兵也，能見於天下。雖然，為公計者，不如全車甲以報於燕。車甲全而歸燕，燕王必喜；身全而歸於國，士民如見父母，交游攘臂而議於世，功業可明。上輔孤主以制群臣，下養百姓以資說士，矯國更俗，功名可立也。亡意亦捐燕棄世，東游於齊乎？裂地定封，富比乎陶、衛，世世稱孤，與齊久存，又一計也。此兩計者，顯名厚實也，願公詳計而審處一焉。

"且吾聞之，規小節者不能成榮名，惡小耻者不能立大功。昔者管夷吾射桓公中其鉤，篡也；遺公子糾不能死，怯也；束縛桎梏，辱也。若此三行者，世主不臣而鄉里不通。鄉使管子幽囚而不出，身死而不反於齊，則亦名不免為辱人賤行矣。臧獲且羞與之同名矣，況世俗乎！故管子不耻身在縲紲之中而耻天下之不治，不耻不死公子糾而耻威之不信於諸侯，故兼三行之過而為五霸首，名高天下而光燭鄰國。

"曹子為魯將，三戰三北，而亡地五百里。鄉使曹子計不反顧，議不旋踵，刎頸而死，則亦名不免為敗軍擒將矣。曹子棄三北之耻,而退與魯君計。桓公朝天下,會諸侯,曹子以一劍之任,枝桓公之心於壇坫之上,顏色不變,辭氣不悖,三戰之所亡,一朝而復之,天下震動,諸侯驚駭,威加吳、越。若此二士者,非不能成小廉而行小節也,以為殺身亡軀,絕世滅後,功名不立,非智也。故去感忿之怨,立終身之名;棄忿悁之節,定累世之功。是以業與三王爭流,而名與天壤相獘也。願公擇一而行之。"

燕將見魯連書,泣三日,猶豫不能自決。欲歸燕,已有隙,恐誅;欲降齊,所殺虜於齊甚眾,恐已降而後見辱。喟然嘆曰:"與人刃我,寧自刃。"乃自殺。聊城亂,田單遂屠聊城。歸而言魯連,欲爵之。魯連逃隱於海上,曰:"吾與富貴而詘于人,寧貧賤而輕世肆志焉。"

卷四

趙國

(20) 程嬰

原文在"公孫杵臼謂程嬰曰"之前,出自漢‧劉向編《說苑‧復恩》,之後則出於漢‧劉向編《新序‧節士》,乃合兩文為一者,文句略同。此處所錄實與明‧劉仲達輯《劉氏鴻書》卷五六《人品部十一》幾全同。

趙盾舉韓厥,晉君以為中軍尉。趙盾死,子朔嗣為卿。至景公二年[1],趙朔為晉將,朔取成公姊為夫人,大夫屠岸賈欲誅趙氏。初趙盾在時,夢見叔帶持龜要而哭甚悲,已而笑拊手且歌,盾卜之占,兆絕而後好,趙史援古曰:"此甚惡,非君之身,及君之子,然亦君之咎也。"

---

[1]《劉氏鴻書》為"景公三年"。

至于趙朔，世益衰，屠岸賈者，始有寵於靈公，及至於晉景公，而賈為司寇，將作難，乃治靈公之賊以致趙盾，徧告諸將曰："趙穿弑靈公，盾雖不知，猶為首賊，臣殺君，子孫在朝，何以懲罪，請誅之！"韓厥曰："靈公遇賊，趙盾在外，吾先君以為無罪，故不誅。今諸君將誅其後，是非先君之意而擅妄誅。妄誅謂之亂臣，有大事而君不聞，是無君也。"

屠岸賈不聽，厥告趙朔趣亡，趙朔不肯，曰："子必不絕趙祀，予死不恨。"韓厥許諾，稱疾不出。賈不請而擅與諸將攻趙氏於下宮，殺趙朔、趙同、趙括、趙嬰齊，皆滅其族。趙朔妻成公姊有遺腹，走公宮匿。

公孫杵臼謂程嬰："胡不死？"嬰曰："朔之妻有遺腹，若幸而男，吾奉之，即女也，吾徐死耳。"無何，而朔妻娩生男。屠岸賈聞之，索於宮，朔妻置兒袴中，祝曰："趙宗滅乎？若號。即不滅乎？若無聲。"及索，兒竟無聲。已脫，程嬰謂杵臼曰："今一索不得，後必且復之，奈何？"杵臼曰："立孤與死，孰難？"嬰曰："立孤亦難耳！"杵臼曰："趙氏先君遇子厚，子強為其難者，吾為其易者，吾請先死。"而二人謀取他嬰兒，負以文褓，匿山中。嬰謂諸將曰："嬰不肖，不能立孤，誰能與吾千金，吾告趙氏孤處。"諸將皆喜，許之，發師，隨嬰攻杵臼。杵臼曰："小人哉程嬰！下宮之難不能死，與我謀匿趙氏孤兒，今又賣之。縱不能立孤兒，忍賣之乎？"抱而呼天乎："趙氏孤兒何罪？請活之，獨殺杵臼也。"諸將不許，遂并殺杵臼與兒。

諸將以為趙氏孤兒已死，皆喜。然趙氏真孤兒乃在，程嬰卒與俱匿山中。居十五年，晉景公病，卜之，大業之冑者為祟。景公問韓厥，韓厥知趙孤兒存，乃曰："大業之後，在晉絕祀者，其趙氏乎？夫自中行衍皆嬴姓也。中行衍人面鳥噣，降佐帝大戊及周天子，皆有明德，下及幽、厲無道，而叔帶去周適晉，事先君繆侯，至于成公，世有立功，未嘗絕祀。今及吾君，獨滅之趙宗，國人哀之，故見龜策，唯君圖之。"景公問趙尚有後子孫乎？韓厥具以實告。景公乃與韓厥謀立趙氏孤兒，召匿之宮中。諸將入問病，景公因韓厥之眾以脅諸將，而見趙孤兒，孤兒名武。諸將不得已，乃曰："昔下宮之難，屠岸賈為之，矯以君命，并命群臣。非然，孰敢作難？微君之病，群臣固將請立趙後，今君有命，群臣願之。"於是召趙氏、程嬰，徧拜諸將，遂俱與程嬰、趙氏攻屠岸賈，滅其族，復與趙氏田邑如故。

趙武冠為成人，程嬰乃辭大夫，謂趙武曰："昔下宮之難皆能死，我非不能死，思立趙氏後，今子既立為成人，趙宗復故，我將下報趙孟與公孫杵臼。"趙武號泣，固請曰："武願苦筋骨以報子至死，而子忍棄我死乎？"程嬰曰："不可，彼以我為能成事故，皆先我死，今我不下報之，是以我事為不成也。"遂自殺。趙武服衰三年，為祭邑，春秋祠之，世不絕。君子曰："程嬰、公孫杵臼，可謂信友厚士矣。"

(21) 青荓

原文出周・呂不韋《呂氏春秋・季冬紀・序意》，文句幾全同。

趙襄子遊於囿中，至於梁，馬却不肯進，青荓為驂乘，襄子曰："進視梁下，類有人。"青荓進視梁下。豫讓却寢，佯為死人，叱青荓曰："去！長者吾且有事。"青荓曰："少而與子友，子且為大事，而我言之，是失相與之道。子將賊吾君，而我不言之，是失為人臣之道。如我者，惟死為可。"乃退而自殺。

(22) 平原君

原文出漢・司馬遷《史記・平原君虞卿列傳》，文句幾全同。

平原君趙勝者，趙之諸公子也。諸子中勝最賢，喜賓客，賓客蓋至者數千人。平原君相趙惠文王及孝成王，三去相，三復位，封於東武城。

平原君家樓臨民家。民家有躄者，槃散行汲。平原君美人居樓上，臨見，大笑之。明日，躄者至平原君門，請曰："臣聞君之喜士，士不遠千里而至者，以君能貴士而賤妾也。臣不幸有罷癃之病，而君之後宮臨而笑臣，臣願得笑臣者頭。"平原君笑應曰："諾。"躄者去，平原君笑曰："觀此豎子，乃欲以一笑之故殺吾美人，不亦甚乎！"終不殺。居歲餘，賓客門下舍人稍稍引去者過半。平原君怪之，曰："勝所以待諸君者未嘗敢失禮，而去者何多也？"門下一人前對曰："以君之不殺笑躄者，以君為愛色而賤士，士卽去耳。"於是平原君乃斬笑躄者美人頭，自造門進躄者，因謝焉。其後門下乃復稍稍來。是時齊有孟嘗，魏有信陵，楚有春申，故爭相傾以待士。

秦之圍邯鄲，趙使平原君求救，合從於楚，約與食客門下有勇力文武備具者二十人偕。平原君曰："使文能取勝，則善矣。文不能取勝，則歃血於華屋之下，必得定從而還。士不外索，取於食客門下足矣。"得十九人，餘無可取者，無以滿二十人。門下有毛遂者，前，自薦於平原君曰："遂聞君將合從於楚，約與食客門下二十人偕，不外索。今少一人，願君卽以遂備員而行矣。"平原君曰："先生處勝之門下幾年於此矣？"毛遂曰："三年於此矣。"平原君曰："夫賢士之處世也，譬若錐之處囊中，其末立見。今先生處勝之門下三年於此矣，左右未有所稱誦，勝未有所聞，是先生無所有也。先生不能，先生留。"毛遂曰："臣乃今日請處囊中耳。使遂蚤得處囊中，乃脫穎而出，非特其末見而已。"平原君竟與毛遂偕。十九人相與目笑之而未廢也。

毛遂比至楚，與十九人論議，十九人皆服。平原君與楚合從，言其利害，日出而言之，日中不決。十九人謂毛遂曰："先生上。"毛遂按劍歷階而上，謂平原君曰："從之利害，兩言而決耳。今日出而言從，日中不決，何也？"楚王謂平原君曰："客何為者也？"平原君曰："是勝之舍人也。"楚王叱曰："胡不下！吾乃與而君言，汝何為者也！"毛遂按劍而前曰："王之所以叱遂者，以楚國之衆也。今十步之內，王不得恃楚國之衆也，王之命懸於遂手。吾君在前，叱者何也？且遂聞湯以七十里之地王天下，文王以百里之壤而臣諸侯，豈其士卒衆多哉，誠能據其勢而奮其威。今楚地方五千里，持戟百萬，此霸王之資也。以楚之彊，天下弗能當。白起，小豎子耳，率數萬之衆，興師以與楚戰，一戰而舉鄢、郢，再戰而燒夷陵，三戰而辱王之先人。此百世之怨而趙之所羞，而王弗知惡焉。合從者為楚，非為趙也。吾君在前，叱者何也？"楚王曰："唯唯，誠若先生之言，謹奉社稷而以從。"毛遂曰："從定乎？"楚王曰："定矣。"毛遂謂楚王之左右曰："取雞狗馬之血來。"毛遂奉銅盤而跪進之楚王曰："王當歃血而定從，次者吾君，次者遂。"遂定從於殿上。毛遂左手持盤血而右手招十九人，曰："公相與歃此血於堂下。公等錄錄，所謂因人成事者也。"

平原君已定從而歸，歸至於趙，曰："勝不敢復相士。勝相士多者千人，寡者百數，自以為不失天下之士，今乃於毛先生而失之也。毛先生一至楚，而使趙重於九鼎大呂。毛先生以三寸之舌，彊於百萬之師。勝不敢復相士。"遂以為上客。

平原君既返趙，楚使春申君將兵赴救趙，魏信陵君亦矯奪晉鄙軍往救趙，皆未至。秦急圍邯鄲，邯鄲急，且降，平原君甚患之。邯鄲傳舍吏子李同說平原君曰："君不憂趙亡邪？"平原君曰："趙亡則勝為虜，何為不憂乎？"李同曰："邯鄲之民，炊骨易子而食，可謂急矣，而君之後宮以百數，婢妾被綺縠，食粱肉，而民褐衣不完，糟糠不厭。民困兵盡，或剡木為矛矢，而君器物鐘磬自若。使秦破趙，君安得有此？使趙得全，君何患無有？今君誠能令夫人以下編於士卒之間，分功而作，家之所有盡散以饗士，士方其危苦之時，易德耳。"於是平原君從之，得敢死之士三千人。李同遂與三千人赴秦軍，秦軍為之却三十里。亦會楚、魏救至，秦兵遂罷，邯鄲復存。李同戰死，封其父為李侯。

虞卿欲以信陵君之存邯鄲為平原君請封。公孫龍聞之,夜駕見平原君曰:"龍聞虞卿欲以信陵君之存邯鄲為君請封,有之乎?"平原君曰:"然。"龍曰:"此甚不可。且王舉君而相趙者,非以君之智能為趙國無有也。割東武城而封君者,非以君為有功也,而以國人無勳,乃以君為親戚故也。君受相印不辭無能,割地不言無功者,亦自以為親戚故也。今信陵君存邯鄲而請封,是親戚受城而國人計功也。此甚不可。且虞卿操其兩權,事成,操右券以責;事不成,以虛名德君。君必勿聽也。"平原君遂不聽虞卿。

平原君以趙孝成王十五年卒。子孫代,後竟與趙俱亡。

(23) 藺相如

原文出漢·司馬遷《史記·廉頗藺相如列傳》,而略去趙奢以下記載,文句幾全同。

廉頗者,趙之良將也。趙惠文王十六年,廉頗為趙將,伐齊,大破之,取晉陽,拜為上卿,以勇氣聞於諸侯。藺相如者,趙人也,為趙宦者令繆賢舍人。

趙惠文王時,得楚和氏璧。秦昭王聞之,使人遺趙王書,願以十五城請易趙璧。趙王與大將軍廉頗諸大臣謀,欲予秦,秦城恐不可得,徒見欺。欲勿予,即患秦兵之來。計未定,求人可使報秦者,未得。宦者令繆賢曰:"臣舍人藺相如可使。"王問:"何以知之?"對曰:"臣嘗有罪,竊計欲亡走燕,舍人相如止臣曰:'君何以知燕王?'臣語曰:'臣嘗從大王與燕王會境上,燕王私握臣手,曰:"願結友。"以此知之,故欲往。'相如謂臣曰:'夫趙彊而燕弱,而君幸於趙王,故燕王欲結於君。今君乃亡趙走燕,燕畏趙,其勢必不敢留君,而束君歸趙矣。君不如肉袒負斧質請罪,則幸得脫矣。'臣從其計,大王亦幸赦臣。臣竊以為其人勇士,有智謀,宜可使。"於是王召見,問藺相如曰:"秦王以十五城請易寡人之璧,可予不?"相如曰:"秦彊而趙弱，不可不許。"王曰："取吾璧，不予我城，柰何？"相如曰："秦以城求璧而趙不許，曲在趙。趙予璧而秦不予趙城，曲在秦。均之二策，寧許以負秦曲。"王曰："誰可使者？"相如曰："王必無人，臣願奉璧往使。城入趙而璧留秦，城不入，臣請完璧歸趙。"趙王於是遂遣相如奉璧西入秦。

秦王坐章臺見相如，相如奉璧奏秦王。秦王大喜，傳以示美人及左右，左右皆呼萬歲。相如視秦王無意償趙城，乃前曰："璧有瑕，請指示王。"王授璧，相如因持璧却立，倚柱，怒髮上衝冠，謂秦王曰："大王欲得璧，使人發書至趙王，趙王悉召群臣議，皆曰：'秦貪，負其彊，以空言求璧，償城恐不可得。'議不欲予秦璧。臣以為布衣之交尚不相欺，況大國乎！且以一璧之故逆秦之驩，不可。於是趙王乃（齊）〔齋〕戒五日，使臣奉璧，拜送書於庭。何者？嚴大國之威以修敬也。今臣至，大王見臣列觀，禮節甚倨，得璧，傳之美人以戲弄。臣觀大王無意償趙王城邑，故臣復取璧。大王必欲急臣，臣頭今與璧俱碎於柱矣！"相如持其璧睨柱，欲以擊柱。秦王恐其破璧，乃辭謝固請，召有司案圖，指從此以往十五都予趙。相如度秦王特以詐，佯為予趙城，實不可得，乃謂秦王曰："和氏璧，天下所共傳寶，趙王恐，不敢不獻。趙王送璧時，齋戒五日，今大王亦宜齋戒五日，設九賓於廷，臣乃敢上璧。"秦王度之，終不可彊奪，遂許齋五日，舍相如廣成傳舍。相如度秦王雖齋，決負約不償城，乃使其從者衣褐，懷其璧，從徑道亡，歸璧于趙。

秦王齋五日後，乃設九賓禮於廷，引趙使者藺相如。相如至，謂秦王曰："秦自繆公以來二十餘君，未嘗有堅明約束者也。臣誠恐見欺於王而負趙，故令人持璧歸，間至趙矣。且秦彊而趙弱，大王遣一介之使至趙，趙立奉璧來。今以秦之彊而先割十五都予趙，趙豈敢留璧而得罪於大王乎？臣知欺大王之罪當誅，臣請就湯鑊，唯大王與群臣孰計議之。"秦王與群臣相視而嘻。左右或欲引相如去，秦王因曰："今殺相如，終不能得璧也，而絕秦、趙之驩，不如因而厚遇之，使歸趙，趙王豈以一璧之故欺秦邪！"卒廷見相如，畢禮而歸之。

相如既歸，趙王以為賢大夫，使不辱於諸侯，拜相如為上大夫。秦亦不以城予趙，趙亦終不予秦璧。

其後秦伐趙，拔石城。明年，復攻趙，殺二萬人。

秦王使使者告趙王，欲與王為好，會於西河外澠池。趙王畏秦，欲無行。廉頗、藺相如計曰："王不行，示趙弱且怯也。"趙王遂行，相如從。廉頗送至境，與王訣曰："王行，度道里會遇之禮畢，還，不過三十日。三十日不還，則請立太子為王，以絕秦望。"王許之，遂與秦王會澠池。秦王飲酒酣，曰："寡人竊聞趙王好音，請奏瑟。"趙王鼓瑟。秦御史前書曰："某年月日，秦王與趙王會飲，令趙王鼓瑟。"藺相如前曰："趙王竊聞秦王善為秦聲，請奏盆缻秦王，以相娛樂。"秦王怒，不許。於是相如前進缻，因跪請秦王。秦王不肯擊缻。相如曰："五步之內，相如請得以頸血濺大王矣！"左右欲刃相如，相如張目叱之，左右皆靡。於是秦王不懌，為一擊缻。相如顧召趙御史書曰："某年月日，秦王為趙王擊缻。"秦之群臣曰："請以趙十五城為秦王壽。"藺相如亦曰："請以秦之咸陽為趙王壽。"秦王竟酒，終不能加勝於趙。趙亦盛設兵以待秦，秦不敢動。

既罷歸國，以相如功大，拜為上卿，位在廉頗之右。廉頗曰："我為趙將，有攻城野戰之大功，而藺相如徒以口舌為勞，而位居我上，且相如素賤人，吾羞，不忍為之下。"宣言曰："我見相如，必辱之。"相如聞，不肯與會。相如每朝時，常稱病，不欲與廉頗爭列。已而相如出，望見廉頗，相如引車避匿。於是舍人相與諫之曰："臣所以去親戚而事君者，徒慕君之高誼也。今君與廉頗同列，廉君宣惡言而君畏匿之，恐懼殊甚，且庸人尚羞之，況將相乎！臣等不肖，請辭去。"藺相如固止之，曰："公之視廉將軍孰與秦王？"曰："不若也。"相如曰："夫以秦王之威，而相如廷叱之，辱其群臣，相如雖駑，獨畏廉將軍哉？顧吾念之，彊秦之所以不敢加兵於趙者，徒以吾兩人在也。今兩虎共鬬,其勢不俱生。吾所以為此者,以先國家之急而後私讎也。"廉頗聞之,肉袒負荊,因賓客至藺相如門謝罪,曰:"鄙賤之人,不知將軍寬之至此也。"卒相與驩,為刎頸之交。

是歲,廉頗東攻齊,破其一軍。居二年,廉頗復伐齊,幾拔之。後三年,廉頗攻魏之防陵、安陽,拔之。後四年,藺相如將而攻齊,至平邑而罷。其明年,趙奢破秦軍閼與下。

吳國

(24) 季札

原文出漢‧司馬遷《史記‧吳太伯世家》,文句幾全同。

吳太伯、太伯弟仲雍,皆周太王之子,而王季歷之兄也。季歷賢,而有聖子昌,太王欲立季歷以及昌,於是太伯、仲雍二人乃犇荊蠻,文身斷髮,示不可用,以避季歷。季歷果立,是為王季,而昌為文王。太伯之犇荊蠻,自號勾吳。荊蠻義之,從而歸之千餘家,立為吳太伯。

太伯卒,無子,弟仲雍立,是為吳仲雍。仲雍卒,子季簡立。季簡卒,子叔達立。叔達卒,子周章立。是時,周武王克殷,求太伯、仲雍之後,得周章。周章已君吳,因而封之。乃封周章弟虞仲於周之北故夏虛,是為虞仲,列為諸侯。

周章卒,子熊遂立。熊遂卒,子柯相立。柯相卒,子彊鳩夷立。彊鳩夷卒,子餘橋疑吾立。餘橋疑吾卒,子柯盧立。柯盧卒,子周繇立。周繇卒,子屈羽立。屈羽卒,子夷吾立。夷吾卒,子禽處立。禽處卒,子轉立。轉卒,子頗高立。頗高卒,子句卑立。是時,晉獻公滅周北虞公,以開晉伐虢也。句卑卒,子去齊立。去齊卒,子壽夢立。壽夢立而吳始益大,稱王。

自太伯作吳,五世而武王克殷,封其後為二:其一虞,在中國;

其一吳，在夷蠻。十二世而晉絕中國之虞。中國之虞滅二世，而夷蠻之吳興。大凡從太伯至壽夢十九世。

王壽夢二年，楚之亡大夫申公巫臣怨楚將子反而犇晉，自晉使吳，教吳用兵乘車，令其子為吳行人，吳於是始通於中國。吳伐楚。十六年，楚共王伐吳，至衡山。

二十五年，王壽夢卒。壽夢有子四人，長曰諸樊，次曰餘祭，次曰餘昧，次曰季札。季札賢，而壽夢欲立之，季札讓，不可，於是乃立長子諸樊，攝行事當國。

王諸樊元年，諸樊已除喪，讓位季札。季札謝曰："曹宣公之卒也，諸侯與曹人，不義曹君，將立子臧，子臧去之，以成曹君，君子曰：'能守節矣。'君義嗣，誰敢干君！有國，非吾節也。札雖不材，願附於子臧之義。"吳人固立季札，季札棄其室而耕，乃舍之。秋，吳伐楚，楚敗我師。四年，晉平公初立。

十三年，王諸樊卒。有命授弟餘祭，欲傳以次，必致國於季札而止，以稱先王壽夢之意，且嘉季札之義，兄弟皆欲致國，令以漸至焉。季札封於延陵，故號曰延陵季子。

王餘祭三年，齊相慶封有罪，自齊來犇吳。吳予慶封朱方之縣，以為奉邑，以女妻之，富於在齊。

四年，吳使季札聘於魯，請觀周樂。為歌《周南》《召南》，曰："美哉，始基之矣，猶未也。然勤而不怨。"歌《邶》《鄘》《衛》，曰："美哉，淵乎！憂而不困者也。吾聞衛康叔、武公之德如是，是其衛風乎？"歌《王》，曰："美哉，思而不懼，其周之東乎？"歌《鄭》，曰："其細已甚，民不堪也，是其先亡乎？"歌《齊》，曰："美哉，泱泱乎大風也哉。表東海者，其太公乎？國未可量也。"歌《豳》，曰："美哉，蕩蕩乎，樂而不淫，其周公之東乎？"歌《秦》，曰："此之謂夏聲。夫能夏則大，大之至也，其周之舊乎？"歌《魏》，曰："美哉，渢渢乎，大而婉，儉而易，行以德輔，此則盟主也。"歌《唐》。曰："思深哉，其有陶唐氏之遺風乎？不然，何憂之遠也？非令德之後，誰能若是！"歌

《陳》，曰："國無主，其能久乎？"自《鄶》以下，無譏焉。歌《小雅》，曰："美哉！思而不貳，怨而不言，其周德之衰乎？猶有先王之遺民也。"歌《大雅》，曰："廣哉，熙熙乎，曲而有直體，其文王之德乎？"歌《頌》，曰："至矣哉，直而不倨，曲而不詘，近而不逼，遠而不攜，遷而不淫，復而不厭，哀而不愁，樂而不荒，用而不匱，廣而不宣，施而不費，取而不貪，處而不底，行而不流。五聲和，八風平，節有度，守有序，盛德之所同也。"見舞《象箾》《南籥》者，曰："美哉，猶有憾。"見舞《大武》，曰："美哉，周之盛也，其若此乎？"見舞《韶濩》者，曰："聖人之弘也，猶有慙德，聖人之難也！"見舞《大夏》，曰："美哉，勤而不德！非禹其誰能及之？"見舞《招箾》，曰："德至矣哉，大矣，如天之無不幬也，如地之無不載也，雖甚盛德，無以加矣。觀止矣，若有他樂，吾不敢觀。"

去魯，遂使齊。說晏平仲曰："子速納邑與政。無邑無政，乃免於難。齊國之政，將有所歸。未得所歸，難未息也。"故晏子因陳桓子以納政與邑，是以免於欒高之難。

去齊，使於鄭。見子產，如舊交。謂子產曰："鄭之執政侈，難將至矣，政必及子。子為政，慎以禮。不然，鄭國將敗。"去鄭，適衛。說蘧瑗、史狗、史鰌、公子荊、公叔發、公子朝，曰："衛多君子，未有患也。"

自衛如晉，將舍於宿，聞鐘聲，曰："異哉！吾聞之，辯而不德，必加於戮。夫子獲罪於君以在此，懼猶不足，而又可以畔乎？夫子之在此，猶燕之巢於幕也。君在殯而可以樂乎？"遂去之。文子聞之，終身不聽琴瑟。

適晉，說趙文子、韓宣子、魏獻子，曰："晉國其萃於三家乎！"將去，謂叔向曰："吾子勉之！君侈而多良，大夫皆富，政將在三家。吾子直，必思自免於難。"

季札之初使，北過徐君。徐君好季札劍，口弗敢言。季札心知之，為使上國，未獻。還至徐，徐君已死，於是乃解其寶劍，繫之徐君冢樹而去。從者曰："徐君已死，尚誰予乎？"季子曰："不然。始吾心已許之，豈以死倍吾心哉！"

七年，楚公子圍弒其王夾敖而代立，是為靈王。十年，楚靈王會諸侯而以伐吳之朱方，以誅齊慶封。吳亦攻楚，取三邑而去。十一年，楚伐吳，至雩婁。十二年，楚復來伐，次於乾谿，楚師敗走。

十七年，王餘祭卒，弟餘昧立。王餘昧二年，楚公子棄疾弒其君靈王，代立焉。

四年，王餘昧卒，欲授弟季札。季札讓，逃去。於是吳人曰："先王有命，兄卒弟代立，必致季子。季子今逃位，則王餘昧後立。今卒，其子當代。"乃立王餘昧之子僚為王。

王僚二年，公子光伐楚，敗而亡王舟。光懼，襲楚，復得王舟而還。

五年，楚之亡臣伍子胥來奔，公子光客之。公子光者，王諸樊之子也。常以為吾父兄弟四人，當傳至季子。季子即不受國，光父先立。即不傳季子，光當立。陰納賢士，欲以襲王僚。

八年，吳使公子光伐楚，敗楚師，迎楚故太子建母於居巢以歸。因北伐，敗陳、蔡之師。九年，公子光伐楚，拔居巢、鍾離。初，楚邊邑卑梁氏之處女與吳邊邑之女爭桑，二女家怒相滅，兩國邊邑長聞之，怒而相攻，滅吳之邊邑。吳王怒，故遂伐楚，取兩都而去。

伍子胥之初犇吳，說吳王僚以伐楚之利。公子光曰："胥之父兄為僇於楚，欲自報其仇耳，未見其利。"於是，伍員知光有他志，乃求勇士專諸，見之光。光喜，乃客伍子胥。子胥退而耕於野，以待專諸之事。

十二年冬，楚平王卒。十三年春，吳欲因楚喪而伐之，使公子蓋餘、燭庸以兵圍楚之六、灊。使季札於晉，以觀諸侯之變。楚發兵絕吳兵後，吳兵不得還。於是吳公子光曰："此時不可失也。"告專諸曰："不索何獲！我真王嗣，當立，吾欲求之。季子雖至，不吾廢也。"專諸曰："王僚可殺也。母老子弱，而兩公子將兵攻楚，楚絕其路。方今吳外困於楚,而内空無骨鯁之臣,是無柰我何。"光曰:"我身,子之身也。"四月(甲)〔丙〕子,光伏甲士於窟室,而謁王僚飲。王僚使兵陳於道,自王宮至光之家,門階戶席,皆王僚之親也,人夾持鈹。公子光詳為足疾,入于窟室,使專諸置匕首於炙魚之中以進食。手匕首刺王僚,鈹交於匈,遂弒王僚。公子光竟立為王,是為吳王闔廬。闔廬乃以專諸子為卿。

季子至,曰:"苟先君無廢祀,人民無廢主,社稷有奉,乃吾君也。吾敢誰怨乎?哀死事生,以待天命。非我生亂,立者從之,先人之道也。"復命,哭僚墓,復位而待。吳公子燭庸、蓋餘二人將兵遇圍於楚者,聞公子光弒王僚自立,乃以其兵降楚,楚封之於舒。

王闔廬元年,舉伍子胥為行人而與謀國事。楚誅伯州犁,其孫伯嚭亡奔吳,吳以為大夫。

三年,吳王闔廬與子胥、伯嚭將兵伐楚,拔舒,殺吳亡將二公子。光謀欲入郢,將軍孫武曰:"民勞,未可,待之。"四年,伐楚,取六與灊。五年,伐越,敗之。六年,楚使子常、囊瓦伐吳。迎而擊之,大敗楚軍於豫章,取楚之居巢而還。

九年,吳王闔廬謂伍子胥、孫武曰:"始子之言,郢未可入,今果如何?"二子對曰:"楚將子常貪,而唐、蔡皆怨之。王必欲大伐,必得唐、蔡乃可。"闔廬從之,悉興師,與唐、蔡西伐楚,至於漢水。楚亦發兵拒吳,夾水陳。吳王闔廬弟夫槩欲戰,闔廬弗許。夫槩曰:"王已屬臣兵,兵以利為上,尚何待焉?"遂以其部五千人襲冒楚,楚兵大敗,走。於是吳王遂縱兵追之。比至郢,五戰,楚五敗。楚昭王亡出郢,奔鄖。鄖公弟欲弒昭王,昭王與鄖公奔隨。而吳兵遂入郢。子胥、伯嚭鞭平王之尸以報父仇。

十年春,越聞吳王之在郢,國空,乃伐吳。吳使別兵擊越。楚告急秦,秦遣兵救楚擊吳,吳師敗。闔廬弟夫槩見秦、越交敗吳,吳王留楚不還,夫槩亡歸吳而自立為吳王。闔廬聞之,乃引兵歸,攻夫槩。夫槩敗奔楚。楚昭王乃得以九月復入郢,而封夫槩於堂谿,為堂谿氏。十一年,吳王使太子夫差(我)伐楚,取番。楚恐而去郢徙都。

十五年,孔子相魯。

十九年夏,吳伐越,越王句踐迎擊之檇李。越使死士挑戰,三行造吳師,呼,自剄。吳師觀之,越因伐吳,敗之姑蘇,傷吳王闔廬指,軍却七里。吳王病傷而死。闔廬使立太子夫差,謂曰:"爾而忘句踐殺汝父乎?"對曰:"不敢!"三年,乃報。

越王夫差元年,以大夫伯嚭為太宰。習戰射,常以報越為志。二年,吳王悉精兵以伐越,敗之夫椒,報姑蘇也。越王句踐乃以甲兵五千人棲於會稽,使大夫種因吳太宰嚭而行成,請委國為臣妾。吳王將許之,伍子胥諫曰:"昔有過氏殺斟灌以伐斟尋,滅夏后帝相。帝相之妃后緡方娠,逃於有仍而生少康。少康為有仍牧正。有過又欲殺少康,少康奔有虞。有虞思夏德,於是妻之以二女而邑之於綸,有田(有)〔一〕成,有衆一旅。後遂收夏衆,撫其官職。使人誘之,遂滅有過氏,復禹之績,祀夏配天,不失舊物。今吳不如有過之强,而句踐大於少康。今不因此而滅之,又將寬之,不亦難乎!且句踐為人能辛苦,今不滅,後必悔之。"吳王不聽,聽太宰嚭,卒許越平,與盟而罷兵去。

七年,吳王夫差聞齊景公死而大臣爭寵,新君弱,乃興師北伐齊。子胥諫曰:"越王句踐食不重味,衣不重采,弔死問疾,且欲有所用其衆。此人不死,必為吳患。今越在腹心疾而王不先,而務齊,不亦謬乎!"吳王不聽,遂北伐齊,敗齊師於艾陵。至繒,召魯哀公而徵百牢。季康子使子貢以周禮說太宰嚭,乃得止。因留略地於齊、魯之南。九年,為騶伐魯,至與魯盟乃去。十年,因伐齊而歸。十一年,復北伐齊。

越王句踐率其衆以朝吳,厚獻遺之,吳王喜。唯子胥懼,曰:"是棄吳也。"諫曰:"越在腹心,今得志於齊,猶石田,無所用。且《盤庚之誥》有'顛越勿遺,商之以興'。"吳王不聽,使子胥於齊,子胥屬其子於齊鮑氏,還報吳王。吳王聞之,大怒,賜子胥屬鏤之劍以死。將死,曰:"樹吾墓上以梓,令可為器。抉吾眼置之吳東門,以觀越之滅吳也。"

齊鮑氏弒齊悼公。吳王聞之,哭於軍門外三日,乃從海上攻齊。齊人敗吳,吳王乃引兵歸。

十三年,吳召魯、衛之君會於橐皋。

十四年春,吳王北會諸侯於黃池,欲霸中國以全周室。六月戊子,越王句踐伐吳。乙酉,越五千人與吳戰。丙戌,虜吳太子友。丁亥,入吳。吳人告敗於王夫差,夫差惡其聞也。或泄其語,吳王怒,斬七人於幕下。七月辛丑,吳王與晉定公爭長。吳王曰:"於周室我為長。"晉定公曰:"於姬姓我為伯。"趙鞅怒,將伐吳,乃長晉定公。吳王已盟,與晉別,欲伐宋。太宰嚭曰:"可勝而不能居也。"乃引兵歸國。國亡太子,內空,王居外久,士皆罷敝,於是乃使厚幣以與越平。

十五年,齊田常殺簡公。

十八年,(趙)〔越〕益強。越王句踐率兵使伐,敗吳師於笠澤。楚滅陳。

二十年,越王句踐復伐吳。二十一年,遂圍吳。二十三年十一月丁卯,越敗吳。越王句踐欲遷吳王夫差於甬東,予百家居之。吳王曰:"孤老矣,不能事君王也。吾悔不用子胥之言,自令陷此。"遂自剄死。越王滅吳,誅太宰嚭,以為不忠,而歸。

(25) 專諸

原文出漢·司馬遷《史記·刺客列傳》,文句幾全同。

專諸者,吳堂邑人也。伍子胥之亡楚而如吳也,知專諸之能。伍子胥既見吳王僚,說以伐楚之利。吳公子光曰:"彼伍員父兄皆死於楚,而員言伐楚,欲自為報私仇也,非能為吳。"吳王乃止。伍子胥知公子光之欲殺吳王僚,乃曰:"彼光將有內志,未可說以外事。"乃進專諸於公子光。

光之父曰吳王諸樊。諸樊弟三人：次曰餘祭，次曰餘昧，次曰季子札。諸樊知季子札賢而不立太子，以次傳三弟卒，欲致國于季子札。諸樊卽死，傳餘祭。餘祭死，傳夷昧。夷昧死，當傳季子札，季子札逃不肯立，吳人乃立夷昧之子僚爲王。公子光曰："使以兄弟次邪，季子當立。必以子乎，則光真適嗣，當立。"故嘗陰養謀臣以求立。

光既得專諸，善客待之。九年而楚平王死。春，吳王僚欲因楚喪，使其二弟公子蓋餘、屬庸將兵圍楚之灊；使延陵季子於晉，以觀諸侯之變。楚發兵絕吳將蓋餘、屬庸路，吳兵不得還。於是公子光謂專諸曰："此時不可失，不求何獲？且光真王嗣，當立，季子雖來，不吾廢也。"專諸曰："王僚可殺也。母老子弱，而兩弟將兵伐楚，楚絕其後。方今吳外困於楚，而內空無骨鯁之臣，是無如我何。"公子光頓首曰："光之身，子之身也。"

四月丙子，光伏甲士於窟室中，而具酒請王僚。王僚使兵陳自宮至光之家，門戶階陛左右，皆王僚之親戚也。夾立侍，皆（待）〔持〕長鈹。酒既酣，公子光佯爲足疾，入窟室中，使專諸置匕首魚炙之腹中而進之。既至王前，專諸擘魚，因以匕首刺王僚，王僚立死。左右亦殺專諸，王人擾亂。公子光出其伏甲以攻王僚之徒，盡滅之，遂自立爲王，是爲闔閭。闔閭乃封專諸之子以爲上卿。

（26）要離

原文出漢·趙曄《吳越春秋·闔閭內傳》，文句幾全同。

要離詐得罪出奔，吳王乃取其妻子，焚棄於市。

要離乃奔諸侯而行怨言，以無罪聞於天下。遂如衛，求見慶忌。見曰："闔閭無道，王子所知。今戮吾妻子，焚之于市，無罪見誅。吳國之事，吾知其情，願因王子之勇，闔閭可得也。何不與我東之吳？"慶忌信其謀。

後三月，揀練士卒，遂行。將渡江於中流，要離力微，坐於上風，因風勢以矛鉤其冠，順風而刺慶忌，慶忌顧而揮之，三捽其頭於水中，乃加於膝上。"嘻嘻哉！天下之勇士也！乃敢加兵刃於我？"左右欲殺之，慶忌止之，曰："此是天下之勇士。豈可一日而殺天下勇士仁人哉？"乃誡左右曰："可令還吳，以旌其忠。"於是慶忌死。

要離渡至江陵，慭然不行。從者曰："君何不行？"要離曰："殺吾妻子，以事其君，非仁也；為新君而殺故君之子，非義也。重其死，不貴無義。今吾貪生棄行，非義也。夫人有三惡以立於世，吾何面目以視天下之士？"言訖，遂投身於江，未絕，從者出之。要離曰："吾寧能不死乎？"從者曰："君且勿死，以俟爵祿。"要離乃自斷手足，伏劍而死。

卷五

魏國

(27) 信陵君

原文出漢·司馬遷《史記·魏公子列傳》，文句幾全同。

魏公子無忌者，魏昭王少子而魏安釐王異母弟也。昭王薨，安釐王即位，封公子為信陵君。是時范雎亡魏相秦，以怨魏齊故，秦兵圍大梁，破魏華陽下軍，走芒卯。魏王及公子患之。

公子為人仁而下士，士無賢不肖皆謙而禮交之，不敢以其富貴驕士。士以此方數千里爭往歸之，致食客三千人。當是時，諸侯以公子賢，多客，不敢加兵謀魏十餘年。

公子與魏王博，而北境傳舉烽，言"趙寇至，且入界"。魏王釋博，欲召大臣謀。公子止王曰："趙王田獵耳，非為寇也。"復博如故。王恐，心不在博。居頃，復從北方來傳言，曰："趙王獵耳，非為寇也。"魏王大驚,曰:"公子何以知之?"公子曰:"臣之客有能探得趙王陰事者,趙王所為,客輒以報臣,臣以此知之。"是後魏王畏公子之賢能,不敢任公子以國政。

魏有隱士曰侯嬴,年七十,家貧,為大梁夷門監者。公子聞之,往請,欲厚遺之。不肯受,曰:"臣脩身潔行數十年,終不以監門困故而受公子財。"公子於是乃置酒大會賓客。坐定,公子從車騎,虛左,自迎夷門侯生。侯生攝敝衣冠,直上載公子上坐,不讓,欲以觀公子。公子執轡愈恭。侯生又謂公子曰:"臣有客在市屠中,願枉車騎過之。"公子引車入市,侯生下見其客朱亥,睥睨,故久立與其客語,微察公子。公子顏色愈和。當是時,魏將相宗室賓客滿堂,待公子舉酒。市人皆觀公子執轡。從騎皆竊罵侯生。侯生視公子色終不變,乃謝客就車。至家,公子引侯生坐上坐,徧贊賓客,賓客皆驚。酒酣,公子起,為壽侯生前。侯生因謂公子曰:"今日嬴之為公子亦足矣。嬴乃夷門抱關者也,而公子親枉車騎,自迎嬴於眾人廣坐之中,不宜有所過,今公子故過之。然嬴欲就公子之名,故久立公子車騎市中,過客以觀公子,公子愈恭。市人皆以嬴為小人,而以公子為長者能下士也。"於是罷酒,侯生遂為上客。

侯生謂公子曰:"臣所過屠者朱亥,此子賢者,世莫能知,故隱屠間耳。"公子往數請之,朱亥故不復謝,公子怪之。

魏安釐王二十年,秦昭王已破趙長平軍,又進兵圍邯鄲。公子姊為趙惠文王弟平原君夫人,數遺魏王及公子書,請救於魏。魏王使將軍晉鄙將十萬眾救趙。秦王使使者告魏王曰:"吾攻趙旦暮且下,而諸侯敢救者,已拔趙,必移兵先擊之。"魏王恐,使人止晉鄙,留軍壁鄴,名為救趙,實持兩端以觀望。平原君使者冠蓋相屬於魏,讓魏公子曰:"勝所以自附為婚姻者,以公子之高義,為能急人之困。今邯鄲旦暮降秦而魏救不至,安在公子能急人之困也!且公子縱輕勝,棄之降秦,獨不憐公子姊邪?"公子患之,數請魏王,及賓客辯士說王萬端。魏王畏秦,終不聽公子。公子自度終不能得之於王，計不獨生而令趙亡，乃請賓客，約車騎百餘乘，欲以客徃赴秦軍，與趙俱死。

行過夷門，見侯生，具告所以欲死秦軍狀。辭決而行，侯生曰："公子勉之矣，老臣不能從。"公子行數里，心不快，曰："吾所以待侯生者備矣，天下莫不聞，今吾且死而侯生曾無一言半辭送我，我豈有所失哉？"復引車還，問侯生。侯生笑曰："臣固知公子之還也。"曰："公子喜士，名聞天下。今有難，無他端而欲赴秦軍，譬若以肉投餒虎，何功之有哉？尚安事客？然公子遇臣厚，公子徃而臣不送，以是知公子恨之復返也。"公子再拜，因問。侯生乃屏人間語，曰："嬴聞晉鄙之兵符常在王臥內，而如姬最幸，出入王臥內，力能竊之。嬴聞如姬父為人所殺，如姬資之三年，自王以下欲求報其父仇，莫能得。如姬為公子泣，公子使客斬其仇頭，敬進如姬。如姬之欲為公子死，無所辭，顧未有路耳。公子誠一開口請如姬，如姬必許諾，則得虎符奪晉鄙軍，北救趙而西却秦，此五霸之伐也。"公子從其計，請如姬。如姬果盜晉鄙兵符與公子。

公子行，侯生曰："將在外，君命有所不受，以便國家。公子卽合符，而晉鄙不授公子兵而復請之，事必危矣。臣客屠者朱亥可與俱，此人力士。晉鄙聽，大善；不聽，可使擊之。"於是公子泣。侯生曰："公子畏死耶？何泣也？"公子曰："晉鄙嚄唶宿將，徃恐不聽，必當殺之，是以泣耳，豈畏死哉？"於是公子請朱亥。朱亥笑曰："臣乃市井鼓刀屠者，而公子親數存之，所以不報謝者，以為小禮無所用。今公子有急，此乃臣效命之秋也。"遂與公子俱。公子過謝侯生。侯生曰："臣宜從，老不能。請數公子行日，以至晉鄙軍之日，北鄉自剄，以送公子。"公子遂行。

至鄴，矯魏王令代晉鄙。晉鄙合符，疑之，舉手視公子曰："今吾擁十萬之衆，屯於境上，國之重任，今單車來代之，何如哉？"欲無聽。朱亥袖四十斤鐵椎，椎殺晉鄙，公子遂將晉鄙軍。勒兵下令軍中曰："父子俱在軍中，父歸；兄弟俱在軍中，兄歸；獨子無兄弟，歸养。"得选兵八万人，进兵击秦军。秦军解去，遂救邯郸，存赵。赵王及平原君自迎公子於界，平原君负韊矢为公子先引。赵王再拜曰："自古贤人未有及公子者也。"当此之时，平原君不敢自比於人。公子与侯生决，至军，侯生果北乡自刭。

魏王怒公子之盗其兵符，矫杀晋鄙，公子亦自知也。已却秦存赵，使将将其军归魏，而公子独与客留赵。赵孝成王德公子之矫夺晋鄙兵而存赵，乃与平原君计，以五城封公子。公子闻之，意骄矜而有自功之色。客有说公子曰："物有不可忘，或有不可不忘。夫人有德於公子，公子不可忘也；公子有德於人，愿公子忘之也。且矫魏王令，夺晋鄙兵以救赵，於赵则有功矣，於魏则未为忠臣也。公子乃自骄而功之，窃为公子不取也。"於是公子立自责，似若无所容者。赵王扫除自迎，执主人之礼，引公子就西阶。公子侧行辞让，从东阶上。自言罪过，以负於魏，无功於赵。赵王侍酒至暮，口不忍献五城，以公子退让也。公子竟留赵。赵王以鄗为公子汤沐邑，魏亦复以信陵奉公子。公子留赵。

公子闻赵有处士毛公藏於博徒，薛公藏於卖浆家，公子欲见两人，两人自匿不肯见公子。公子闻所在，乃间步徃从此两人游，甚欢。平原君闻之，谓其夫人曰："始吾闻夫人弟公子天下无双，今吾闻之，乃妄从博徒卖浆者游，公子妄人耳。"夫人以告公子。公子乃谢夫人去，曰："始吾闻平原君贤，故负魏王而救赵，以称平原君。平原君之游，徒豪举耳，不求士也。无忌自在大梁时，常闻此两人贤，至赵，恐不得见。以无忌从之游，尝恐其不我欲也，今平原君乃以为羞，其不足从游。"乃装为去。夫人具以语平原君。平原君乃免冠谢，固留公子。平原君门下闻之，半去平原君归公子，天下士复徃归公子，公子倾平原君客。

公子留赵十年不归。秦闻公子在赵，日夜出兵东伐魏。魏王患之，使使徃请公子。公子恐其怒之，乃诫门下："有敢为魏王使通者，死。"宾客皆背魏之赵，莫敢劝公子归。毛公、薛公两人徃见公子曰："公子所以重於趙，名聞諸侯者，徒以有魏也。今秦攻魏，魏急而公子不恤，使秦破大梁而夷先王之宗廟，公子當何面目立天下乎？"語未及卒，公子立變色，告車趣駕歸救魏。

魏王見公子，相與泣，而以上將軍印授公子，公子遂將。魏安釐王三十年，公子使使遍告諸侯。諸侯聞公子將，各遣將將兵救魏。公子率五國之兵破秦軍於河外，走蒙驁。遂乘勝逐秦軍至函谷關，抑秦兵，秦兵不敢出。當是時，公子威振天下，諸侯之客進兵法，公子皆名之，故世俗稱魏公子兵法。

秦王患之，乃行金萬斤於魏，求晉鄙客，令毀公子於魏王曰："公子亡在外十年矣，今為魏將，諸侯將皆屬，諸侯徒聞魏公子，不聞魏王。公子亦欲因此時定南面而王，諸侯畏公子之威，方欲共立之。"秦數使反間，偽賀公子得立為魏王未也。魏王日聞其毀，不能不信，後果使人代公子將。公子自知再以毀廢，乃謝病不朝，與賓客為長夜飲，飲醇酒，多近婦女。日夜為樂飲者四歲，竟病酒而卒。其歲，魏安釐王亦薨。

秦聞公子死，使蒙驁攻魏，拔二十城，初置東郡。其後秦稍蠶食魏，十八歲而虜魏王，屠大梁。

高祖始微少時，數聞公子賢。及即天子位，每過大梁，常祠公子。高祖十二年，從擊黥布還，為公子置守冢五家，世世歲以四時奉祠公子。

(28) 范雎

原文出漢・司馬遷《史記・范雎蔡澤列傳》，文句幾全同，唯略去其後鄭安平、王稽敗事，以及蔡澤代為相之事。

范雎者，魏人也，字叔。游說諸侯，欲事魏王，家貧無以自資，乃先事魏中大夫須賈。

須賈為魏昭王使於齊，范雎從。留數月，未得報。齊襄王聞雎辩口，乃使人赐雎金十觔及牛酒，雎辞谢不敢受。须贾知之，大怒，以为雎持魏国阴事告齐，故得此馈，令雎受其牛酒，还其金。既归，心怒雎，以告魏相。魏相，魏之诸公子，曰魏齐。魏齐大怒，使舍人笞击雎，折胁摺齿。雎佯死，即卷以簀，置厕中。宾客饮者醉，更溺雎，故僇辱以惩后，令无敢言者。雎从簀中谓守者曰："公能出我，我必厚谢公。"守者乃请出弃簀中死人。魏齐醉，曰："可矣。"范雎得出。后魏齐悔，复召求之。魏人郑安平闻之，乃遂操范雎亡，伏匿，更名姓曰张禄。

当此时，秦昭王使谒者王稽于魏。郑安平诈为卒，侍王稽。王稽问："魏有贤人可与俱西游者乎？"郑安平曰："臣里中有张禄先生，欲见君，言天下事。其人有仇，不敢昼见。"王稽曰："夜与俱来。"郑安平夜与张禄见王稽。语未究，王稽知范雎贤，谓曰："先生待我于三亭之南。"与私约而去。

王稽辞魏去，过载范雎入秦。至湖关，望见车骑从西来。范雎曰："彼来者为谁？"王稽曰："秦相穰侯东行县邑。"范雎曰："吾闻穰侯专秦权，恶内诸侯客，此恐辱我，我宁且匿车中。"有顷，穰侯果至，劳王稽，因立车而语曰："关东有何变？"曰："无有。"又谓王稽曰："谒君得无与诸侯客子俱来乎？无益，徒乱人国耳。"王稽曰："不敢。"即别去。范雎："吾闻穰侯智士也，其见事迟，乡者疑车中有人，忘索之。"于是范雎下车走，曰："此必悔之。"行十余里，果使骑还索车中，无客，乃已。王稽遂与范雎入咸阳。

已报使，因言曰："魏有张禄先生，天下辩士也。曰：'秦王之国危于累卵，得臣则安。然不可以书传也。'臣故载来。"秦王弗信，使舍食草具。待命岁余。

当是时，昭王已立三十六年。南拔楚之鄢、郢，楚怀王幽死于秦。秦东破齐。湣王尝称帝，后去之。数困三晋。厌天下辩士，无所信。

穰侯，华阳君，昭王母宣太后之弟也；而泾阳君、高陵君皆（宣）

〔昭〕王同母弟也。穰侯相，三人者更將，有封邑，以太后故，私家富重於王室。及穰侯為秦將，且欲越韓、魏而伐齊綱、壽，欲以廣其陶封。范雎乃上書曰：

"臣聞明主立政，有功者不得不賞，有能者不得不官，勞大者其祿厚，功多者其爵尊，能治眾者其官大。故無能者不敢當職焉，有能者亦不得蔽隱。使以臣之言為可，願行而益利其道；以臣之言為不可，久留臣無為也。語曰：'庸主賞所愛而罰所惡，明主則不然，賞必加於有功，而刑必斷於有罪。'今臣之胸不足以當椹質，而要不足以待斧鉞，豈敢以疑事嘗試於王哉！雖以臣為賤人而輕辱，獨不重任臣者之無反復於王邪？

"且臣聞周有砥砨，宋有結綠，梁有縣藜，楚有和朴，此四寶者，土之所生，良工之所失也，而為天下名器。然則聖王之所棄者，獨不足以厚國家乎？

"臣聞善厚家者取之於國，善厚國者取之於諸侯。天下有明主則諸侯不得擅厚者，何也？為其割榮也。良醫知病人之死生，而聖主明於成敗之事，利則行之，害則舍之，疑則少嘗之，雖舜禹復生，弗能改已。語之至者，臣不敢載之於書，其淺者又不足聽也。意者臣愚而不概於王心邪？亡其言臣者賤而不可用乎？自非然者，臣願得少賜游觀之間，望見顏色。一語無效，請伏斧質。"

於是秦昭王大說，乃謝王稽，使以傳車召范雎。

於是范雎乃得見於離宮，佯為不知永巷而入其中。王來而宦者怒，逐之，曰："王至！"范雎繆為曰："秦安得王？秦獨有太后、穰侯耳。"欲以感怒昭王。昭王至，聞其與宦者爭言，遂延迎，謝曰："寡人宜以身受命久矣，會義渠之事急，寡人旦暮自請太后。今義渠之事已，寡人乃得受命。竊閔然不敏，敬執賓主之禮。"范雎辭讓。是日觀范雎之見者，群臣莫不洒然變色易容者。

秦王屏左右，宮中虛無人。秦王跪而請曰："先生何以幸教寡人？"范雎曰："唯唯。"有間，秦王復跽而請曰："先生何以幸教寡人?"范雎曰:"唯唯。"若是者三。秦王跽曰:"先生卒不幸教寡人邪?"范雎曰:"非敢然也。臣聞昔者呂尚之遇文王也,身為漁父而釣於渭濱耳。若是者,交疏也。已說而立為太師,載與俱歸者,其言深也。故文王遂收功於呂尚而卒王天下。鄉使文王疏呂尚而不與深言,是周無天子之德,而文武無與成其王業也。今臣羈旅之臣也,交疏於王,而所願陳者,皆匡君之事,處人骨肉之間,願効愚忠而未知王之心也。此所以王三問而不敢對者也。臣非有畏而不敢言也。臣知今日言之於前而明日伏誅於後,然臣不敢避也。大王信行臣之言,死不足以為臣患,亡不足以為臣憂,漆身為厲被髮為狂不足以為臣恥。且以五帝之聖焉而死,三王之仁焉而死,五霸之賢焉而死,烏獲、任鄙之力焉而死,成荊、孟賁、王慶忌、夏育之勇焉而死。死者,人之所必不免也。處必然之勢,可以少有補於秦,此臣之所大願也,臣又何患哉!伍子胥橐載而出昭關,夜行晝伏,至於陵水,無以糊其口,膝行蒲伏,稽首肉袒,鼓腹吹篪,乞食於吳市,卒興吳國,闔廬為伯。使臣得盡謀如伍子胥,加之以幽囚,終身不復見,是臣之說行也,臣又何憂?箕子、接輿漆身為厲,被髮為狂,無益於主。假使臣得同行於箕子,可以有補所賢之主,是臣之大榮也,臣有何恥?臣之所恐者,獨恐臣死之後,天下見臣之盡忠而身死,因以是杜口裹足,莫肯鄉秦耳。足下上畏太后之嚴,下惑於姦臣之態,居深宮之中,不離阿保之手,終身迷惑,無與昭姦。大者宗廟滅覆,小者身以孤危,此臣之所恐耳。若夫窮辱之事,死亡之患,臣不敢畏也。臣死而秦治,則臣死賢於生。"秦王跽曰:"先生是何言也!夫秦國僻遠,寡人愚不肖,先生乃幸辱至於此,是天以寡人恩先生而存先王之宗廟也。寡人得受命於先生,是天所以幸先王,而不棄其孤也。先生奈何而言若是!事無小大,上及太后,下至大臣,願先生悉以教寡人,無疑寡人也。"范雎拜,秦王亦拜。

范雎曰:"大王之國,四塞以為固,北有甘泉、谷口,南帶涇、渭,右隴、蜀,左關、阪,奮擊百萬,戰車千乘,利則出攻,不利則入守,此王者之地也。民怯於私鬭而勇於公戰,此王者之民也。王并此二者而有之。夫以秦卒之勇,車騎之眾,以治諸侯,譬猶馳韓盧而搏蹇兔也,霸王之業可致也,而群臣莫當其位。至今閉關十五年,不敢窺兵於山東者,是穰侯為秦謀不忠,而大王之計有所失也。"秦王跽曰:"寡人願聞失計。"

然左右多竊聽者,范雎恐,未敢言內,先言外事,以觀秦王之俯仰。因進曰:"夫穰侯越韓、魏而攻齊綱、壽,非計也。少出師則不足以傷齊,多出師則害於秦。臣意王之計,欲少出師而悉韓、魏之兵也,則不義矣。今見與國之不親也,越人之國而攻,可乎?其於計疏矣。且昔齊湣王南攻楚,破軍殺將,再闢地千里,而齊尺寸之地無得與者,豈不欲得地哉?形勢不能有也。諸侯見齊之罷弊,君臣之不和也,興兵而伐齊,大破之。士辱兵頓,皆咎其王,曰:'誰為此計者乎?'王曰:'文子為之。'大臣作亂,文子出奔。故齊所以大破者,以其伐楚而肥韓、魏也。此所謂借賊兵而齎盜糧者也。王不如遠交而近攻,得寸則王之寸也,得尺亦王之尺也。今釋此而遠攻,不亦繆乎!且昔者中山之國地方五百里,趙獨吞之,功成名立而利附焉,天下莫之能害也。今夫韓、魏,中國之處而天下之樞也,王其欲霸,必親中國以為天下樞,以威楚、趙。楚彊則附趙,趙彊則附楚,楚、趙皆附,齊必懼矣。齊懼,必卑辭厚幣以事秦。齊附而韓、魏因可虜也。"昭王曰:"吾欲親魏久矣,而魏多變之國也,寡人不能親。請問親魏奈何?"對曰:"王卑辭重幣以事之;不可,則割地而賂之;不可,因舉兵而伐之。"王曰:"寡人敬聞命矣。"乃拜范雎為客卿,謀兵事。卒聽范雎謀,使五大夫綰伐魏,拔懷。後二歲,拔邢丘。

客卿范雎復說昭王曰:"秦、韓之地形,相錯如繡。秦之有韓也,譬如木之有蠹也,人之有心腹之病也。天下無變則已,天下有變,其為秦患者孰大於韓乎?王不如收韓。"昭王曰:"吾固欲收韓,韓不聽,為之奈何?"對曰:"韓安得無聽乎?王下兵而攻滎陽,則鞏、成皋之道不通；北斷太行之道，則上黨之師不下。王一興兵而攻滎陽，則其國斷而為三。夫韓見必亡，安得不聽乎？若韓聽，則霸事因可慮矣。"王曰："善。"且欲發使於韓。

范雎日益親，復說用數年矣，因請間說曰："臣居山東時，聞齊之有田文，不聞其有王也；聞秦之有太后、穰侯、華陽、高陵、涇陽，不聞其有王也。夫擅國之謂王，能利害之謂王，制殺生之威之謂王。今太后擅行不顧，穰侯出使不報，華陽、涇陽等擊斷無諱，高陵進退不請。四貴備而國不危者，未之有也。為此四貴者下，乃所謂無王也。然則權安得不傾，令安得從王出乎？臣聞善治國者，乃內固其威而外重其權。穰侯使者操王之重，決制於諸侯，剖符於天下，政適伐國，莫敢不聽。戰勝攻取則利歸於陶，國弊御於諸侯；戰敗則結怨於百姓，而禍歸於社稷。《詩》曰：'木實繁者披其枝，披其枝者傷其心；大其都者危其國，尊其臣者卑其主。'崔杼、淖齒管齊，射王股，擢王筋，縣之於廟梁，宿昔而死。李兌管趙，囚主父於沙丘，百日而餓死。今臣聞秦太后、穰侯用事，高陵、華陽、涇陽佐之，卒無秦王，此亦淖齒、李兌之類也。且夫三代所以亡國者，君專授政，縱酒馳騁弋獵，不聽政事。其所授者，妒賢嫉能，御下蔽上，以成其私，不為主計，而主不覺悟，故失其國。今自有秩以上至諸大吏，下及王左右，無非相國之人者。見王獨立於朝，臣竊為王恐，萬世之後，有秦國者非王子孫也。"昭王聞之大懼，曰："善。"於是廢太后，逐穰侯、高陵、華陽、涇陽君於關外。秦王乃拜范雎為相。收穰侯之印，使歸陶，因使縣官給車牛以徙，千乘有餘。到關，關閱其寶器，寶器珍玩多於王室。

秦封范雎以應，號為應侯。當是時，秦昭王四十一年也。

范雎既相秦，秦號曰張祿，而魏不知，以為范雎已死久矣。魏聞秦且東伐韓、魏，魏使須賈於秦。范雎聞之，為微行，敝衣間步之邸，見須賈。須賈見之而驚曰："范叔固無恙乎！"范雎曰："然。"須賈笑曰："范叔有說於秦耶？"曰："不也。雎前日得過於魏相，故亡逃至此,安敢說乎!"須賈曰:"今叔何事?"范雎曰:"臣為人傭賃。"須賈意哀之,留與坐飲食,曰:"范叔一寒如此哉!"乃取其一綈袍以賜之。須賈因問曰:"秦相張君,公知之乎?吾聞幸於王,天下之事皆決於相君。今吾事之去留在張君,孺子豈有客習於相君者哉?"范雎曰:"主人翁習知之。唯雎亦得謁,雎請為見君於張君。"須賈曰:"吾馬病,車軸折,非大車駟馬,吾不出。"范雎曰:"願為君借大車駟馬於主人翁。"

范雎歸取大車駟馬,為須賈御之,入秦相府。府中望見,有識者皆避匿。須賈怪之。至相舍門,謂須賈曰:"待我,我為君先入通於相君。"須賈待門下,持車良久,問門下曰:"范叔不出,何也?"門下曰:"無范叔。"須賈曰:"鄉者與我載而入者。"門下曰:"乃吾相張君也。"須賈大驚,自知見賣,乃肉袒膝行,因門下人謝罪。於是范雎盛帷帳,侍者甚眾,見之。須賈頓首言死罪,曰:"賈不意君能自致於青雲之上,賈不敢復讀天下之書,不敢復與天下之事。賈有湯鑊之罪,請自迸於胡貉之地,唯君死生之!"范雎曰:"汝罪有幾?"曰:"擢賈之髮以贖賈之罪,尚未足。"范雎曰:"汝罪有三耳。昔者楚昭王時而申包胥為楚卻吳軍,楚王封之於荆五千戶,包胥辭不受,為丘墓之寄於荆也。今雎之先人丘墓亦在魏,公前以雎為有外心於齊而惡雎於魏齊,公之罪一也。當魏齊辱我於廁中,公不止,罪二也。更醉而溺我,公其何忍乎?罪三矣。然公之所以得無死者,以綈袍戀戀,有故人之意,故釋公。"乃謝罷。入言之昭王,罷歸須賈。

須賈辭於范雎,范雎大供具,盡請諸侯使,與坐堂上,食飲甚設。而坐須賈於堂下,置莝豆其前,令兩黥徒夾而馬食之。數曰:"為我告魏王,急持魏齊頭來!不然者,我且屠大梁。"須賈歸,以告魏齊。魏齊恐,亡走趙,匿平原君所。

范雎既相,王稽謂范雎曰:"事有不可知者三,有不可奈何者亦三。宮車一日晏駕,是事之不可知者一也。君卒然捐館舍,是事之不可知者二也。使臣卒然填溝壑,是事之不可知者三也。宮車一日晏駕,君雖恨於臣,無可奈何。君卒然捐館舍,君雖恨於臣,亦無可奈何。使臣卒然填溝壑,君雖恨於臣,亦無可奈何。"范雎不懌,乃入言於王,曰:"非王稽之忠,莫能内臣於函谷關;非大王之賢聖,莫能貴臣。今臣官至於相,爵在列侯,王稽之官尚止於謁者,非其内臣之意也。"昭王召王稽,拜為河東守,三歲不上計。又任鄭安平,昭王以為將軍。范雎於是散家財物,盡以報所嘗困戹者。一飯之德必償,睚眦之怨必報。

范雎相秦二年,秦昭王之四十二年,東伐韓少曲、高平,拔之。

秦昭王聞魏齊在平原君所,欲為范雎必報其仇,乃佯為好書遺平原君,曰:"寡人聞君之高義,願與君為布衣之交,君幸過寡人,寡人願與君為十日之飲。"平原君畏秦,且以為然,而入秦見昭王。昭王與平原君飲數日,昭王謂平原君曰:"昔周文王得呂尚以為太公,齊桓公得管夷吾以為仲父,今范君亦寡人之公父也。范君之仇在君之家,願使人歸取其頭來;不然,吾不出君於關。"平原君曰:"貴而為友者,為賤也;富而為交者,為貧也。夫魏齊者,勝之友也,在,固不出也,今又不在臣所。"昭王乃遺趙王書,曰:"王之弟在秦,范君之仇魏齊在平原君之家。王使人疾持其頭來;不然,吾舉兵而伐趙,又不出王之弟於關。"趙孝成王乃發卒圍平原君家,急,魏齊夜亡出,見趙相虞卿。虞卿度趙王終不可說,乃解其相印,與魏齊亡。間行,念諸侯莫可以急抵者,乃復走大梁,欲因信陵君以走楚。信陵君聞之,畏秦,猶豫未肯見,曰:"虞卿何如人也?"時侯嬴在旁,曰:"人固未易知,知人亦未易也。夫虞卿躡屩擔簦,一見趙王,賜白璧一雙,黃金百鎰;再見,拜為上卿;三見,卒受相印,封萬戶侯。當此之時,天下爭知之。夫魏齊窮困過虞卿,虞卿不敢重爵祿之尊,解相印,捐萬戶侯而間行。急士之窮而歸公子,公子曰'何如人'。人固不易知,知人亦未易也!"信陵君大慙,駕如野迎之。魏齊聞信陵君之初難見之,怒而自剄。趙王聞之,卒取其頭予秦。秦昭王乃出平原君歸趙。

卷六

燕國

(29) 蔡澤

原文出漢・司馬遷《史記・范雎蔡澤列傳》，文句稍有不同，唯末句脫"為秦使於燕，三年而燕使太子丹入質於秦"之文，未知何故。

蔡澤者，燕人也。游學于諸侯小大甚眾，不遇。而從唐舉相，曰："吾聞先生相李兌，曰'百日之內，持國秉政'，有之乎?"曰："有之。"曰："若臣者何如?"唐舉孰視而笑曰："先生曷鼻，巨肩，魋顏，蹙齃，膝攣。吾聞聖人不相，殆先生乎?"蔡澤知唐舉戲之，乃曰："富貴吾所自有，吾所不知者壽也，願聞之。"唐舉曰："先生之壽，從今以往者四十三歲。"蔡澤笑謝而去，謂其御者曰："吾持梁刺齒肥，躍馬疾驅，懷黃金之印，結紫綬於要，揖讓人主之前，食肉富貴，四十三年足矣。"去之趙，見逐。之韓、魏，遇奪釜鬲於塗。聞應侯任鄭安平、王稽皆負重罪於秦，應侯內慙，蔡澤乃西入秦。

將見昭王，使人宣言以感怒應侯曰："燕客蔡澤，天下雄俊弘辯智士也。彼一見秦王，秦王必困君而奪君之位。"應侯聞，曰："五帝三代之事，百家之說，吾既知之，眾口之辯，吾皆摧之，是惡能困我而奪我位乎?"使人召蔡澤。蔡澤入，則揖應侯。應侯固不快，及見之，倨，應侯因讓之曰："子常宣言欲代我相秦，寧有之乎?"對曰："然。"應侯曰："請聞其說。"蔡澤曰："吁，君何見之晚也! 夫四時之序，成功者去。夫人生百體堅彊，手足便利，耳目聰明而心聖智，豈非士之願與?"應侯曰："然。"蔡澤曰："質仁秉義，行道施德，得志於天下，天下懷樂敬愛而尊慕之，皆願以為君王，豈不辯智之期與？"應侯曰："然。"蔡澤復曰："富貴顯榮，成理萬物，使各得其所；性命壽長，終其天年而不夭傷；天下繼其統，守其業，傳之無窮；名實純粹，澤流千里，世世稱之而無絕，與天地終始：豈道德之符而聖人所謂吉祥善事者與？"應侯曰："然。"

蔡澤曰："若夫秦之商君，楚之吳起，越之大夫種，其卒然亦可願與？"應侯知蔡澤之欲困己以說，復謬曰："何為不可？夫公孫鞅之事孝公也，極身無貳慮，盡公而不顧私；設刀鋸以禁姦邪，信賞罰以致治；披腹心，示情愫，蒙怨咎，欺舊友，奪魏公子卬，安秦社稷，利百姓，卒為秦禽將破敵，攘地千里。吳起之事悼王也，使私不得害公，讒不得蔽忠，言不取苟合，行不取苟容，不為危易行，行義不辟難，然為霸主彊國，不辭凶禍。大夫種之事越王也，主雖困辱，悉忠而不解，主雖絕亡，盡能而弗離，成功而不矜，貴富而不驕怠。若此三子者，固義之至也，忠之節也。是故君子以義死難，視死如歸；生而辱不如死而榮。士固有殺身以成名，唯義之所在，雖死無所恨。何為不可哉？"

蔡澤曰："主聖臣賢，天下之盛福也；君明臣直，國之福也；父慈子孝，夫信妻貞，家之福也。故比干忠而不能存殷，子胥智而不能完吳，申生孝而晉國亂。是皆有忠臣孝子而國家滅亂者，何也？無明君賢父以聽之，故天下以其君父為僇辱而憐其臣子。今商君、吳起、大夫種之為人臣，是也；其君，非也。故世稱三子致功而不見德，豈慕不遇世死乎？夫待死而後可以立忠成名，是微子不足仁，孔子不足聖，管仲不足大也。夫人之立功，豈不期於成全邪？身與名俱全者，上也。名可法而身死者，其次也。名在僇辱而身全者，下也。"於是應侯稱善。

蔡澤少得間，因曰："夫商君、吳起、大夫種，其為人臣盡忠致功則可願矣，閎夭事文王，周公輔成王也，豈不亦聖乎？以君臣論之，商君、吳起、大夫種其可願孰與閎夭、周公哉？"應侯曰："商君、吳起、大夫種弗若也。"蔡澤曰："若夫君之主慈仁任忠，惇厚舊故，其賢智與有道之士為膠漆，義不倍功臣，孰與秦孝公、楚悼王、越王乎？"應侯曰："未知何如也。"蔡澤曰："今主親忠臣，不過秦孝公、楚悼王、越王，君之設智，能為主安危脩政，治亂彊兵，批患析難，廣地殖穀，富國足家，彊主，尊社稷，顯宗廟，天下莫敢欺犯其主，主之威益震海內，功彰萬里之外，聲名光輝傳於千世，君孰與商君、吳起、大夫種？"應侯曰："不若。"蔡澤曰："今主之親忠臣不忘舊故不若孝公、悼王、勾踐，而君之功績愛信親幸又不若商君、吳起、大夫種，然而君之祿位貴盛，私家之富過於三子，而身不退者，恐患之甚於三子，竊為君危之。語曰'日中則移，月滿則虧'。物盛則衰，天地之定數也。進退盈縮，與時變化，聖人之常道也。故'國有道則仕，國無道則隱'。聖人曰'飛龍在天，利見大人'。'不義而富且貴，於我如浮雲'。今君之怨已讎而德已報，意欲至矣，而無變計，竊為君不取也。且夫翠、鵠、犀、象，其處勢非不遠死也，而所以死者，惑於餌也。蘇秦、智伯之智，非不足以辟辱遠死也，而所以死者，惑於貪利不止也。是以聖人制禮節欲，取於民有度，使之以時，用之有止，故志不溢，行不驕，常與道俱而不失，故天下承而不絕。昔者齊桓公九合諸侯，一匡天下，至於葵丘之會，有驕矜之志，畔者九國。吳王夫差兵無敵於天下，勇彊以輕諸侯，陵齊、晉，故遂以殺身亡國。夏育、太史噭叱呼駭三軍，然而身死於庸夫。此皆乘至盛而不返道理，不居卑退處儉約之患也。夫商君為秦孝公明法令，禁姦本，尊爵必賞，有罪必罰，平權衡，正度量，調輕重，決裂阡陌，以靜生民之業而一其俗，勸民耕農利土，一室無二事，力田稸積，習戰陳之事，是以兵動而地廣，兵休而國富，故秦無敵於天下，立威諸侯，成秦國之業。功已成矣，而遂以車裂。楚地方數千里，持戟百萬，白起率數萬之師以與楚戰，一戰舉鄢、郢以燒夷陵，再戰南并蜀漢。又越韓、魏而攻彊趙，北坑馬服，誅屠四十餘萬之眾，盡之於長平之下，流血成川，沸聲若雷，遂入圍邯鄲，使秦有帝業。趙、楚天下之彊國而秦之仇敵也,自是之後,楚、趙皆懾伏不敢攻秦者,白起之勢也。身所服者七十餘城,功已成矣,而遂賜劍死於杜郵。吳起為楚悼王立法,卑減大臣之威重,罷無能,廢無用,損不急之官,塞私門之請,一楚國之俗,禁游客之民,精耕戰之士,南收楊、越,北并陳、蔡,破橫散從,使馳說之士無所開其口,禁朋黨以勵百姓,定楚國之政,兵震天下,威服諸侯。功已成矣,而卒肢解。大夫種為越王深謀遠計,免會稽之危,以亡為存,因辱為榮,墾草入邑,辟地殖穀,率四方之士,專上下之力,輔勾踐之賢,報夫差之讎,卒擒勁吳,令越成霸。功已彰而信矣,勾踐終負而殺之。此四子者,功成不去,禍至於此。此所謂信而不能詘,往而不能返者也。范蠡知之,超然辟世,長為陶朱公。君獨不觀夫博者乎?或欲大投,或欲分功,此皆君之所明知也。今君相秦,計不下席,謀不出廊廟,坐制諸侯,利施三川,以實宜陽,決羊腸之險,塞太行之道,又斬范、中行之塗,六國不得合從,棧道千里,通於蜀漢,使天下皆畏秦,秦之欲得矣,君之功極矣,此亦秦之分功之時也。如是而不退,則商君、白起、吳起、大夫種是也。吾聞之,'鑒於水者見面之容,鑒於人者知吉與凶'。《書》曰'成功之下,不可久處'。四子之禍,君何居焉?君何不以此時歸相印,讓賢者而授之,退而嚴居川觀,必有伯夷之廉,長為應侯,世世稱孤,而有許由、延陵季子之讓,喬松之壽,孰與以禍終哉?即君何居焉?忍不能自離,疑不能自決,必有四子之禍矣。《易》曰'亢龍有悔',此言上而不能下,信而不能詘,往而不能自返者也。願君熟計之!"應侯曰:"善。吾聞'欲而不知止,失其所以欲;有而不知足,失其所以有'。先生幸教,雎敬受命。"於是乃延入坐,為上客。

後數日,入朝,言於秦昭王曰:"客新有從山東來者曰蔡澤,其人辯士,明於三王之事,五帝之業,世俗之變,足以寄秦國之政。臣之見人甚衆,莫及,臣不如也。臣敢以聞。"秦昭王召見,與語,大說之,拜為客卿。應侯因謝病請歸相印。昭王彊起應侯,應侯遂稱病篤。范雎免相,昭王新說蔡澤計畫,遂拜為秦相,東收周室。

蔡澤相秦數月，人或惡之，懼誅，乃謝病歸相印，號為綱成君。居秦十餘年，事昭王、孝文王、莊襄王。卒事始皇帝。

秦國

（30）呂不韋

原文出漢・司馬遷《史記・呂不韋列傳》，文句稍有異，唯於《呂氏春秋》之成書、始皇七年夏姬之卒，及不韋遷河南、飲鴆死三事，未有引述。

呂不韋者，陽翟大賈人也。往來販賤賣貴，家累千金。

秦昭王四十年，太子死。其四十二年，以其次子安國君為太子。安國君有子二十餘人。安國君有甚愛姬，立以為正夫人，號曰華陽夫人。華陽夫人無子。安國君中男名子楚，子楚母曰夏姬，"（母）〔毋〕愛。子楚為秦質子於趙。秦數攻趙，趙不甚禮子楚。

子楚，秦諸庶孽孫，質於諸侯，車乘進用不饒，居處困，不得意。呂不韋賈邯鄲，見而憐之，曰："此奇貨可居。"乃往見子楚，說曰："吾能大子之門。"子楚笑曰："且自大君之門，而乃大吾門！"不韋曰："子不知也，吾門待子門而大。"子楚心知所謂，乃引與坐，深語。不韋曰："秦王老矣，安國君得為太子。竊聞安國君愛幸華陽夫人，華陽夫人無子，能立適嗣者，獨華陽夫人耳。今子兄弟二十餘人，子又居中，不甚見幸，久質諸侯。即大王薨，安國君立為王，則子無幾得與長子及諸子旦暮在前者爭為太子矣。"子楚曰："然。為之奈何？"呂不韋曰："子貧，客於此，非有以奉獻於親及結賓客也。不韋雖貧，請以千金為子西遊，事安國君及華陽夫人，立子為適嗣。"子楚乃頓首曰："必如君策，請得分秦國與君共之。"

不韋乃以五百金與子楚，為進用，結賓客；而復以五百金買奇物玩好，自奉而西遊秦，求見華陽夫人姊，而皆以其物獻華陽夫人。

因言子楚賢知，結諸侯賓客徧天下，常曰："楚也以夫人為天，日夜泣思太子及夫人。"夫人大喜。不韋因使其姊說夫人曰："吾聞之，以色事人者，色衰而愛弛。今夫人與太子甚愛而無子，不以此時蚤自結於諸子中賢孝者，舉立以為適而子之，夫在則重尊，夫百歲之後，所子者為王，終不失勢，此所謂一言而萬世之利也。不以繁華時樹本，卽色衰愛弛後，雖欲開一語，尚可得乎？今子楚賢，而自知中男也，次不得為適，其母又不得幸，自附夫人，夫人誠以此時拔以為適，夫人則竟世有寵於秦矣。"華陽夫人以為然，（乘）〔承〕太子間，從容言子楚質於趙者絕賢，來往者皆稱譽之。因涕泣曰："妾幸得充後宮，不幸無子，願得子楚立以為適嗣，以託妾身。"安國君許之，乃與夫人刻玉符，約以為適嗣。安國君及夫人因厚餽遺子楚，而請呂不韋傅之，子楚以此名譽益重於諸侯。

呂不韋取邯鄲諸姬絕好善舞者與居，知有身。子楚從不韋飲，見而說之，因起為壽，請之。不韋怒，念業已破家為子楚，欲以釣奇，乃遂獻其姬。姬自匿有娠，至大期時，生子政。子楚遂立姬為夫人。

秦昭王五十年，使王齮圍邯鄲，急，趙欲殺子楚。子楚與不韋謀，行金六百斤與守者吏，得脫，亡赴秦軍，遂以得歸。趙欲殺子楚妻子，子楚夫人趙豪家女也，得匿，以故母子竟得活。秦昭王五十六年，薨，太子安國君立為王，華陽夫人為王后，子楚為太子。趙亦奉子楚夫人及子政歸秦。

秦王立一年，薨，諡為孝文王。太子子楚立，是為莊襄王。所養母華陽后為華陽太后，生母夏姬尊以為夏太后。莊襄王元年，以不韋為丞相，封為文信侯，食河南洛陽十萬戶。

莊襄王卽位三年，薨，太子政立為王，尊不韋為相國，號稱"仲父"。秦王年少，太后時時竊私通不韋。不韋家僮萬人。

當是時，魏有信陵君，楚有春申君，趙有平原君，齊有孟嘗君，皆下士喜賓客以相傾。不韋以秦之彊，羞不如，亦招致士，厚遇之，至食客三千人。

始皇帝益壯,太后淫不止。不韋恐覺禍及己,乃私求大陰人嫪毐以為舍人,時縱倡樂,使毐以其陰關桐輪而行,令太后聞之,以啗太后。太后聞,果欲私得之。不韋乃進嫪毐,詐令人以腐罪告。不韋又陰謂太后曰:"可事詐腐,則得給事中。"太后乃厚賜主腐者吏,詐論之,拔其鬚眉為宦者,遂得侍太后。太后私與通,絕愛之。有娠,太后恐人知之,詐卜當避時,徙宮居雍。嫪毐常從,賞賜甚厚,事皆決於嫪毐。嫪毐家僮數千人,諸客求宦為嫪毐舍人千餘人。

始皇九年,有告嫪毐實非宦者,常與太后私亂,生子二人,皆匿之。與太后謀曰:"王即薨,以子為后。"於是秦王下吏治,具得情實,事連相國呂不韋。九月,夷嫪毐三族,殺太后所生兩子,而遂遷太后於雍。諸嫪毐舍人皆沒其家而遷之蜀。王欲誅相國,為其奉先王功大,及賓客辯士為游說者眾,王不忍致法。

秦王十年十月,詔免相國呂不韋。

(31) 優旃

原文出漢·司馬遷《史記·滑稽列傳》,文句幾全同。

優旃者,秦倡侏儒也。善為笑言,然合於大道。秦始皇時,置酒而天雨,陛楯者皆沾寒。優旃見而哀之,謂之曰:"汝欲休乎?"陛楯者皆曰:"幸甚。"優旃曰:"我即呼汝,汝疾應曰諾。"居有頃,殿上上壽呼萬歲。優旃臨檻大呼曰:"陛楯郎!"郎曰:"諾。"優旃曰:"汝雖長,何益,幸雨立。我雖短也,幸休居。"於是始皇使陛楯者得半相代。

始皇嘗議欲大苑囿,東至函谷關,西至雍、陳倉。優旃曰:"善。多縱禽獸於其中,寇從東方來,令麋鹿觸之足矣。"始皇以故輟止。

二世立,又欲漆其城。優旃曰:"善。主上雖無言,臣固將請之。漆城雖於百姓愁費,然佳哉!漆城蕩蕩,寇來不能上。即欲就之,易為漆耳,顧難為蔭室。"於是二世笑之,以其故止。居無何,二世殺死,優旃歸漢,數年而卒。

(32) 陳勝

原文出漢・司馬遷《史記・陳涉世家》,文句幾全同。

　　陳勝者,陽城人也,字涉。吳廣者,陽夏人也,字叔。陳涉少時,嘗與人傭耕,輟耕之壟上,悵恨久之,曰:"苟富貴,無相忘。"傭者笑而應曰:"若為傭耕,何富貴也?"陳涉太息曰:"嗟乎,燕雀安知鴻鵠之志哉!"

　　二世元年七月,發閭左適戍漁陽,九百人屯大澤鄉。陳勝、吳廣皆次當行,為屯長。會天大雨,道不通,度已失期。失期,法該斬。陳勝、吳廣乃謀曰:"今亡亦死,舉大計亦死,等死,死國可乎?"陳勝曰:"天下苦秦久矣。吾聞二世少子也,不當立,當立者乃公子扶蘇。扶蘇以數諫故,上使外將兵。今或聞無罪,二世殺之。百姓多聞其賢,未知其死也。項燕為楚將,數有功,愛士卒,楚人憐之。或以為死,或以為亡。今誠以吾眾詐自稱公子扶蘇、項燕,為天下唱,宜多應者。"吳廣以為然。乃行卜。卜者知其指意,曰:"足下事皆成,有功。然足下卜之鬼耳!"陳勝、吳廣喜,念鬼,曰:"此教我先威眾耳。"乃丹書帛曰"陳勝王",置人所罾魚腹中。卒買魚烹食,得魚腹中書,固以怪之矣。又間令吳廣之次近所旁叢祠中,夜篝火,狐鳴,呼曰:"大楚興,陳勝王。"卒皆夜驚恐。旦日,卒中往往語,皆指目陳勝。

　　吳廣素愛人,士卒多為用者。將尉醉,廣故數言欲亡,忿恚尉,令辱之,以激怒其眾。尉果笞廣。尉劍挺,廣起,奪而殺尉。陳勝佐之,并殺兩尉。召令徒屬曰:"公等遇雨,皆已失期,失期當斬。藉弟令毋斬,而戍死者固十六七。且壯士不死則已,死即舉大名耳,王侯將相寧有種乎!"徒屬皆曰:"敬受命。"乃詐稱公子扶蘇、項燕,從民欲也。祖右,稱大楚。為壇而盟,祭以尉首。陳勝自立為將軍,吳廣為都尉。攻大澤鄉,收而攻蘄。蘄下,乃令符離人葛嬰將兵狥蘄以東。攻銍、鄼、苦、柘、譙,皆下之。行收兵。比至陳,車六七百乘,騎千餘,卒數萬人。攻陳,陳守令皆不在,獨守丞與戰譙門中。弗勝,守丞死,乃入據陳。數日,號令召三老、豪傑與皆來會計事。三老、豪傑皆曰:"將軍身披堅執銳,伐無道,誅暴秦,復立楚國之社稷,功宜為王。"陳涉乃立為王,號為張楚。

當此時,諸郡縣苦秦吏者,皆刑其長吏,殺之以應陳涉。乃以吳叔為假王,監諸將以西擊滎陽。令陳人武臣、張耳、陳餘狥趙地,令汝陰人鄧宗狥九江郡。當此時,楚兵數千人為聚者,不可勝數。

葛嬰至東城,立襄彊為楚王。嬰後聞陳王已立,因殺襄彊,還報。至陳,陳王誅殺葛嬰。陳王令魏人周市北狥魏地。吳廣圍滎陽。李由為三川守,守滎陽,吳叔弗能下。陳王徵國之豪傑與計,以上蔡人房君蔡賜為上柱國。

周文,陳之賢人也,嘗為項燕軍視日,事春申君,自言習兵,陳王與之將軍印,西擊。行收兵至關,車千乘,卒數十萬,至戲,軍焉。秦令少府章邯免酈山徒、人奴產子,悉發以擊楚大軍,盡敗之。周文敗走,出關,止次曹陽二三月。章邯追敗之,復走次澠池十餘日。章邯擊,大破之。周文自剄,軍遂不戰。

武臣到邯鄲,自立為趙王,陳餘為大將軍,張耳、召騷為左右丞相。陳王怒,捕繫武臣等家室,欲誅之。柱國曰:"秦未亡而誅趙王將相家屬,此生一秦也。不如因而立之。"陳王乃遣使者賀趙,而徙繫武臣等家屬宮中,而封其子張敖為成都君,趣趙兵亟入關。趙王將相相與謀曰:"王王趙,非楚意也。楚已誅秦,必加兵於趙。計莫如毋西兵,使使北狥燕地以自廣也。趙南據大河,北有燕、代,楚雖勝秦,不敢制趙。若楚不勝秦,必重趙。趙乘秦之弊,可以得志於天下。"趙王以為然,因不西兵,而遣故上谷卒吏韓廣將兵北狥燕地。

燕故貴人豪傑謂韓廣曰："楚已立王，趙又已立王。燕雖小，亦萬乘之國也，願將軍立為燕王。"韓廣曰："廣母在趙，不可。"燕人曰："趙方西憂秦，南憂楚，其力不能禁我。且以楚之彊，不敢害趙王將相之家，趙獨安敢害將軍之家！"韓廣以為然，乃自立為燕王。居數月，趙奉燕王母及家屬歸之燕。

當此之時，諸將之徇地者，不可勝數。周市北徇地至狄，狄人田儋殺狄令，自立為齊王，以齊反擊周市。市軍散，還至魏地，欲立魏後故甯陵君咎為魏王。時咎在陳王所，不得之魏。魏地已定，欲相與立周市為魏王，周市不肯。使者五反，陳王乃立甯陵君咎為魏王，遣之國。周市卒為相。將軍田臧等相與謀曰："周章軍已破矣，秦兵旦暮至，我圍滎陽城弗能下，秦兵至，必大敗。不如少遺兵，足以守滎陽，悉精兵迎秦軍。今假王驕，不知兵權，不可與計，非誅之，事恐敗。"因相與矯王令以誅吳叔，獻其首於陳王。陳王使使賜田臧楚令尹印，使為上將。田臧乃使諸將李歸等守滎陽城，自以精兵西迎秦軍于敖倉。與戰，田臧死，軍破。章邯進兵擊李歸等滎陽下，破之，李歸等死。

陽城人鄧說將兵居郯，章邯別將擊破之，鄧說軍散走陳。銍人伍徐將兵居許，章邯擊破之，伍徐兵皆散走陳。陳王誅鄧說。

陳王初立時，陵人秦嘉、銍人董緤、符離人朱雞石、取慮人鄭布、徐人丁疾等皆特起，將兵圍東海守慶於郯。陳王聞，乃使武平君畔為將軍，監郯下軍。秦嘉不受命，嘉自立為大司馬，惡屬武平君。告軍吏曰："武平君年少，不知兵事，勿聽！"因矯以王命殺武平君畔。

章邯已破伍徐，擊陳，柱國房君死。章邯又進兵擊陳西張賀軍。陳王出監戰，軍破，張賀死。

臘月，陳王之汝陰，還至下城父，其御莊賈殺以降秦。陳勝葬碭，諡曰隱王。

陳王故涓人將軍呂臣為倉頭軍，起新陽，攻陳下之，殺莊賈，復以陳為楚。

初，陳王至陳，令銍人宋留將兵定南陽，入武關。留已狥南陽，聞陳王死，南陽復為秦。宋留不能入武關，乃東至新蔡，遇秦軍，宋留以軍降秦。秦傳留至咸陽，車裂留以狥。

秦嘉等聞陳王軍破，出走，乃立景駒為楚王，引兵之方與，欲擊秦軍定陶下。使公孫慶使齊王，欲與併力俱進。齊王曰："聞陳王戰敗，不知其死生，楚安得不請而立王！"公孫慶曰："齊不請楚而立王，楚何故請齊而立王！且楚首事，當令於天下。"田儋誅殺公孫慶。

秦左右校復攻陳，下之。呂將軍走，收兵復聚。鄱盜當陽君黥布之兵相收，復擊秦左右校，破之青波，復以陳為楚。會項梁立懷王孫心為楚王。

陳勝王凡六月。已為王，王陳。其故人嘗與庸耕者聞之，之陳，扣宮門曰："吾欲見涉。"宮門令欲縛之。自辯數，乃置，不肯為通。陳王出，遮道而呼涉。陳王聞之，乃召見，載與俱歸。入宮，見殿屋帷帳，客曰："夥頤！涉之為王沈沈者！"楚人謂多為夥，故天下傳之，夥涉為王，由陳涉始。客出入愈益發舒，言陳王故情。或說陳王曰："客愚無知，顓妄言，輕威。"陳王斬之。諸陳王故人皆自引去，由是無親陳王者。陳王以朱房為中正，胡武為司過，主司群臣。諸將狥地，至，令之不是者，繫而罪之，以苛察為忠。其所不善者，弗下吏，輒自治之。陳王信用之。諸將以其故不親附，此其所以敗也。

陳勝雖已死，其所置遣侯王將相竟亡秦，由涉首事也。高祖時，為陳涉置守冢三十家碭，至今血食。

卷七

後楚

（33）項羽

原文出漢·司馬遷《史記·項羽本紀》，文句幾全同。

項籍者，下相人也，字羽。初起時，年二十四。其季父項梁，梁父卽楚將項燕，為秦將王翦所戮者也。項氏世世為楚將，封於項，故姓項氏。

項籍少時，學書不成，去學劍，又不成。項梁怒之。籍曰："書足以記名姓而已。劍一人敵，不足學，學萬人敵。"於是項梁乃教籍兵法，籍大喜，略知其意，又不肯竟學。項梁嘗有櫟陽逮，乃請蘄獄掾曹咎書抵櫟陽獄掾司馬欣，以故事得已。項梁殺人，與籍避仇於吳中。吳中賢士大夫皆出項梁下。每吳中有大繇役及喪，項梁常為主辦，陰以兵法部勒賓客及子弟，以是知其能。秦始皇帝游會稽，渡浙江，梁與籍俱觀。籍曰："彼可取而代也。"梁掩其口，曰："毋妄言，族矣！"梁以此奇籍。籍長八尺餘，力能扛鼎，才氣過人，雖吳中子弟皆已憚籍矣。

秦二世元年七月，陳涉等起大澤中。其九月，會稽守通謂梁曰："江西皆反，此亦天亡秦之時也。吾聞先卽制人，後則為人所制。吾欲發兵，使公及桓楚將。"是時，桓楚亡在澤中。梁曰："桓楚亡，人莫知其處，獨籍知之耳。"梁乃出，誡籍持劍居外待。梁復入，與守坐，曰："請召籍，使受命召桓楚。"守曰："諾。"梁召籍入。須臾，梁眴籍曰："可行矣！"於是籍遂拔劍斬守頭。項梁持守頭，佩其印綬。門下大驚，擾亂，籍所擊殺數十百人。一府中皆慴伏，莫敢起。梁乃召故所知豪吏，諭以所為起大事，遂舉吳中兵。使人收下縣,得精兵八千人。梁部署吳中豪傑為校尉、候、司馬。有一人不得用,自言於梁。梁曰:"前時某喪使公主某事,不能辦,以此不任用公。"眾乃皆伏。於是梁為會稽守,籍為裨將,狥下縣。

廣陵人召平於是為陳王狥廣陵,未能下。聞陳王敗走,秦兵又且至,乃渡江矯陳王命,拜梁為楚王上柱國。曰:"江東已定,急引兵西擊秦。"項梁乃以八千人渡江而西。聞陳嬰已下東陽,使使與連和俱西。陳嬰者,故東陽令史,居縣中,素信謹,稱為長者。東陽少年殺其令,相聚數千人,欲置長,無適用,乃請陳嬰。嬰謝不能,遂強立嬰為長,縣中從者得二萬人。少年欲立嬰便為王,異軍蒼頭特起。陳嬰母謂嬰曰:"自我為汝家婦,未嘗聞汝先古之有貴者。今暴得大名,不祥。不如有所屬,事成猶得封侯,事敗易以亡,非世所指名也。"嬰乃不敢為王。謂其軍吏曰:"項氏世世將家,有名於楚。今欲舉大事,將非其人,不可。我倚名族,亡秦必矣。"於是眾從其言,以兵屬項梁。項梁渡淮,黥布、蒲將軍亦以兵屬焉。凡六七萬人,軍下邳。

當是時,秦嘉已立景駒為楚王,軍彭城東,欲距項梁。項梁謂軍吏曰:"陳王先首事,戰不利,未聞所在。今秦嘉倍陳王而立景駒,逆無道。"乃進兵擊秦嘉。秦嘉軍敗走,追之至胡陵。嘉還戰一日,嘉死,軍降。景駒走死梁地。項梁已并秦嘉軍,軍胡陵,將引軍而西。章邯軍至栗,項梁使別將朱雞石、餘樊君與戰。餘樊君死。朱雞石軍敗,亡走胡陵。項梁乃引兵入薛,誅雞石。項梁前使項羽別攻襄城,襄城堅守不下。已拔,皆阬之。還報項梁。項梁聞陳王定死,召諸別將會薛計事。此時沛公亦起沛,徃焉。

居鄛人范增,年七十,素居家,好奇計,往說項梁曰:"陳勝敗固當。夫秦滅六國,楚最無罪。自懷王入秦不反,楚人憐之至今,故楚南公曰'楚雖三戶,亡秦必楚'也。今陳勝首事,不立楚後而自立,其勢不長。今君起江東,楚蠭起之將皆爭附君者,以君世世楚將,為能復立楚之後也。"於是項梁然其言,乃求楚懷王孫心民間,为人牧羊，立以为楚怀王，从民所望也。陈婴为楚上柱国，封五县，与怀王都盱台。项梁自号为武信君。

居数月，引兵攻亢父，与齐田荣、司马龙且军救东阿，大破秦军于东阿。田荣即引兵归，逐其王假。假亡走楚。假相田角亡走赵。角弟田间故齐将，居赵不敢归。田荣立田儋子市为齐王。项梁已破东阿下军，遂追秦军。数使使趣齐兵，欲与俱西。田荣曰："楚杀田假，赵杀田角、田间，乃发兵。"项梁曰："田假为与国之王，穷来从我，不忍杀之。"赵亦不杀田角、田间以市于齐。齐遂不肯发兵助楚。项梁使沛公及项羽别攻城阳，屠之。西破秦军濮阳东，秦兵收入濮阳。沛公、项羽乃攻定陶。定陶未下，去，西略地至雝丘，大破秦军，斩李由。还攻外黄，外黄未下。

项梁起东阿，西北至定陶，再破秦军，项羽等又斩李由，益轻秦，有骄色。宋义乃谏项梁曰："战胜而将骄卒惰者败。今卒少惰矣，秦兵日益，臣为君畏之。"项梁弗听。乃使宋义使于齐。道遇齐使者高陵君显，曰："公将见武信君乎？"曰："然。"曰："臣论武信君军必败。公徐行即免死，疾行则及祸。"秦果悉起兵益章邯，击楚军，大破之定陶，项梁死。沛公、项羽去外黄，攻陈留，陈留坚守不能下。沛公、项羽相与谋曰："今项梁军破，士卒恐。"乃与吕臣军俱引兵而东。吕臣军彭城东，项羽军彭城西，沛公军砀。章邯已破项梁军，则以为楚地兵不足忧，乃渡河击赵，大破之。当此时，赵歇为王，陈馀为将，张耳为相，皆走入钜鹿城。章邯令王离、涉间围钜鹿，章邯军其南，筑甬道而输之粟。陈馀为将，将卒数万人而军钜鹿之北，此所谓河北之军也。

楚兵已破于定陶，怀王恐，从盱台之彭城，并项羽、吕臣军自将之。以吕臣为司徒，以其父吕青为令尹。以沛公为砀郡长，封为武安侯，将砀郡兵。

初，宋义所遇齐使者高陵君显在楚军，见楚王曰："宋义论武信君之军必败，居数日，军果败。兵未战而先见败徵，此可谓知兵矣。"王召宋義與計事而大說之,因置以為上將軍,項羽為魯公,為次將,范增為末將,救趙。諸別將皆屬宋義,號為卿子冠軍。行至安陽,留四十六日不進。項羽曰:"吾聞秦軍圍趙王鉅鹿,疾引兵渡河,楚擊其外,趙應其內,破秦軍必矣。"宋義曰:"不然。夫持牛之蝱不可以破蟣蝨。今秦攻趙,戰勝則兵罷,我承其敝;不勝,則我引兵鼓行而西,必舉秦矣。故不如先鬥秦、趙。夫被堅執銳,義不如公;坐而運策,公不如義。"因下令軍中曰:"猛如虎,狠如羊,貪如狼,彊不可使者,皆斬之。"乃遣其子宋襄相齊,身送之至無鹽,飲酒高會。天寒大雨,士卒凍饑。項羽曰:"將戮力而攻秦,久留不行。今歲饑民貧,士卒食芋菽,軍無見糧,乃飲酒高會,不引兵渡河因趙食,與趙并力攻秦,乃曰'承其敝'。夫以秦之彊,攻新造之趙,其勢必舉趙。趙舉而秦彊,何敝之承!且國兵新破,王坐不安席,掃境內而專屬於將軍,國家安危,在此一舉。今不恤士卒而徇其私,非社稷之臣。"項羽晨朝上將軍宋義,即其帳中斬宋義頭,出令軍中曰:"宋義與齊謀反楚,楚王陰令羽誅之。"當是時,諸將皆慴服,莫敢枝梧。皆曰:"首立楚者,將軍家也。今將軍誅亂。"乃相與共立羽為假上將軍。使人追宋義子,及之齊,殺之。使桓楚報命於懷王。懷王因使項羽為上將軍,當陽君、蒲將軍皆屬項羽。

項羽已殺卿子冠軍,威震楚國,名聞諸侯。乃遣當陽君、蒲將軍將卒二萬渡河,救鉅鹿。戰少利,陳餘復請兵。項羽乃悉引兵渡河,皆沈船,破釜甑,燒廬舍,持三日糧,以示士卒必死無一還心。於是至,則圍王離,與秦軍遇,九戰,絕其甬道,大破之,殺蘇角,虜王離。涉間不降楚,自燒殺。當是時,楚兵冠諸侯。諸侯軍救鉅鹿下者十餘壁,莫敢縱兵。及楚擊秦,諸將皆從壁上觀。楚戰士無不一以當十,楚兵呼聲動天,諸侯軍無不人人惴恐。於是已破秦軍,項羽召見諸侯將,入轅門,無不膝行而前,莫敢仰視。項羽由是始為諸侯上將軍,諸侯皆屬焉。

章邯軍棘原,項羽軍漳南,相持未戰。秦軍數却,二世使人讓章邯。章邯恐,使長史欣請事。至咸陽,留司馬門三日,趙高不見,有不信之心。長史欣恐,還走其軍,不敢出故道,趙高果使人追之,不及。欣至軍,報曰:"趙高用事於中,下無可為者。今戰能勝,高必嫉妬吾功;戰不能勝,不免於死。願將軍熟計之。"陳餘亦遺章邯書曰:"白起為秦將,南征鄢、郢,北阬馬服,攻城略地,不可勝計,而竟賜死。蒙恬為秦將,北逐戎人,開榆中地數千里,竟斬陽周。何者?功多,秦不能盡封,因以法誅之。今將軍為秦將三歲矣,所亡失以十萬數,而諸侯並起滋益多。彼趙高素諛日久,今事急,亦恐二世誅之,故欲以法誅將軍以塞責,使人更代將軍以脫其禍。夫將軍居外久,多內郤,有功亦誅,無功亦誅。且天之亡秦,無智愚皆知之。今將軍內不能直諫,外為亡國將,孤特獨立而欲常存,豈不哀哉!將軍何不還兵與諸侯為從,約共攻秦,分王其地,南面稱孤;此孰與身伏鈇質,妻子為僇乎?"章邯狐疑,陰使候始成使項羽,欲約。約未成,項羽使蒲將軍日夜引兵渡三戶,軍漳南,與秦戰,再破之。項羽悉引兵擊秦軍汙水上,大破之。

　　章邯使人見項羽,欲約。項羽召軍吏謀曰:"糧少,欲聽其約。"軍吏皆曰:"善。"項羽乃與期洹水南殷虛上。已盟,章邯見項羽而流涕,為言趙高。項羽乃立章邯為雍王,置楚軍中。使長史欣為上將軍,將秦軍為前行。

　　到新安。諸侯吏卒異時故繇使屯戍過秦中,秦中吏卒遇之多無狀,及秦軍降諸侯,諸侯吏卒乘勝多奴虜使之,輕折辱秦吏卒。秦吏卒多竊言曰:"章將軍等詐吾屬降諸侯,今能入關破秦,大善;即不能,諸侯虜吾屬而東,秦必盡誅吾父母妻子。"諸將微聞其計,以告項羽。項羽乃召黥布、蒲將軍計,曰:"秦吏卒尚衆,其心不服,至關中不聽,事必危,不如擊殺之,而獨與章邯、長史欣、都尉翳入秦。"於是楚軍夜擊阬秦卒二十餘萬人新安城南。行略定秦地。函谷關有兵守關,不得入。又聞沛公已破咸陽,項羽大怒,使當陽君等擊關。項羽遂入,至于戲西。沛公軍霸上,未得與項羽相見。沛公左司馬曹無傷使人言於項羽,曰:"沛公欲王關中,使子嬰為相,珍寶盡有之。"項羽大怒,曰:"旦日饗士卒,為擊破沛公軍!"當是時,項羽兵四十萬,在新豐鴻門,沛公兵十萬,在霸上。范增說項羽曰:"沛公居山東時,貪於財貨,好美姬。今入關,財物無所取,婦女無所幸,此其志不在小。吾令人望其氣,皆為龍虎,成五采,此天子氣也。急擊勿失。"

楚左尹項伯者,項羽季父也,素善留侯張良。張良是時從沛公,項伯乃夜馳之沛公軍,私見張良,具告以事,欲呼張良與俱去。曰:"毋從俱死也。"張良曰:"臣為韓王送沛公,沛公今事有急,亡去不義,不可不語。"良乃入,具告沛公。沛公大驚,曰:"為之奈何?"張良曰:"誰為大王為此計者?"曰:"鯫生說我曰:'距關,毋內諸侯,秦地可盡王也。'故聽之。"良曰:"料大王士卒足以當項王乎?"沛公默然,曰:"固不如也,且為之奈何?"張良曰:"請往謂項伯,言沛公不敢背項王也。"沛公曰:"君安與項伯有故?"張良曰:"秦時與臣游,項伯殺人,臣活之。今事有急,故幸來告良。"沛公曰:"孰與君少長?"良曰:"長於臣。"沛公曰:"君為我呼入,吾得兄事之。"張良出,要項伯。項伯即入見沛公。沛公奉卮酒為壽,約為婚姻,曰:"吾入關,秋毫不敢有所近,籍吏民,封府庫,而待將軍。所以遣將守關者,備他盜之出入與非常也。日夜望將軍至,豈敢反乎!願伯具言臣之不敢倍德也。"項伯許諾。謂沛公曰:"旦日不可不蚤自來謝項王。"沛公曰:"諾。"於是項伯復夜去,至軍中,具以沛公言報項王。因言曰:"沛公不先破關中,公豈敢入乎?今人有大功而擊之,不義也,不如因善遇之。"項王許諾。

沛公旦日從百餘騎來見項王,至鴻門,謝曰:"臣與將軍戮力而攻秦,將軍戰河北,臣戰河南,然不自意能先入關破秦,得復見將軍於此。今者有小人之言,令將軍與臣有卻。"項王曰:"此沛公左司馬曹無傷言之;不然,籍何以至此。"項王即日因留沛公與飲。項王、項伯東嚮坐。亞父南嚮坐。亞父者,范增也。沛公北嚮坐,張良西嚮侍。范增數目項王,舉所佩玉玦以示之者三,項王默然不應。范增起,出召項莊,謂曰:"君王為人不忍,若入前為壽,壽畢,請以劍舞,因擊沛公於坐,殺之。不者,若屬皆且為所虜。"莊則入為壽,壽畢,曰:"君王與沛公飲,軍中無以為樂,請以劍舞。"項王曰:"諾。"項莊拔劍起舞,項伯亦拔劍起舞,常以身翼蔽沛公,莊不得擊。於是張良至軍門,見樊噲。樊噲曰:"今日之事何如?"良曰:"甚急。今者項莊拔劍起舞,其意常在沛公也。"噲曰:"此迫矣,臣請入,與之同命。"噲即帶劍擁盾入軍門。交戟之衛士欲止不內,樊噲側其盾以撞,衛士仆地,噲遂入,披帷西嚮立,瞋目視項王,頭髮上指,目眦盡裂。項王按劍而跽,曰:"客何為者?"張良曰:"沛公之驂乘樊噲者也。"項王曰:"壯士,賜之卮酒。"則與斗卮酒。噲拜謝,起,立而飲之。項王曰:"賜之彘肩。"則與一生彘肩。樊噲覆其盾於地,加彘肩上,拔劍切而啗之。項王曰:"壯士,能復飲乎?"樊噲曰:"臣死且不避,卮酒安足辭!夫秦王有虎狼之心,殺人如不能舉,刑人如恐不勝,天下皆叛之。懷王與諸將約,曰:'先破秦入咸陽者王之。'今沛公先破秦入咸陽,毫毛不敢有所近,封閉宮室,還軍霸上,以待大王來。故遣將守關者,備他盜出入與非常也。勞苦而功高如此,未有封侯之賞,而聽細說,欲誅有功之人。此亡秦之續耳,竊為大王不取也。"項王未有以應,曰:"坐。"樊噲從良坐。坐須臾,沛公起如厠,因招樊噲出。

沛公已出,項王使都尉陳平召沛公。沛公曰:"今者出,未辭也,為之奈何?"樊噲曰:"大行不顧細謹,大禮不辭小讓。如今人方為刀俎,我為魚肉,何辭為。"於是遂去。乃令張良留謝。良問曰:"大王來何操?"曰:"我持白璧一雙,欲獻項王,玉斗一雙,欲與亞父,會其怒,不敢獻。公為我獻之。"張良曰:"謹諾。"當是時,項王軍在鴻門下,沛公軍在霸上,相去四十里。沛公則置車騎,脫身獨騎,與樊噲、夏侯嬰、靳彊、紀信等四人持劍盾步走,從酈山下,道芷陽間行。沛公謂張良曰:"從此道至吾軍,不過二十里耳。度我至軍中，公乃入。"沛公已去，間至軍中，張良入謝，曰："沛公不勝桮杓，不能辭。謹使臣良奉白璧一雙，再拜獻大王足下；玉斗一雙，再拜奉大將軍足下。"項王曰："沛公安在？"良曰："聞大王有意督過之，脫身獨去，已至軍矣。"項王則受璧，置之坐上。亞父受玉斗，置之地，拔劍撞而碎之，曰："唉！豎子不足與謀。奪項王天下者，必沛公也，吾屬今為之虜矣。"沛公至軍，立誅殺曹無傷。居數月，項羽引兵西屠咸陽，殺秦降王子嬰，燒秦宮室，火三月不滅；收其貨寶婦女而東。人或說項王曰："關中阻山河四塞，地肥饒，可都以霸。"項王見秦宮室皆已燒殘破，又心懷思欲東歸，曰："富貴不歸故鄉，如衣繡夜行，誰知之者！"說者曰："人言楚人沐猴而冠耳，果然。"項王聞之，烹說者。

項王使人致命懷王。懷王曰："如約。"乃尊懷王為義帝。項王欲自王，先王諸將相。謂曰："天下初發難時，假立諸侯後以伐秦。然身被堅執銳首事，暴露於野三年，滅秦定天下者，皆將相諸君與籍之力也。義帝雖無功，故當分其地而王之。"諸將皆曰："善。"乃分天下，立諸將為侯王。項王、范增疑沛公之有天下，業已講解，又惡負約，恐諸侯叛之，乃陰謀曰："巴、蜀道險，秦之遷人皆居蜀。"乃曰："巴、蜀亦關中地也。"故立沛公為漢王，王巴、蜀、漢中，都南鄭。而三分關中，王秦降將以距塞漢王。項王乃立章邯為雍王，王咸陽以西，都廢丘。長史欣者，故為櫟陽獄掾，嘗有德於項梁；都尉董翳者，本勸章邯降楚。故立司馬欣為塞王，王咸陽以東至河，都櫟陽；立董翳為翟王，王上郡，都高奴。徙魏王豹為西魏王，王河東，都平陽。瑕丘申陽者，張耳嬖臣也，先下河南郡，迎楚河上，故立申陽為河南王，都雒陽。韓王成因故都，都陽翟。趙將司馬卬定河內，數有功，故立卬為殷王，王河內，都朝歌。徙趙王歇為代王。趙相張耳素賢，又從入關，故立耳為常山王，王趙地，都襄國。當陽君黥布為楚將，常冠軍，故立布為九江王，都六。鄱君吳芮率百越佐諸侯，又從入關，故立芮為衡山王，都邾。義帝柱國共敖將兵擊南郡，功多，因立敖為臨江王，都江陵。徙燕王韓廣為遼東王。燕將臧荼從楚救趙，因從入關，故立荼為燕王，都薊。徙齊王田市為膠東王。齊將田都從共救趙，因從入關，故立都為齊王，都臨菑。故秦所滅，齊王建孫田安，項羽方渡河救趙，田安下濟北數城，引其兵降項羽，故立安為濟北王，都博陽。田榮者，數負項梁，又不肯將兵從楚擊秦，以故不封。成安君陳餘棄將印去，不從入關，然素聞其賢，有功於趙，聞其在南皮，故因環封三縣。番君將梅鋗功多，故封十萬戶侯。項王自立為西楚霸王，王九郡，都彭城。

漢之元年四月，諸侯罷戲下，各就國。項王出之國，使人徙義帝，曰："古之帝者，地方千里，必居上游。"乃使使徙義帝長沙郴縣。趣義帝行，其群臣稍稍背叛之，乃陰令衡山、臨江王擊殺之江中。韓王成無軍功，項王不使之國，與俱至彭城，廢以為侯，已又殺之。臧荼之國，因逐韓廣之遼東，廣弗（臨）〔聽〕，荼擊殺廣無終，并王其地。

田榮聞項羽徙齊王市膠東，而立齊將田都為齊王，乃大怒，不肯遣齊王之膠東，因以齊反，迎擊田都，走楚。齊王市畏項王，乃亡之膠東就國。田榮怒，追擊殺之卽墨。榮因自立為齊王，而西殺擊濟北王田安，并王三齊。榮與彭越將軍印，令反梁地。陳餘陰使張同、夏說說齊王田榮，曰："項王為天下宰，不平。今盡王故王於醜地，而王其群臣諸將善地，逐其故主趙王，乃北居代，餘以為不可。聞大王起兵，且不聽不義，願大王資餘兵，請以擊常山，以復趙王，請以國為扞蔽。"齊王許之，因遣兵之趙。陳餘悉發三縣兵，與齊并力擊常山，大破之。張耳走歸漢。陳餘迎故趙王歇於代，反之趙。趙王因立陳餘為代王。

是時，漢還定三秦。項羽聞漢王皆已并關中，且東，齊、趙叛之，大怒。乃以故吳令鄭昌為韓王，以距漢。令蕭公角等擊彭越。彭越敗蕭公角等。漢使張良徇韓，乃遺項王書，曰："漢王失職，欲得關中，如約卽止，不敢東。"又以齊、梁反書遺項王，曰："齊欲與趙并滅楚。"楚以此故無西意,而北擊齊。徵兵九江王布。布稱疾不往,使將將數千人行。項王由此怨布也。漢之二年冬,項羽遂北至城陽,田榮亦將兵會戰。田榮不勝,走至平原,平原民殺之。遂北燒夷齊城郭室屋,皆阬田榮降卒,係虜其老弱婦女。狥齊至北海,多所殘滅。齊人相聚而叛之。於是田榮弟田橫收齊亡卒,得數萬人,反城陽。項王因留,連戰未能下。

春,漢王部五諸侯兵,凡五十六萬人,東伐楚。項王聞之,即令諸將擊齊,而自以精兵三萬人南從魯出胡陵。四月,漢皆已入彭城,收其貨寶美人,日置酒高會。項王乃西從蕭,晨擊漢軍而東,至彭城,日中,大破漢軍。漢軍皆走,相隨入穀、泗水,殺漢卒十餘萬人。漢卒皆南走山,楚又追擊至靈壁東睢水上。漢軍却,為楚所擠,多殺,漢卒十餘萬人皆入睢水,睢水為之不流。圍漢王三匝。於是大風從西北而起,折木發屋,揚沙石,窈冥晝晦,逢迎楚軍。楚軍大亂,壞散,而漢王乃得與數十騎遁去,欲過沛,收家室而西;楚亦使人追之沛,取漢王家;家皆亡,不與漢王相見。漢王道逢得孝惠、魯元,乃載行。楚騎追漢王,漢王急,推墮孝惠、魯元車下,滕公常下收載之。如是者三。曰:"雖急不可以驅,柰何棄之?"於是遂得脫。求太公、呂后不相遇。審食其從太公、呂后間行,求漢王,反遇楚軍。楚軍遂與歸,報項王,項王常置軍中。是時呂后兄周呂侯為漢將兵居下邑,漢王間往從之,稍稍收其士卒。至滎陽,諸敗軍皆會,蕭何亦發關中老弱未傅,悉詣滎陽,復大振。楚起於彭城,常乘勝逐北,與漢戰滎陽南京、索間,漢敗楚,楚以故不能過滎陽而西。

項王之救彭城,追漢王至滎陽,田橫亦得收齊,立田榮子廣為齊王。漢王之敗彭城,諸侯皆復與楚而背漢。漢軍滎陽,築甬道屬之河,以取敖倉粟。漢之三年,項王數侵奪漢甬道,漢王食乏,恐,請和,割滎陽以西為漢。

項王欲聽之。歷陽侯范增曰:"漢易與耳,今釋弗取,後必悔之。"項王乃與范增急圍滎陽。漢王患之,乃用陳平計間項王。項王使者來,為太牢具,舉欲進之。見使者,佯驚愕曰:"吾以為亞父使者,乃反項王使者。"更持去,以惡食食項王使者。使者歸報項王,項王乃疑范增與漢有私,稍奪之權。范增大怒,曰:"天下事大定矣,君王自為之。願賜骸骨歸卒伍。"項王許之。未至彭城,疽發背而死。

漢將紀信說漢王,曰:"事已急矣,請為王誑楚為王,王可以間出。"於是漢王夜出女子滎陽東門被甲二千人,楚兵四面擊之。紀信乘黃屋車,傅左纛,曰:"城中食盡,漢王降。"楚軍皆呼萬歲。漢王亦與數十騎從城西門出,走城皋。項王見紀信,問:"漢王安在?"信曰:"漢王已出矣。"項王怒,燒殺紀信。

漢王使御史大夫周苛、樅公、魏豹守滎陽。周苛、樅公謀曰:"反國之王,難與守城。"乃共殺魏豹。楚下滎陽城,生得周苛。項王謂周苛曰:"為我將,我以公為上將軍,封三萬戶。"周苛罵曰:"若不趣降漢,漢今虜若,若非漢敵也。"項王怒,烹周苛,并殺樅公。

漢王之出滎陽,南走宛、葉,得九江王布,行收兵,復入保成皋。漢之四年,項王進兵圍成皋。漢王逃,獨與滕公出成皋北門,渡河走脩武,從張耳、韓信軍。諸將稍稍得出成皋,從漢王。楚遂拔成皋,欲西。漢使兵距之鞏,令其不得西。

是時,彭越渡河擊楚東阿,殺楚將軍薛公。項王乃自東擊彭越。漢王得淮陰侯兵,欲渡河南。鄭忠說漢王,乃止壁河內。使劉賈將兵佐彭越,燒楚積聚。項王東擊破之,走彭越。漢王則引兵渡河,復取成皋,軍廣武,就敖倉食。項王已定東海來,西,與漢俱臨廣武而軍,相守數月。

當此時,彭越數反梁地,絕楚糧食,項王患之。為高俎,置太公其上,告漢王曰:"今不急下,吾烹太公。"漢王曰:"吾與項羽俱北面受命懷王,曰'約為兄弟',吾翁即若翁,必欲烹而翁,則幸分我一杯羹。"項王怒,欲殺之。項伯曰:"天下事未可知,且為天下者不顧家,雖殺之無益,祇益禍耳。"項王從之。

楚、漢久相持未決,丁壯苦軍旅,老弱罷轉漕。項王謂漢王曰:"天下匈匈數歲者,徒以吾兩人耳,願與漢王挑戰決雌雄,毋徒苦天下之民父子為也。"漢王笑謝曰:"吾寧鬥智,不能鬥力。"項王令壯士出挑戰。漢有善騎射者樓煩,楚挑戰者三合,樓煩輒射殺之。項王大怒,乃自被甲持戟挑戰。樓煩欲射之,項王瞋目叱之,樓煩目不敢視,手不敢發,遂走還入壁,不敢復出。漢王使人間問之,乃項王也。漢王大驚。於是項王乃卽漢王相與臨廣武間而語。漢王數之,項王怒,欲一戰。漢王不聽,項王伏弩射中漢王。漢王傷,走入成皋。

項王聞淮陰已舉河北,兵破齊、趙,且欲擊楚,乃使龍且往擊之。淮陰侯與戰,騎將灌嬰擊之,大破楚軍,殺龍且。韓信因自立為齊王。項王聞龍且軍破,則恐,使盱台人武涉往說淮陰侯。淮陰侯弗聽。是時,彭越復反,下梁地,絕楚糧。項王乃謂海春侯大司馬曹咎等曰:"謹守成皋,則漢欲挑戰,慎勿與戰,毋令得東而已。我十五日必誅彭越,定梁地,復從將軍。"乃東,行擊陳留、外黃。

外黃不下。數日,已降,項王怒,悉令男子年十五以上詣城東,欲阬之。外黃令舍人兒年十三,往說項王,曰:"彭越彊劫外黃,外黃恐,故且降,待大王。大王至,又皆阬之,百姓豈有歸心?從此以東,梁地十餘城皆恐,莫敢下矣。"項王然其言,乃赦外黃當阬者。東至睢陽,聞之皆爭下項王。漢果數挑楚軍戰,楚軍不出。使人辱之,五六日,大司馬怒,渡兵汜水。士卒半渡,漢擊之,大破楚軍,盡得楚國貨賂。大司馬咎、長史翳、塞王欣皆自剄汜水上。大司馬咎者,故蘄獄掾,長史欣亦故櫟陽獄吏,兩人嘗有德於項梁,是以項王信任之。當是時,項王在睢陽,聞海春侯軍敗,則引兵還。漢軍方圍鍾離眛於滎陽東,項王至,漢王畏楚,盡走險阻。

是時,漢兵盛食多,項王兵罷食絕。漢遣陸賈說項王,請太公,項王弗聽。漢王復使侯公往說項王,項王乃與漢約,中分天下,割鴻溝以西者為漢，鴻溝而東者為楚。漢王許之，即歸漢王父母妻子。軍皆呼萬歲。漢王乃封侯公為平國君。匿弗肯復見。曰："此天下辯士，所居傾國，故號為平國君。"項王已約，乃引兵解而東歸。

漢欲西歸，張良、陳平說曰："漢有天下大半，而諸侯皆附之。楚兵罷食盡，此天亡楚之時也，不如因其機而遂取之。今釋弗擊，此所謂'養虎自遺患'也。"漢王聽之。漢五年，漢王乃追項王至陽夏南，止軍，與淮陰侯韓信、建成侯彭越期會而擊楚軍。至固陵，而信、越之兵不會。楚擊漢軍，大破之。漢復入壁，深塹而自守。謂張子房曰："諸侯不從約，為之奈何？"對曰："楚兵且破，信、越未有分地，其不至固宜。君王能與共分天下，今可立致也。即不能，事未可知也。君王能自陳以東傅海，盡與韓信；睢陽以北至穀城，以與彭越；使各自為戰，則楚易敗也。"漢王曰："善。"於是乃發使者告韓信、彭越，曰："并力擊楚。楚破，自陳以東傅海與齊王，睢陽以北至穀城與彭相國。"使者至，韓信、彭越皆報曰："請今進兵。"韓信乃從齊往，劉賈軍從壽春並行，屠城父，至垓下。大司馬周殷叛楚，以舒屠六，舉九江兵，隨劉賈、彭越皆會垓下，詣項王。

項王軍壁垓下，兵少食盡，漢軍及諸侯兵圍之數重。夜聞漢軍四面皆楚歌，項王乃大驚，曰："漢皆已得楚乎？是何楚人之多也！"項王則夜起，飲帳中。有美人名虞，常幸從；駿馬名騅，常騎之。於是項王乃悲歌忼慨，自為詩曰："力拔山兮氣蓋世，時不利兮騅不逝。騅不逝兮可奈何，虞兮虞兮奈若何！"歌數闋，美人和之。項王泣數行下，左右皆泣，莫能仰視。

於是項王乃上馬騎，麾下壯士騎從者八百餘人，直夜潰圍南出，馳走。平明，漢軍乃覺之，令騎將灌嬰以五千騎追之。項王渡淮，騎能屬者百餘人耳。項王至陰陵，迷失道，問一田父，田父紿曰"左"。左，乃陷大澤中。以故漢追及之。項王乃復引兵而東，至東城，止有二十八騎。漢騎追者數千人。項王自度不得脫。謂其騎曰："吾起兵至今八歲矣，身七十餘戰，所當者破，所擊者服，未嘗敗北，遂霸有天下。然今卒困於此，此天之亡我，非戰之罪也。今日固決死，願為諸君決戰，必三勝之，為諸君潰圍，斬將，刈旗，令諸君知天亡我，非戰之罪也。"乃分其騎以為四隊，四嚮。漢軍圍之數重。項王謂其騎曰："吾為公取彼一將。"令四面騎馳下，期山東為三處。於是項王大呼馳下，漢軍皆披靡，遂斬漢一將。是時，赤泉侯為騎將，追項羽，項羽瞋目而叱之，赤泉侯人馬俱驚，辟易數里，與其騎會為三處。漢軍不知項王所在，乃分軍為三，復圍之。項王乃馳，復斬漢一都尉，殺數十百人，復聚其騎，亡其兩騎耳。乃謂其騎曰："何如？"騎皆伏曰："如大王言。"

於是項王乃欲東渡烏江。烏江亭長艤船待，謂項王曰："江東雖小，地方千里，衆數十萬人，亦足王也。願大王急渡。今獨臣有船，漢軍至，無以渡。"項王笑曰："天之亡我，我何渡為！且籍與江東子弟八千人渡江而西，今無一人還，縱江東父兄憐而王我，我何面目見之？縱彼不言，籍獨不愧於心乎？"乃謂亭長曰："吾知公長者。吾騎此馬五歲，所當無敵，嘗一日行千里，不忍殺之，以賜公。"乃令騎皆下馬步行，持短兵接戰。獨籍所殺漢軍數百人。項王身亦被十餘創。顧見漢騎司馬呂馬童，曰："若非吾故人乎？"馬童面之，指王翳曰："此項王也。"項王乃曰："吾聞漢購我頭千金，邑萬戶，吾為若德。"乃自剄而死。王翳取其頭，餘騎相蹂踐爭項王，相殺者數十人。最其後，郎中騎楊喜，騎司馬呂馬童，郎中呂勝、楊武各得其一體。五人共會其體，皆是。分其地為五：封呂馬童為中水侯，封王翳為杜衍侯，封楊喜為赤泉侯，封楊武為吳防侯，封呂勝為涅陽侯。

項王已死，楚地皆降漢，獨魯不下。漢乃引天下兵欲屠之，為其守禮義，為主死節，乃持項王頭，示魯，魯父兄乃降。始，楚懷王初封項籍為魯公，及其死，魯最後下，故以魯公禮葬項王穀城。漢王為發哀，泣之而去。諸項氏枝屬，漢王皆不誅。乃封項伯為射陽侯。桃侯、平皋侯、玄武侯皆項氏，賜姓劉氏。

卷八

西漢

（34）張良

原文出漢·司馬遷《史記·留侯世家》，文句幾全同。

留侯張良者，其先韓人也。大父開地，相韓昭侯、宣惠王、襄哀王。父平，相釐王、悼惠王。悼惠王二十三年，平卒。卒二十歲，秦滅韓。良年少，未宦事韓。韓破，良家僮三百人，弟死不葬，悉以家財求客刺秦王，為韓報讎，以大父、父五世相韓故。

良嘗學禮淮陽，東見倉海君，得力士，為鐵椎重百二十斤。秦皇帝東游，良與客狙擊秦皇帝博浪沙中，誤中副車。秦皇帝大怒，大索天下，求賊甚急，為張良故也。良乃更名姓，亡匿下邳。

良嘗閒從容步游下（邸）〔邳〕圯上，有一老父，衣褐，至良所，直墮其履圯下，顧謂良曰："孺子，下取履！"良愕然，欲毆之。為其老，彊忍，下取履。父曰："履我！"良業為取履，因長跪履之。父以足受，笑而去。良殊大驚，隨目之。父去里所，復還，曰："孺子可教矣。後五日平明，與我會此。"良因怪之，跪曰："諾。"五日平明，良往。父已先在，怒曰："與老人期，後，何也？"去，曰："後五日早會。"五日雞鳴，良往。父又先在，復怒曰："後，何也？"去，曰："後五日復早來。"五日，良夜未半往。有頃，父亦來，喜曰："當如是。"出一編書，曰："讀此則為王者師矣。後十年興。十三年孺子見我濟北，穀城山下黃石即我矣。"遂去，無他言，不復見。旦日視其書，乃太公兵法也。良因異之，常習誦讀之。

居下邳，為任俠。項伯常殺人，從良匿。

後十年，陳涉等起兵，良亦聚少年百餘人。景駒自立為楚假王，在留。良欲往從之，道遇沛公。沛公將數千人，略地下邳西，遂屬焉。沛公拜良為廄將。良數以太公兵法說沛公，沛公善之，常用其策。良為他人言，皆不省。良曰："沛公殆天授。"故遂從之，不去見景駒。

及沛公之薛，見項梁。項梁立楚懷王。良乃說項梁，曰："君已立楚後，而韓諸公子橫陽君成賢，可立為王，益樹黨。"項梁使良求韓成，立以為韓王。以良為韓申徒，與韓王將千餘人西略韓地，得數城，秦輒復取之，往來為游兵潁川。

沛公之從雒陽南出轘轅，良引兵從沛公，下韓十餘城，擊破楊熊軍。沛公乃令韓王成留守陽翟，與良俱南，攻下宛，西入武關。沛公欲以兵二萬人擊秦嶢下軍，良說曰："秦兵尚彊，未可輕。臣聞其將屠者子，賈豎易動以利。願沛公且留壁，使人先行，為五萬人具食，益為張旗幟諸山上，為疑兵，令酈食其持重寶啗秦將。"秦將果畔，欲連和俱西襲咸陽，沛公欲聽之。良曰："此獨其將欲畔耳，恐士卒不從。不從必危，不如因其解擊之。"沛公乃引兵擊秦兵，大破之。遂北至藍田，再戰，秦兵竟敗。遂至咸陽，秦王子嬰降。

沛公入秦宮，宮室帷帳、狗馬、重寶、婦女以千數，意欲留居之。樊噲諫沛公出舍，沛公不聽。良曰："夫秦為無道，故沛公得至此。夫為天下除殘賊，宜縞素為資。今始入秦，卽安其樂，此所謂'助桀為虐'。且'忠言逆耳利於行，毒藥苦口利於病'，願沛公聽樊噲言。"沛公乃還軍霸上。

項羽至鴻門下，欲擊沛公，項伯乃夜馳入沛公軍，私見張良，欲與具去。良曰："臣為韓王送沛公，今事有急，亡去不義。"乃具以語沛公。沛公大驚，曰："為將奈何？"良曰："沛公誠欲倍項羽耶？"沛公曰："鯫生教我距關毋內諸侯，秦地可盡王，故聽之。"良曰："沛公自度能却項羽乎？"沛公默然良久，曰："固不能也。今為奈何？"良乃固要項伯。項伯見沛公。沛公與飲為壽，結賓婚。令項伯具言沛公不敢背項羽，所以距關者，備他盜也。及見項羽後解，語在項羽事中。

　　漢元年正月,沛公為漢王,王巴、蜀。漢王賜良金百鎰,珠二斗,良俱以獻項伯。漢王亦因令良厚遺項伯,使請漢中地。項王乃許之,遂得漢中地。漢王之國,良送至襃中,遣良歸韓。良因說漢王,曰:"王何不燒絕所過棧道,示天下無還心,以固項王意。"乃使良還。行,燒絕棧道。良至韓,韓王成以良從漢王故,項王不遣成之國,從與俱東。良說項王,曰:"漢王燒絕棧道,無還心矣。"乃以齊王田榮反書告項王。項王以此無西憂漢心,而發兵北擊齊。

　　項王竟不肯遣韓王,乃以為侯,又殺之彭城。良亡,間行歸漢王,漢王亦已還定三秦矣。復以良為成信侯,從東擊楚。至彭城,漢敗而還。至下邑,漢王下馬踞鞍而問,曰:"吾欲捐關以東等棄之,誰可與共功者?"良進曰:"九江王黥布,楚梟將,與項王有郤,彭越與齊王田榮反梁地,此兩人可急使。而漢王之將獨韓信可屬大事,當一面。即欲捐之,捐之此三人,則楚可破也。"漢王乃遣隨何說九江王布,而使人連彭越。及魏王豹反,使韓信將兵擊之,因起兵伐齊、趙。然卒破楚者,此三人力也。

　　張良多病,未嘗特將也,常為畫策臣,時時從漢王。

　　漢三年,項羽急圍漢王滎陽,漢王恐憂,與酈食其謀撓楚權。食其曰:"昔湯伐桀,封其後於杞。武王伐紂,封其後於宋。今秦失德棄義,侵伐諸侯社稷,滅六國之後,使無立錐之地。陛下誠能復立六國後世,畢已受印,此其君臣百姓必皆戴陛下之德,莫不鄉風慕義,願為臣妾。德義已行,陛下南向稱霸,楚必斂衽而朝。"漢王曰:"善。趣刻印,先生因行佩之矣。"

　　食其未行,張良從外來謁。漢王方食,曰:"子房前!客有為我計撓楚權者。"具以酈生語告於子房,曰:"何如?"良曰:"誰為陛下畫此計者?陛下事去矣。"漢王曰:"何哉?"張良對曰:"臣請借前箸為大王籌之。"曰:"昔者湯伐桀而封其後於杞者,度(其)〔能〕制桀之死命也。今陛下能制項籍之死命乎?"曰:"未能也。""其不可一也。武王伐紂，封其後於宋者，度能得紂之頭也。今陛下能得項籍之頭乎？"曰："未能也。""其不可二也。武王入殷，表商容之閭，釋箕子之拘，封比干之墓。今陛下能封聖人之墓，表賢者之閭，式智者之門乎？"曰："未能也。""其不可三也。發鉅橋之粟，散鹿臺之錢，以賜貧窮。今陛下能散府庫以賜貧窮乎？"曰："未能也。""其不可四矣。殷事已畢，偃革為軒，倒置干戈，覆以虎皮，以示天下不復用兵。今陛下能偃武行文，不復用兵乎？"曰："未能也。""其不可五矣。休馬華山之陽，示以無所為。今陛下能休馬無所用乎？"曰："未能也。""其不可六矣。放牛桃林之陰，以示不復輸積。今陛下能放牛不復輸積乎？"曰："未能也。""其不可七矣。且天下游士離其親戚，棄墳墓，去故舊，從陛下游者，徒欲日夜望咫尺之地。今復六國，立韓、魏、燕、趙、齊、楚之後，天下游士各歸事其主，從其親戚，反其故舊墳墓，陛下與誰取天下乎？其不可八矣。且夫楚唯無彊，六國立者復撓而從之，陛下焉得而臣之？誠用客之謀，陛下事去矣。"漢王輟食吐哺，罵曰："豎儒，幾敗而公事！"令趣銷印。

漢四年，韓信破齊而欲自立為齊王，漢王怒。張良說漢王，漢王使良授齊王信印，語在淮陰事中。

其秋，漢王追楚至陽夏南，戰不利而壁固陵，諸侯期不至。良說漢王，漢王用其計，諸侯皆至。語在項籍事中。

漢六年正月，封功臣。良未嘗有戰鬪功，高帝曰："運籌策帷幄中，決勝千里外，子房功也。自擇齊三萬戶。"良曰："始臣起下邳，與上會留，此天以臣授陛下。陛下用臣計，幸而時中，臣願封留足矣，不敢當三萬戶。"乃封張良為留侯，與蕭何等俱封。

六年，上已封大功臣二十餘人，其餘日夜爭功不決，未得行封。上在雒陽南宮，從復道望見諸將往往相與坐沙中語。上曰："此何語？"留侯曰："陛下不知乎？此謀反耳。"上曰："天下屬安定，何故反乎？"留侯曰："陛下起布衣，以此屬取天下，今陛下為天子，而所封皆蕭、曹故人所親愛，而所誅者皆平生所仇怨。今軍吏計功，以天下不足偏封，此屬畏陛下不能盡封，恐又見疑平生過失及誅，故即相聚謀反耳。"上乃憂曰："為之奈何？"留侯曰："上平生所憎，群臣所共知，誰最甚者？"上曰："雍齒與我故，數嘗窘辱我。我欲殺之，為其功多，故不忍。"留侯曰："今急先封雍齒以示群臣，群臣見雍齒封，則人人自堅矣。"於是上乃置酒，封雍齒為什方侯，而急趣丞相、御史定功行封。群臣罷酒，皆喜曰："雍齒尚為侯，我屬無患矣。"

劉敬說高帝曰："都關中。"上疑之。左右大臣皆山東人，多勸上都雒陽："雒陽東有城皋，西有殽黽，倍河，向伊、雒，其固亦足恃。"留侯曰："雒陽雖有此固，其中小，不過數百里，田地薄，四面受敵，此非用武之國也。夫關中左殽函，右隴、蜀，沃野千里，南有巴、蜀之饒，北有胡苑之利，阻三面而守，獨以一面東制諸侯。諸侯安定，河、渭漕輓天下，西給京師；諸侯有變，順流而下，足以委輸。此所謂金城千里，天府之國也，劉敬說是也。"於是高帝即日駕，西都關中。

留侯從入關。留侯性多病，即道引不食穀，杜門不出歲餘。

上欲廢太子，立戚夫人子趙王如意。大臣多諫爭，未能得堅決者也。呂后恐，不知所為。人或謂呂后曰："留侯善畫計策，上信用之。"呂后乃使建成侯呂澤劫留侯，曰："君常為上謀臣，今上欲易太子，君安得高枕而臥乎？"留侯曰："始上數在困急之中，幸用臣策。今天下安定，以愛欲易太子，骨肉之間，雖臣等百餘人何益。"呂澤彊要曰："為我畫計。"留侯曰："此難以口舌爭也。顧上有不能致者，天下有四人。四人者年老矣，皆以為上慢侮人，故逃匿山中，義不為漢臣。然上高此四人。今公誠能無愛金玉璧帛，令太子為書，卑辭安車，因使辯士固請，宜來。來，以為客，時時從入朝，令上見之，則必異而問之。問之，上知此四人賢，則一助也。"於是呂后令呂澤使人奉太子書，卑辭厚禮，迎此四人。四人至，客建成侯所。

漢十一年，黥布反，上病，欲使太子將，往擊之。四人相謂曰：

"凡來者，將以存太子。太子將兵，事危矣。"乃說建成侯曰："太子將兵，有功則位不益太子；無功還，則從此受禍矣。且太子所與俱諸將，皆嘗與上定天下梟將也，今使太子將之，此無異使羊將狼也，皆不肯為盡力，其無功必矣。臣聞'母愛者子抱'，今戚夫人日夜待御，趙王如意常抱居前，上曰：'終不使不肖子居愛子之上。'明乎其代太子位必矣。君何不急請呂后乘間為上泣言：'黥布，天下猛將也，善用兵，今諸將皆陛下故等夷，乃令太子將此屬，無異使羊將狼，莫肯為用，且使布聞之，則鼓行而西耳。上雖病，彊載輜車，臥而護之，諸將不敢不盡力。上雖苦，為妻子自彊。'"於是呂澤立夜見呂后，呂后乘間為上泣涕而言，如四人意。上曰："吾惟豎子固不足遣，而公自行耳。"於是上自將兵而東，群臣居守，皆送至霸上。留侯病，自彊起，至曲郵，見上曰："臣宜從，病甚。楚人剽疾，願上無與楚人爭鋒。"因說上曰："令太子為將軍，監關中兵。"上曰："子房雖病，彊臥而傅太子。"是時叔孫通為太傅，留侯行少傅事。

漢十二年，上從擊破布軍歸，疾益甚，愈欲易太子。留侯諫，不聽，因疾不視事。叔孫太傅稱說引古今，以死爭太子。上佯許之，猶欲易之。及燕，置酒，太子侍。四人從太子，年皆八十有餘，鬚眉皓白，衣冠甚偉。上怪之，問曰："彼何為者？"四人前對，各言名姓，曰東園公、角里先生、綺里季、夏黃公。上乃大驚，曰："吾求公數歲，公避逃我，今公何自從吾兒游乎？"四人皆曰："陛下輕士善罵，臣等義不受辱，故恐而亡匿。竊聞太子為人仁孝，恭敬愛士，天下莫不延頸欲為太子死者，故臣等來耳。"上曰："煩公幸卒調護太子。"

四人為壽已畢，趨去。上目送之，召戚夫人指示四人曰："我欲易之，彼四人輔之，羽翼已成，難動矣。呂后真而主矣。"戚夫人泣，上曰："為我楚舞，吾為若楚歌。"歌曰："鴻鵠高飛，一舉千里。羽翮已就，橫絕四海。橫絕四海，當可奈何！雖有矰繳，尚安所施！"歌數闋，戚夫人噓唏流涕，上起去，罷酒。竟不易太子者，本留侯招此四人之力也。

留侯從上擊代，出奇計馬邑下，及立蕭何相國，所與上從容言天下事甚衆，非天下所以存亡，故不著。留侯乃稱曰："家世相韓，及韓滅，不愛萬金之資，為韓報仇彊秦，天下震動。今以三寸舌為帝者師，封萬戶，位列侯，此布衣之極，於良足矣。願棄人間事，欲從赤松子游耳。"乃學辟穀，道引輕身。會高帝崩，呂后德留侯，乃彊食之，曰："人生一世間，如白駒過隙，何至自苦如此乎！"留侯不得已，彊聽而食。

後八年卒，謚為文成侯。子不疑代侯。子房始所見下邳圯上老父與太公書者，後十三年，從高帝過濟北，果見穀城山下黃石，取而葆祠之。留侯死，并葬黃石冢。

（35）韓信

原文出漢·司馬遷《史記·淮陰侯列傳》，文句幾全同。

淮陰侯韓信者，淮陰人也。始為布衣時，貧無行，不得推擇為吏，又不能治生商賈，常從人寄食飲，人多厭之者。常數從其下鄉南昌亭長寄食，數月，亭長妻患之，乃晨炊蓐食。食時信往，不為具食。信亦知其意，怒，竟絕去。

信釣於城下，諸漂母，有一母見信饑，飯信，竟漂數十日。信喜，謂漂母曰："吾必有以重報母。"母怒曰："大丈夫不能自食，吾哀王孫而進食，豈望報乎！"

淮陰屠中少年有侮信者，曰："若雖長大，好帶刀劍，中情怯耳。"衆辱之曰："信能死，刺我；不能死，出我袴下。"於是信熟（是）〔視〕之，俛出袴下，蒲伏。一市人皆笑信，以為怯。

及項梁渡淮，信仗劍從之，居戲下，無所知名。項梁敗，又屬項羽，羽以為郎中。數以策干項羽，羽不用。漢王入蜀，信亡楚歸漢，未得知名，為連敖。坐法當斬，其輩十三人皆已斬，次至信，信乃仰视,適見滕公,曰:"上不欲就天下乎?何為斬壯士!"滕公奇其言,壯其貌,釋而不斬。與語,大說之。言於上,上拜以為治粟都尉,上未之奇也。

信數與蕭何語,何奇之。至南鄭,諸將行道亡者數十人,信度何等已數言上,上不我用,即亡。何聞信亡,不及以聞,自追之。人有言上,曰:"丞相何亡。"上大怒,如失左右手。居一二日,何來謁上,主且怒且喜,罵曰:"若亡,何也?"何曰:"臣不敢亡也,臣追亡者。"上曰:"若所追者誰?"何曰:"韓信也。"上復罵曰:"諸將亡者以十數,公無所追;追韓,詐也。"何曰:"諸將易得耳。至如信,國士無雙。王必欲長王漢中,無所事信;必欲爭天下,非信無所與計事者。顧王策安所決耳。"王曰:"吾亦欲東耳,安能鬱鬱久居此乎?"何曰:"王計必欲東,能用信,信即留;不能用,信終亡耳。"王曰:"吾為公以為將。"何曰:"雖為將,信必不留。"王曰:"以為大將。"何曰:"幸甚。"於是王欲召信拜之。何曰:"王素慢無禮,今拜大將如呼小兒耳,此乃信所以去也。王必欲拜之,擇良日,齋戒,設壇場,具禮,乃可耳。"王許之。諸將皆喜,人人各自以為得大將。至拜大將,乃韓信也,一軍皆驚。

信拜禮畢,上坐。王曰:"丞相數言將軍,將軍何以教寡人計策?"信謝,因問王曰:"今東鄉爭權天下,豈非項王耶?"漢王曰:"然。"曰:"大王自料勇悍仁彊孰與項王?"漢王默然良久,曰:"不如也。"信再拜曰:"惟信亦為大王不如也。然臣嘗事之,請言項王喑噁叱咤,千人皆廢,然不能任屬賢將,此特匹夫之勇耳。項王見人恭敬慈愛,言語嘔嘔,人有疾病,涕泣分飲食,至使人有功當封爵者,印刓敝,忍不能予,此所謂婦人之仁也。項王雖霸天下而臣諸侯,不居關中而都彭城,有背義帝之約,而以親愛王,諸侯不平。諸侯之見項王遷逐義帝置江南,亦皆歸逐其主而自王善地。項王所過無不殘滅者,天下多怨,百姓不親附,特劫於威彊耳。名雖為霸,實失天下心。故曰其彊易弱。今大王誠能反其道:任天下武勇,何所不誅！以天下城邑封功臣，何所不服！以義兵從思東歸之士，何所不散！且三秦王為秦將，將秦子弟數歲矣，所殺亡不可勝計，又欺其眾降諸侯，至新安，項王詐坑秦降卒二十餘萬，唯獨邯、欣、翳得脫，秦父兄怨此三人，痛入骨髓。今楚彊以威王此三人，秦民莫愛也。大王之入武關，秋毫無所害，除秦苛法，與秦民約，法三章耳，秦民無不欲得大王王秦者。於諸侯之約，大王當王關中，關中民咸知之。大王失職入漢中，秦民無不恨者。今大王舉而東，三秦可傳檄而定也。"於是漢王大喜，自以為得信晚。遂聽信計，部署諸將所擊。

八月，漢王舉兵東出陳倉，定三秦。漢二年，出關，收魏、河南，韓、殷王皆降。合齊、趙共擊楚。四月，至彭城，漢兵敗散而還。信復收兵與漢王會滎陽，復擊破楚京、索之間，以故楚兵卒不能西。

漢之敗却彭城，塞王欣、翟王翳亡漢降楚，齊、趙亦反漢與楚和。陸月，魏王豹謁歸視親疾，至國，即絕河關反漢，與楚約和。漢王使酈生說豹，不下。其八月，以信為左丞相，擊魏。魏王盛兵蒲坂，塞臨晉，信乃益為疑兵，陳船欲渡臨晉，而伏兵從夏陽以木罌缻渡軍，襲安邑。魏王豹驚，引兵迎信，信遂虜豹，定魏為河東郡。漢王遣張耳與信俱，俱引兵東，北擊趙、代。後九月，破代兵，禽夏說閼與。信之下魏破代，漢輒使人收其精兵，詣滎陽以距楚。信與張耳以兵數萬，欲東下井陘擊趙。趙王、成安君陳餘聞漢且襲之也，聚兵井陘口，號稱二十萬。廣武君李左車說成安君，曰："聞漢將韓信涉西河，虜魏王，禽夏說，新喋血閼與，今乃輔以張耳，議欲下趙，此乘勝而去國遠鬬，其鋒不可當。臣聞千里餽糧，士有饑色，樵蘇後爨，師不宿飽。今井陘之道，車不得方軌，騎不得成列，行數百里，其勢糧食必在其後。願足下假臣奇兵三萬人，從間路絕其輜重；足下深溝高壘，堅營勿與戰。彼前不得鬬，退不得還，吾奇兵絕其後，使野無所掠，不至十日，而兩將之頭可致於麾下。願君留意臣之計。否，必為二子所禽矣。"成安君，儒者，常稱義兵不用詐謀奇計，曰："吾聞兵法：十則圍之，倍則戰之。今韓信兵號數萬，其實不過數千。能千里而襲我，亦已罷極。今如此避而不擊，後有大者，何以加之！則諸侯謂吾怯，而輕來伐我。"不聽廣武君策，廣武君策不用。

韓信使人間視，知其不用，還報，則大喜，乃敢引兵遂下。未至井陘口三十里，止舍。夜半傳發，選輕騎二千人，人持一赤幟，從間道萆山而望趙軍，誡曰："趙見我走，必空壁逐我，若疾入趙壁，拔趙幟，立漢赤幟。"令其裨將傳飧，曰："今日破趙會食！"諸將皆莫信，佯應曰："諾。"謂軍吏曰："趙已先據便地為壁，且彼未見吾大將旗鼓，未肯擊前行，恐吾至阻險而還。"信乃使萬人先行，出，背水陳。趙軍望見而大笑。平旦，信建大將之旗鼓，鼓行出井陘口，趙開壁擊之，大戰良久。於是信與耳佯棄旗鼓，走水上軍。水上軍開入之，復疾戰。趙果空壁爭漢鼓旗，逐韓信、張耳。韓信、張耳已入水上軍，軍皆殊死戰，不可敗。信所出奇兵二千騎，共候趙空壁逐利，則馳入趙壁，皆拔趙旗，立漢赤幟二千。趙軍已不勝，不能得信等，欲還歸壁，壁皆漢赤幟，而大驚，以為漢皆已得趙王將矣，兵遂亂，遁走，趙將雖斬之，不能禁也。於是漢兵夾擊，大破虜趙軍，斬成安君泜水上，禽趙王歇。

信乃令軍中毋殺廣武君，有能生得者購千金。於是有縛廣武君而致麾下者，信乃解其縛，東鄉坐，西鄉對，師事之。諸將效首虜，休畢賀，因問信曰："兵法：右倍山陵，前左水澤，今者將軍令臣等反背水陳，曰破趙會食，臣等不服。然竟以勝，此何術也？"信曰："此在兵法，顧諸君不察耳。兵法不曰'陷之死地而後生，置之亡地而後存'？且信非得素拊循士大夫也，此所謂'驅市人而戰之'，其勢非置之死地，使人人自為戰；今予之生地，皆走，寧尚可得而用之乎！"諸將皆服曰："善。非臣所及也。"

於是信問廣武君，曰："僕欲北攻燕，東伐齊，何若而有功？"廣武君辭謝曰："臣聞敗軍之將不可以言勇，亡國大夫不可以圖存。

今臣敗亡之虜，何足以權大事乎！"信曰："僕聞之，百里奚居虞而虞亡，在秦而秦霸，非愚於虞而智於秦也，用與不用，聽與不聽也。誠令成安君聽足下計，若信者亦已為禽矣。以不用足下，故信得侍耳。"因固問曰："僕委心歸計，願足下勿辭。"廣武君曰："臣聞智者千慮，必有一失；愚者千慮，必有一得。故曰'狂夫之言，聖人擇焉'。顧恐臣計未必足用，願效愚忠。夫成安君有百戰百勝之計，一旦而失之，軍敗鄗下，身死泜上。今將軍涉西河，虜魏王，禽夏說、閼與，一舉而下井陘，不終朝破趙二十萬衆，誅成安君。名聞海內，威震天下，農夫莫不輟耕釋耒，褕衣甘食，傾耳以待命者。若此，將軍之所長也。然而衆勞卒罷，其實難用。今將軍欲舉倦獘之兵，頓之燕堅城之下，欲戰恐久力不能拔，情見勢屈，曠日糧竭，而弱燕不服，齊必距境以自彊也。燕、齊相持而不下，則劉、項之權未有所分也。若此者，將軍所短也。臣愚，竊以為亦過矣。故善用兵者不以短擊長，而以長擊短。"韓信曰："然則何由？"廣武君對曰："方今為將軍計，莫如案甲休兵，鎮趙撫其孤，百里之內，牛酒日至，以饗士大夫醳兵，北首燕路，而後遣辯士奉咫尺之書，暴其所長於燕，燕必不敢不聽從。燕已從，使諠言者東告齊，齊必從風而服，雖有智者，亦不知為齊計矣。如是，則天下事皆可圖也。兵固有先聲而後實者，此之謂也。"韓信曰："善。"從其策，發使使燕，燕從風而靡。乃遣使報漢，因請立張耳為趙王，以鎮撫其國。漢王許之，乃立張耳為趙王。

楚數使奇兵渡河擊趙，趙王耳、韓信往來救趙，因行定趙城邑，發兵詣漢。楚方急圍漢王於滎陽，漢王南出，之宛、葉間，得黥布，走入城皋，楚又復急圍之。六月，漢王出城皋，東渡河，獨與滕公俱，從張耳軍修武。至，宿傳舍。晨自稱漢使，馳入趙壁。張耳、韓信未起，即其臥內上奪其印符，以麾召諸將，易置之。信、耳起，乃知漢王來，大驚。漢王奪兩人軍，即令張耳備守趙地。拜韓信為相國，收趙兵未發者擊齊。

信引兵東，未渡平原，聞漢王使酈食其已說下齊，韓信欲止。范陽辯士蒯通說信，曰："將軍受詔擊齊，而漢獨發間使下齊，寧有詔止將軍乎？何以得毋行也！且酈生一士，伏軾掉三寸之舌，下齊七十餘城，將軍將數萬衆，歲餘乃下趙五十餘城，爲將數歲，反不如一豎儒之功乎？"於是信然之，從其計，遂渡河。齊已聽酈生，即留縱酒，罷備漢守御。信因襲齊歷下軍，遂至臨菑。齊王田廣以酈生賣己，乃烹之，而走高密，使使之楚請救。韓信已定臨菑，遂東追廣至高密西。楚亦使龍且將，號稱二十萬，救齊。齊王廣、龍且并軍與信戰，未合。人或說龍且曰："漢軍遠鬭窮戰，其鋒不可當。齊、楚自居其地戰，兵易敗散。不如深壁，令齊王使其信臣招所亡城，亡城聞其王在，楚來救，必反漢。漢兵二千里客居，齊城背反之，其勢無所得食，可無戰而降也。"龍且曰："吾平生知韓信爲人，易與耳。且夫救齊不戰而降之，吾何功？今戰而勝之，齊之半可得，何爲止！"遂戰，與信夾濰水陳。韓信乃夜令人爲萬餘囊，滿盛沙，壅水上流，引軍半渡，擊龍且，佯不勝，還走。龍且果喜，曰："固知信怯也。"遂追渡水。信使人決壅囊，水大至。龍且軍大半不得渡，即急擊，殺龍且。龍且水東軍敗走，齊王廣亡去。信遂追北至城陽，皆虜楚卒。

漢四年，遂皆降平齊。使人言漢王，曰："齊僞詐多變，反覆之國也，南邊楚，不爲假王以鎮之，其勢不定。願爲假王便。"當時，楚方急圍漢王於滎陽，韓信使者至，發書，漢王大怒，罵曰："吾困於此，旦暮望若來佐我，乃欲自立爲王！"張良、陳平躡漢王足，因附耳語，曰："漢方不利，寧能禁信之王乎？不如因而立，善遇之，使自爲守。不然，變生。"漢王亦悟，因復罵曰："大丈夫定諸侯，即爲真王耳，何以假爲！"乃遣張良往立信爲齊王，徵其兵擊楚。

楚已亡龍且，項羽恐，使盱眙人武涉徃說齊王信，曰："天下共苦秦久矣，相與戮力擊秦。秦已破，計功割地，分土而王之，以休士卒。今漢王復興兵而東，侵人之分，奪人之地，已破三秦，引兵出關，收諸侯之兵以東擊楚，其意非盡吞天下者不休，其不知厭足如是甚也。且漢王不可必，身居項王掌握中數矣，項王憐而活之，然得脫，輒倍約，復擊項王，其不可親信如此。今足下雖自以與漢王為厚交，為之盡力用兵，終為之所禽矣。足下所以得須臾至今者，以項王尚存也。當今二王之事，權在足下。足下左投則漢王勝，右投則項王勝。項王今日亡，則次取足下。足下與項王有故，何不反漢與楚連和，三分天下王之？今釋此時，而自必於漢以擊楚，且為智者固若此乎！"韓信謝曰："臣事項王，官不過郎中，位不過執戟，言不聽，畫不用，故倍楚而歸漢。漢王授我上將軍印，予我數萬衆，解衣衣我，推食食我，言聽計用，故吾得以至於此。夫人深親信我，我倍之不祥，雖死不易。幸為信謝項王！"

武涉已去，齊人蒯通知天下權在韓信，欲為奇策而感動之，以相人說韓信，曰："僕嘗受相人之術。"韓信曰："先生相人何如？"對曰："貴賤在於骨法，憂喜在於容色，成敗在於決斷，以此參之，萬不失一。"韓信曰："善。先生相寡人何如？"對曰："願少間。"信曰："左右去矣。"通曰："相君之面，不過封侯，又危不安。相君之背，貴乃不可言。"韓信曰："何謂也？"蒯通曰："天下初發難也，俊雄豪傑建號一呼，天下之士雲合霧集，魚鱗襍遝，熛至風起。當此之時，憂在亡秦而已。今楚、漢分爭，使天下無罪之人肝膽塗地，父子暴骸骨於中野，不可勝數。楚人起彭城，轉鬬逐北，至於滎陽，乘利席卷，威震天下。然兵困於京、索之間，迫西山而不能進者，三年於此矣。漢王將數十萬之衆，距鞏、雒，阻山河之險，一日數戰，無尺寸之功，折北不救，敗滎陽，傷成皋，遂走宛、葉之間，此所謂智勇俱困者也。夫銳氣摧於險塞，而糧食竭於內府，百姓罷極怨望，容容無所倚。以臣料之，其勢非天下之賢聖，固不能息天下之禍。當今兩主之命縣於足下。足下為漢則漢勝，與楚則楚勝。臣願披腹心，輸肝膽，效愚計，恐足下不能用也。誠能聽臣之計，莫若兩利而俱存之，三分天下，鼎足而居，其勢莫敢先動。夫以足下之賢聖，有甲兵之衆，據彊齊，從燕、趙，出空虛之地而制其後，因民之欲，西鄉為百姓請命，則天下風走而響應矣，孰敢不聽！割大弱彊，以立諸侯，諸侯已立，天下服聽而歸德於齊。案齊之故，有膠、泗之地，懷諸侯之德，深拱揖讓，則天下之君王相率而朝於齊矣。蓋聞天與弗取，反受其咎；時至不行，反受其殃。願足下熟慮之。"

韓信曰："漢王遇我甚厚，載我以其車，衣我以其衣，食我以其食。吾聞之，乘人之車者載人之患，衣人之衣者懷人之憂，食人之食者死人之事，吾豈可以鄉利而背義乎！"蒯生曰："足下自以為善漢王，欲建萬世之業，臣竊以為誤矣。始常山王、成安君為布衣時，相與為刎頸之交，後爭張黶、陳澤之事，二人相怨。常山王背項王，奉項嬰頭而竄，逃歸於漢王。漢王借兵而東下，殺成安君泜水之南，頭足異處，卒為天下笑。此二人相與，天下至驩也。然而卒相禽者，何也？患生於多欲而人心難測也。今足下欲行忠信以交於漢王，必不能固於二君之相與也，而事多大於張黶、陳澤。故臣以為足下必漢王之不危己，亦誤矣。大夫種、范蠡存亡越，霸勾踐，立功成名而身死亡。野獸已盡而獵狗烹。夫以交友言之，則不如張耳之與成安君者也；以忠信言之，則不過大夫種、范蠡之於勾踐也。此二君者，足以觀矣。願足下深慮之。且臣聞勇略震主者身危，而功蓋天下者不賞。臣請言大王功略：足下涉西河，虜魏王，禽夏說，引兵下井陘，誅成安君，狥趙，脅燕，定齊，南摧楚人之兵二十萬，東殺龍且，西鄉以報，此所謂功無二於天下，而略不世出者也。今足下戴震主之威，挾不賞之功，歸楚，楚人不信；歸漢，漢人震恐：足下欲持是安歸乎？夫勢在人臣之位而有震主之威，名高天下，竊為足下危之。"韓信謝曰："先生且休矣，吾將念之。"

後數日，蒯通復說曰："夫聽者事之候也，計者事之機也，聽過計失而能久安者，鮮矣。聽不失一二者，不可亂以言；計不失本末者，不可紛以辭。夫隨廝養之役者，失萬乘之權；守儋石之祿者，(闕)〔闕〕卿相之位。故知者決之斷也，疑者事之害也，審毫釐之小計,遺天下之大數,智誠知之,決弗敢行者,百事之禍也。故曰:'猛虎之猶豫,不若蠭蠆之致螫;騏驥之跼躅,不如駑馬之安步;孟賁之狐疑,不如庸夫之必至也;雖有舜、禹之智,吟而不言,不如瘖聾之指麾也。'此言貴能行之。夫功者難成而易敗,時者難得而易失也。時乎時乎,不再來。願足下詳察之。"韓信猶豫不忍倍漢,又自以為功多,漢終不奪我齊,遂謝蒯通。蒯通說不聽,已佯狂為巫。

漢王之困固陵,用張良計,召齊王信,遂將兵會垓下。項羽已破,高祖襲奪齊王軍。漢五年正月,徙齊王信為楚王,都下邳。

信至國,召所從食漂母,賜千金。及下鄉南昌亭長,賜百錢,曰:"公,小人也,為德不卒。"召辱己之少年令出胯下者,以為楚中尉。告諸將相曰:"此壯士也。方辱我時,我寧不能殺之耶?殺之無名,故忍而就於此。"

項王亡將鍾離眛家在伊廬,素與信善。項王死後,亡歸信。漢王怨眛,聞其在楚,詔楚捕眛。信初之國,行縣邑,陳兵出入。漢六(月)〔年〕,人有上書告楚王信反。高帝以陳平計,天子巡狩會諸侯,南方有雲夢,發使告諸侯會陳:"吾將游雲夢。"實欲襲信,信弗知。高祖且至楚,信欲發兵反,自度無罪,欲謁上,恐見禽。人或說信曰:"斬眛謁上,上必喜,無患。"信見眛計事。眛曰:"漢所以不擊取楚,以眛在公所。若欲捕我以自媚於漢,吾今日死,公亦隨手亡矣。"乃罵信曰:"公非長者!"卒自剄。信持其首,謁高祖於陳。上令武士縛信,載後車。信曰:"果若人言:'狡兔死,走狗烹;高鳥盡,良弓藏;敵國破,謀臣亡。'天下已定,我固當烹!"上曰:"人告公反。"遂械繫信。至雒陽,赦信罪,以為淮陰侯。

信知漢王畏惡其能,常稱病不朝從。信由此日怨望,居常鞅鞅,羞與絳、灌等列。信嘗過樊將軍噲,噲跪拜送迎,言稱臣,曰:"大王乃肯臨臣!"信出門,笑曰:"生乃與噲等為伍!"上常從容與信言諸將能否,各有差。上問曰:"如我能將幾何?"信曰:"陛下不過能將十萬。"上曰:"於君何如?"曰:"臣多多而益善耳。"上笑曰:"多多益善,何為為我禽?"信曰:"陛下不能將軍,而善將將,此乃信之所以為陛下禽也。且陛下所謂天授,非人力也。"

陳豨拜為鉅鹿守,辭於淮陰侯。淮陰侯挈其手,辟左右與之步於庭,仰天嘆曰:"子可與言乎?欲與子有言也。"豨曰:"唯將軍令之。"淮陰侯曰:"公所居,天下精兵處也;而公,陛下之信幸臣也。人言公之畔,陛下必不信;再至,陛下乃疑矣;三至,必怒而自將。吾為公從中起,天下可圖也。"陳豨素知其能也,信之,曰:"謹奉教!"漢十一年,陳豨果反。上自將而往,信病不從。陰使人至豨所,曰:"弟舉兵,吾從此助公。"信乃謀與家臣夜詐詔赦諸官徒奴,欲發以襲呂后、太子。部署已定,待豨報。其舍人得罪於信,信囚,欲殺之。舍人弟上變,告信欲反狀於呂后。呂后欲召,恐其黨不就,乃與蕭相國謀,詐令人從上所來,言豨已得死,列侯群臣皆賀。相國紿信,曰:"雖疾,彊入賀。"信入,呂后使武士縛信,斬之長樂鐘室。信方斬之,曰:"吾悔不用蒯通之計,乃為兒女子所詐,豈非天哉!"遂夷信三族。

高祖已定豨軍來,至,見信死,且喜且憐之,問:"信死亦何言?"呂后曰:"信言恨不用蒯通計。"高祖曰:"是齊辯士也。"乃詔齊捕蒯通。蒯通至,上曰:"若教淮陰侯反乎?"對曰:"然,臣固教之。豎子不用臣之策,故令自夷於此。如彼豎子用臣之計,陛下安得而夷之乎!"上怒曰:"烹之。"通曰:"嗟乎,冤哉烹也!"上曰:"若教韓信反,何冤?"對曰:"秦之綱絕而維弛,山東大擾,異姓並起,英俊烏集。秦失其鹿,天下共逐之,於是高材捷足者先得焉。跖之狗吠堯,堯非不仁,狗故吠非其主。當是時,臣唯獨知韓信,非知陛下也。且天下精銳持鋒欲為陛下所為者甚衆,顧力不能耳。又可盡烹之邪?"高帝曰:"置之。"乃釋通之罪。

卷九

西漢

（36）田橫

原文出漢·司馬遷《史記·田儋列傳》，文句幾全同，唯其中脫落一大段，及田橫相齊事；且酈食其說齊事十分唐突。

田儋者，狄人也，故齊王田氏族也。儋從弟田榮，榮弟田橫，皆豪，宗彊，能得人。

陳涉之初起王楚也，使周市略定魏地，北至狄，狄城守。田儋佯為縛其奴，從少年之廷，欲謁殺奴。見狄令，因擊殺令，而召豪吏子弟，曰："諸侯皆反秦自立，齊，古之建國，儋，田氏，當王。"遂自立為齊王，發兵以擊周市。周市軍還去，田儋因率兵東略定齊地。

秦將章邯圍魏王咎於臨濟，急。魏王請救於齊，齊王田儋將兵救魏。章邯夜銜枚擊，大破齊、魏軍，殺田儋於臨濟下。儋弟田榮收儋餘兵，走東阿。

齊人聞王田儋死，廼立故齊王建之弟田假為齊王，田角為相，田間為將，以距諸矦。

田榮之走東阿，章邯追圍之。項梁聞田榮之急，廼引兵擊破章邯軍東阿下。章邯走而西，項梁因追之。而田榮怒齊之立假，廼引兵歸，擊逐齊王假。假亡走楚。齊相角亡走趙；角弟田間前求救趙，因留不敢歸。田榮乃立田儋子市為齊王。榮相之，田橫為將，平齊地。

項梁既追章邯，章邯兵益盛，項梁使使告趙、齊，發兵共擊章邯。田榮曰："使楚殺田假，趙殺田角、田間，乃肯出兵。"楚懷王曰："田假與國之王，窮而歸我，殺之不義。"趙亦不殺田角、田間以市於齊。齊曰："蝮螫手則斬手,螫足則斬足。何者？為害於身也。今田假、田角、田間於楚、趙,非直手足戚也,何故不殺？且秦復得志於天下,則齮齕用事者墳墓矣。"楚、趙不聽,齊亦怒,終不肯出兵。章邯果敗殺項梁,破楚兵,楚兵東走,而章邯渡河圍趙於鉅鹿。項羽往救趙,由此怨田榮。

項羽既存趙,降章邯等,西屠咸陽,滅秦而立侯王也,迺徙齊王田巿更王膠東,治即墨。齊將田都從共救趙,因入關,故立都為齊王,治臨淄。

故往說下齊王廣及其相國橫。橫以為然,解其歷下軍。漢將韓信引兵且東擊齊。齊初使華無傷、田解軍於歷下以距漢,漢使至,乃罷守戰備,縱酒,且遣使與漢平。漢將韓信已平趙、燕,用蒯通計,度平原,襲破齊歷下軍,因入臨淄。齊王廣、相橫怒,以酈生賣己,而烹酈生。齊王廣東走高密,相橫走博陽,守相田光走城陽,將軍田既軍於膠東。楚使龍且救齊,齊王與合軍高密。漢將韓信與曹參破殺龍且,虜齊王廣。漢將灌嬰追得齊守相田光。至博陽,而橫聞齊王死,自立為齊王,還擊嬰,嬰敗橫之軍於嬴下。田橫亡走梁,歸彭越。彭越是時居梁地,中立,且為漢,且為楚。韓信已殺龍且,因令曹參進兵破殺田既於膠東,使灌嬰破殺齊將田吸於千乘。韓信遂平齊,乞自立為齊假王,漢因而立之。

後歲餘,漢滅項籍,漢王立為皇帝,以彭越為梁王。田橫懼誅,而與其徒屬五百餘人入海,居島中。高帝聞之,以為田橫兄弟本定齊,齊人賢者多附焉,今在海中不收,後恐為亂,迺使使赦田橫罪而召之。田橫因謝曰："臣烹陛下之使酈生,今聞其弟酈商為漢將而賢,臣恐懼,不敢奉詔,請為庶人,守海島中。"使還報,高皇帝迺詔衛尉酈商,曰："齊王田橫即至,人馬從者敢動搖者致族夷！"迺復使使持節具告所以詔商狀,曰："田橫來,大者王,小者迺侯耳;不來,且舉兵加誅焉。"田橫迺與其客二人乘傳詣雒陽。未至三十里,尸鄉廄置,橫謝使者曰："人臣見天子當沐浴。"止留。謂其客曰："橫始與漢王俱南面稱孤,今漢王為天子,而橫迺為亡虜而北面事之,其恥固已甚矣。且吾烹人之兄,與其弟併肩而事其主,縱彼畏天子之詔,不敢動我,我獨不愧於心乎?且陛下所以欲見我者,不過欲一見吾面貌耳。今陛下在洛陽,今斬吾頭,馳三十里間,形容尚未能敗,猶可觀也。"遂自剄,令客奉其頭,從使者馳奏之高帝。高帝曰:"嗟乎,有以也夫!起自布衣,兄弟三人更王,豈不賢乎哉!"為之流涕,而拜其二客為都尉,發卒二千,以王者禮葬田橫。

既葬,二客穿其冢旁孔,皆自剄,下從之。高帝聞之,大驚,以田橫之客皆賢。"吾聞其餘尚五百人在海中。"使使召之。至則聞田橫死,亦皆自殺。於是迺知田橫兄弟能得士也。

(37) 酈食其

原文出漢·司馬遷《史記·酈生陸賈列傳》,文句幾全同。

酈生食其者,陳留高陽人也。好讀書,家貧落魄,無以為衣食業,為里監門吏。然縣中賢豪不敢役,縣中皆謂之狂生。

及陳勝、項梁等起,諸將徇地過高陽者數十人,酈生問其將皆握齱好苛禮自用,不能聽大度之言,酈生乃深自藏匿。後聞沛公將兵略地陳留郊,沛公麾下騎士適酈生里中子也,沛公時問邑中賢士豪傑。騎士歸,酈生見,謂之曰:"吾聞沛公慢而易人,多大略,此真吾所願從游,莫謂我先。若見沛公,謂曰:'臣里中有酈生,年六十餘,長八尺,人皆謂之狂生,生自謂我非狂生。'"騎士曰:"沛公不好儒,諸客冠儒冠來者,沛公輒解其冠,溲溺其中。與人言,常大罵。未可以儒生說也。"酈生曰:"第言之。"騎士從容言如酈生所誡者。

沛公至高陽傳舍,使人召酈生。酈生至,入謁,沛公方倨牀使兩女子洗足,而見酈生。酈生入,則長揖不拜,曰:"足下欲助秦攻諸侯乎?且欲率諸侯破秦也?"沛公罵曰:"豎儒!夫天下同苦秦久矣,故諸侯相率而攻秦,何謂助秦攻諸侯乎?"酈生曰:"必聚徒合義兵誅無道秦，不宜倨見長者。"於是沛公輟洗，起攝衣，延酈生上坐，謝之。酈生因言六國從橫時。沛公喜，賜酈生食，問曰："計將安出？"酈生曰："足下起糾合之眾，收散亂之兵，不滿萬人，欲以徑入彊秦，此所謂探虎口者也。夫陳留，天下之衝，四通五達之郊也，今其城又多積粟。臣善其令，請得使之，令下足下。即不聽，足下舉兵攻之，臣為內應。"於是遣酈生行，沛公引兵隨之，遂下陳留。號酈食其為廣野君。

酈生言其弟酈商，使將數千人從沛公西南略地。酈生嘗為說客，馳使諸矦。

漢三年秋，項羽擊漢，拔滎陽，漢兵遁保鞏、洛。楚人聞淮陰矦破趙，彭越數反梁地，則分兵救之。淮陰方東擊齊，漢王數困滎陽、成皋，計欲捐成皋以東，屯鞏、洛以拒楚。酈生因曰："臣聞知天之天者，王事可成；不知天之天者，王事不可成。王者以民人為天，而民人以食為天。夫敖倉，天下轉輸久矣，臣聞其下乃有藏粟甚多。楚人拔滎陽，不堅守敖倉，迺引而東，令適卒分守成皋，此乃天所以資漢也。方今楚易取而漢反却，自奪其便，臣竊以為過矣。且兩雄不俱立，楚、漢久相持不決，百姓騷動，海內搖蕩，農夫釋耒，工女下機，天下之心未有所定也。願足下急復進兵，收取滎陽，據敖倉之粟，塞成皋之險，杜太行之道，距蜚狐之口，守白馬之津，以示諸矦効實形制之勢，則天下知所歸矣。方今燕、趙已定，唯齊未下。今田廣據千里之齊，田間將二十萬之眾，軍於歷城，諸田宗強，負海阻河濟，南近楚，人多變詐，足下雖遣數十萬師，未可以歲月破也。臣請得奉明詔說齊王，使為漢而稱東藩。"上曰："善。"

迺從其畫，復守敖倉，而使酈生說齊王，曰："王知天下之所歸乎？"王曰："不知也。"曰："王知天下之所歸，則齊國可得而有也；若不知天下之所歸，則齊國未可得保也。"齊王曰："天下何所歸？"曰："歸漢。"曰："先生何以言之？"曰："漢王與項王戮力西面擊秦，約先入咸陽者王之。漢王先入咸陽，項王負約不與而王之漢中。項王還殺義帝，漢王聞之，起蜀、漢之兵擊三秦，出關而責義帝之處，收天下之兵，立諸侯之後。降城即以侯其將，得略即以分其士，與天下同其利，豪英賢才皆樂為之用。諸侯之兵四面而至，蜀、漢之粟方船而下。項王有倍約之名，殺義帝之負；於人之功無所記，於人之罪無所忘；戰勝而不得其賞，拔城而不得其封；非項氏莫得用事；為人刻印，刓而不能授；攻城得略，積而不能賞：天下畔之，賢才怨之，而莫為之用。故天下之士歸於漢王，可坐而策也。夫漢王發蜀、漢，定三秦；涉西河之外，援上黨之兵；下井陘，誅成安君；破北魏，舉三十二城：此蚩尤之兵也，非人之力也，天之福也。今已據敖倉之粟，塞成皋之險，守白馬之津，杜太行之阪，距蜚狐之口，天下後服者先亡矣。王疾先下漢王，齊國社稷可得而保也；不下漢王，危亡可立而待也。"田廣以為然，迺聽酈生，罷歷下兵守戰備，與酈生日縱酒。

淮陰侯聞酈生伏軾下齊七十餘城，迺夜度兵平原襲齊。齊王田廣聞漢兵至，以為酈生賣已，迺曰："汝能止漢軍，我活汝；不然，我將烹！"酈生曰："舉大事不細謹，盛德不辭讓。而公不為若更言！"齊王遂烹酈生，引兵東走。

漢十二年，曲周侯酈商以丞相將兵擊黥布有功。高祖舉列侯功臣，思酈食其。酈食其子酈疥數將兵，功未當侯，上以其父故，封疥為高梁侯。後更食武遂，嗣三世。元狩元年中，武遂侯平坐詐詔衡山王取百斤金，當棄市，病死，國除也。

（38）朱家

原文出漢・司馬遷《史記・游俠列傳》，文句幾全同。

魯朱家者，與高祖同時。魯人皆以儒教，而朱家用俠聞。所藏活豪士以百數，其餘庸人不可勝言。然終不伐其能，歆其德，諸所嘗施，唯恐見之。振人不贍，先從貧賤始。家無餘財，衣不完采，食不重味,乘不過駒牛。專趨人之急,甚己之私。既陰脫季布將軍之阨,及布尊貴,終身不見也。自關以東,莫不延頸願交焉。

楚田仲以俠聞,喜劍,父事朱家,自以為行弗及。田仲已死,而雒陽有劇孟。周人以商賈為資,而劇孟以任俠顯諸侯。吳、楚反時,條侯為太尉,乘傳車將至河南,得劇孟,喜曰:"吳、楚舉大事而不求孟,吾知其無能為已矣。"天下騷動,宰相得之,若得一敵國云。劇孟行大類朱家,而好博,多少年之戲。然劇孟母死,自遠方送喪蓋千乘。及劇孟死,家無餘十金之財。而符離人王孟亦以俠稱江、淮之間。

是時濟南瞷氏、陳周庸亦以豪聞,景帝聞之,使使盡誅此屬。其後代諸白、梁韓無辟、陽翟薛況、陝韓孺紛紛復出焉。

(39) 季布

原文出漢・司馬遷《史記・季布欒布列傳》,文句幾全同。

季布者,楚人也。為氣任俠,有名於楚。項籍使將兵,數窘漢王。及項羽滅,高祖購求布千金,敢有舍匿,罪及三族。

季布匿濮陽周氏。周氏曰:"漢購將軍急,迹且至臣家,將軍能聽臣,臣敢獻計;即不能,願先自剄。"季布許之。迺髡鉗季布,衣褐衣,置廣柳車中,并與其家僮數十人,之魯朱家所賣之。朱家心知是季布,迺買而置之田。誡其子曰:"田事聽此奴,必與同食。"

朱家迺乘軺車之洛陽,見汝陰侯滕公。滕公留朱家飲數日。因謂滕公曰:"季布何大罪,而上求之急也?"滕公曰:"布數為項羽窘上,上怨之,故必欲得之。"朱家曰:"君視季布何如人也?"曰:"賢者也。"朱家曰:"臣各為其主用,季布為項籍用,職耳。項氏臣可盡誅邪?今上始得天下,獨以己之私怨求一人,何示天下之不廣也!且以季布之賢而漢求之急如此,此不北走胡即南走越耳。夫忌壯士以資敵國,此伍子胥所以鞭荊平王之墓也。君何不從容為上言邪?"汝陰矦滕公心知朱家大俠,意季布匿其所,迺許曰:"諾。"待間,果言如朱家指。上迺赦季布。當是時,諸公皆多季布能摧剛為柔,朱家亦以此名聞當世。季布召見,謝,上拜為郎中。

孝惠時,為中郎將。單于嘗為書嫚呂后,不遜,呂后大怒,召諸將議之。上將軍樊噲曰:"臣願得十萬衆,橫行匈奴中。"諸將皆阿呂后意,曰"然"。季布曰:"樊噲可斬也!夫高帝將兵四十餘萬衆,困於平城,今噲柰何以十萬衆橫行匈奴中,面欺!且秦以事於胡,陳勝等起,於今創痍未瘳,噲又面諛,欲搖動天下。"是時殿上皆恐,太后罷朝,遂不復議擊匈奴事。

季布為河東守,孝文時,人有言其賢者,孝文召,欲以為御史大夫。復有言其勇,使酒難近。至,留邸一月,見罷。季布因進曰:"臣無功竊寵,待罪河東。陛下無故召臣,此人必有以臣欺陛下者;今臣至,無所受事,罷去,此人必有以毀臣者。夫陛下以一人之譽而召臣,一人之毀而去臣,臣恐天下有識聞之,有以闚陛下也。"上默然慙,良久曰:"河東吾股肱郡,故特召君耳。"布辭之官。

楚人曹丘生,辯士,數招權顧金錢。事貴人趙同等,與竇長君善。季布聞之,寄書諫竇長君曰:"吾聞曹丘生非長者,勿與通。"及曹丘生歸,欲得書請季布。竇長君曰:"季將軍不說足下,足下無往。"固請書,遂行。使人先發書,季布果大怒,待曹丘。曹丘至,即揖季布曰:"楚人諺曰:'得黃金百斤,不如得季布一諾。'足下何以得此聲於梁、楚間哉?且僕楚人,足下亦楚人也。僕游揚足下之名於天下,顧不重邪?何足下距僕之深也!"季布迺大說,引入,留數月,為上客,厚送之。季布名所以益聞者,曹丘揚之也。

季布弟季心,氣蓋關中,遇人恭謹,為任俠,方數千里,士皆爭為之死。嘗殺人,亡之吳,從袁絲匿。長事袁絲,弟畜灌夫、籍福之屬。嘗為中司馬,中尉郅都不敢不加禮。少年多時時竊籍其名以行。當是時,季心以勇,布以諾,著聞關中。

（40）欒布

原出漢·司馬遷《史記·季布欒布列傳》，文句幾全同。

欒布者，梁人也。始梁王彭越為家人時，嘗與布游。窮困，賃傭於齊，為酒人保。數歲，彭越去之巨野中為盜，而布為人所略賣，為奴於燕。為其家主報仇，燕將臧荼舉以為都尉。臧荼後為燕王，以布為將。及臧荼反，漢擊燕，虜布。梁王彭越聞之，迺言上，請贖布以為梁大夫。

使於齊，未還，漢召彭越，責以謀反，夷三族。已而梟彭越頭於雒陽下，詔曰："有敢收視者，輒捕之。"布從齊還，奏事彭越頭下，祠而哭之。吏捕布以聞。上召布，罵曰："若與彭越反邪？吾禁人勿收，若獨祠而哭之，與越反明矣。趣亨之。"方提趣湯，布顧曰："願一言而死。"上曰："何言？"布曰："方上之困於彭城，敗滎陽、成皋間，項王所以遂不能西，（徙）〔徒〕以彭王居梁地，與漢合從苦楚也。當是之時，彭王一顧，與楚則漢破，與漢而楚破。且垓下之會，微彭王，項氏不亡。天下已定，彭王剖符受封，亦欲傳之萬世。今陛下一徵兵於梁，彭王病不行，而陛下疑以為反，反形未見，以苛小案誅滅之，臣恐功臣人人自危也。今彭王已死，臣生不如死，請就亨。"於是上乃釋布罪，拜為都尉。

孝文時，為燕相，至將軍。布廼稱曰："窮困不能辱身下志，非人也；富貴不能快意，非賢也。"於是嘗有德者厚報之，有怨者必以法滅之。吳軍反時，以軍功封俞侯，復為燕相。燕、齊之間皆為欒布立社，號曰欒公社。

景帝中五年薨。子賁嗣，為太常，犧牲不如令，國除。

（41）郭解

原文出漢·司馬遷《史記·游俠列傳》，文句幾全同。

郭解，軹人也，字翁伯，善相人者許負外孫也。解父以任俠，孝文時誅死。解為人短小精悍，不飲酒。少時陰賊，慨不快意，身所殺甚眾。以軀借交報仇，藏命作姦，剽攻不休，及鑄錢掘冢，固不可勝數。適有天幸，窘急常得脫，若遇赦。及解年長，更折節為儉，以德報怨，厚施而薄望。然其自喜為俠益甚。既已振人之命，不矜其功，其陰賊著於心，卒發於睚眦如故云。而少年慕其行，亦輒為報仇，不使知也。

解姊子負解之勢，與人飲，使之嚼。非其任，強必灌之。人怒，拔刀刺殺解姊子，亡去。解姊怒曰："以翁伯之義，人殺吾子，賊不得。"棄其尸於道，弗葬，欲以辱解。解使人微知賊處。賊窘自歸，具以實告解。解曰："公殺之固當，吾兒不直。"遂去其賊，罪其姊子，乃收而葬之。諸公聞之，皆多解之義，益附焉。

解出入，人皆避之。有一人獨箕踞視之，解遣人問其姓名。客欲殺之。解曰："居邑屋至不見敬，是吾德不修也，彼何罪！"乃陰屬尉史，曰："是人，吾所急也，至踐更時脫之。"每至踐更，數過，吏弗求。怪之，問其故，乃解使脫之。箕踞者乃肉袒謝罪。少年聞之，愈益慕解之行。

雒陽人有相仇者，邑中賢豪居間者以十數，終不聽。客乃見郭解。解夜見仇家，仇家曲聽解。解乃謂仇家曰："吾聞雒陽諸公在此間，多不聽者。今子幸而聽解，解奈何乃從他縣奪人邑中賢大夫權乎！"乃夜去，不使人知，曰："且無用待我，待我去，令雒陽豪居其間，乃聽之。"

解執恭敬，不敢乘車入其縣廷。之旁郡國，為人請求事，事可出，出之；不可者，各厭其意，然後乃敢嘗酒食。諸公以故嚴重之，爭為用。邑中少年及旁近縣賢豪，夜半過門，嘗十餘車，請得解客舍養之。

及徙豪富茂陵也，解家貧，不中訾，吏恐，不敢不徙。衛將軍為言："郭解家貧不中徙。"上曰："布衣權至使將軍為言，此其家不貧。"解家遂徙。諸公送者出千餘萬。軹人楊季主子為縣掾,舉徙解。解兄子斷楊掾頭。由此楊氏與郭氏為仇。

解入關,關中賢豪知與不知,聞其聲,爭交驩解。解為人短小,不飲酒,出未嘗有騎。已又殺楊季主。楊季主家上書,人又殺之闕下。上聞,乃下吏捕解。解亡,置其母家室夏陽,身至臨晉。臨晉籍少公素不知解,解冒,因求出關。籍少公已出解,解轉入太原,所過輒告主人家。吏逐之,跡至籍少公。少公自殺,口絕。久之,乃得解。窮治所犯,為解所殺,皆在赦前。

軹有儒生侍使者坐,客譽郭解,生曰:"郭解專以姦犯公法,何謂賢!"解客聞,殺此生,斷其舌。吏以此責解,解實不知殺者。殺者亦竟絕,莫知為誰。吏奏解無罪。御史大夫公孫弘議曰:"解布衣為任俠行權,以睚眦殺人,解雖弗知,此罪甚於解殺之。當大逆無道。"遂族郭解。

(42) 袁盎

原文出漢·司馬遷《史記·袁盎晁錯列傳》,文句幾全同。

袁盎者,楚人也,字絲。父故為群盜,徙處安陵。高后時,盎嘗為呂祿舍人。及孝文帝即位,盎兄噲任盎為中郎。

絳侯為丞相,朝罷趨出,意得甚。上禮之恭,嘗目送之。袁盎進曰:"陛下以丞相何如人?"上曰:"社稷臣。"盎曰:"絳侯所謂功臣,非社稷臣,社稷臣主在與在,主亡與亡。方呂后時,諸呂用事,擅相王,劉氏不絕如帶。是時絳侯為太尉,主兵柄,弗能正。呂后崩,大臣相與共畔諸呂,太尉主兵,適會其成功,所謂功臣,非社稷臣。丞相如有驕主色。陛下謙讓,臣主失禮,竊為陛下不取也。"後朝,上益莊,丞相益畏。已而絳侯望袁盎曰:"吾與而兄善,今兒廷毀我!"盎遂不謝。

及絳侯免相之國,國人上書告以為反,徵繫請室,宗室諸公莫敢為言，唯袁盎明絳侯無罪。絳侯得釋，盎頗有力。絳侯乃大與盎結交。

淮南厲王朝，殺辟陽侯，居處驕甚。袁盎諫曰："諸侯大驕必生患，可適削地。"上弗用。淮南王（盆）〔益〕橫。及棘蒲侯柴武、太子謀反事覺，治，連淮南王，淮南王徵，上因遷之蜀，轞車傳送。袁盎時為中郎將，乃諫曰："陛下素驕淮南王，弗稍禁，以至此，今又暴摧抑之。淮南王為人剛，如有遇霧露行道死，陛下竟為以天下之大弗能容，有殺弟之名，柰何？"上弗聽，遂行之。

淮南王至雍，病死，聞，上輟食，哭甚哀。盎入，頓首請罪。上曰："以不用公言至此。"盎曰："上自寬，此徃事，豈可悔哉！且陛下有高世之行者三，此不足以毀名。"上曰："吾高世行三者何事？"盎曰："陛下居代時，太后嘗病，三年，陛下不交睫，不解衣，湯藥非陛下口所嘗弗進。夫曾參以布衣猶難之，今陛下親以王者脩之，過曾參孝遠矣。夫諸呂用事，大臣專制，然陛下從代乘六乘傳馳不測之淵，雖賁、育之勇不及陛下。陛下至代邸，西向讓天子位者再，南向讓天子位者三。夫許由一讓，而陛下五以天下讓，過許由四矣。且陛下遷淮南王，欲以苦其志，使改過，有司衛不謹，故病死。"於是上乃解，曰："將柰何？"盎曰："淮南王有三子，唯在陛下耳。"於是文帝立其三子皆為王。盎由此名重朝廷。

袁盎常引大體慷慨。宦者趙同以數幸，嘗害袁盎，袁盎患之。盎兄子種為常侍騎，持節夾乘，說盎曰："君與鬬，廷辱之，使其毀不用。"孝文帝出，趙同參乘，袁盎伏車前曰："臣聞天子所與共六尺輿者，皆天下豪英。今漢雖乏人，陛下獨奈何與刀鋸餘人載！"於是上笑，下趙同。趙同泣下車。

文帝從霸陵上，欲西馳下峻阪。袁盎騎，並車擥轡。上曰："將軍怯邪？"盎曰："臣聞：千金之子坐不垂堂，百金之子不騎衡，聖主不乘危而徼幸。今陛下騁六騑，馳下峻山，如有馬驚車敗，陛下縱自輕，柰高廟、太后何？"上乃止。

上幸上林，皇后、慎夫人從。其在禁中，常同席坐。及坐，郎署長布席，袁盎引卻慎夫人坐。慎夫人怒，不肯坐。上亦怒，起，入禁中。盎因前說曰："臣聞尊卑有序則上下和。今陛下既已立后，慎夫人乃妾，妾主豈可與同坐哉！且陛下幸之，即厚賜之。陛下所以為慎夫人，適所以禍之。陛下獨不見'人彘'乎？"於是上乃說，召語慎夫人。慎夫人賜盎金五十觔。

然袁盎亦以數直諫，不得久居中，調為隴西都尉。仁愛士卒，士卒皆爭為死。遷為齊相。徙為吳相，辭行，種謂盎曰："吳王驕日久，國多姦。今苟欲劾治，彼不上書告君，即利劍刺君矣。南方卑濕，君能日飲，毋何，時說王曰毋反而已。如此幸得脫。"盎用種之計，吳王厚遇盎。

盎告歸，道逢丞相申屠嘉，下車拜謁，丞相從車上謝袁盎。袁盎還，愧其吏，乃之丞相舍上謁，求見丞相。丞相良久而見之。盎因跪曰："願請閒。"丞相曰："使君所言公事，之曹與長史掾議，吾且奏之；即私邪，吾不受私語。"袁盎即跪說曰："君為丞相，自度孰與陳平、絳侯？"丞相曰："吾不如。"袁盎曰："善，君即自謂不如。夫陳平、絳侯輔翼高帝，定天下，為將相，而誅諸呂，存劉氏；君乃為材官蹶張，遷為隊率，積功至淮陽守，非有奇計攻城野戰之功。且陛下從代來，每朝，郎官上書疏，未嘗不筆受其言，言不可用，置之，言可受，採之，未嘗不稱善。何也？則欲以致天下賢士大夫。上日聞所不聞，明所不知，日益聖智；君今自閉鉗天下之口而日益愚。夫以聖主責愚相，君受禍不久矣。"丞相乃再拜曰："嘉鄙野人，乃不知，將軍幸教。"引入與坐，為上客。

盎素不好鼌錯，鼌錯所居坐，盎去；盎坐，錯亦去：兩人未嘗同堂語。及孝文帝崩，孝景帝即位，鼌錯為御史大夫，使吏案袁盎受吳王財物，抵罪，詔赦以為庶人。

吳、楚反，聞，鼌錯謂丞史曰："夫袁盎多受吳王金錢，專為蔽匿，言不反。今果反，欲請治盎宜知計謀。"丞史曰："事未發，治之有絕。今兵西鄉，治之何益！且袁盎不宜有謀。"鼂錯猶豫未決。人有告袁盎者，袁盎恐，夜見竇嬰，為言吳所以反者，願至上前口對狀。竇嬰入言上，上乃召袁盎入見。鼂錯在前，及盎，請辟人賜閒，錯去，固恨甚。袁盎具言吳所以反狀，以錯故，獨急斬錯以謝吳，吳兵乃可罷。其語俱在吳事中。使袁盎為太常，竇嬰為大將軍。兩人素相與善。逮吳反。諸陵長者、長安賢大夫爭附兩人，車隨者日數百乘。

及鼂錯已誅，袁盎以太常使吳。吳王欲使將，不肯。欲殺之，使一都尉以五百人圍守盎軍中。袁盎自其為吳相時，嘗有從史嘗盜愛盎侍兒，盎知之，弗泄，遇之如故。人有告從史，言："君知爾與侍者通。"乃亡歸。袁盎驅自追之，遂以侍者賜之，復為從史。及袁盎使吳見守，從史適為守盎校尉司馬，乃悉以其裝齎置二石醇醪，會天寒，士卒饑渴，飲酒醉，西南陬卒皆臥，司馬夜引袁盎起，曰："君可以去矣，吳王期旦日斬君。"盎弗信，曰："公何為者？"司馬曰："臣故為從史盜君侍兒者。"盎乃驚謝曰："公幸有親，吾不足以累公。"司馬曰："君第去，臣亦且亡，避吾親，君何患！"乃以刀決張，道從醉卒直隊出。司馬與分背，袁盎解節毛懷之，杖，步行七八里，明，見梁騎，騎馳去，遂歸報。

吳、楚已破，上更以元王子平陸侯禮為楚王，袁盎為楚相。嘗上書有所言，不用。袁盎病免家居，與閭里浮沉，相隨行，鬥雞走狗。雒陽劇孟嘗過袁盎，盎善待之。安陵富人有謂盎曰："吾聞劇孟博徒，將軍何自通之？"盎曰："劇孟雖博徒，然母死，客送葬車千餘乘，此亦有過人者。且緩急人所有，夫一旦有急叩門，不以親為解，不以存亡為辭，天下所望者，獨季心、劇孟耳。今公常從數騎，一旦有緩急，寧足恃乎！"罵富人，弗與通。諸公聞之，皆多袁盎。

袁盎雖家居，景帝時時使人問籌策。梁王欲求為嗣，袁盎進說，其後語塞。梁王以此怨盎，曾使人刺盎。刺者至關中，問袁盎，諸君譽之，皆不容口。乃見袁盎，曰："臣受梁王金來刺君，君長者，不忍刺君。然後刺君者十餘曹,備之!"袁盎心不樂,家又多怪,乃之(掊)[棓]生所問占。還,梁刺客後曹輩果遮刺殺盎安陵郭門外。

卷十

西漢

(43) 灌夫

原文出漢・司馬遷《史記・魏其武安侯列傳》,文句幾全同。

灌將軍夫者,潁陰人也。夫父張孟,嘗為潁陰侯嬰舍人,得幸,因進之至二千石,故蒙灌氏姓為灌孟。吳、楚反時,潁陰侯灌何為將軍,屬太尉,請灌孟為校尉。夫以千人與父俱。灌孟老年,潁陰侯彊請之,鬱鬱不得意,故戰常陷堅,遂死吳軍中。軍法,父子俱從軍,有死事,得與喪歸。灌夫不肯隨喪歸,奮曰:"願取吳王若將軍頭,以報父之仇。"於是灌夫被甲持戟,募軍中壯士所善願從者數十人。及出壁門,莫敢前。獨二人及從奴十數騎馳入吳軍,至吳將麾下,所殺傷數十人。不得前,復馳走入漢壁,皆亡其奴,獨與一騎歸。夫身中大創十餘,適有萬金良藥,故得無死。夫創少瘳,又復請將軍,曰:"吾益知吳壁中曲折,請復往。"將軍壯義之,恐亡夫,乃言太尉,太尉乃固止之。吳已破,灌夫以此名聞天下。

潁陰侯言之上,上以夫為中郎將。數月,坐法去。後家居長安,長安中諸公莫弗稱之。孝景時,至代相。孝景崩,今上初即位,以為淮陽天下交,勁兵處,故徙夫為淮陽太守。建元元年,入為太僕。二年,夫與長樂衛尉竇甫飲,輕重不得,夫醉,搏甫。甫,竇太后昆弟也。上恐太后誅夫,徙為燕相。數歲,坐法去官,家居長安。

灌夫為人剛直使酒,不好面諛。貴戚諸有勢在己之右,不欲加禮,必陵之;諸士在己之左,愈貧賤,尤益敬,與鈞。稠人廣眾,薦寵下輩。士亦以此多之。

夫不喜文學,好任俠,已然諾。諸所與交通,無非豪傑大猾。家累數千萬,食客日數十百人。陂池田園,宗族賓客為權利,橫於潁川。潁川兒乃歌之,曰:"潁水清,灌氏寧;潁水濁,灌氏族。"

灌夫家居雖富,然失勢,卿相侍中賓客益衰。及魏其侯失勢,亦欲倚灌夫引繩批根,生平慕之後棄之者。灌夫亦倚魏其而通列侯宗室為名高。兩人相為引重,其游如父子然。相得驩甚,無厭,恨相知晚也。

灌夫有服,過丞相。丞相從容曰:"吾欲與仲孺過魏其侯,會仲孺有服。"灌夫曰:"將軍乃肯幸臨況魏其侯,夫安敢以服為解!請語魏其侯帳具,將軍旦日蚤臨。"武安許諾。灌夫具語魏其侯如所謂武安侯。魏其與其夫人益市牛酒,夜洒埽,早帳具至旦。平明,令門下候伺。至日中,丞相不來。魏其謂灌夫曰:"丞相豈忘之哉?"灌夫不懌,曰:"夫以服請,宜往。"乃駕,自往迎丞相。丞相特前戲許灌夫,殊無意往。及夫至門,丞相尚臥。於是夫入見,曰:"將軍昨日幸許過魏其,魏其夫妻治具,自旦至今,未敢嘗食。"武安鄂謝曰:"吾昨日醉,忽忘與仲孺言。"乃駕往,又徐行,灌夫愈益怒。及飲酒酣,夫起舞屬丞相,丞相不起,夫從坐上語侵之。魏其乃扶灌夫去,謝丞相。丞相卒飲至夜,極驩而去。

丞相嘗使籍福請魏其城南田。魏其大望,曰:"老僕雖棄,將軍雖貴,寧可以勢奪乎!"不許。灌夫聞,怒,罵籍福。籍福惡兩人有郤,乃謾自好謝丞相,曰:"魏其老且死,易忍,且待之。"已而武安聞魏其、灌夫實怒不予田,亦怒曰:"魏其子常殺人,蚡活之。蚡事魏其,無所不可,何愛數頃田?且灌夫何與也?吾不敢復求田。"武安由此大怨灌夫、魏其。

元光四年春,丞相言灌夫家在潁川,橫甚,民苦之。請案。上曰:"此丞相事,何請?"灌夫亦持丞相陰事,為奸利,受淮南王金與語言。賓客居間,遂止,俱解。

夏，丞相取燕王女為夫人，有太后詔，召列侯宗室皆往賀。魏其侯過灌夫，欲與俱。夫謝曰："夫數以酒失得過丞相，丞相今者又與夫有郄。"魏其曰："事已解。"彊與俱。飲酒酣，武安起為壽，坐皆避席伏。已魏其侯為壽，獨故人避席耳，餘半膝席。灌夫不悅。起行酒，至武安，武安膝席曰："不能滿觴。"夫怒，因嘻笑曰："將軍貴人也，屬之！"時武安不肯。行酒次至臨汝侯，臨汝侯方與程不識耳語，又不避席。夫無所發怒，乃罵臨汝侯曰："生平毀程不識不直一錢，今日長者為壽，迺效女兒呫囁耳語！"武安謂灌夫曰："程、李俱東西宫衛尉，今衆辱程將軍，仲孺獨不為李將軍地乎？"灌夫曰："今日斬頭陷胷，何知程、李乎！"坐乃起更衣，稍稍去。魏其侯去，麾灌夫出。武安遂怒曰："此吾驕灌夫罪。"乃令騎留灌夫。灌夫欲出不得。籍福起為謝，案灌夫項令謝。夫愈怒，不肯謝。武安乃麾騎縛夫置傳舍，召長史曰："今日召宗室，有詔。"劾灌夫罵坐不敬，繫居室。遂案其前事，遣吏分曹逐捕諸灌氏支屬，皆得棄市罪。魏其侯大媿，為資使賓客請，莫能解。武安吏皆為耳目，諸灌氏皆亡匿，夫繫，遂不得告言武安陰事。

魏其銳身為救灌夫。夫人諫魏其曰："灌將軍得罪丞相，與太后家忤，寧可救邪？"魏其侯曰："侯自我得之，自我捐之，無所恨。且終不令灌仲孺獨死，嬰獨生。"乃匿其家，竊出上書。立召入，具言灌夫醉飽事，不足誅。上然之，賜魏其食，曰："東朝廷辯之。"魏其之東朝，盛推灌夫之善，言其醉飽得過，乃丞相以他事誣罪之。武安又盛毀灌夫所為橫恣，罪逆不道。魏其度不可奈何，因言丞相短。武安曰："天下幸而安樂無事，蚡得為肺腑，所好音樂狗馬田宅。蚡所愛倡優巧匠之屬，不如魏其、灌夫日夜招聚天下豪傑壯士與論議，腹誹而心謗，不仰視天而俯畫地，辟倪兩宫間，幸天下有變，而欲與大功。臣乃不知魏其等所為。"於是上問朝臣："兩人孰是？"御史大夫韓安國曰："魏其言灌夫父死事，身荷戟馳入不測之吳軍，身被數十創，名冠三軍，此天下壯士，非有大惡，爭杯酒，不足引他過以誅也。魏其言是也。丞相亦言灌夫通姦猾，侵細民，家累鉅萬，橫恣潁川，淩轢宗室，侵犯骨肉，此所謂'枝大於本，脛大於股，不折必披'，丞相言亦是。唯明主裁之。"主爵都尉汲黯是魏其，內史鄭當時是魏其，後不敢堅對。餘皆莫敢對。上怒內史，曰："公平生數言魏其、武安長短，今日廷論，局趣效轅下駒，吾併斬若屬矣。"卽罷起入，上食太后。太后亦已使人候伺，具以告太后。太后怒，不食，曰："今我在也，而人皆籍吾弟，令我百歲後，皆魚肉之矣。且帝寧能為石人邪！此特帝在，卽錄錄，設百歲後，是屬寧有可信者乎？"上謝曰："俱宗室外家，故廷辯之。不然，此一獄吏所決耳。"是時郎中令石建為上分別言兩人事。

武安已罷朝，出止車門，召韓御史大夫載，怒曰："與長孺共一老禿翁，何為首鼠兩端？"韓御史良久謂丞相曰："君何不自喜？夫魏其毀君，君當免冠解印綬歸，曰：'臣以肺腑幸得待罪，固非其任，魏其言皆是。'如此，上必多君有讓，不廢君。魏其必內愧，杜門齰舌自殺。今人毀君，君亦毀人，譬如賈豎女子爭言，何其無大體也！"武安謝罪，曰："爭時急，不知出此。"

於是上使御史簿責魏其所言灌夫，頗不讎，欺謾。劾繫都司空。孝景時，魏其常受遺詔，曰："事有不便，以便宜論上。"及繫，灌夫罪至族，事日急，諸公莫敢復明言於上。魏其乃使昆弟子上書言之，幸得復召見。書奏上，而案尚書大行無遺詔。詔書獨藏魏其家，家丞封。乃劾魏其矯先帝詔，罪當棄市。五年十月，悉論灌夫及家屬。魏其良久乃聞，聞卽恚，病痱，不食欲死。或聞上無意殺魏其，魏其復食，治病，議定不死矣。乃有蜚語為惡言聞上，故以十二月晦，論棄市渭城。

其春，武安疾病，使巫視鬼者視之，見魏其、灌夫共守，欲殺之。竟死。子恬嗣。元朔三年，武安矦坐衣襜褕入宮，不敬。

淮南王安謀反覺，治。王前朝，武安矦為太尉，時迎王至灞上，謂王曰："上未有太子，大王最賢，高祖孫，卽宮車晏駕，非大王立，當誰哉！"淮南王大喜，厚遺金財物。上自魏其時不直武安，特為太后故耳。及聞淮南王金事，上曰："使武安侯在者，族矣。"

（44）司馬相如

原文出漢·司馬遷《史記·司馬相如列傳》，文句大抵全同，然長卿辭賦、文告等皆略去之；然又多出兩首"鳳兮"琴挑之詞，與傳世《鳳求凰》琴曲不同。

司馬相如者，蜀郡成都人也，字長卿。少時好讀書，學擊劍，故其親名之曰（大）〔犬〕子。相如既學，慕藺相如之為人，更名相如。以貲為郎，事孝景帝，為武騎常侍，非其好也。會景帝不好辭賦，是時梁孝王來朝，從游說之士齊人鄒陽、淮陰枚乘、（梁）〔吳〕莊忌夫子之徒，相如見而說之，因病免，客游梁。梁孝王令與諸生同舍，相如得與諸生游士居數歲，乃著《子虛》之賦。

會梁孝王卒，相如歸，而家貧，無以自業。素與臨邛令王吉相善，吉曰："長卿久宦遊不遂，而來過我。"相如往，舍都亭。臨邛令謬為恭敬，日往朝相如。相如初尚見之，後稱病，使從者謝吉，吉愈益謹肅。臨邛中多富人，而卓王孫家僮八百人，程鄭亦數百人，二人乃相謂曰："令有貴客，為具召之。"并召令。令既至，卓氏客以百數。至日中，謁司馬長卿，長卿謝病不能往，臨邛令不敢嘗食，自往迎相如。相如不得已，強往，一坐盡傾。酒酣，臨邛令前奏琴曰："竊聞長卿好之，願以自娛。"相如辭謝，為鼓一再行。是時卓王孫有女文君新寡，好音，故相如謬與令相重，而以琴心挑之。其詩曰："鳳兮鳳兮歸故鄉，遨游四海求其凰，有艷淑女處蘭房，室邇人遐毒我腸，何由交頸為鴛鴦。"又曰："鳳兮鳳兮從凰栖，得托孳尾未為妃，交情通体必和諧，中夜相從別有誰？"

相如之臨邛，從車騎，雍容閒雅是都；及飲卓氏，弄琴，文君竊從戶窺之，心悅而好之，恐不得當也。既罷，相如乃使人重賜文君侍者通殷勤。文君夜亡奔相如，相如乃與馳歸。家居徒四壁立。卓王孫大怒，曰："女至不材，我不忍殺，不分一錢也。"人或謂王孫，王孫終不聽。文君久之不樂，曰："長卿第俱如臨邛，從昆弟假貸，猶足為生，何至自苦如此！"相如與俱之臨邛，盡賣其車騎，買一酒舍酤酒，而令文君〔當〕鑪。相如身自著犢鼻褌，為保庸雜作，滌器於市中。卓王孫聞而恥之，為杜門不出。昆弟諸公更謂王孫曰："有一男兩女，所不足者非財也。今文君已失身於司馬長卿，長卿故倦游，雖貧，其人材足依也，且又令客，獨柰何相辱如此！"卓王孫不得已，分與文君僮百人，錢百萬，及其嫁時衣被財物。文君乃與相如歸成都，買田宅，為富人。

居久之，蜀人楊得意為狗監，侍上。上讀《子虛賦》而善之，曰："朕獨不得與此人同時哉！"得意曰："臣邑人司馬相如自言為此賦。"上驚，乃召問相如。相如曰："有是。然此乃諸矦之事，未足觀也。請為天子游獵賦，賦成奏之。"上許，令尚書給筆札。相如以"子虛"，虛言也，為楚稱；"烏有先生"者，烏有此事也，為齊稱；"無是公"者，無是人也，明天子之義。故空藉此三人為辭，以推天子諸矦之苑囿。其卒章歸之於節儉，因以風諫。奏之天子，天子大悅，以為郎。

相如為郎數歲，會唐蒙使略通夜郎西僰中，發巴、蜀吏卒千人，郡又多為發轉漕萬餘人，因興法誅其渠帥，巴、蜀民大驚恐。上聞之，乃使相如責唐蒙，因喻告巴、蜀民以非上意。

相如還報。唐蒙已略通夜郎，因通西南夷道，發巴、蜀、廣漢卒，作者數萬人。治道二歲，道不成，士卒多物故，費以鉅萬計。蜀民及漢用事者，多言其不便。是時邛笮之君長聞南夷與漢通，得賞賜多，多欲願為內臣妾，請吏，比南夷。天子問相如，相如曰："邛、笮、冉、駹者近蜀，道亦易通，秦時嘗通為郡縣，至漢興而罷。今誠復通，為置郡縣，愈於南夷。"天子以為然，乃拜相如為中郎將，建節往使。副使王然于、壺充國、呂越人馳四乘之傳，因巴、蜀吏幣物以賂西夷。至蜀，蜀太守以下郊迎，縣令負弩矢先驅，蜀人以為寵。

於是卓王孫、臨邛諸公皆因門下獻牛酒以交驩。卓王孫喟然而歎，自以得使女尚司馬長卿晚，而厚分與其女財，與男等同。司馬長卿便略定西夷，邛、筰、冉、駹、斯榆之君皆請為內臣。除邊關，關益斥，西至沫、若水，南至牂牁為徼，通零關道，橋孫水以通邛都。還報天子，天子大說。

其後有人上書言相如使時〔受〕金，失官。居歲餘，復召為郎。

相如口吃而善著書。常有消渴疾。與卓氏婚，饒於財。其進仕宦，未嘗肯與公卿國家之事，稱病閒居，不慕官爵。

相如拜為孝文園令，既病免，家居茂陵。天子曰："司馬相如病甚，可往從悉取其書；若不然，後失之矣。"使所忠往，而相如已死，家無書。問其妻，對曰："長卿固未嘗有書也。時時著書，人又取去，即空居。長卿未死時，為一卷書，曰有使者來求書，奏之。無他書。"其遺札書言封禪事，奉所忠。忠奏其書，天子異之。

（45）汲黯

原文出漢·司馬遷《史記·汲鄭列傳》，文句幾全同。

汲黯字長孺，濮陽人也。其先有寵於古之衛君。至黯七世，世為卿大夫。黯以父任，孝景時為太子洗馬，以莊見憚。孝景帝崩，太子即位，黯為謁者。東越相攻，上使黯往視之。不至，至吳而還，報曰："越人相攻，固其俗然，不足以辱天子之使。"河內失火，延燒千餘家，上使黯往視之。還報曰："家人失火，屋比延燒，不足憂也。臣過河南，河南貧人傷水旱萬餘家，或父子相食，臣謹以便宜，持節發河南倉粟，以振貧民。臣請歸節，伏矯制之罪。"上賢而釋之，遷為滎陽令。黯恥為令，病歸田里。上聞，乃召拜為中大夫。以數切諫，不得久留內，遷為東海太守。黯學黃、老之言，治官理民，好清靜，擇丞史而任之。其治，責大指而已，不苛小。黯多病，臥閨閤內不出。歲餘，東海大治。稱之。上聞，召以為主爵都尉，列於九卿。治在於無為而已，弘大體，不拘文法。

黯為人性倨，少禮，面折，不能容人之過。合己者善待之，不合己者不能忍見，士亦以此不附焉。然好學，游俠，任氣節，內行脩潔，好直諫，數犯主之顏色，常慕傅柏、袁盎之為人也。善灌夫、鄭當時及宗正劉棄。亦以數直諫，不得久居位。

當是時，太后弟武安矦蚡為丞相，中二千石來拜謁，蚡不為禮。然黯見蚡未嘗拜，常揖之。天子方招文學儒者，上曰"吾欲"云云，黯對曰："陛下內多欲而外施仁義，奈何欲效唐、虞之治乎！"上默然，怒，變色而罷朝。公卿皆為黯懼。上退，謂左右曰："甚矣，汲黯之戇也！"群臣或數黯，黯曰："天子置公卿輔弼之臣，寧令從諛承意，陷主於不義乎？且已居其位，縱愛身，奈辱朝廷何！"

黯多病，病且滿三月，上常賜告者數，終不愈。最後病，莊助為請告。上曰："汲黯何如人哉？"助曰："使黯任職居官，無以踰人。然至其輔少主，守城深堅，招之不來，麾之不去，雖自謂賁、育亦不能奪之矣。"上曰："然。古有社稷之臣，至如黯，近之矣。"

大將軍青侍中，上倨廁而見之。丞相弘燕見，上或時不冠。至如黯見，上不冠不見也。上嘗坐武帳中，黯前奏事，上不冠，望見黯，避帳中，使人可其奏。其見敬禮如此。

張湯方以更定律令為廷尉，黯數質責湯於上前，曰："公為正卿，上不能襃先帝之功業，下不能抑天下之邪心，安國富民，使囹圄空虛，二者無一焉。非苦就行，放析就功，何乃取高皇帝約束紛更之為？公以此無種矣。"黯時與湯論議，湯辯常在文深小苛，黯伉厲守高不能屈，忿發罵曰："天下謂刀筆吏不可以為公卿，果然。必湯也，令天下重足而立，側目而視矣！"

是時，漢方征匈奴，招懷四夷。黯務少事，乘上間，常言與胡和親，無起兵。上方向儒術，尊公孫弘。及事益多，吏民巧弄。上分別文法，湯等數奏決讞以幸。而黯常毀儒，面觸弘等徒懷詐飾智以阿人主取容，而刀筆吏專深文巧詆，陷人於罪，使不得反其真，以勝為功。上愈益貴弘、湯，弘、湯深心疾黯，唯天子亦不說也，欲誅之以事。弘為丞相，乃言上曰："右內史界部中多貴人宗室，難治，非素重臣不能任，請徙黯為右內史。"為右內史數歲，官事不廢。

大將軍青既益尊，姊為皇后，然黯與亢禮。人或說黯曰："自天子欲群臣下大將軍，大將軍尊重益貴，君不可以不拜。"黯曰："夫以大將軍有揖客，反不重邪？"大將軍聞，愈賢黯，數請問國家朝廷所疑，遇黯過於平生。

淮南王謀反，憚黯，曰："好直諫，守節死義，難惑以非。至如說丞相弘，如發蒙振落耳。"

天子既數征匈奴有功，黯之言益不用。

始黯列為九卿，而公孫弘、張湯為小吏。及弘、湯稍益貴，與黯同位，黯又非毀弘、湯等。已而弘至丞相，封為侯；湯至御史大夫；故黯時丞相史皆與黯同列，或尊用過之。黯褊心，不能無少望，見上，前言曰："陛下用群臣如積薪耳，後來者居上。"上默然。有間，黯罷，上曰："人果不可以無學，觀黯之言也日益甚。"

居無何，匈奴渾邪王率衆來降，漢發車二萬乘。縣官無錢，從民貰馬。民或匿馬，馬不具。上怒，欲斬長安令。黯曰："長安令無罪，獨斬黯，民乃肯出馬。且匈奴畔其主而降漢，漢徐以縣次傳之，何至令天下騷動，罷敝中國而以事夷狄之人乎！"上默然。及渾邪至，賈人與市者，坐當死者五百餘人。黯請間，見高門，曰："夫匈奴攻當路塞，絕和親，中國興兵誅之，死傷者不可勝計，而費以巨萬百數。臣愚以為陛下得胡人，皆以為奴婢以賜從軍死事者家；所鹵獲，因予之，以謝天下之苦，塞百姓之心。今縱不能，渾邪率數萬之衆來降，虛府庫賞賜，發良民侍養，譬若奉驕子。愚民安知市賣長安中物，而文吏繩以為闌出財物于邊關乎？陛下縱不能得匈奴之資，以謝天下，又以微文殺無知者五百餘人，是所謂'庇其葉而傷其枝'者也，臣竊為陛下不取也。"上默然，不許，曰："吾久不聞汲黯之言,今又復妄發矣。"後數月,黯坐小法,會赦免官。於是黯隱於田園。

居數年,會更五銖錢,民多盜鑄錢,楚地尤甚。上以為淮陽,楚地之郊,乃召拜黯為淮陽太守。黯伏謝不受印,詔數彊予,然後奉詔。詔召見黯,黯為上泣曰:"臣自以為填溝壑,不復見陛下,不意陛下復收用之。臣常有狗馬病,力不能任郡事,臣願為中郎,出入禁闥,補過拾遺,臣之願也。"上曰:"君薄淮陽邪?吾今召君矣。顧淮陽吏民不相得,吾徒得君之重,卧而治之。"黯既辭行,過大行李息,曰:"黯棄居郡,不得與朝廷議也。然御史大夫張湯智足以拒諫,詐足以飾非,務巧佞之語,辯數之辭,非肯正為天下言,專阿主意。主意所不欲,因而毀之;主意所欲,因而譽之。好興事,舞文法,內懷詐以御主心,外挾賊吏以為威重。公列九卿,不早言之,公與之俱受其僇矣。"息畏湯,終不敢言。黯居郡如故治,淮陽政清。後張湯果敗,上聞黯與息言,抵息罪。令黯以諸侯相秩居淮陽。七歲而卒。

卒後,上以黯故,官其弟汲仁至九卿,子汲偃至諸侯相。黯姑姊子司馬安亦少與黯為太子洗馬。安文深巧善宦,官至九卿,以河南太守卒。昆弟以安故,同時至二千石者十人。濮陽段宏始事蓋侯信,信任宏,宏亦再至九卿。然衛人仕者皆嚴憚汲黯,出其下。

(46)鄭莊

原文出漢・司馬遷《史記・汲鄭列傳》,文句幾全同。

鄭當時者,字莊,陳人也。其先鄭君嘗為項籍將;籍死,已而屬漢。高祖令諸故項籍臣名籍,鄭君獨不奉詔。詔盡拜名籍者為大夫,而逐鄭君。鄭君死孝文時。

鄭莊以任俠自喜,脫張禹於戹,聲聞梁、楚之間。孝景時,為太子舍人。每五日洗沐,嘗置驛馬安諸郊,存諸故人,請謝賓客,夜以繼日,至其明旦,常恐不徧。莊好黃、老之言,其慕長者唯恐不見。年少官薄,然其游知交皆其大父行,天下有名之士也。武帝立,莊遷為魯中尉、濟南太守、江都相,至九卿為右內史。以武安矦、魏其時議,貶秩為詹事,遷為大農令。

莊為太史,誡門下:"客至,無貴賤無留門者。"執賓主之禮,以其貴下人。莊廉,又不治其產業,仰奉賜以給諸公。然其餽遺人,不過算器食。每朝,候上之間,說未嘗不言天下之長者。其推轂士及官屬丞史,誠有味其言之也,常引以為賢於己。未嘗名吏,與官屬言,若恐傷之。聞人之善言,進之上,唯恐後。山東士諸公以此翕然稱鄭莊。

鄭莊使視決河,自請治行五日。上曰:"吾聞'鄭莊行,千里不齎糧',請治行者,何也?"然鄭莊在朝廷,趨和承意,不敢甚引當否。及晚節,漢征匈奴,招四夷,天下費多,財用益匱。莊任人賓客為大農僦人,多逋負。司馬安為淮陽太守,發其事,莊以此陷罪,贖為庶人。頃之,守長史。上以為老,以莊為汝南太守。數歲,以官卒。

鄭莊、汲黯始列為九卿,廉,內行脩絜。此兩人中廢,家貧,賓客益落。及居郡,卒後家無餘貲財。莊兄弟子孫以莊故,至二千石六七人焉。

(47) 李龜壽

原文出宋・李昉等《太平廣記・豪俠四・李龜壽》,引自唐・皇甫枚《山水小牘》,然此傳文與諸書所收皆不大相同,應是徐廣以意自改,原"花鵲"為犬名,改成"花鴨",甚不成文理;且原"薊"字改為"前"字,殊乖俠客之異。且此本為唐人白敏中故事,不應置於"西漢"。

中書令晉國公,宣宗朝再啟黃閣,不恊比於權(近)〔道〕,由是征鎮忌焉。於永寧里第別構書齋,每退朝,獨處其中。大中時,因請假,將入齋,有素所愛卑脚花鴨從。既啟扉,而花鴨連唧公衣却行,叱去復至。既入閤,花鴨仰視,吠轉急。公亦疑之,乃於匣中拔千金劒,按於膝上,向空咒之,曰:"若有異類陰物,可出相見。吾乃大丈夫,豈懾於鬼輩而相迫耶!"言訖,忽有物從梁上墮地,乃人也。朱髮,衣短褐衣,貌黝瘦。頓首連拜謝死罪。公止之,且詢其來及姓名。對曰:"李龜壽,盧龍塞人也。或有厚賂,令不利於公。壽上感鈞化,復為花鴨所警,形不能匿。今公若貰龜壽萬死之罪,願以餘生服事台鼎。"公曰:"待汝以不死。"遂命元從都押衙傅存隸之。詰旦,有媰人至闤門,服裝單急,曳履而抱持襁嬰,請於闇曰:"幸為呼李龜壽。"龜壽出,乃其妻,且曰:"訝君稍遲,昨夜半自前來相見耳。"及公薨,龜壽盡室亡去。

東漢

(48) 楊賢

原故事出南朝宋·范曄《後漢書·杜林傳》,徐廣略加刪削改作。

杜林,字伯山,博洽多聞,時稱通儒。初客河西,拘於隗囂,而不屈節。弟成卒,囂聽其持喪歸,而遣刺客楊賢遮殺之。賢見林身推鹿車,自載弟喪,歎曰:"我雖小人,何忍殺義士?"因亡去。後光武召拜侍御史。

卷十一

後漢

(49) 郭亮

原出漢・班固《漢書・李杜傳》，文句大抵相同，然本傳所錄，誤將亭長之歎作郭亮之語，乃據明・劉仲達輯《劉氏鴻書》卷五六《人品部十一》，全同。

漢梁冀殺李固，露屍四衢，令有敢臨者加其罪。固弟子汝南郭亮，年始成(章)〔童〕，游學洛陽，乃左提章鉞，右秉鈇鑕，詣闕上書，乞收固屍。不許，因往臨哭，陳詞於前，遂守喪不去。夏門亭長呵之，曰："李、杜二公為大臣，不能安上納忠，而興造無端。卿曹何等腐生，公犯詔書，干試有司乎？"亮曰："亮含陰陽以生，戴乾履坤。義之所動，豈知性命，何為以死相懼？"亮長嘆曰："居非命之世，天高不敢不跼，地厚不敢不蹐。耳目適宜視聽，口不可以妄言也。"太后聞而不誅。南陽人董班亦往哭固，而殉屍不肯去。太后憐之，乃聽得襚殮歸葬。二人由此顯名。

(50) 裴寬

此原為唐代事，張徐州即張建封，不應列為"後漢"。全文與明・劉仲達輯《劉氏鴻書》卷五六《人品部十一》全同，明・馮夢龍《古今笑史》卷二亦記此事。

裴寬罷，西歸，見一士坐松樹下，甚貧，與語，奇之，舉一船金帛盡與之。此人不辭。登舟,奴婢偃蹇者,輒鞭之。乃張徐州也。

(51) 臧洪

臧洪之事迹,原見於晉·陳壽《三國志·臧洪傳》,亦見於南朝宋·范曄《後漢書·臧洪傳》,本傳所錄實與明·劉仲達輯《劉氏鴻書》卷四九《人品部四》全同。

三國時,張超在雍丘,曹操圍之急,超曰:"臧洪當來救吾。"衆曰:"袁、曹方睦,洪為袁所表用,必不敗好以招禍。"超曰:"子源,天下義士,必不背本,但恐見制彊力,不相及耳。"洪時為東郡太守,徒跣號泣,從紹請兵將,赴其難,紹不與。請自率所領以行,亦不許。雍丘遂潰,超自殺。洪由是怨紹,絕不與通。紹興兵圍之,歷年不下。令陳琳以書喻之。洪復書曰:

"僕小人也,中因行役,蒙主人傾蓋,遂竊大州,自謂究竟大事,共尊王室。豈悟本州被侵,郡將遘厄,請師見拒,辭行被拘,使洪故君,遂至淪没。區區微節,無所獲申。斯所以忍悲揮戈,收淚告絕者也。行矣,孔璋。足下徼利於境外,臧洪投命於君親,吾子託身於盟主,臧洪策名於長安,子謂余身死而名滅,僕亦笑子徒生而無聞焉。"

紹遂增兵急攻,城中糧穀已盡,洪呼將吏士民,謂曰:"洪於大義不得不死,諸君無事,可先乘未敗,將妻子出。"皆垂泣曰:"明府與袁氏本無怨隙,今將本朝郡將之故,自致殘困,吏民何忍舍明府去也?"初尚掘鼠煮筋角,後無可復食者。內厨有米三升,以為薄麋,徧班士衆,又殺其愛妾以食之。將士流涕,無能仰視,男女七八千人,相枕而死,莫有離叛者。

城陷,生執洪,謂曰:"今日服未?"洪據地(瞑)〔瞋〕目曰:"諸袁事漢,四世五公,可謂受恩。今王室衰弱,無扶翼之意,欲因際會,希翼非望,多殺忠良,以立姦威。惜洪力劣,不能推刃為天下報仇,何謂服乎！"紹殺之。

洪邑人陳容，少親慕洪，時在紹坐，起謂紹曰："將軍舉大事，欲為天下除暴，而先誅忠義，豈合天意！"紹慙，使人牽出，謂曰："汝非臧洪儔，空復爾為！"容顧曰："仁義豈有常，蹈之則君子，背之則小人。今日寧與臧洪同日死，不與將軍同日生也！"遂復見殺。在坐無不歎息，竊相謂曰："如何一日殺二烈士！"

西晉

（52）石崇

原文見唐・房玄齡等《晉書・石崇傳》，本傳間有刪削，去取不甚當。

石崇字季倫，生於青州，小名齊奴。少敏慧，勇而有謀。父苞臨終，分財物與諸子，獨不及崇。其母以為言，苞曰："此兒雖小，後自能立。"二十餘，為脩武令，有能名。後伐吳有功，封安陽縣侯。遷侍中，出為南中郎將、荊州刺史，領南蠻校尉，加鷹揚將軍。

崇在南中，得鴆鳥雛，以與後軍將軍王愷。時制，鴆鳥不得過江。為司隸校尉傅祇所糾，詔原之，燒鴆於都街。

崇穎悟有才氣，而任俠無行檢。在荊州，劫遠使商客，致富不貲。徵為大司農，以徵書未至，擅去官，免。頃拜太僕，出為征虜將軍，假節、監徐州諸軍事，鎮下邳。

崇有別館在河陽之金谷，一名梓澤，送者傾都，帳飲於此焉。至鎮，（於）〔與〕徐州刺史高誕爭酒相侮，為軍司所奏，免官。復拜衛尉，與潘岳諂事賈謐。謐與之親善，號曰"二十四友"。廣城君，每出，崇降車路左，望塵而拜，其卑佞如此。

財產豐積，室宇宏麗。後房百數，皆曳紈繡，珥金翠。絲竹盡當時之選，庖膳窮水陸之珍。與貴戚王愷、羊琇之徒以奢靡相尚。

愷以粘澳釜，崇以蠟代薪。愷作紫絲布步障四十里，崇作錦步障五十里以敵之。崇塗（屈）〔屋〕以椒，愷用赤石脂。崇、愷爭豪如此。武帝每助愷，嘗以珊瑚樹賜，高二尺許，枝柯扶疏，世所罕比。愷以示崇，崇便以鐵如意擊之，應手而碎。愷既惋惜，又以為（疾）〔嫉〕己之寶，聲色方厲。崇曰："不足為恨，今還卿。"乃命左右悉取珊瑚樹，有高三四尺者六七株，條幹絕俗，光曜如日，如愷比者甚眾。愷憮然自失。

崇為客作豆粥，咄嗟便辦。每冬，得韭蓱虀。嘗與愷出游，爭入洛城，崇牛迅若飛禽，愷絕不能及。愷每以此三事為恨，乃密貨崇帳下，問其所以。答云："豆至難煮，豫作熟末，客來，但作白粥以投之耳。韭蓱虀是搗韭根，雜以麥苗耳。牛奔不馳，良由馭者遂不及反制之，可聽蹁轅則駃矣。"於是悉從之，遂爭長焉。崇後知之，因殺所告者。

嘗與王敦入太學，見顏回、原憲之象，顧而歎曰："若與之同升孔堂，去人何必有間。"敦曰："不知餘人云何，子貢去卿差近。"崇正色曰："士當聲名俱泰，何至甕牖哉！"其立意類此。

劉輿兄弟少時為王愷所嫉，愷召之宿，因欲坑之。崇素與輿等善，聞當有變，夜馳詣愷，問二劉所在，愷迫，卒不得隱。崇徑造於後齋索出，同車而去。語曰："年少何以輕就人宿！"輿深德之。

外賈謐誅，崇以黨與免官。時趙王倫專權，崇甥歐陽建與倫有隙。崇有妓曰綠珠，美而豔，善吹笛。孫秀使人求之。崇時在金谷別館，方登涼臺，臨清流，嬪人侍側。使者以告。崇盡出其婢妾數十人以示之，皆蘊蘭麝，被羅縠，曰："在所擇。"使者曰："君侯服御，麗則麗矣，然本受命指索綠珠，不識孰是？"崇勃然曰："綠珠吾愛，不可得也。"使者曰："君侯博古通今，察遠照邇，願加三思。"崇曰："不然。"使者出而又反，崇竟不許。秀怒，乃勸倫誅崇。

（53）辛（嫁）〔稼〕軒

原文見宋·趙潛《養屙漫筆》，所錄與明·王圻《稗史彙編》卷三五《人物門·辛稼軒》全同。辛棄疾為南宋人，不當列於"西晉"。

陳同甫名亮，號龍川。始聞辛（嫁）〔稼〕軒名，訪之。將至門，過小春橋，馬三躍而三却。同甫怒，拔劍揮馬首，馬忽仆地，徒步而進。稼軒適倚樓見之，大驚。遣人詢之，則同甫已及門，遂定交。稼軒帥淮時，同甫與時落落，家甚貧。訪稼軒于治所，相與談天下事。酒酣，稼軒言南北之利害："南之可以并北者如此，北之可以并南者如此。"且言："錢塘非帝王之居。斷牛首之山，天下無援兵；決西湖之水，滿城皆魚鱉。"飲罷〔宿〕同甫於齋中。夜思稼軒沉重寡言，醒必思其悞，將殺我以滅口，遂盜其駿馬而遯。月餘，同甫致書于稼軒，假十萬緡以濟，稼軒如其數與之。

唐

（54）駱賓王

原故事見宋·歐陽修等《新唐書·后妃傳上》，本傳疑據明·王世貞《豔異編·武后傳畧》迻錄，文句稍有不同。原書缺第八、十五兩頁，據傳文補上。案：此文駱賓王事僅佔一小部分，餘皆為武后事，實不當列名於"男俠"。

高宗則天皇后武氏，并州文水人，父士彠，從佐命，歷官荊州都督，封應國公，卒贈禮部尚書，諡曰定。士彠始娶相里氏，生子元慶、元爽，卒，又娶楊氏，生三女。元彠女妻賀蘭越石，生子敏之而寡。后，其仲女也。太宗文德皇后長孫氏崩，有言后美者，召為才人，方十四。母楊慟泣與訣，后自如，曰："見天子，庸知非福，何至作兒女子態乎？"母乃止。既見帝，幸之，賜號武媚。

帝有疾，高宗以皇太子入侍。悅之，遂即東廂幸焉。帝崩，武媚與嬪御皆爲比丘尼。高宗既即位，而王皇后久無子，蕭淑妃方幸，皇后陰不悅。他日，帝過佛廬，后見且泣，帝內感動。王皇后廉知狀，引納後宮，以撓妃寵。后有權數，詭變不窮。始，下辭降體事王皇后。皇后喜，數譽於帝，故進爲昭儀。一旦顧幸在蕭右。寖與王皇后不協。皇后性簡重，不曲事上下，而母柳，見內人尚宮無浮禮，故后伺王皇后，所薄必欵結之，得賜予，盡以分遺。由是王皇后、蕭淑妃所爲必得，得輒以間，然未有以中也。

后生女，王皇后就視撫弄，去，俄而，后潛斃兒衾下，伺帝至，陽爲歡言，發衾視兒，死矣。帝驚問左右，皆曰："中宮適來。"后即悲咽而不言，帝不能察，怒曰："中宮殺吾女，徃與蕭〔淑〕妃相讒娼，今又爾耶！"由是后得入其訾，王皇后無以自解，而帝愈信愛，始有廢立意。久之，欲進昭儀號爲"宸妃"，侍中韓瑗、來濟言："妃嬪有數，今別立號，不可。"后乃誣王皇后與母柳挾蠱道厭勝，帝挾前（撼）〔憾〕，實其言，將廢之。褚遂良、韓瑗、來濟瀕死固爭，長孫無忌亦持不可，而中書舍人李義府、衛尉卿許敬宗，素險側徂勢，即表請昭儀爲后，帝意決，下詔廢王皇后、蕭淑妃皆爲庶人，囚宮中。詔司空李勣、太子太師于志寧奉璽綬，進昭儀爲皇后，命羣臣四夷酋長朝后蕭儀門外。內外命婦入謁朝皇后自此始。

再贈士彠至司徒周國公，謚忠孝，母楊爲代國夫人，食魏千戶。於是逐無忌、遂良、踵死徙，寵煽赫然。后城宇深阻，柔屈不恥，以就大事，帝謂能奉己，故扳公議立之。已得志，即盜威福，施施無憚避，帝亦懦昏，舉能鉗勒，使不得專，久稍不平。

帝念故王皇后、蕭淑妃，間行至囚所，見門禁錮嚴，進飲食竇中，惻然傷之，呼曰："皇后、良姊無恙乎？"二人同辭曰："妾等非罪，棄爲婢，安得尊稱耶？"流淚嗚咽。又曰："陛下幸念疇昔，使妾死更生，復見日月，乞署此爲'回心院'。"帝曰："朕即有處置。"后知之，促詔杖人二百，剔其手足，反接投釀甕中，曰："令二嫗骨醉！"數日死，殊其屍，仍改王姓為蟒，蕭姓為梟。初，詔旨到，王皇后再拜曰："陛下萬年！昭儀承恩，死吾分也。"至淑妃，罵曰："武氏狐媚，翻覆至此！我後為貓，武氏為鼠，吾當扼其喉以報。"后聞，詔六宮毋畜貓。後頻見二人被髮瀝血為厲，惡之，以巫祝解謝，卽徙蓬萊宮，厲復見，故多駐東都。

麟德初，后召方士郭行真入禁中為蠱祝，宦人王伏勝發之，帝怒，召西臺侍郎上官儀語其故，儀指言后專海內望，不可以承宗廟，與帝意合，乃趣使草詔廢之。左右馳告，后遽從帝自訴，帝羞縮，待之如初，猶意其恚，且曰："是皆上官儀教我！"后諷許敬宗構儀，殺之。自是政歸房帷，天子拱手矣。群臣朝、四方奏章，皆曰"二聖"。每視朝，殿中垂簾，帝與后偶坐，生殺賞罰惟所命。當其忍斷，雖甚愛，不少隱也。

楊氏進封榮國夫人，賀蘭氏寡姊封韓國夫人，卒，有女封魏國夫人，有殊色，在宮中，帝尤愛幸之。初，相里二子元慶、元爽及后從兄惟良、懷運，事楊氏不以禮，雖列位從官，而后內銜之。后旣忌魏國夫人奪己寵，會封泰山，惟良、懷運以岳牧來集，從還京師，后實堇毒殺魏國夫人，歸罪惟良等，盡殺之。元慶、元爽從坐流龍州、振州死，家屬徙嶺外，取賀蘭敏之為士彠後，賜氏武，襲封周國公，擢左侍，極蘭臺太史令。

敏之少韶秀，輕俊自喜，楊氏其外祖，母與私通，因言其才，俾繼士彠，后亦屬意焉。嘗曲宴於宮中，后逼淫之。敏之懼得罪，固辭，后愧且恨，未發也。而會楊氏卒，后出珍幣，建佛廬徼福，敏之乾沒自用。司衛少卿楊思儉女，選為太子妃，告婚期矣。敏之聞其美，彊私焉。楊喪未畢，褫哀麓奏音樂。太平公主徃來外家，宮人從者，敏之悉逼亂之。后疊數怒，至此暴其惡，流雷州，表復故姓，道中自經死。乃還元爽子承嗣，奉士彠後。

上元元年，進號天后。蕭妃女義陽，宣城公主，幽掖庭，幾四十不出。太子弘言於帝，后怒，酖殺弘。帝將下詔遜位於后，宰相郝處俊固諫乃止。儀鳳中，帝病頭眩，不能視。侍醫張文仲、秦鳴鶴曰："風上逆，砭血，頭可愈。"后内幸帝始得自專，怒曰："是可斬也，帝體寧刺血處耶！"醫頓首請命。帝曰："醫議疾，烏可罪。且吾眩不可堪，聽為之。"醫一再刺。帝曰："吾目明矣。"言未畢，后簾中再拜謝曰："天賜我師！"身負繒寶以賜。帝崩，中宗即位，天后稱皇太后。遺詔，軍國大務聽參決。

嗣聖元年，太后廢帝為廬陵王，自臨朝，以睿宗即帝位。后坐武成殿，帝率群臣上號冊。越三日，太后臨軒冊帝。自是，太后常御紫宸殿，施參紫帳臨朝。尊考為太師、魏王，妣為王妃。時睿宗雖立，實囚之，而諸武擅命。

於是，英公李敬業、臨海丞駱賓王等，起兵於揚州，以恢復為名，移檄州縣，略曰："偽臨朝武氏者，人非溫順，地實寒微。昔充太宗下陳，常以更衣入侍。洎乎晚節，穢亂春宮，密隱先帝之私，陰圖後庭之嬖。踐元后於翬翟，陷吾君於聚麀。"又曰："殺姊屠兄，弒君鴆母，神人之所同嫉，天地之所不容。"又曰："包藏禍心，窺竊神器。君之愛子，幽之於別宮，賊之宗盟，委之以重任。"又曰："一（杯）〔抔〕之土未乾，六尺之孤安在？"又曰："試觀今日之域中，竟是誰家之天下！"太后讀之，但嘻笑而已。至"一（杯）〔抔〕之土"，矍然曰："誰所為？"或對曰："駱賓王。"太后曰："宰相之過也！人有如此之才，而使之流落不偶乎？"遣大將李考逸、黑齒常之，以三十萬眾討平之。

尋詔毀乾元殿為明堂，以浮屠薛懷義為使督作。懷義本姓馮氏，名小寶，鄠人也。陽道偉岸，性淫毒，佯狂洛陽市，露其穢，千金公主聞而通之，上言："小寶可入侍。"后召與私，大悅，欲掩跡，得通籍出入，使祝髮為浮屠，拜白馬寺主，詔與太平公主婿薛紹通昭穆。紹父事之。給廄馬，中官為騶侍，雖武承嗣、三思皆尊事惟謹。至是，托言懷義有巧思，故使入禁中營造。補闕王求理上言，以為：

"太宗時有羅黑黑,善彈琵琶,大宗閹為給使,使教宮人。陛下若以懷義有巧性,欲宮中驅使者,臣請閹之,庶不亂宮闈。"表寢不出。堂成,拜左威衛大將軍梁國公。太后尋郊見上帝,加尊號曰"聖母神皇亨萬象神宮製曌等"十二文,自名為曌,進拜懷義輔國大將軍鄂國公,令與群浮屠作《大雲經》,言神皇革命事,頒示天下。

后稍圖革命,然慮人心不肯附,乃陰忍鷙害,斬殺怖天下。內縱酷吏周興、來俊臣等為爪吻,有不慊若素疑憚者,必危法中之。宗姓侯王及他骨鯁臣將相,駢頸就鈇,血冊狴戶,家不能自保。太后操盉具,坐重幃,而國命移矣。遂赦天下,改國號"周",自稱"聖神皇帝",立武氏七廟,皆尊帝號。天子從姓武,降為皇嗣。太后雖春秋高,善自塗澤,左右亦不覺其衰也。俄而二齒生,下詔改元長壽,太后加號"金輪聖神皇帝",置七寶於廷,曰金輪寶、白象寶、女寶、馬寶、珠寶、主兵臣寶、主藏臣寶,大朝會則陳之。懷義負幸昵,氣蓋一時,出百官上。突厥默啜犯塞,拜新平伐逆朔方道大總管,提十八將軍兵討之。宰相李昭德、蘇味道為長史、司馬。嘗與昭德有隙,杖之幾死。初,明堂既成,太后命懷義作夾紵大像,其小指中,猶容數十人。於明堂北構天堂以貯之。嘗始構,為風所摧,更構之,日役萬人,采木江嶺。數年之間,費以萬億計,府藏為之耗竭。

懷義用財如糞土,太后一聽之,無所問。每作無遮會,用錢萬緡,士女雲集,又散錢十車,使之爭拾相蹈踐,有死者。所在公私田宅,多為僧有。懷義頗厭入宮,多居白馬寺,所度力士為僧者滿千人。侍御史周矩,疑有奸謀,固請按之。太后曰:"卿姑退,朕即令往。"矩至台,懷義亦至,乘馬就階而下,坦腹於牀。矩召吏將按之,遽躍馬而去。矩具奏其狀。太后曰:"此道人病風,不足詰。"所度僧悉流遠州。太后尋加號天冊,改元天冊萬歲,作大無遮會。於明堂鑿池為坑,深五丈,結彩為宮殿,佛像皆於坑中引出之,云自地湧出。乃殺牛取血,畫大像,首高二百丈,云懷義刺膝血為之,張像於天津橋南。設齋時，御醫沈南璆亦以材具善御女，得幸於太后。懷義心慍，是夕密燒天堂，延及明堂，火照城中如晝。比明皆盡，暴風裂血像為數百段。（大）〔太〕后恥而諱之，但云內作工徒誤燒麻主。遂涉明堂，命更造之，仍以懷義充使。又鑄銅為九州鼎及十二神，皆高一丈，各置其方。

先是，河內老尼，晝食一麻一米，夜則烹宰宴樂，蓄弟子百餘，淫穢靡所不至。武什方自言能合長年藥，太后遣乘驛於嶺南采藥。及明堂火，尼入唁。太后怒叱之，曰："汝常言能〔前〕知，何以不言明堂火？"因斥還河內，弟子及老胡等皆逃散。又有發其姦者，太后乃復召尼還麟趾寺，弟子畢集，敕給使掩捕，盡獲之，皆沒為官婢。什方聞之，自縊死。

懷義既焚明堂，心不自安，言多不順。太后密選宮人有力者以防之。懷義入，至瑤光殿下，太平公主以宮人執縛，付武攸宜、宗晉卿擊殺之，畚車載屍還白馬寺焚之。以造塔，詔大衷銅鐵合冶作天樞，曰："大周萬國，頌德天樞。"置端門外。其制若柱，度高一百五尺，八面，面別五尺，冶鐵象山為之趾，負以銅龍、石鑱、怪獸之柱，顛為雲蓋，出大珠，高丈圍三之，作四蛟，度丈二尺，以珠承其趾，山周百七十尺，度二丈，無慮用銅鐵二百萬斤，皆列太后功德及鏤群臣番酋名字于上。復鑄九鼎，徙通天宮。豫州鼎高丈八尺，受千一百石，他州高丈四尺，受一千二百石，各圖山川物采于上，用銅五十六萬七百斤。

懷義死，而張昌宗、張易之得幸。昌宗年少，妖麗姣好如美媗人，太平公主使以淫藥傅之，薦入侍禁中。昌宗為太后言："兄易之美姿容，善音律，且器用過臣。"亦召入。兄弟俱承辟陽之寵，常傅朱粉，衣錦繡。昌宗累遷散騎常侍，易之為司衛少卿，賞賜不可勝紀。武承嗣、三思、懿宗、宗楚客晉卿候易之門庭，爭執鞭轡，謂易之為五郎，昌宗為六郎。置控鶴監，秩三品。張易之為控鶴監，張昌宗為秘書監。又改控鶴為天驥府，再改為奉宸府。易之為奉宸令,昌宗進春官侍郎。太后每内殿曲宴,輒引易之、昌宗及諸武,飲博嘲謔。欲掩其跡,乃命二張與文學之士,脩《三教珠英》於内殿。武三思奏,昌宗乃王子晉後身。太后命昌宗衣羽衣吹笙,乘木鶴於庭中。文士皆賦詩以美之。崔融為絕唱,有"昔遇浮丘伯,今同丁令威。中郎才貌是,藏史姓名非"之句。太后又多選美少年,為奉宸内供奉,右補闕朱敬則諫曰:"臣聞,志不可滿,樂不可極。嗜慾之情,愚(志)〔智〕皆同。賢者能節之,不使過度,則前賢格言也。陛下內寵已有薛懷義,後有張易之、張昌宗,固云足矣。近聞尚食奉御柳模言子良賓,潔白美鬚眉,左監門衛長史侯祥云陽道壯偉過於懷義,專欲自進,堪充宸内供奉,無禮無義,溢於朝聽。臣愚,職在諫諍,不敢不奏。"太后勞之,曰:"非卿直言,朕不知此。"賜綵百段。時户部郎宋之問以詩聞,狀貌偉麗,詔附易之兄弟,求為北門學士。太后不許,乃作《明河篇》。其辭曰:

八月凉風天氣晶,萬里無雲河漢明。
昏見南樓清且淺,曉落西山縱復橫。
洛陽城闕天中起,長河夜夜千門裏。
複道連甍共蔽虧,畫堂瓊戶特相宜。
雲母帳前初汜濫,水晶簾外轉逶迤。
倬彼昭回如練白,復出東城接南陌。
南陌征人去不歸,誰家今夜擣寒衣。
鴛鴦枕上疎螢度,烏鵲橋邊一雁飛。
雁飛螢度愁難歇,坐見天河漸微沒。
明河可望不可親,願得乘槎一問津。
還將織女支機石,更訪成都賣卜人。

太后見其詩,謂崔融曰:"朕非不知其才,但以其有口過耳。"之問終身銜雞舌之恨。

易之、昌宗競以豪侈相勝。易之為母阿臧造七寶帳,金銀珠玉寶貝之屬,罔不畢萃。鋪象牙床,織犀角簟、鮮貂之褥,蛩蛩之氈,汾晉之龍鬚、臨河之鳳翮以為席。與鳳閣侍郎李迥秀私通,逼之同飲,以鴛盞一雙,取其常相逐也。太后即詔迥秀為臧私夫,迥秀畏其盛,嫌其老,乃荒飲無度,惛醉為常,頻喚不交,出為恒州刺史。昌宗弟昌儀為洛陽令,請囑無不從。嘗早朝,有選人姓薛,以金五十兩并狀,邀其馬而賂之。昌儀至朝堂,以狀授天官侍郎張錫。數日,錫失其狀,以問昌儀。昌儀罵曰:"不了事人,但姓薛者即與之。"錫懼。退,索在銓姓薛者六十餘人,悉留注官。

太后既以內史狄仁傑言,召廬陵王於房州,還,復為皇太子,恐百歲後為唐宗室躝藉無死所,即引諸武及相王、太平公主誓明堂,告天地,為鐵券藏史館。時南海有進集翠裘者,珍麗異常。張昌宗侍側,太后賜之。遂命披裘供奉雙陸。狄仁傑時入奏事,太后賜坐。因命仁傑與昌宗雙陸。太后曰:"卿二人賭何物?"仁傑對曰:"爭先二籌,賭昌宗所衣毛裘。"太后對曰:"卿以何物對?"仁傑指所衣紫紬袍曰:"臣以此敵。"太后笑曰:"此裘價逾千金,卿衣非敵矣。"仁傑起曰:"臣此袍乃大臣朝見奏對之衣,昌宗所衣乃嬖倖寵遇之服,對臣之袍,臣猶怏怏!"太后業已處分,乃許之。昌宗心捄神沮,氣勢索莫,累局連北。仁傑對御褫其袍,拜恩而出。至光範門,遂付家人衣之,促馬去。後仁傑卒,昌宗兄弟益橫。太后即春秋高,厭政,政多委之。邵王重潤與其妹永泰郡主、主壻魏王武延基,竊議其事。易之訴與太后,皆逼令自殺。延基,承嗣子也。

易之兄司禮少卿同休,常召公卿宴集,戲內史楊再思,曰:"楊內史面似高麗。"再思欣然,即剪紙帖中,反披紫袍,為高麗舞,舉坐大笑。時人或譽昌宗之美,曰:"六郎面似蓮花。"再思獨曰:"不然。"昌宗驚問故。再思曰:"乃蓮花似六郎耳。"太后宴諸朝貴,易之、昌宗位中丞宋璟上。易之素憚璟,虛位揖之,曰:"公方今第一人,何乃下坐?"璟曰:"才劣位卑,張卿乃以為第一,何也?"天官侍郎鄭杲謂璟曰："中丞奈何卿五郎？"璟曰："以官言之，正當為卿。足下非張卿家奴，何郎之有！"舉坐悚惕。尋以司禮少卿同休及昌宗兄汴州刺史昌期、弟尚方少監昌儀，皆坐贓穢下獄，命左右臺共鞫之。俄敕易之、昌宗作威作福，亦命同鞫。御史大夫李承嘉等，奏張同休兄弟贓共四千餘緡，張昌宗法應免官，昌宗奏："臣有功於國，法不至免官。"太后問諸宰相："昌宗有功乎？"楊再思曰："昌宗合神丹，聖躬服之有驗，此莫大之功。"太后悅，赦昌宗，復其官。張同休貶岐山丞、昌儀博望丞，未久而復。

太后寢疾，居長生院，宰相不得見者累月，惟張易之、昌宗侍疾。少間，崔玄暐奏言："皇太子相王仁明孝友，足侍湯藥。宮禁事重，伏願不令異姓出入。"太后曰："德卿厚意。"易之、昌宗見太后疾篤，恐禍及己，引用黨援，陰為之備。屢有人為飛書及牓其書于通衢，云易之兄弟謀反，太后皆不問。許州人楊元嗣告昌宗嘗召術士李弘泰占相，弘泰言昌宗有天子相。勸於定州造佛寺，則天下歸心。太后命韋承慶及司刑卿崔神慶、御史中丞宋璟鞫之。承慶、神慶奏言："昌宗欵稱弘泰之語，尋已奏聞，准法首原，弘泰妖言，請付行法。"璟與大理（承）〔丞〕封全禎奏："昌宗寵榮如是，復召術士占相，志欲何求？弘泰稱筮得'乾'，天子之卦，昌宗倘以為妖妄，何不執送有司。雖云奏聞，終是包藏禍心，法當處斬破家。請收付獄，窮理其罪。"太后不聽，璟爭之甚力。太后乃可其奏，遣昌宗詣臺，璟庭立而按之。事未畢，太后遣中使召昌宗，特敕赦。璟歎曰："不先擊此子腦裂，負此恨矣。"

明年正月，赦天下，改元。太后疾益甚，惟二張居中用事。宰相張柬之、崔玄暐、姚元之與中臺右丞敬暉、司刑少卿桓彥範、相王府司馬袁恕己合謀，使右羽林大將軍李多祚，左右羽林將軍楊元琰、李湛，左威衛將軍薛思行，駙馬都尉王（用）〔同〕皎，率飛騎五百人至東宮，迎皇太子至玄武門，斬關而入。

太后在迎仙宮，柬之等誅昌宗、易之於廡下，進至太后所長生殿，環繞侍衛。太后驚起，問曰："亂者誰耶？"對曰："易之、昌宗謀反，臣等奉太子令誅之。恐有漏泄，故不敢以聞。"太后見太子，曰："乃汝耶！小子既誅，可還東宮。"彥範進曰："太子安得更歸。昔天皇以愛子托陛下，今年齒已長，久居東宮。天意人心，久思李氏，群臣不忘太宗、天皇之德，故奉太子誅賊臣，願陛下傳位太子，以順天人之望。"太后乃默然。是日，袁恕已從相王率南牙兵以備非常，悉收張昌期等誅之。太后傳位皇太子，徙居上陽宮。是歲十一月，太后崩。相王加號安國相王，拜太尉，同鳳閣鸞臺三品，太平公主加號"鎮國太平公主"，張柬之為夏官尚書，與袁恕已俱同鳳閣鸞臺三品，崔玄暐為内史，敬暉、桓彥範為納言，並賜爵郡公。李多祚賜爵遼陽郡王，李湛為右羽林大將軍趙國公，王同皎為右千牛將軍琅邪郡公，餘官賞有差。

初，張昌儀新作第甚美，逾於王主。或夜書其門曰："一日絲能作幾日絡？"滅去，復書之。如是六七。昌儀取筆注其下云："一日亦足。"乃止。又，易之兄弟侈於食，競為慘酷。易之為大鐵籠，置鵝鴨於内，當中起炭火，銅盆貯五味汁，鵝鴨繞火走，渴即飲汁，火炙痛即迴，表裹皆熱，毛落盡肉赤乃死。昌宗以其法作驢炙。昌儀用鐵橛釘狗四足按鷹鷂，肉盡而狗未死，號叫酸楚不可聽。易之過昌儀，憶馬腸，昌儀從騎鈹肋取腸，良久乃死。後洛陽人臠易之、昌宗，肉肥白如熊肪，煎炙而食。昌儀打雙腳折，掐取心肝，人以為有天報焉。黃巢盜亂，發武后塚。如生，次第淫之，剔取金寶，毀其屍。

卷十二

唐

（55）杜牧

原出唐·高彥休《唐闕史》，現見於宋·李昉等《太平廣記》卷二七三《杜牧》，文句稍有不同。

唐中書舍人杜牧，少有逸才，下筆成詠。弱冠擢進士第，復捷制科。牧少儁，性疎野放蕩，雖為檢刻，而不能自禁。

會丞相牛僧孺出鎮揚州，辟節度掌書記，牧供職之外，惟以宴游為事。揚州勝地也，每重城向夕，娼樓之上，常有絳紗燈萬數，輝耀羅列空中。九重三十步街，珠翠填咽，邈若仙境。牧常出沒馳逐其間，初無虛夕。復有卒三十人，易服隨後，潛護之。僧孺之密教也。而牧自謂得計，人不知之。所至成歡，無不會意。如是且數年，及徵拜侍御史，僧孺於中堂餞之，因戒之曰："以侍御櫜遠馭，固當自極夷塗。然常慮風情不節，或致尊體乖和。"因謬曰："某幸常自檢守，不至貽尊憂耳。"僧孺笑而不答。卽命侍兒，取一小書籠，對牧發之。乃街卒之密報也。凡數十百，悉曰：某夕，杜書記過某家，無羔。某夕，宴某家，亦如之。牧對之大慙，因泣拜致謝，而終身感焉。故僧孺之薨，牧為之誌，而極言其美，報所知也。

牧既為御史，久之，分務洛陽。時李司徒聽罷鎮閒居，聲妓豪華，為當時第一。洛中名士，咸謁見之。李乃大開宴席，當時朝客高流，無不臻赴，以牧持憲，不敢邀置。牧遣座客達意，願與斯會。李不得已馳書。方對酒獨酌，亦以酣暢，聞命遽來，時會中已飲酒。妓女百餘人，皆絕藝殊色。牧獨坐南行，睜目注視。引滿三巵，問李云："聞有紫雲者，孰是？"李指示之。牧凝睇良久，曰："名不虛得。宜以見惠。"李俯而笑，諸妓亦皆迴首破顏。牧又自飲三爵，朗吟而起，曰："華堂今日綺筵開，誰喚分司御史來？忽發狂言驚滿座，兩行粉面一時廻。"意氣閑逸，旁若無人。牧又自以年漸遲暮，常追賦《感舊詩》曰："落魄江湖載酒行，楚腰纖細掌中情。十年一覺揚州夢，贏得青樓薄倖名。"又曰："觥船一（掉）〔棹〕百分空，十載青春不負公。今日鬢絲禪榻畔，茶煙輕颺落花風。"

太和末，牧復自侍御史出佐沈傅帥江西宣州幕。雖所至輒遊，而終無屬意，咸以非其所好也。及聞湖州名部，風物妍好，且多奇色，因甘心遊之。湖州刺史于乙，牧素所厚者，頗喻其意。及牧至，每為之曲宴周游。凡優姬娼女，力所能致者，悉為出之。牧注目凝視，曰："美矣！未盡善也。"乙復候其意，牧曰："願得張水嬉，使州人畢觀。候四面雲合，某當門行寓目，冀於此際，或有閱焉。"乙大喜，如其言。至日，兩岸觀者如堵。迨暮，竟無所得。將罷，舟艤岸，於叢人中，有里姥引鴉頭女，年十餘歲矣。牧熟視之曰："此真國色，向誠虛設耳！"因使語其母，將接致舟中，姥女皆懼。牧曰："且不卽納，當為後期。"姥曰："他年失信，復當何如？"牧曰："吾不十年，必守此郡，十年不來，乃從所適，可矣。"姥乃許諾，因以幣結之，為盟而別。故牧歸朝，頗以湖州為念。然以官秩尚卑，殊未敢發。尋拜黃州、池州，又移睦州，皆非意也。牧素與周墀善，會墀為相，乃併以三箋干墀，乞守湖州，意以弟（頭）〔顗〕目疾，冀於江外療之。大中三年，始授湖州刺史。

比至郡，則已十四年矣，所約者，已從人三載，而生三子。牧既卽政，亟使召之。夫母懼其見奪，携幼以往。因詰其母曰："曩既許我矣，何為反之？"母曰："向約十年，十年不來而後嫁，嫁已三年矣。"牧因取其載詞視之，俯首移晷，曰："其詞也直，疆之不祥。"乃厚為禮而遣之。因賦詩以自傷，曰："自是尋春去校遲，不須惆悵惜芳時。狂風吹落深紅色，綠葉成陰子滿枝。"

(56) 周簡老

原文出於唐·段成式《酉陽雜俎·前集》卷十二《語資》，文句幾全同。

薛平司徒常送太僕卿周皓，上諸色人吏中，來有一老人，八十餘，著緋。皓獨問："君屬此司多少時？"老人言："某正藝正傷折，天寶初，高將軍郎君被人打，下頷骨脫，某為正之，高將軍賞錢千萬，兼特奏緋。"皓因領遣之，唯薛覺皓顏色不足。伺客散，獨留，從容謂周曰："内卿問著緋老吏，似覺卿不悅，何也？"皓驚曰："公用心如此精也。"乃去僕，邀薛宿，曰："此事長，可緩言之。某年少常與豪族為花柳之遊，竟畜亡命，訪城中名姬，如蠅襲羶，無不獲者。時靖恭坊有姬，字夜來，稚齒巧笑，歌舞絕倫，貴公子破產迎之。予時與數輩富於財，更擅之。會一日，其母白皓曰：'某日夜來生日，豈可寂寞乎？'皓與徃還，竟求珍貨，合錢數十萬。樂工賀懷智、紀孩孩，皆一時絕手。局方合，忽覺擊門聲，皓不許開。良久，拆關而入。有少年紫裘，騎從數十，屬訴其母。母與夜來泣拜，諸客將散。皓時氣方剛，且恃扛鼎，顧從者敵。因前讓怙勢，攘其臂毆之，踣於拳下，遂突出。時都亭驛所由魏貞，有行義，好養私名，皓以情投之。貞乃藏於妻女間。時有司追捉急切，貞恐蹤露，乃夜辦裝，腰其白金數挺，謂皓曰：'汴州周簡老，義士也。復與郎君當家，今可依之，且宜謙恭不怠。'周簡老，蓋太俠云，見魏貞書，大喜，皓因拜之為叔，遂言狀，簡老命居一小船中，戒無妄出，供與極厚。居歲餘，忽聽船上哭泣聲，皓潛窺之，見一少婦，縞素甚美，與簡老相慰。其夕，簡老忽至皓處，問：'君婚未？某有表妹，嫁與甲，甲卒，無子，今無所歸，可事君子。'皓拜謝之，即夕其表妹歸皓。有女二人，男一人，猶在舟中。簡老忽語皓：'事已息，君貌寢，必無人識者，可遊江淮。'乃贈百餘金。皓號哭而別，簡老尋卒。皓官已達，簡老表妹尚在，兒娶女嫁，將四十餘年，人無所知者。適被老吏言之，不覺自愧。不知君子察人之微也。"

(57) 門下生

原見於宋·張表臣《珊瑚鈎詩話》,現見於明·王圻《稗史彙編》卷三五《人物門·竊婢報恩》,文句略同。

張燕公有門下生竊寵婢,將寘於法。生呼曰:"公無緩急用人乎?"說奇其語,釋之,且付以婢。生去,杳不聞問。忽一日,直詣說,有憂色,曰:"感公之恩,欲報久矣。今聞公為姚相所讒,禍且至,願得公平生所寶以免難。"公歷指數之。曰:"未也。"又凝思良久,忽曰:"近有以雞林夜明簾為獻者。"生曰:"足矣。"因請手札數行,懇求於九公主,且曰:"上獨不念在東宮時恩,始終其惠,乃反以讒見怒耶?"明日,公主謁上,具奏之。上感動,敕高力士就御史臺宣所按事並罷,書生亦不復見。張表臣曰:"昔留侯致白璧以謝項仇,孟嘗獻狐裘以脫死難,蔡昭愛佩刀,無宰見留,虞叔捐圭璧,庶幾免罪,張說之事近之。若書生者,不護小行,而能排難解紛,殆俠士之流乎?"

(58) 岐王

原文出唐·薛用弱《集異記》,收於宋·李昉等《太平廣記》卷一七九,文句偶有舛錯,然僅錄其《鬱輪袍》事。

王維右丞年未弱冠,文章得名。性閑音律,妙能琵琶。遊歷諸貴之間,尤為岐王之所眷重。時進士張九皋聲稱籍甚,客有出入九公主之門者,為其致。公主邑司(業)〔牒〕京兆試官,令以九皋為解頭。維方將應舉,具其事言於岐王,仍求庇借。岐王曰:"貴主之強,不可力爭,吾為子畫焉。子之舊詩清越者可錄十篇,琵琶之新聲怨切者可度一曲,後五日當詣此。"維即依命,如期而至。岐王謂曰:"子以文士請謁貴主,何門可見哉!子能如我之教乎?"維曰:"謹奉命。"岐王則出錦繡衣服,鮮華奇異,(遺)〔遣〕維衣之,仍命賫琵琶,同至公主之第。岐王入曰:"承貴主出內,故攜酒樂奉譙。"卽令張筵,諸伶旅進。維妙年潔白,風姿都美,立於前行。公主顧之,謂岐王曰:"斯何人哉?"答曰:"知音者也。"卽令獨奏新曲,聲調哀切,滿坐動容。公主自詢曰:"此曲何名?"維起曰:"號《鬱輪袍》。"公主大奇之。岐王曰:"此生非止音律,至於詞學,無出其右。"公主尤異之,則曰:"子有所為文乎?"維即出獻懷中詩卷。公主覽讀,驚駭曰:"皆我素所誦習者,常謂古人佳作,乃子之為乎?"因令更衣,升之客右。維風流蘊(籍)〔藉〕,語言諧戲,大為諸貴之所欽矚。岐王因曰:"若使京兆今年得此生為解頭,誠為國華矣。"公主乃曰:"何不遣其應舉?"岐王曰:"此生不得首薦,義不就試,然已承貴主論託張九皋矣。"公主笑曰:"何預兒事,本為他人所託。"顧謂維曰:"子誠取解,當為子力。"維起謙謝。公主則召試官至第,遣宮婢傳教,維遂作解頭,一舉登第。

(59) 王琚

原文出於唐·鄭棨《開天傳信記》,收於宋·李昉等《太平廣記》卷四九四,文句稍有不同。

玄宗在藩邸,昔每遊戲于城南韋、杜之間。嘗因逐狡兔,意樂忘返。與其徒十數人,饑倦甚,因休息林中大樹之下。適有書生,延帝過其家,其家甚貧,止村妻、一驢而已。帝坐未久,書生殺驢煮秫,備膳饌,酒肉滂沛,帝顧而甚奇之。及與語,磊落不凡,問其姓,乃王琚也。自是帝每游杜、韋間,必過琚家,琚所語議,合帝意,帝日益親善。見韋氏專制,帝憂甚,獨密言于琚。琚曰:"亂則殺之,又何憂也。"帝遂納琚之謀,戡定內難。累拜琚為中書侍郎,寔預配饗焉。

(60) 韓滉

原文出唐·孟棨《本事詩》,收入宋·李昉等《太平廣記》卷二七四,文句稍有改動。

韓晉公滉鎮浙西,戎昱為部內刺史。郡有酒妓,善歌,色亦閑妙。昱情屬甚愛。浙西樂將聞其能,白滉,召置籍中。昱不敢留,俄於湖上為歌詞以贈之,且曰:"至彼令歌,必首唱是詞。"既至,韓為開筵,自持盃,命歌送之,遂唱戎詞,云:"好去春風湖上亭,柳條藤蔓繫人情,黃鶯久住渾相戀,欲別頻啼四五聲。"曲既終,韓問曰:"戎使君於汝寄情耶?"妓悚然起立,曰:"然。"淚下,隨告。韓令更衣待命,席上為之憂危。韓召樂將,責曰:"戎使君名士,留情郡妓,何故不知而召置之,成余之過!"乃十笞之。命與妓百縑,即時歸之。

(61) 于頔

原文出唐·范攄《雲溪友議》,文句略有改動。

鄭太穆郎中為金州刺史,致書于襄陽于司空頔。鄭傲倪自若,似無郡使之禮。書曰:"閣下為南溟之大鵬,作中天之一柱。奮騰則日月暗,搖動則山嶽頹。真天子之爪牙,諸侯之龜鏡也。太穆孤幼二百餘口,饑凍兩京。小郡俸薄,尚為衣食之節;賜錢一千貫、絹一千疋、器物一千兩、米一千石、奴婢各十人。"且曰:"分千樹一葉之影,即是濃陰;減四海數滴之泉,便為膏澤。"于公覽書,亦不嗟呀,曰:"鄭使君所須,各依來數一半;以戎費之際,不全副其本望也。"又有匡廬符戴山人,遣三尺童子齎數尺之書,乞買山錢百萬,公遂與之,仍加紙墨衣服等。

又有崔郊秀才者,寓居於漢上,與姑婢通。其婢端麗,饒音伎,漢南之最妹也。姑貧,鬻婢于連帥。愛之,給錢四十萬,寵盼彌深。郊思慕無已。其婢因寒食出外,值郊立於柳陰,馬上連泣。崔生贈之以詩,曰:"公子王孫逐後塵,綠珠垂淚滴羅巾。侯門一入深如海,從此蕭郎是路人。"

或有嫉郊者,寫詩於座,于公睹詩,令召崔生。郊甚憂悔。及見,握手曰:"'侯門一入深如海,從此蕭郎是路人'便是公製作也!"遂命婢同歸,至幃幌奩匣,悉為增飭。

初,有客自零陵來,稱戎昱使君席上有善歌者,襄陽公遽命召焉。戎使君不敢違命,逾月而至。及至,令唱歌,歌乃戎使君送伎之什也。公曰:"丈夫不能立功業,為異代所稱;豈有奪人姬愛,為己之嬉娛?"遂多以繒帛贈行,手書遜謝。戎使君詩曰:"寶鈿香蛾翡翠裙,粧成掩泣欲行雲。殷勤好取襄王意,莫向陽臺夢使君。"

(62) 韋皋

原文出唐·牛僧孺《續玄怪錄》,收入宋·李昉等《太平廣記》卷三〇五,文句有刪削,較簡略。

韋皋初薄游劍外,西川節度、兵部尚書、平章事張延賞以女妻之。既而惡焉,厭薄之情日露。公鬱鬱不得志,時入幕府,與賓朋從游,且攄其忿。延賞愈惡之,謂皋曰:"幕僚無非時彥,延賞尚敬憚之。韋郎無事,不必數到。"其輕之如此。

他日,其妻尤憫之,曰:"男兒固有四方志,今厭賤如此,何必忍愧彊安,為有血氣者所笑。"於是入告張行意。延賞遺帛五十疋,夫人薄之,不敢言。時有女巫見皋,入西院問夫人曰:"向之綠衣入西院者為誰? 此人極貴,位過宰相,不久亦鎮此。"問其所以,曰:"貴人之所行,必有陰吏。相國之侍,一二十人耳,如韋郎者,乃百餘人。"夫人聞之大喜,遽言于延賞。延賞怒曰:"贈薄,請益可矣,奈何假託巫妖以相調乎?"

韋行,月餘日到岐,岐帥以西川之貴壻,延置幕中,奏大理評事。尋以鞫獄平允,加監察、隴州刺史,卒出知州事。俄而朱泚亂,駕幸奉天。隴州有泚舊卒五百人,兵馬使牛雲光主之。雲光謀作亂,不克,率其眾奔朱泚。道遇泚使,以偽詔除皋御史中丞,因與之俱還。皋受其命,謂雲光曰:"受命必無疑矣,可悉納器械,以明不相(許)〔詐〕。"雲光從之。翌日大饗,伏甲盡殺之,立壇盟諸將。泚復許皋鳳翔節度,皋斬其使。行在聞之,人心皆奮,乃除隴州刺史、奉難節度使。及駕還宮,授兵部尚書、西川節度使。延賞聞之,將自抉其目,以懲不知人。

(63)黃子野

原文出於明·陳鳴鶴《晉安逸志》,現見於明·劉仲達輯《劉氏鴻書》卷五六《人品部十一》。

黃子野,唐時侯官人。父周,行賈於杭州。子野年十三,從之。其父時就他郡,以子野守舍。適王伾微時,覆舟於羅剎江。子野行見之,奮臂大呼曰:"能生得人者,予百金。"於是漁者得伾,子野卽與以舍中裝直百金。其父歸,大異之。子野曰:"身得其名,乃令父喪贏,非孝也。"遂去,為人僕賃。主人微聞救伾事,義其為人,陰倍其償。乃為小賈之息。久之,既致蓄藏,以其半為親甘毳費,以其半散之貧交昆弟。乃折節讀書,治《左氏春秋》。

無何,客有勸之仕者,子野不答。因自悔見知於人,遂變姓名,焚毫素,耕於方山。其後王伾為散騎常侍,使人召之,則亡。乃令福州觀察處置使以物色訪之,得之於陽岐江上。有一男子扁舟披蓑,獨卧雪中,忽扣舷歌曰:"早潮初上海門開,漠漠彤雲雪作堆,一百六峰都掩盡,不知何處有僧來。"又歌曰:"幾日江頭醉不醒,滿天風雪卧滄溟，定知酒伴無尋處，門外松濤坐獨聴。"使者疑其子野，遙呼之，曰："仲無恙乎！"子野曰："唯唯。"於是遂達伾之命。隨子野至青山中，家徒四壁立，几上獨《周易》一卷。子野佯喜，設脫粟之食，與之約曰："旦日雪霽，會於傳舍。"旦日，傳舍長展車待客，夕時，子野不至。使者馳至其家，則書幣封識如故，子野已遁去矣。

五代

（64）義卒

事見宋·薛居正等《五代史·葛從簡傳》，本傳與明·王圻《稗史彙編》卷二六《人物門·義卒》文句幾全同。

五代葛從簡為忠武節度使，聞許州富人有玉帶，欲之而不可得，遣二卒夜入其家，殺而取之。卒夜踰垣，隱木間，見其夫婦相待如賓，二卒嘆曰："吾公欲其寶，而害斯人，吾必不免。"因躍出而告之，使其速以帶獻，遂踰垣而去，不知其所之。此與晉使鉏麑刺趙盾事相似。盾篤於君臣，富人篤於夫婦，皆足以感人，益見天理民彞之不可滅如此。

宋

（65）隱君子

原文出明·王圻《稗史彙編》卷三五《人物門·東坡借磚》，文句幾全同。

東坡言：世有豪傑之士，隱而不見於世者，如吾鄉隱君子，世居眉山之中。坡卽葬時，會期日已迫，而墓磚未足。謀之於人，皆曰：

"當往見此君,則立可辦也。但多游獵,又所居山林蔓絕,未易見之,試往圖之。"東坡凡二日始得。至其居,又俟至日昃,伏於道左,方見其從數騎歸,乃是少年也。既下馬,始通謁。少年易服,出迎於門外,執禮無違。坐定,問其所以。東坡具告。少年曰:"易事耳。已具飱,且宿于此,當令如期辦所須。"少頃,數青衣童跪進盤飱,皆今日所擊之鮮也。進酒數大白,飲啖,旁若無人,食兼數人。飱畢,始從容對榻。翌日,遣僕馬送坡下山。三日無耗。明日且下手破土,坡甚疑悔,欲罪元告者。是夕至曉,磚猶無一口至者。明日曉,視其墓地之側,則五萬口斬然羅列矣。眾皆驚。事畢,再往謁謝,卒不得見,送所直亦不得達。豪哉!

（66）吳仲廣

原文出於南宋・洪邁《夷堅支志・戊》卷九《董漢州孫女》,亦見於明・王圻《稗史彙編》卷二六《人物門・祝吳高義》,文句幾全同。

董賓卿,字仲臣,饒州德興人。娶于同縣祝氏。紹興伜,為漢州守,卒于官。其家不能遽歸,暫寓蜀道。長子元廣,亦娶于祝。既除服,調房州竹山令。妻生三女而死。元廣再娶一武人之室。秩滿,挈家東下,與蜀客呂使君不欲名方舟偕行。日夕往還,相與如骨肉。繼室微有姿色,性頗蕩。元廣到臨安亦死,呂陽示高義,携其孥,復西。遂據以為外婦,蓄之郫縣,而三女不知存亡矣。

祝次騫以兩世宗姻之故,痛惻不去心,屢囑鄉人制帥王恭簡公,訪求之,杳不聞問。乾道初,祝知嘉州,就除利州路運使,正與呂為代。惡其人,不俟合符,先期解(部)〔印〕去。

歲在丙戌,其子震亨東老攝四川總屬,受檄來成都,塗經左綿,吳侯仲廣待制為綿守,開宴延之,娼優畢集。一妓立于戶橡傍,姿態恬雅,不類流輩。東老注目詢隊魁,曰:"彼何人?"曰:"官人喜之耶?"曰:"不然。吾以其不似汝曹,故疑異而問耳。"魁曰:"是薛倩也。"未暇應,吳適舉杯相屬,辭以不能飲。責隊魁,必使勸釂。魁笑曰:"若欲總幹飲盡,非薛倩不可。"吳亦解顔,曰:"素識其人乎?"曰:"前者未嘗到大府,何由與此曹欸接,但見其標格,如野鶴在雞群,度非個中人,所以扣諸其長,無他意也。"吳即令司席,因密詢之,曰:"汝定不是風塵中物,安得在此?"始猶羞澀不語,久乃言:"我本好人家兒女,父祖皆作官,不幸失身辱境。只是前生業債,今世負償,夫復何言。"東老矍然有感,曰:"汝祖汝父非漢州知州竹山知縣乎?"。倩驚泣曰:"吾官如何得知?"東老曰:"汝母姓祝乎?乃吾姑也。吾聞汝母子流落,尋覔每年,不謂邂逅於此。"又歷道所從來,乃知昨為繼母,鬻于薛媪,得錢七十千,今在籍歲餘矣。語竟,不覺墜淚,一座傾駭,爭致問。東老曰:"其話甚長,兹未可以立談盡,他日當言之。"酒罷,歸館舍。

翌日,倩偕母來,吳守亦至,因備述本末,丐為除籍。吳曰:"此易事爾,竟何如?"曰:"正有望于公,其人于震亨為表妹,必嫁之。當以此行所得諸臺,及諸郡餉臙,為資送費,今且託之于伶人。"吳笑曰:"天下義士,豈應一人獨擅。吾當以二十萬錢助之。"東老遂往成都,越一月,復還,合所得,為五十萬,悉付備具。吳喜曰:"已為擇一佳壻,即嫁之矣。"壻姓史,失其名。次年,與鄉薦,又物色其兄弟,所在運使皆賙以生理,漢州之後,賴以不絕。

(67) 張二

原文出於南宋·洪邁《夷堅支志·甲》卷八《哮張二》,亦見於明·劉仲達輯《劉氏鴻書》卷五六《人品部十一》,文句幾全同。

鄂州大吏丁某死,妻年方三十,與屠者朱四通。其子二郎尚少,不能制。至於成立,朱略無忌憚,白晝宣淫,反怒于子不揖,以為見我無禮,蓋欲假父自處也。丁憤懣,以母之故,且慮醜聲彰著,隱忍弗言。

有哼張二者，密州諸城人，遭亂南徙，亦以屠為業，壯勇盛氣。丁意其可屬此事，每與儔輩詣市飲酒。張擔肉過前，輒呼買之，而厚酧厥價，久或至數倍。他日，邀之飲，問何以不作區肆而行買僕僕，張曰："非不能之，但赤手乏本耳。"乃付之數百緡，默念彼當感我恩誼，必可使。從容曰："君知我心中有不平事乎？"曰："不知也。"丁以乞毆朱為請，張赫然曰："訏汝貸我錢，蓋欲陷我於爭鬭。"奮衣而起。自後相遇，邈然如不相識，迨於交絕。眾哂丁不知人而下交非類，丁亦銜之。

未幾，張拉朱同渡江，買猪於漢陽，爭舟相毆擊。既歸，夜入朱室，殺朱與男女幷二人。自縛告官，終不及丁一辭。時岳少保領大兵駐鄂，嘉其志義，移檄取隸軍中，不問其罪。後以功補官。

（68）法崧

原文出北宋·沈括《夢溪筆談》，亦見於明·劉仲達輯《劉氏鴻書》卷五二《人品部七》。

宋种世衡初營清澗城，有紫山寺僧法崧，剛果有謀，以義烈著名。世衡延置門下，恣其所欲，供億無筭。崧酗酒狎博，靡所不為，世衡遇之甚厚。留歲餘，崧亦深德世衡，自處不疑。

一日，世衡忽怒謂崧，曰："我待汝如此，而陰與賊連，何相負也？"拽下，械繫捶掠，極其苦楚。凡一月，濱於死矣。崧終不服，曰："崧，丈夫也！公聽奸人言，欲見殺，則死矣。終不以不義自誣。"毅然不顧。世衡審其不可屈，為解縛沐浴，復延入臥內，厚撫謝之，曰："爾無過，聊相試耳。欲使為間，萬一可脅，將洩吾事。設虜人以此見窮，能不相負否？"崧默然曰："試為公為之。"世衡厚遣遣之，以軍機密事數條與崧曰："可以此藉手，仍偽報西羌。"臨行，世衡解所服絮袍贈之，曰："胡地苦寒，以此為別。至彼，須萬計求見遇乞,非此人無以得其心腹。"遇乞,虜中謀主也。

崧如所教,間關求通遇乞。虜人覺而疑之,執送有司。數日,或發袍領中,得世衡與遇乞書詞,甚欵密。崧初不知領中書,虜人苦之備至,終不言情。

虜人因疑遇乞,舍崧,遷於北境。久之,遇乞終以疑死。崧邂近得亡歸,盡得虜情以報,朝廷錄其勞,補右侍禁,歸姓為王。後官至諸司使。

(69) 柳仲塗

柳開事見元·虞裕《談撰》,張詠事見宋·王鞏《聞見近錄》,全文現見於明·王圻《稗史彙編》卷三五《人物門·義除姦僕》。

宋人記柳仲塗赴舉時,宿驛中。夜聞孀人私哭,聲婉而哀。曉起詢之,乃臨淮令之女。令在任貪墨,委一僕主獻納。及代還,為僕所持,逼其女為室。令度勢難免,因許之,女故哭。柳往見令,詰之,得其實。怒曰:"願假此僕一日,為子除害。"僕至柳室,卽令往市酒果鹽梅等物。俟夜闌,呼僕人叱問,曰:"脅主人女為婦,是汝邪?"卽奮匕首殺而烹之。翌日,召令及同舍飲,云:"共食衛肉。"飲散巫行。令追謝,問僕安在?柳曰:"適共食者乃其肉也。"

又記張乖崖為布衣時,客長安旅次。聞鄰家至夜聚哭,訊之其家,無他故。詣其主人力叩之,以實告,曰:"某在官,失不自慎,常私用官錢,為家僕所持,欲娶長女,拒之則畏禍,與之則女子失身。約在朝夕,所以舉家悲泣也。"乖崖明日至門首,候其僕出,卽曰:"我白汝主人,假汝至親家。"僕遲遲,強之而去。出城,導馬前行,卽疏其罪,僕倉皇間以袖椎揮,墜崖而死。歸告其鄰,曰:"盛价已不復來矣。速歸汝鄉,後當謹於事也。"

春考仲塗暨乖崖公平生氣槩,非帖帖者,少年而為此事,或當有之,然近於豪俠矣。以此事為義舉,非所敢望於吾儒也。

元

（70）鄭思肖

原文出明·王鏊《姑蘇志》，現見於明·劉仲達輯《劉氏鴻書》卷五六《人品部十一》，文句幾全同。

鄭思肖侍父來吳，素不娶，孑然一身，念念不忘君。如《過徐子方書塾》："不知今日月，但夢宋山川。"《題菊》云："寧可枝頭抱香死，不曾吹落北風中。"精墨蘭，自更祚後，為蘭不畫土，根無所憑籍。或問其故，則云："地為番人奪去，汝不知耶！"

趙孟頫才名重當世，思肖惡其受元聘，遂與之絕。孟頫數徃候之，終不得見。臨終，囑其爻唐東嶼曰："思肖死矣，煩為書一牌位，當云'大宋不忠不孝鄭思肖'。"語訖而絕，年七十八。

宋社既墟，適意緇黃，自稱"三外野人"。嘗著《大無工十空經》一卷，空字去工而加十，宋字也，寓為大宋經。造語奇澀。自題其後云："臣思肖嘔三斗血，方能書此，後當有巨眼識之。"

二俠傳・女俠傳

卷十三

周

(71)周宣姜后

典出漢・劉向《列女傳》卷二《賢明傳・周宣姜后》,本文與明・黃尚文《女範編》卷一文句幾全同。

周宣姜后,齊侯之女也,賢而有德,事非禮不言,行非禮不動。宣王嘗早卧晏起,姜后脫簪珥,待罪永巷,使其傅母通言於王,曰:"妾之不才,妾之淫心見矣,至使君王失禮而晏朝,以見君王樂色而忘德也。夫苟樂色,必好奢窮欲,亂之所興也。原亂之興,從婢子起。敢請婢子之罪!"王曰:"寡人不德,實自生過,非夫人之罪也。"遂復姜后,而勤於政事,早朝晏起,卒成中興之名。

魯國

(72)魯姬敬姜

典出《國語》卷五《魯語下》,此處與明・黃尚文《女範編》卷一文句幾全同。

　　公父文伯退朝，朝其母。其母方績，文伯曰："以歜之家而主猶績，懼於季孫之怒也。其以歜爲不能事主乎？"其母歎曰："魯其亡乎？使僮子備官而未之聞邪？居，吾語汝。昔聖王之處民也，擇瘠土而處之，勞其民而用之，故長王天下。夫民勞則思，思則善心生；逸則忘善，忘善則惡心生。沃土之民不材，淫也；瘠土之民莫不嚮義，勞也。男女效績愆，則有辟古之制也。君子勞心，小人勞力，先王之訓也。自上以下，誰敢淫心舍力？今我寡也，爾又在下位，朝夕處事，猶恐忘先人之業，況有怠情，其何以避辟？吾冀而朝夕脩職，曰必無廢先人。爾今曰'胡不自安？'以是承君之官，余懼穆伯之絶祀也。"

（73）魯黔婁妻

　　見於漢·劉向《列女傳》卷二《賢明傳·魯黔婁妻》，此處除刪去《詩》曰、《頌》曰，文句大抵相同。

　　魯黔婁先生死，曾子與門人明日吊之。其妻出戶，曾子上堂，見先生之屍在牖下，枕墼席藁，縕袍不表，覆以布被，手足不盡斂。覆頭則足見，覆足則頭見。曾子曰："斜引其被，則斂矣。"妻曰："斜而有餘，不若正而不足也。先生以不斜之故，能至於此。生時不斜，死而斜之，非先生意也。"

　　曾子不能應，遂哭之，曰："嗟乎，先生之終也！何以為諡？"其妻曰："以康為諡。"曾子曰："先生在時，食不充口，衣不蓋形。死則手足不斂，旁無酒肉。生不得其美，死不得其榮，何樂於此而諡於康乎？"其妻曰："昔先生君嘗授之以政，為國相，辭而不為，是有餘貴也。君嘗賜之粟三千鍾，先生辭而不受，是有餘富也。彼先生者，甘天下之淡味，安天下之卑位。不戚戚於貧賤，不忻忻於富貴。

求仁而得仁,求義而得義。其謚曰康,不宜乎?"曾子曰:"唯斯人也,而有斯媍。"

(74) 魯母師

魯母師之事迹,原見於漢·劉向《列女傳》卷一《母儀傳·魯之母師》,此處與明·黃尚文《女範編》卷一文句全同。

母師,魯九子之寡母也。臘日,歲祀禮畢,悉召諸子,謂曰:"媍人之道,非有大故,不出夫家。然吾父母家多幼稚,歲時禮不理。吾從汝謁往監之。"諸子許諾。又悉召諸媍,曰:"媍人有三從之義,而無專制之行。少繫於父母,長繫於夫,老繫於子。今諸子許我歸視私家,雖踰正禮,願與少子俱,以備媍人出入之制。諸媍其慎房戶之守,吾夕而返。"於是使少子僕,歸辦家事。天陰還失早,至閨外而止,盡期而入。國人美之,號曰母師。

(75) 柳下惠妻

柳下惠妻之事迹,原見於漢·劉向《列女傳》卷二《賢明傳·柳下惠妻》。此處刪"柳下惠處魯"一段,刪《詩》曰、《頌》曰,餘文句幾相同。

柳下惠為魯大夫,既死,門人將誄之。妻曰:"將誄夫子之德邪?則二三子不如妾知之也。"乃誄曰:"夫子之不伐兮,夫子之不竭兮,夫子之信誠而與人無害兮,屈柔從俗,不強察兮,蒙恥救民,德彌大兮,雖遇三黜,終不蔽兮,愷悌君子,未能厲兮,嗟乎惜乎,乃下世兮,庶幾遐年,今遂逝兮,嗚呼哀哉,魂神泄兮,夫子之謚,宜為惠兮。"門人從之以為誄,莫能竄一字。

宋國

(76) 宋恭伯姬

事迹原見於漢·劉向《列女傳》卷四《貞順傳·宋恭伯姬》,此處與明·黃尚文《女範編》卷四文句全同。

宋伯姬,魯宣公女也。其母曰繆姜,嫁伯姬於宋恭公。恭公不親迎,伯姬迫於父母之命而行。既入宋,三月廟見,當行夫婦之道。伯姬以恭公不親迎,故不肯聽命。宋人告魯,魯使大夫季文子如宋,致命於伯姬。還復命。公享之,繆姜出於房,再拜曰:"大夫勤勞於遠道,辱送小子,不忘先君以及後嗣,使下而有知,先君猶有望也。敢再拜大夫之辱。"伯姬既嫁十年,恭公卒,伯姬寡,至景公時,伯姬常遇夜失火,左右曰:"夫人少避火。"伯姬曰:"婦人之義,保傅不俱,不下堂。待保傅來也。"保母至,左右又曰:"夫人少避火。"伯姬曰:"婦人之義,傅母未至,夜不可下堂,越義而生,不如守義而死。"遂逮於火而死。

楚國

(77) 楚昭越姬

楚昭越姬之事迹原見於漢·劉向《列女傳》卷五《節義傳·楚昭越姬》,此處與明·黃尚文《女範編》卷四文句全同。

越姬,越王勾踐之女,楚昭王姬也。昭王燕遊,蔡姬在左,越姬參右。王親乘駟以馳逐,遂登附社之臺,以觀雲夢之囿。觀士大夫逐者。既驪,乃顧謂二姬曰:"樂乎?"蔡姬對曰:"樂。"王曰:"吾願與子生若此，死亦若此。"蔡姬曰："昔敝邑寡人固以其黎民之役，事君王之馬足，故一婢子之身為苞苴玩好，今乃比於妃嬪，固願生同樂，死同時。"王顧謂史書之"蔡姬許從孤老矣。"

乃復謂越姬，越姬對曰："樂則樂矣，然而不可久也。"王曰："吾願與子生若此，死若此，其不可得乎？"越姬對曰："昔者吾先君莊王淫樂三年，不聽政事，終而能改，卒霸天下。妾以君王為能法吾先君，將改斯樂而勤於政也。今則不然，而要婢子以死，其可得乎！且君王以束帛乘馬取婢子於敝邑，寡君受之太廟也，不約死。妾聞之諸姑，娠人以死彰君之善，益君之寵，不聞其以苟從其闇死為榮，妾不敢聞命。"於是王寤，敬越姬之言，而猶親嬖蔡姬也。

居二十五年，王救陳，二姬從。王病在軍中，有赤雲夾日，如飛鳥。王問周史，史曰："是害王身，然可移，移於將相。"將相聞之，將請以身禱於神。王曰："將相之於孤，猶股肱也，今移禍焉，庸為去是身乎？"不聽。越姬曰："大哉君王之德！以是，妾願從王矣。昔日之遊佚樂也，是以不敢許。及君王復於禮，國人皆將為君王死，而況於妾乎！請願先驅狐狸於地下。"王曰："昔者之遊樂，吾特戲之耳。若將必死，是益彰孤之不德也。"越姬曰："昔者妾雖口不言，心既許之矣。妾聞之：'信者不負其心，義者不虛設其事。'妾死王之義，不死王之好也。"遂自殺。

王病甚，讓位於王之弟，弟不受。王死於軍中，時蔡姬竟不能死。王弟子閭與子西、子期謀，曰："母信者，其子必仁。"乃伏師閉壁，迎越姬之子熊章，立是為惠王。然後罷兵，歸葬昭王焉。

(78) 楚昭貞姜

典出漢‧劉向《列女傳》卷四《貞順傳‧楚昭貞姜》，此處與明‧黃尚文《女範編》卷四文句全同。

貞姜者，齊侯之女，楚昭王夫人也。王出遊，留夫人漸臺之上而去。王聞江水大至，使使者迎夫人，忘持符，使者至，請夫人出，夫人曰："王與宮人約，召必以符。今使者不持符，妾不當從使者。"曰："今水方大至，還取符，則恐後矣。"夫人曰："妾聞之：'貞女之義不犯約，勇者不畏死，守一節而已。'妾知從使者則生，留則死。然棄約負義而生，不若留而死耳。"於是使者取符，則水大至，臺崩，夫人流而死。王曰："嗟夫！守義死節，不為苟生，處約持信，以成其貞。"乃號曰貞姜。

（79）楚莊樊姬

典出漢·劉向《列女傳》卷二《賢明傳·楚莊樊姬》，此處與明·黃尚文《女範編》卷二文句全同。

楚樊姬，楚莊王之夫人也。莊王卽位，好狩獵。樊姬諫不止，乃不食禽獸肉，王改過勤政。

嘗聽朝罷晏，姬下殿迎，曰："何晏也，得無饑倦乎？"王曰："與賢者語，不知饑倦也。"姬曰："王之所謂賢者，何也？"曰："虞丘子也。"姬掩口而笑，王曰："姬之所笑者，何也？"曰："虞丘子賢則賢矣，未忠也。"王曰："何謂也？"對曰："妾執巾櫛十一年，遣人之鄭、衛，求美人進於王。今賢於妾者二人，同列者七人。妾豈不欲擅王之愛寵乎！妾聞：'堂上兼女，所以觀人能也。'妾不能以私蔽公，欲王多見知人能也。妾聞虞丘子相楚十餘年，所薦非子弟，則族昆弟，未聞進賢退不肖，是蔽君而塞賢路。知賢不進，是不忠；不知其賢，是不智也。妾之所笑，不亦可乎！"王悅。

明日，王以姬言告虞丘子，丘子避席，不知所對。於是避舍，使人迎孫叔敖而進之，王以為令尹。治楚三年，而楚王以霸。

（80）北郭媰

見於漢・韓嬰《韓詩外傳》卷九，文句幾全同，略去《詩》曰。

莊王使使賫金百斤，聘北郭先生。先生曰："臣有箕帚之使，願入計之。"卽謂媰人曰："楚欲以我為相，今日相，卽結駟列騎，食方丈於前，如何？"媰人曰："夫子以織履為食，食粥毚履，無怵惕之憂者，何哉？與物無治也。今如結駟列騎，所安不過容膝；食方丈於前，所甘不過一肉。以容膝之安，一肉之味，而殉楚國之憂，其可乎？"於是遂不應聘，與媰去之。

（81）李園女弟

見於漢・司馬遷《史記・春申君列傳》，稍有改動，如多改"卒"用"崩"，幾全同。

楚考烈王無子，春申君患之，求媰人宜子者進之，甚眾，卒無子。趙人李園持其女弟，欲進之楚王，聞其不宜子，恐又無寵。李園求事春申君為舍人，已而謁歸，故失期。還謁，春申君問狀，對曰："齊王遣使求臣女弟，與其使者飲，故失期。"春申君曰："聘入乎？"對曰："未也。"春申君曰："可得見乎？"曰："可。"於是園乃進其女弟，卽幸於春申君。知其有娠，園乃與其女弟謀。園女弟乘間以說春申君，曰："楚王之貴幸君，雖兄弟不如。今君相楚二十餘年，而王無子，卽百歲後，將更立兄弟，卽楚王更立，彼亦各貴其所親，君亦安得長有寵乎？非徒然也。君用事久，多失禮於王兄弟，兄弟誠立，禍且及身，莫知。妾之幸君未久，誠以君之重而進妾於楚王，王必幸妾；妾賴天而有男，則是君之子為王也，楚國封盡可得，孰與其臨不測之罪乎？"春申君大然之，乃出園女弟，謹舍而言之楚王。楚王召入幸之，遂生子男，立為太子，以李園女弟立為王后。楚王貴李園，李園用事。

李園既入其女弟為王后，子為太子，恐春申君語洩而益驕，陰養死士，欲殺春申君以滅口，而國人頗有知之者。

春申君相楚二十五年，考烈王病。朱英謂春申君曰："世有無妄之福，又有無妄之禍。今君處無妄之世，以事無妄之主，安不有無妄之人乎？"春申君曰："何謂無妄之福？""君相楚二十餘年矣，雖名為相國，實楚王也，五子皆諸侯相。今王疾甚，旦暮崩，太子衰弱，疾而不起，而君相少主，因而代立當國，如伊尹、周公，王長而反政，不即遂南面稱孤，因而有楚國？此所謂無妄之福也。"春申君曰："何謂無妄之禍？"曰："李園不治國，王之舅也，不為兵將而陰養死士之日久矣，楚王崩，李園必先入，據本議制，斷君命，秉權而殺君以滅口。此所謂無妄之禍也。"春申君曰："何謂無妄之人？"曰："君先仕臣為郎中，君王崩，李園先入，臣請為君揕其胸殺之。此所謂無妄之人也。"春申君曰："先生置之，勿復言也。李園，軟弱人也，僕又善之，又何至此？"朱英恐，乃亡去。

後十七日，楚考烈王崩，李園果先入，置死士，止於棘門之內。春申君後入，止棘門，園死士夾刺春申君，斬其頭，投之棘門外。於是遂使吏盡族春申君之家。而李園女弟初幸春申君有身而入之王所生子者遂立，為楚幽王也。

（82）楚平伯嬴

楚平伯嬴之事迹，原見於漢·劉向《列女傳》卷四《貞順傳·楚平伯嬴》，此處與明·黃尚文《女範編》卷三文句全同。

伯嬴，楚平王夫人，昭王母也。昭王時，楚與吳為伯莒之戰。吳勝楚，遂入至郢。昭王亡，吳王闔閭盡妻其後宮。次至伯嬴，伯嬴執刀，曰："妾聞天子者，天下之表也；公侯者，一國之儀也。天子失制，則天下亂；諸侯失節，則其國危。夫媱之道，固人倫之始，王教之端。是以明王之制,使男女不親授,坐不同席,食不共器,殊(拖)〔梳〕(抑)〔枷〕,異巾櫛,所以正分也。若諸侯外淫者絕,卿大夫外淫者放,士庶人外淫者宮割。夫然者,以為仁失可復以義,義失可復以禮。男女之失,亂亡繼焉。夫造亂亡之端,公侯之所絕,天子之所誅也。今君王棄表儀之行,縱亂亡之欲,犯誅絕之事,何以行令訓民!且妾聞,生而辱,不若死而榮。若使君王棄其儀表,則無以臨國。妾有淫端,則無以生世。一舉而兩辱,妾以死守之,不敢承命。且凡所欲妾者,為樂也。近妾而死,何樂之有?如先殺妾,又何益於君王?"吳王慙,遂退舍。伯嬴率保阿閉永巷之門,皆不釋兵。三旬,秦救至,昭王復矣。

(83) 息君夫人

息君夫人之事迹原見於漢·劉向《列女傳》卷四《貞順傳·息君夫人》,此處與明·黃尚文《女範編》卷四文句全同。

楚伐息,破之。虜其君,使守門。將妻其夫人,而納之於宮。楚王出遊,夫人遂出見息君,謂之曰:"人生要一死而已,何至自苦!妾無須臾而忘君也,終不以身更二醮。生離於地上,豈如死歸於地下哉!"乃作詩曰:"穀則異室,死則同穴。謂予不信,有如皦日。"息君止之,夫人不聽,遂自殺,息君亦自殺,同日俱死。楚王賢其守節有義,乃以諸侯之禮合而葬之。

晉國

(84) 晉弓工妻

見於漢·劉向《列女傳》卷六《辯通傳·晉弓工妻》,此處與明·黃尚文《女範編》卷二文句全同。

晉弓工妻，晉繁人之女也。平公時，使其夫為弓，三年乃成。平公引弓而射，不穿一札。平公怒，將殺之。其妻請見，平公見之，妻曰："君聞昔者公劉之行乎？羊牛踐葭葦，惻然為痛之。恩及草木，豈欲殺不辜者乎！秦穆公，有盜食其駿馬之肉，反飲之以酒。楚莊王臣援其夫人之衣，而絕纓與飲大樂。此三君者，仁著於天下，卒享其報，名垂至今。昔帝堯茅茨不剪，采椽不斲，土階三等，猶謂為之者勞，居之者逸也。今妾之夫，治造此弓，為之亦勞。其幹生於太山之阿，一日三覩陰，三覩陽。傅以燕牛之角，纏以荊麋之筋，糊以阿魚之膠。此四者，皆天下之妙選也，而君不能以穿一札，是君不能射也，而反欲殺妾之夫，不亦謬乎！妾聞射之道，左手如拒，右手如附枝，右手發之，左手不知，此蓋射之道也。"平公以其言而射，穿七札，繁人之夫立得出，而賜金三鎰。

（85）晉伯宗妻

見於漢・劉向《列女傳》卷三《仁智傳・晉伯宗妻》，此處與明・黃尚文《女範編》卷二，文句全同。

晉大夫伯宗，賢而好以直辯凌人。每朝，其妻常戒之，曰："盜憎主人，民愛其上。有愛好人者，必有憎妬人者。夫子好直言，枉者惡之，禍必及身矣。"伯宗不聽，朝而以喜色歸。其妻曰："子貌有喜色，何也？"伯宗曰："吾言於朝，諸大夫皆謂我知似陽子。"妻曰："穀實不華，至言不飾，今陽子華而不實，言而無謀，是以禍及其身，子何喜焉！"伯宗曰："吾欲飲諸大夫酒，爾試聽之。"其妻曰："諾。"於是為大會，與諸大夫飲。既飲，而問妻曰："若何？"對曰："諸大夫慕子若也，然而民之不能戴其上久矣，難必及子。子之仕固不可易也，且國家多貳，其危可立待也。子何不預結賢大夫，以託州犁焉。"伯宗曰："諾。"乃得畢羊而交之。及欒不忌之難，仇害伯宗，譖而殺之。畢羊乃迎州犁於荊，遂得免焉。

卷十四

齊國

(86) 齊田稷母

典出漢·劉向《列女傳》卷一《母儀傳·齊田稷母》，此文出於明·黃尚文《女範編》卷一，文句全同。

田稷母，齊田稷子之母也。稷子相齊，受下吏金百鎰，以遺其母。母曰："子為相，祿未嘗多若此也，豈脩士大夫之貲哉！安所得此？"對曰："誠受之於下。"母曰："吾聞士脩身潔行，不為苟得。竭誠盡實，不行詐偽。非義之事，不計於心。非禮之利，不入於家，言行若一。夫人臣之事君，猶子之事父也。盡力竭忠，奉命廉潔，故遂無患。不義之財，非吾有也。不孝之子，非吾子也。"稷子慙而出，反其金，自歸罪於宣王。宣王舍其罪而賞其母。

(87) 無鹽

典出漢·劉向《列女傳》卷六《辯通傳·齊鍾離春》，此文出於明·王圻《稗史彙編》卷四十七《倫敘門·無鹽》，文句全同。

齊有醜女，號為無鹽。凹顙深目，坎臀墜腰，肥項少髮，皮膚如漆。年已四十，嫁不售。乃自干於齊宣王，王留於漸臺，左右見之，皆掩口而笑。時宣王作漸臺，無鹽撫膺，曰："殆哉，殆哉！"如此者四。宣王怪而問之。奏云："大王西有秦、衛之患，南有強楚之仇，外有二國之難，內有奸臣之眾，賢臣不附，王嗣未立，此一殆也。漸臺巍峩，飾以金玉，萬民疲極，此二殆也。賢者匿於山林，讒者進於左右,此三殆也。耽酒沉湎,以夜繼日,女樂娼優,縱逸無度,此四殆也。"宣王乃停漸臺,廢女樂,退讒佞,進忠直,遂冊無鹽為后。自此齊國號中興焉。

(88) 齊義繼母

典出漢·劉向《列女傳》卷五《節義傳·齊義繼母》,此處與明·黃尚文《女範編》卷一文句全同。

齊義繼母,齊二子之母也。宣王時,有鬭死於道者,吏訊之,被一創,二子兄弟立其傍,吏問之,兄曰:"我殺之。"弟曰:"非兄也,我殺之。"期年,吏不能決,言之相,相不能決,言之王,王曰:"今皆赦之,是縱有罪也。皆殺之,是誅無辜也。寡人度其母,能知子善惡。試問其母,聽其所欲殺活。"相召其母問曰:"母之子殺人,兄弟欲相代死。王問母何所欲殺活?"母泣對曰:"殺其少者。"相問曰:"夫少子者,人之所愛也。今欲殺之,何也?"母對曰:"少者,妾之子也。長者,前妻之子也。其父疾且死之時,謂妾曰:'善養視之。'妾曰:'諾。'今既受人之託,許人以諾,豈可以忘人之託而不信其諾耶!且殺兄活弟,是以私愛廢公義也;背言忘信,是欺死者也。夫言不約束,已諾不分,何以居于世哉!子雖痛乎,獨謂行何!"泣下沾襟。相入言於王,王美其義,高其行,皆赦不殺,而尊其母號曰義母。

(89) 齊相御妻

出於漢·劉向《列女傳》卷二《賢明傳·齊相御妻》,此處與明·黃尚文《女範編》卷二文句全同。

齊相晏子僕御之妻,號曰命娟。晏子將出,命娟窺其夫為相御,擁大蓋,策駟馬,意氣洋洋,甚自得也。既歸,其妻曰:"宜矣!

子之卑且賤也。"夫曰："何也？"妻曰："晏子長不滿三尺，身相齊國，名顯諸侯。今者吾從門間觀其志氣，恂恂自下，思念深矣。今子身長八尺，乃為之僕御爾，然子之意洋洋若自足者，妾是以去也。"其夫謝曰："請自改，何如？"妻曰："是懷晏子之智，而加以八尺之軀也。夫躬仁義，事明主，其名必揚矣。且吾聞寧榮於義而賤，不虛受以貴也。"於是其夫乃深自責，學道謙遜，常若不足。晏子怪而問其故，具以實對。於是賢其能納善自改，升諸景公，以為大夫，顯其妻以為命媍。

（90）齊宿瘤女

典出漢・劉向《列女傳》卷六《辯通傳・齊宿瘤女》，此處與明・黃尚文《女範編》卷二文句全同。

齊東郭採桑女，項有大瘤，號曰宿瘤。初閔王出游，至東郭，百姓盡觀，宿瘤採桑如故，王怪之，召問，曰："寡人出游，車騎甚眾，百姓無少長，皆棄事而觀，汝採桑道旁，曾不一視，何也？"對曰："妾受父母教採桑，不受教觀大王。"王曰："此奇女也，惜哉宿瘤！"女曰："婢妾之職，屬之不二，子之不忘，中心謂何，宿瘤何傷？"王大悅之，曰："此賢女也。"令後乘載之，女曰："賴大王之力，父母在內，使妾不受父母之教，而隨大王，是奔女也，大王又安用之？"王大慚，曰："寡人失之。"又曰："貞女一禮不備，雖死不從。"於是王遣女歸，使使者加金百鎰，往聘迎之，父母驚惶，欲其洗沐，加之裳餙，女曰："如是見王，則變容更服，不見識也，請死不往。"於是即隨使者，閔王歸見諸夫人，告之曰："今日出游，得一聖女，今至斥爾屬矣。"諸夫人皆怪之，盛服而衛，遲其至也，宿瘤，駭，宮中諸夫人皆掩口而笑，左右失貌，皆不能自止。王大慚，乃曰："且無笑特不餙耳。夫餙與不餙，固相去什伯也。"女曰："餙不餙，相去千萬，尚不足言，何獨什伯也！"王就問之，曰："何以言之？"對曰："性相近也，習相遠也。昔者堯、舜、桀、紂,俱天子也。堯、舜自飾以仁義,雖為天子,安於節儉,茅茨不剪,采椽不斲,後宮衣不重采,食不重味。然垂拱而治,萬方協和,至今數千歲,天下歸善焉。桀、紂不飾以仁義,習為苛文,造為高臺深池,後宮蹈綺縠,弄珠玉,靡有饜時也。乃身死國亡,為天下笑,至今千餘歲,天下歸惡焉。由是觀之,飾與不飾,相去千萬,尚不足言,何獨什伯也。"於是諸夫人皆大慙,閔王大感,立瘤女以為后。出令卑宮室,填池澤,損膳減樂,後宮不得重采。期月之間,化行鄰國,諸侯朝之,侵三晉,懼秦、楚,一立帝號。閔王之至於此也,宿瘤與有力焉。及女死之後,燕遂屠齊,閔王逃亡,而殺死於外。

(91) 齊傷槐女

典出漢・劉向《列女傳》卷六《辯通傳・齊傷槐女》,此處與明・黃尚文《女範編》卷二文句全同。

齊傷槐女,傷槐衍之女也,名婧。景公有所愛槐,使人守之,植木懸之,下令曰:"犯槐者刑,傷槐者死。"於是衍醉而傷槐。景公聞之,曰:"是先犯我令。"使吏拘之,且加罪焉。婧懼,乃造於晏子之門,曰:"賤妾不勝其欲,願得備數於下。"晏子聞之,笑曰:"嬰有淫色乎?何為老而見奔也?殆有說内之至哉!"既入門,晏子望見之,曰:"怪(我)〔哉〕,有深憂!"乃進而問焉,對曰:"妾父衍,幸得充城郭為公民。見陰陽不調,風雨不時,五穀不滋之故,禱祠於(身)〔名〕山神(水)〔女〕。不勝麴蘗之味,先犯君令,醉至於此,罪固當死。妾聞明君之涖國也,不損祿而加刑,又不以私恚害公法,不為六畜傷民人,不為野草傷禾苗。昔者宋景公之時,大旱三年不雨,召太卜而卜之,曰:'當以人祀。'景公乃降堂,北面稽首,曰:'吾所以請雨者,乃為吾民也,今必當以人祀,寡人請自當之。'言未畢,天大雨,方千里。所以然者,何也?以能順天慈民也。今吾君樹槐,犯令者死。欲槐之故殺婧之父，孤妾之身，妾恐傷執政之法而害明君之義也。鄰國聞之，皆謂君愛樹而賊人，其可乎！"晏子惕然而悟。明日朝，謂景公曰："嬰聞之，窮民財力謂之暴；崇翫好，嚴威令謂之逆；刑殺不正，謂之賊。夫是三者，守國之大殃也。今君窮民財力，以美飲食之具，繁鐘鼓之樂，極宮室之觀，行暴之大者也。崇玩好，嚴威令，是逆民之明者也。犯槐者刑，傷槐者死。刑殺不正，賊民之深者也。"公曰："寡人敬受命。"晏子出，景公即時命罷守槐之役，拔植懸之木，廢傷槐之法，出犯槐之囚。

（92）齊威虞姬

典出漢・劉向《列女傳》卷六《辯通傳・齊威虞姬》，此處與明・黃尚文《女範編》卷二文句全同。

虞姬名娟之，齊威王之姬也。威王即位，九年不治，委政大臣，佞臣周破胡專權擅勢，嫉賢妬能，即墨大夫賢，而日毀之，阿大夫不肖，反日譽之。虞姬謂王曰："破胡，讒諛之臣也，不可不退。齊有北郭先生者，賢明有道，可置左右。"破胡聞之，乃惡虞姬，曰："其幼弱在於閭巷之時，嘗與北郭先生通。"王疑之，乃閉虞姬於九層之臺，而使有司即窮驗問，破胡賂執事者，使竟其罪，執事誣其辭而上之，王視其辭，不合於意，乃召虞姬而自問焉。虞姬對曰："妾娟之幸得蒙先人之遺體，生於天壤之間，去蓬廬之下，侍明王之讌，昵附王者，薦床蔽席，供執掃除，掌奉湯沐，至今十餘年矣。惓惓之心，冀幸補一言，而為邪臣所擠，湮於百里之下，不意大王乃復而與之語。妾聞玉石墜泥不為污，柳下覆寒女不為亂。積之於素雅，故不見疑也。經瓜田不納履，過李園不整冠，妾不避，此罪一也。既陷難中，有司受賂，聽用邪人，卒見覆冒，不能自明。妾聞寡嫠哭城，城為之崩。亡士歎市，市為之罷。誠信發內，感動城市。妾之冤明於白日，雖獨號於九層之內，而眾人莫為毫釐，妾之罪二也。既有污名,而加此二罪,義固不可以生。所以生者,為莫白妾之污名也。且自古有之,伯奇放野,申生被患。孝順至明,反以為賤。妾既當死,不復重陳,然願戒大王,群臣為邪,破胡最甚。王不執政,國殆危矣。"於是王大寤,出虞姬,顯之於朝市,封卽墨大夫以萬戶,烹阿大夫與周破胡。遂起兵收故侵地,齊國震懼,人知烹阿大夫,不敢餙非,務盡其職,齊國大治。

(93) 齊襄王后

出於漢·劉向編《戰國策》卷十三《齊六》,文句幾全同。

齊閔王之遇殺,其子法章變姓名,為莒太史家庸夫。太史敫女,奇法章之狀貌,以為非常人,憐而常竊衣食之,與私焉。莒中及齊亡臣相聚,求閔王子,欲立之。法章乃自言於莒。共立法章為襄王。襄王立,以太史氏女為王后,生子建。太史敫曰:"女無媒而嫁者,非吾種也,污吾世矣。"終身不覩君王后,君王后賢,不以不覩之故,失人子之禮也。襄王卒,子建立為齊王。君王后事秦謹,與諸侯信,以故建立四十有餘年不受兵。秦昭王嘗遣使者遺君王后玉連環,曰:"齊多智,而解此環否?"君王后以示群臣,群臣不知解。君王后引錐,錐破之,謝秦使曰:"謹已解矣。"及君王后且卒,誡建曰:"群臣之可用者某。"建曰:"請書之。"君王后曰:"善。"取筆牘受言。君王后曰:"老嫗已忘矣!"

(94) 王孫賈母

典出漢·劉向《列女傳》卷八《王孫氏母》,此處所錄與宋·朱熹《小學集注》卷四《內篇》、明·黃尚文《女範編》卷一等全同。

王孫賈事齊閔王。王出走,賈失王之處。其母曰:"汝朝去而晚來,則吾倚門而望;汝暮出而不還,則吾倚閭而望。汝今事王,王出走,汝不知其處,汝尚何歸?"王孫賈乃入市中,曰:"淖齒亂齊國,殺閔王,欲與我誅齒者,袒右!"市人從之者四百人,與誅淖齒,刺而殺之。

(95) 陶答子妻

典出漢·劉向《列女傳》卷二《賢明傳·陶答子妻》,此處與明·黃尚文《女範編》卷二文句全同。

陶答子,陶之大夫也。治陶三年,名譽不興,家富數倍。其妻數諫不聽。及歸,宗人擊牛而賀,妻獨抱兒而泣。姑怒曰:"何其不祥也!"媍曰:"夫能薄而官大,是謂嬰害。無功而家昌,是謂積殃。今夫子治陶,家富國貧,敗亡之徵見矣。願與少子俱脫。"姑怒,遂棄之。處期年,答子之家果以盜誅。唯母老懼免,媍乃與少子歸養姑,終天年。

趙國

(96) 趙津女娟

典出漢·劉向《列女傳》卷六《辯通傳·趙津女娟》,此處與明·黃尚文《女範編》卷二文句全同。

趙津女娟,趙簡子夫人也。初簡子南擊楚,與津吏期,簡子至,津吏醉臥,不能渡,簡子欲殺之,娟懼,持楫而走。簡子曰:"女子走何為?"對曰:"津吏息女。妾父聞主君來渡不測之水,恐風波之起,水神動駭,故禱祀九江三淮之神,供具備禮,御釐受福,不勝王祝,杯酌餘瀝,醉至於此。君欲殺之,妾願以鄙軀易父之死。"簡子曰:

"非女子之罪也。"娟曰:"主君欲因其醉而殺之,妾恐其身之不知痛,而其死之不知罪也。若其不知罪而殺之,是殺不知也。願醒而殺之,使知其罪。"簡子曰:"善。"遂釋之而不誅。簡子將渡,用檝者有一人,娟攘卷操檝而請,曰:"妾願代父持檝。"簡子曰:"不穀將行,選士大夫,齋戒沐浴,義不與婦人同舟而渡也。"娟對曰:"妾聞之昔者湯之伐夏也,左驂牝驪,右驂牝騏,而遂放桀。武王之伐商也,左驂牝騏,右驂牝亲,而遂克紂,至於華山之陽。主君不欲渡則已,與妾同舟,又何傷乎?"簡子悅,遂與渡,中流為簡子發河激之歌,其辭曰:"升彼阿兮面觀清,水揚波兮杳冥冥,禱求福兮醉不醒,誅將加兮妾心驚,罰既釋兮瀆乃清,妾持檝兮操其維,蛟龍助兮主將歸,呼來擢兮行無疑。"簡子大悅,曰:"昔者不穀夢娶妻,豈此女乎?"將使人祝祓,以為夫人。娟乃再拜而辭,曰:"夫婦人之禮,非媒不嫁。嚴親在內,不敢聞命。"遂辭而去。簡子歸,乃納幣於娟之父母而娶之,立為夫人。

(97) 趙代夫人

典出漢・劉向《列女傳》卷五《節義傳・代趙夫人》,此處與明・黃尚文《女範編》卷四文句全同。

趙代夫人,趙簡子女,襄子之姊,代王之夫人也。簡子既葬,襄子未除服,馳登夏屋,誘代王,使厨人持斗以食代王及從者,行斟,陰令宰人各以一斗擊殺代王及從者。因舉兵平代地而迎其姊代夫人,夫人曰:"吾受先君命事代王,今十有餘年矣。代無大故,而主君殘之。吾代已亡,吾將奚歸?且吾聞,婦人執義無二夫。吾豈有二夫哉!欲迎我何之?以弟慢夫,非義也。以夫怨弟,非仁也。吾不敢怨,亦不敢歸。"遂泣而呼天,自殺於磨笄之地。代人皆懷之。

(98) 趙娥

趙娥之事迹,原見於晉·陳壽《三國志》卷十八《龐淯傳》,本文所錄,與明·李贄《初潭集》卷二、明·劉仲達輯《劉氏鴻書》卷五七《人品部十二》文句全同。

趙娥父為李壽所殺,娥乃帷車袖劍,白日刺壽於都亭。詣縣曰:"父仇已殺,請受戮。"縣令縱之,娥不肯,強載還家,會赦得免。

吳國

(99) 溧陽女子

溧陽女子之事迹,原見於漢·趙曄《吳越春秋》卷三《王僚使公子光傳》,此所錄實與明·王圻《稗史彙編》卷四十七《倫敘門·溧陽女子》文句全同。

《吳越春秋》載,伍員奔吳。至溧陽,會女子擊綿於瀨上,筥中有飯。員謂曰:"夫人可得一餐乎?"女子知非恒人,發其飯漿與之。員已餐而去,女子歎曰:"嗟乎!妾獨與母居三十年,自守貞明,何宜饋飯與丈夫?踰越禮儀,妾不忍也。"自投於水而死。

按女子不載其姓氏,徐天祐亦無註,今偶讀李太白《貞女碑》,乃知女子史姓,溧陽黃山里人。清英潔白,事母純孝,手柔荑而不龜,其沒時年三十矣,然自守未適,唐時立祠其地云。

秦國

(100) 秦杞良妻

典出漢·劉向《列女傳》卷四《貞順傳·齊杞梁妻傳》,本文所錄與明・黃尚文《女範編》卷四文句全同。

秦孟姜，富人女也，贅范杞良，三日，夫赴長城之役，久而不歸。為製寒衣，送之至長城，問，知夫已故，乃號天頓足，哭聲震地，城崩，尋夫骸骨，多難認，囓指血滴之入骨，不可拭者，知其為夫骨，負之而歸。至潼關，筋骨已竭，知不能還家，乃置骸巖下，坐於傍而死。潼關人重其節義，立像而祀之。

(101) 秦羅敷女

典出《陌上桑》，收於南朝陳・徐陵《玉臺新詠》，此處與明・黃尚文《女範編》卷三文句全同。

秦羅敷嫁邑夫王仁，後為趙王家令。一日，敷出採桑於陌上，王登臺，見而悅之，欲奪焉。敷乃作《陌上行》，以自明其志，云："使君自南來，五馬立踟躕，使君謝羅敷，還可共載否，羅敷亦致詞，使君亦何愚，使君自有婦，羅敷自有夫。"王意乃已。

西漢

(102) 王陵母

見於宋・司馬光《資治通鑒》卷九《漢紀一》，此處與明・黃尚文《女範編》卷一文句全同。

王陵以兵屬漢，項王取陵母置軍中，陵使至東鄉，坐陵母，欲招陵，陵母泣送使者，曰："願為老妾語，陵善事漢王，母以老妾故持二心，以死送使者。"遂伏劍而死。

（103）陳嬰母

典出漢・劉向《列女傳》卷八《陳嬰母》，此處與明・黃尚文《女範編》卷一文句全同。

漢陳嬰母，漢棠邑侯陳嬰母也。始嬰為東陽令佐，居縣素信，為長者。秦二世之時，東陽少年殺縣令，相聚數十人，欲立長帥，未有所用，乃請陳嬰。初嬰謝不能，後遂強立之，縣中從之，得二萬人，欲立嬰為王。嬰母曰："我為子家媍，聞先故不甚貴。今暴得大名，不祥。不如以兵有所屬，事成猶得封侯，敗則易以亡，可無為人所指名也。"嬰從其言，以兵屬項梁，梁以為上國柱。後項氏敗，嬰歸漢，以功封棠邑侯。

（104）緹縈

緹縈之事迹，原見於漢・劉向《列女傳》卷六《辯通傳・齊太倉女》，本文所錄與明・黃尚文《女範編》卷二《齊太倉女》，文句大抵全同。

漢太倉令淳于公有罪當刑。詔獄逮繫長安，淳于公無男，有女五人，當行，罵其女曰："生女不生男，緩急非所益。"其少女緹縈自傷悲泣，隨父至長安，上書曰："妾父為吏，齊中皆稱其廉平，今坐法當刑。妾傷夫死者不可復生，刑者不可復屬，雖欲改過自新，其道無繇也。妾願沒入為官婢，以贖父罪，使得自新。"書奏，天子悲憐其意，下令除肉刑。

（105）卓文君

見於晉・葛洪《西京雜記》卷二，文句全同。

司馬相如初與卓文君還成都，貧居愁懣，以所着鷫鸘裘就市人陽昌貰酒，與文君為懽。既而文君抱頸而泣曰："我平生富足，今乃以衣裘貰酒。"遂相與謀，於成都賣酒。相如親著犢鼻褌滌器，以耻王孫。王孫果以為病，乃厚給文君，文君遂為富人。文君姣好，眉色如望遠山，臉際常若芙蓉，肌膚柔滑如脂，十七而寡，為人放誕風流，故悅長卿之才而越禮焉。長卿素有消渴疾，及還成都，悅文君之色，遂以發痼疾。乃作《美人賦》，欲以自刺，而終不能改，卒以此疾至死。文君為誄，傳於世。

（106）雋不疑母

典出於漢·劉向《列女傳》卷八《雋不疑母》，此處與明·黃尚文《女範編》卷一文句全同。

漢京兆尹雋不疑母，賦性純謹，最慈仁，居家恂恂，善教御諸子姓，舉有方而一，食息言笑間不苟。時漢尚吏治，以故，吏多嚴刻，母謂嚴刻之重，以殘民命也，每隱痛之。不疑為京兆尹，行縣錄囚徒；還，其母輒問所平反，母喜笑。飲食言語異於他時；或無所出，母怒，為之不食。由是故不疑之為吏也，不嚴不殘。所全活者甚衆，人知不疑之治尚寬，而不知其母之善教，有以致之也。

（107）嚴延年母

典出漢·劉向《列女傳》卷八《嚴延年母》，此處與明·黃尚文《女範編》卷一文句大抵全同。

漢東海嚴延年母，生五子，皆有吏材，至二千石，東海號曰"萬石嚴嫗"。延年為河南太守，所在名曰"嚴能"。冬月，傳屬縣囚，論府下，流血數里，河南號曰"屠伯"。其母常從東海來，欲就延年臘。

到洛陽,適見報囚,母大驚,便(上)〔止〕都亭,不肯入府。延年出謁,母閉閤不見。延年免冠,頓首閤下,母乃見之,責數延年,曰:"幸備郡守,專治千里,不聞仁義教化,有以全安愚民,顧乘刑罰,多戮殺人,欲以致威,豈為民父母之意哉?"延年服罪,頓首謝,因為御歸府舍。母畢正臘,謂延年曰:"天道神明,人不可獨殺。我不自意老當見壯子被刑戮也!行矣!去汝東海,掃除墓地耳。"遂去,歸郡,見宗族昆弟,復為言之。後歲餘,為府丞所章,結非名十事,下御史案驗,遂棄延年於市。東海莫不賢智其母。

卷十五

東漢

(108) 明德馬后

原出於漢·劉向《列女傳》卷八《明德馬后》,本傳出於明·黃尚文《女範編》卷一,文句大抵全同。

漢明德馬后,漢明帝后,馬伏波之女也。少伉儻,年十三,選為太子貴人。德冠後宮,遂登后位。

性不喜游觀音樂,疾浮華。衣大練,接妃嬪,如承至尊,防侍御,終未私語。好讀五經等書,輒發其大義,志在克己,不以私家干朝廷,兄為虎賁中郎,弟為黃門侍郎,訖永平世不遷。明帝不豫,召黃門侍郎防奉參醫藥,夙夜勤勞。帝崩後,作起居注,省去防參醫藥事。公卿諸侯上書言宜遵舊典,封舅氏。太后詔止之,諭以外戚橫恣之故,諸王車騎鞍勒,純黑無金銀,公主縞衣直領,置織室蠶室。和諸小王,視養章帝過所生,而章帝亦盡孝云。

(109) 王昭君

王昭君之事迹，原見於漢·班固《漢書》卷九四下《匈奴傳》，本傳所錄，出於明·王圻《稗史彙編》卷二一《人物門時·王昭君》，文句大抵全同。

漢昭君，字嬙，南郡人也。初元帝肸，以良家子選入掖庭。元帝後宮既多，不得常見，乃使畫工毛延壽徃圖形，按圖召幸之。諸宮人皆賂畫工，多者十萬，少者亦不減五萬。獨王嬙不肯，遂不得見。

時呼韓邪來朝，帝敕以宮女五人賜之。王乃請掖庭令求行，呼韓邪臨辭大會，帝召五女以示之。王豐容靚飾，舉止閒雅，善應對，為後宮第一，竦動左右。帝見大驚，意欲留之，而名籍已定，難于失信，故不復更。乃窮按其事，畫工皆棄市，籍其家，資皆巨萬焉。

王與匈奴生二子。及呼韓邪死，閼氏子代立，欲妻之，王上書求歸，成帝敕令從胡俗，遂為後單于閼氏。

(110) 漢班婕妤

出於漢·劉向《列女傳》卷八《班婕妤》，文字稍有刪減，舛誤字不少。

婕妤者，左曹越騎班（沉）〔況〕之女，漢成帝之婕妤也。賢才通辯。始以選入宮為小使，俄而大幸，為婕妤。成帝游於後庭，嘗欲與婕妤同輦。辭曰："觀古圖畫，賢聖之君皆有名臣在側，三代之末王，乃有女嬖。今欲同輦，得無似之乎？"上善其言而止。太后聞而喜，曰："古有樊姬，今有班婕妤。"

每誦《詩》及《窈窕》《德家》《女師》之篇，必三復之。每進見上疏，依古禮。鴻嘉後，成帝稍隆於女寵。趙飛燕姊妹有寵於帝，驕妬，譖訴婕妤，挾邪詛咒。帝考問之，婕妤曰："妾聞：'死生有命，富貴在天。'脩正尚未蒙福，為邪欲以何望？且使鬼神有知，不受不臣之訴；如其無知，訴之無益。故弗為也。"上善其對而憫之，賜黃金百斤。時飛燕忌妬，婕妤恐久見危，求供養皇太后於長信宮。上許焉。婕妤退處東宮，作賦自傷曰："承祖考之遺德兮，荷性命之淑靈；登薄軀於宮闕兮，充下陳於後庭。荷聖恩之渥惠兮，當日月之盛明；揚光烈之翕赫兮，奉隆寵於層城。既過幸於非位兮，竊庶幾乎嘉時；每寤寐而累息兮，申佩離以自思；陳女圖而鏡鑑兮，顧女史而問詩。悲晨婦之作戒兮，哀褒艷之為尤；美皇英之女舜兮，榮妊姒之母周。惟愚陋其靡及兮，敢舍心而忘茲？歷年歲而悼懼兮，閔繁華之不滋。痛陽祿與柘館兮，仍襁褓而離災，豈妾人之殃咎兮，將天命之不可求？白日忽以移光兮，遂奄莫而昧幽，猶被覆載之厚德兮，不廢捐於罪尤。奉供養於東宮兮，託長信之末流，供灑掃於帷幄兮，永終以為期。願歸骨於山足兮，依松柏之餘休。"重（日）〔曰〕："潛玄宮兮幽以清，應門閉兮禁闥扃。華殿空兮玉階塵，中庭萋兮綠草生。廣屋陰兮幨帷（腌）〔晻〕，房櫳虛兮風泠泠。感帷裳兮發紅羅，紛悴憭兮（絥）〔紞〕素聲。神眇眇兮密靜處，君不御兮誰為榮？俯視兮丹墀，思君兮履綦。仰視兮雲屋，雙涕下兮橫流。顧左右兮和顏，酌羽觴兮銷憂。惟人生兮一世，忽爾過兮若浮。已獨響兮高明，處生民兮極休。勉娛情兮極樂，與福祿兮無期。《綠衣》《白華》，自古兮有之。"至成帝崩，婕妤充奉園陵，後薨，葬於園。

(111) 虞潭母

出於唐·房玄齡等《晉書》卷九六《列女傳·虞潭母孫氏》，本傳出於明·黃尚文《女範編》卷一，文句全同。案：虞潭為三國時人，不當列於"東漢"。

虞潭母，孫氏也。潭自幼童，母即訓以忠義，及蘇峻作亂，潭守吳興，假節征峻。孫戒之曰："吾聞忠臣出孝子之門，汝當舍生取義，勿以吾老為累也。"時內史王舒遣子允之為督護，孫又謂潭曰："王府君遣兒征，汝何為獨不？"潭以子楚為督護。後拜武昌侯太夫人，年九十五終。成帝遣使弔祭之，諡曰宣。

（112）漢曹大家

典出南朝宋‧范曄《後漢書》卷八四《列女傳‧曹世叔妻》，本傳出於明‧黃尚文《女範編》卷三，文句大體全同。

曹大家，後漢曹世叔妻班彪之女。博學多才，遭世叔早喪，有節行法度，嘗謂諸女曰："女子之事父母也孝，故終可移於舅姑；事姊妹也義，故順可移於娣姒；居家理，故理可聞於六親。是以古者女子出嫁曰歸。事舅姑，竭力而盡禮，奉娣姒，傾心而罄義。女子之事夫也，纚笄而朝，則有君臣之嚴；沃盥饋食，則有父子之敬；報反而行，則有兄弟之道；受期必誠，則有朋友之信；言行無玷，則有理家之度。"諸凡教語，種種足法，大都類此，漢和帝數召入宮，令皇后及貴人師事之，號曰大家。

（113）孝武李夫人

出於漢‧班固《漢書》卷九七上《外戚列傳》，文句大體全同。案：李夫人為西漢時人，不當列於"東漢"。

李夫人本以娼進。初，夫人兄延年性知音，善歌舞，武帝愛之。每為新聲變曲，聞者莫不感動。延年侍上起舞，歌曰："北方有佳人，絕世而獨立，一顧傾人城，再顧傾人國。寧不知傾城與傾國，佳人難再得！"上歎息曰："善！世豈有此人乎？"平陽主因言延年有女弟，上乃召見之，實妙麗善舞。由是得幸，生一男，是為昌邑哀王。

李夫人少而早卒，上憐憫焉，圖畫其形於甘泉宮。及衛思后廢後四年，武帝崩，大將軍霍光緣上雅意，以李夫人配食，追上尊號曰"孝武皇后"。

初，李夫人病篤，上自臨候之，夫人蒙被謝曰："妾久寢病，形貌毀壞，不可以見帝。願以王及兄弟為託。"上曰："夫人病甚，殆將不起，一見我屬託王及兄弟，豈不快哉？"夫人曰："婦人貌不脩飾，不見君父。妾不敢以燕媠見帝。"上曰："夫人第一見我，將加賜千金，而予兄弟尊官。"夫人曰："尊官在帝，不在一見。"上復言欲必見之，夫人遂轉鄉歔欷而不復言。於是上不悅而起。夫人姊妹讓之曰："貴人獨不可一見上屬託兄弟邪？何為恨上如此？"夫人曰："所以不欲見帝者，乃欲以深託兄弟也。我以容貌之美，得從微賤愛幸於上。夫以色事人者，色衰而愛弛，愛弛則恩絕。上所以拳拳顧念我者，乃以平生容貌也。今見我毀壞，顏色非故，必畏惡吐棄我，意尚肯復追思閔錄其兄弟哉！"及夫人卒，上以后禮葬焉。其後，上以夫人兄李廣利為貳師將軍，封海西侯，延年為協律都尉。

上思念李夫人不已，方士齊人少翁言能致其神。乃夜張燈燭，置帷帳，陳酒肉，而令上居他帳，遙望見好女如李夫人之貌，還幄坐而步。又不得就視，上愈益相思悲感，為作詩曰："是邪，非邪？立而望之，偏何姍姍其來遲！"令樂府諸音家絃歌之。上又自為作賦，以傷悼夫人，其辭曰："美連娟以脩嫭兮，命樔絕而不長，飾新宮以延佇兮，泯不歸乎故鄉。慘鬱鬱其蕪穢兮，處幽隱而懷傷，釋輿馬於山椒兮，奄脩夜之不陽。秋氣憯以淒淚兮，桂枝落而銷亡，神煢煢以遙思兮，精浮游而出疆。托沈陰以壙久兮，惜蕃華之未央，念窮極之不還兮，惟幼眇之相羊。函菱荴以俟風兮，芳襲襲以彌章，的容與以猗靡兮，縹飄姚乎愈莊。燕淫衍而撫楹兮，連流視而娥揚，既感激而心逐兮，包紅顏而弗明。驩接狎以離別兮，宵寤夢之茫茫，忽遷化而不返兮，魂放逸以飛揚。何靈魂之紛紛兮，哀裴回以躊躇，執路日以遠兮，遂荒忽而辭去。超兮西征，屑兮不見。寖淫敞芃,寂兮無音,思若流波,怛兮在心。"

亂曰:"佳俠函光,隕朱榮兮,嫉妬闟茸,將安程兮!方時隆盛,年夭傷兮,弟子增欷,洿沬悵兮。悲愁於邑,喧不可止兮。嚮不虛應,亦云已兮。嫶妍太息,歎稚子兮,懰慄不言,倚所恃兮。仁者不誓,豈約親兮?既徃不來,申以信兮。去彼昭昭,就冥冥兮,既下新宮,不復故庭兮。嗚呼哀哉,想魂靈兮!"

其後李延年弟季坐姦亂後宮,廣利降匈奴,家族滅矣。

(114) 王霸妻

出於南朝宋·范曄《後漢書》卷八四《列女傳·王霸妻》,稍有增刪。

漢王霸少立高節,其妻亦美志行。初,霸與令狐子伯為友,後子伯為楚相,其子為郡功曹。子伯令子奉書於霸,車馬服從,雍雍如也。霸子方耕於野,聞賓至,投耒而歸,見令狐子,沮怍不能仰視。霸目之,有愧容,客去而久臥不起。妻曰:"君少脩清節,不顧榮祿。今子伯之貴孰與君之高?柰何忘夙志而慚兒女子乎!"霸起而笑曰:"有是哉!"

夫出見芬華靡麗而悅,賢者不免,霸之妻乃卓有定見,蓋丈夫不及矣。

(115) 禮宗

出於南朝宋·范曄《後漢書》卷八四《列女傳·皇甫規妻》,頗有刪節。

禮宗者,漢安定皇甫規妻也,不知何氏女。規初喪室家,後更娶之。及規卒,時年猶盛,而容色美。董卓為相國,聘以輜軿百乘,馬二十疋，奴婢錢帛充路。氏乃輕服詣卓門，跪自陳請，辭甚酸愴。卓使傳奴侍者悉拔刀圍之，而謂曰："孤之威教，欲四海風靡，何有不行於一媼人乎！"氏知不免，乃立罵卓。卓乃引車庭中，以其頭懸軶，鞭朴交下。氏謂持杖者曰："何不重乎？速盡為惠。"遂死車下。後人圖畫，號曰"禮宗"。

（116）伏皇后

節自東晉·王嘉《拾遺記》卷六《後漢》，文句大體全同。

獻帝伏皇后，聰惠仁明，有聞於内則。及乘輿為李傕所敗，晝夜逃走，宮人奔竄，萬無一生。至河，無舟楫，后乃負帝以濟河，河流迅急，惟覺脚下如有乘踐，則神物之助焉。兵戈逼岸，后乃以身擁遏於帝。帝傷趾，后以繡綏拭血，刮玉釵以覆於瘡，應手即愈。以淚湔帝衣及面，潔淨如浣。車人嘆服："雖亂，猶有明智媼人。精誠之至，幽祇之所感矣。"

（117）樂羊子妻

典出南朝宋·范曄《後漢書》卷八四《列女傳·樂羊子妻》，本傳出於明·黄尚文《女範編》卷四，文句大抵全同。

後漢樂羊子，路得遺金，其妻却之。及遠尋師學，半年來歸，妻問其故。樂羊子曰："久出懷思，無他異也。"妻乃引刀趨機而言，曰："此織生自蠶絲，成於機杼，一絲而累，以至於寸，累寸不已，遂成丈匹。今吾斷斯機也，則枉用前功，徒稽時日。今夫子積學，當日知其所亡，以就懿德。若中道廢業，何異斷斯機乎？"羊子感悟妻言，復還終業，五年不返，學成名就。

後有盜欲犯其妻，先執其（母）〔姑〕。妻操刀而出。盜曰："汝從我可全姑命,不從,則殺之。"妻仰天長嘆,自刎而死。盜感,釋其姑。太守聞而禮葬之。

西晉

(118) 晉梁緯妻

典出於唐·房玄齡等《晉書》,原文出於明·黃尚文《女範編》卷四,文句幾全同。

晉梁緯妻辛氏,有美色,漢劉曜陷涇陽,緯自殺,曜見辛氏,將欲妻之,辛氏大哭,曰:"妾夫已死,義不獨生,且一婦人而事二夫,明公又安用之?"曜曰:"貞女也。"亦聽其自殺,以禮合葬之。

(119) 陶侃母

出於唐·房玄齡等《晉書》卷九六《列女傳·陶侃母湛氏》,原文出明·黃尚文《女範編》卷一,文句全同。

陶侃母湛氏,豫章新淦人也,陶氏貧賤,湛氏紡績資給。侃少為潯陽縣吏,嘗監魚梁,以鮓鮨遺母,母封鮨及書,責曰:"爾為縣吏,以官物遺我,非惟不能益吾,乃以增吾憂矣。"

鄱陽范逵寓宿於侃,湛氏徹所卧新薦,自剉給其馬,又密截髮,賣供殽饌,逵聞之歎息,曰:"非此母不生此子。"侃竟以功名顯。

東晉

(120) 韋母宋氏

出於唐·房玄齡等《晉書》卷九六《列女傳·韋逞母宋氏》,本傳出於明·黃尚文《女範編》卷三，文句幾全同。

韋逞母宋氏，不知何郡人也，家世以儒學稱。宋氏幼喪母，其父躬養之。及長，授以《周官音義》，謂之曰："吾家世學《周官》，傳業相繼，此又周公所制，經紀典誥，百官品物，備於此矣。吾今無男可傳，汝可受之，令勿絕世。"

屬天下喪亂，宋氏諷誦不輟。其後為石季龍徙之於山東。宋氏與夫在徙中，推鹿車，背負父所授書，到冀州，依膠東富人程安壽，壽養護之。逞時年小，宋氏晝則樵採，夜則教逞，然紡績無廢。壽每歎曰："學家多士大夫，得無是乎！"逞遂學成名立，仕（符）〔苻〕堅為太常。堅嘗幸其太學，問博士經典，乃慨禮樂遺闕。時博士盧壺對曰："廢學既久，書傳零落，比年綴撰，正經粗集，唯《周官》禮注，未有其師。竊見太常韋逞母宋氏，世學家女，傳其父業，得《周官音義》，今年八十，視聽無闕，自非此母，無以傳授後生。"於是就宋氏家立講堂，置生員百二十人，隔絳紗幔而受業，號宋氏為"宣文君"，賜侍婢妾十人。《周官》學復行於世，時稱逞母宋氏焉。

後魏

（121）魏溥妻

出於北齊·魏收《魏書》卷九二《列女傳·魏溥妻房氏》，本傳出於明·黃尚文《女範編》卷三，文句全同。

魏溥妻房氏，幼有烈操。年十六而溥遇疾，且卒，顧謂之曰："死不足恨，但母老家貧，赤子蒙眇，抱怨於黃壚耳！"房垂泣對曰："幸承先人餘訓，出事君子，義在偕老，有志不從，命也。今夫人在堂，弱子襁褓，顧當以身少相感，永深長往之恨。"俄而溥卒。及將大斂，房氏操刀割左耳，投之棺中，仍曰："鬼神有知，相期泉壤。"流血滂然,助喪者哀懼。姑劉氏輟哭,謂曰:"新婦何至於此?"對曰:"新婦少年,不幸早寡,實慮父母,未量至情,特此自誓耳。"聞者莫不感愴。

於是時,子緝生未十旬,鞠育於後房內,未嘗出門。終身不聽絲竹,不預坐席。緝年十二,房父母仍存,於是歸寧,父母尚有議。緝聞之,以啟其母。房命駕,紿云他行,因而遂歸。行數十里,方覺,兄弟追之,房哀嘆而不反。其執意如此。訓導其子,善誘嚴明。年六十五而終。緝子悅後為濟陰太守。

(122) 朝雲

原文節錄於北魏·楊炫之《洛陽伽藍記》卷四《洛陽城西伽藍記》開善寺至追光寺段,字稍有刪削、改定。

後魏王侯、外戚、公主,擅山海之富,居山林之饒。爭脩園宅,各相誇競。崇門豐室,阿戶連房,飛館生風,重樓起霧。高臺芳榭,家家而築;花林曲池,園園而有。莫不桃李夏綠,竹栢冬青。而河間王琛最為豪首。常與高陽爭衡,造文栢堂,如徽音殿。置玉井金罐,以五色絹為繩。伎女三百人,盡皆國色。有婢朝雲,善吹箎,能為團扇歌、隴上聲。琛為秦州刺史,諸羌外叛,屢討之不降。琛令朝雲假為貧嫗,吹箎而乞。諸羌聞之,悉皆流涕。迭相謂曰:"何為棄墳井,在山谷為寇也?"即相率歸降。秦民語曰:"快馬健兒,不如老嫗吹箎。"

琛為秦州無政績,遣使向西域求名馬,遠至波斯國。得千里馬,號曰"追風赤"。其次有七百里者十餘匹,皆有名字。以銀為槽,金為環鏁,諸王服其豪富。琛常語人曰:"晉室石崇,乃是庶姓,猶能雉頭狐腋,畫卵雕薪,況我大魏天王,不為華侈?"造迎風館于後園,窗戶之上,列錢青瑣,玉鳳銜鈴,金龍吐旆。素柰朱李,枝條入簷,伎女樓上,坐而摘食。琛嘗會宗室,陳諸寶器,金瓶銀瓮百餘口，甌擎盤合，稱是餘酒。器有水晶鉢、瑪瑙琉璃碗、赤玉卮數十枚。工作奇妙，中土所無，皆從西來。又陳女樂及諸名馬。復引諸王案行府庫，錦罽珠璣，冰羅霧縠，充積其內。琛謂章武王融曰："不恨我不見石崇，恨石崇不見我。"融立性貪暴，志欲無限，見之惋歎，不覺生疾，還家臥三日不起。

及爾朱氏亂後，王侯第宅，多題為寺。壽丘閭里，列剎相望，祇洹欝起，寶塔高臨。四月八日，京師士女多至河間寺。觀其堂廡綺麗，無不歎息。以為蓬萊仙室，亦不是過也。

(123) 魏芒慈母

原出於漢‧劉向《列女傳》卷一《母儀傳》，本傳出於明‧黃尚文《女範編》卷一，文句大體全同。此為戰國時魏事，不當列於"後魏"。

魏芒卯之後妻孟楊氏，有三子。前妻之子五人，皆不愛慈母。遇之甚異，猶不愛。慈母乃令其三子，不得與前妻子齊，衣服飲食、起居進退甚相遠，前妻之子猶不愛。於是前妻中子犯魏王令當死，慈母憂戚悲哀，帶圍減尺，朝夕勤苦，以救其罪。人有謂慈母曰："子不愛母至甚也，何為勤勞憂懼如此？"慈母曰："如妾親子，雖不愛妾，猶救其禍而除其罪，況於假子而不為，何以異於無母！其父為其孤也，而使妾為其繼母。繼母為人母而不能愛其子，可謂慈乎？親其親而偏其假，可謂義乎？不慈不義，何以立於世？彼雖不愛，妾安可忘義乎？"遂說。魏王聞之，高其情，乃赦其子，復其家。自此五子親附慈母，雍雍若一。慈母以禮義率導八子，咸為魏大夫卿士，各成於禮義。

北朝魏

（卷首目次無，然見於內文。）

（124）曹文叔妻

原文出於明·黃尚文《女範編》卷三，文句幾全同。

魏曹文叔妻，名令女，因夫死，年少無子，恐家必嫁，乃斷髮截耳為信。及曹氏盡死，父母強迎歸。諷之嫁。令女復割其鼻，或謂曰："人生在世，如輕塵棲弱草耳，何乃自苦？"令女曰："仁者不以盛衰改節，義者不以存亡易心。禽獸之行，吾豈為之？"

卷十六

南北朝

（125）魯秋胡妻

原見於漢·劉向《列女傳》卷五《節義傳·魯秋潔婦》，本傳出於明·黃尚文《女範編》卷三，文句全同。案：此為戰國時魯國事，不當列於"南北朝"。

周魯秋胡，娶妻五日，徃仕於陳，五年始歸。將至家，見一婦人採桑於路旁，貌甚美，秋胡子悅之。下車，謂曰："若曝採桑，吾行道遠，願託桑蔭下餐，下齎休焉。"婦人採桑不輟，秋胡子謂曰："力田不如逢豐年，採桑不如見貴郎。我有黃金，願以與夫人。"婦人曰："嘻！夫採桑力作，紡績織紝，以供衣食，奉二親，養夫子，吾不願金，所願卿無外意，妾亦無淫泆之志。收子之齎與笥金。"

秋胡子遂去，至家，奉金與母。母命呼妻出，乃桑間媍也。秋胡子慙，媍曰："子束髮辭親，徃仕五年，乃還。當急歸省，尚爾戲媍桑間，是見色棄金而忘其母，大不孝也。任君別娶。"遂投河赴水而死。詩曰："郎恩葉薄妾冰清，郎有黃金妾不應，若使偶然通一語，半生誰信守孤燈。"

(126) 樂昌公主

見於唐·孟棨《本事詩》卷一《情感》。

陳太子舍人徐德言之妻，後主叔寶之妹，封樂昌公主，才色冠絕。時陳政方亂，德言知不相保，謂其妻曰："以君之才容，國亡必入權豪之家，斯永絕矣。儻情緣未斷，猶冀相見，宜有以信之。"乃破一照，人執其半，約曰："他日必以正月望日賣於都市，我當在，即以是日訪之。"

及陳亡，其妻果入越公楊素之家，寵嬖殊厚。德言流離辛苦，僅能至京，遂以正月望日訪於都市。有蒼頭賣半照者，大高其價，皆笑之。德言直引至其居，設食，具言其故，出半照以合之，仍題詩曰："照與人俱去，照歸人不歸。無復嫦娥影，空留明月輝。"陳氏得詩，涕泣不食。素知之，愴然改容，即召德言，還其妻，仍厚遺之。聞者無不感歎。仍與德言、陳氏偕飲，令陳氏為詩，曰："今日何遷次，新官對舊官。笑啼俱不敢，方驗作人難。"遂與德言歸江南，（兑）〔竟〕以終老。

(127) 冼夫人

典出唐·李延壽《北史》卷九一《譙國夫人冼氏》，本文出於明·黃尚文《女範編》卷三，文句全同。

夫人南越冼氏女，梁大同初，適高梁太守馮寶，寶藉其力，用能約束諸蠻夷。會高、廣二州叛，夫人將兵平之。陳永定初，勅命爲石龍太夫人，賜繡幰鹵簿如刺史儀。後陳亡，嶺南諸郡悉附夫人。隋高祖因遣使遺夫人書，且以故所獻陳主犀杖爲信，夫人乃爲位哭陳主，三日而後，遣其孫暄迎隋師嶺南。於是傳檄定。後番禺反，夫人授其孫盎方略，破之。高祖嘉其績，拜兩孫俱刺史，追贈寶爲譙國公，而進冼爲譙國夫人。開幕府，賜物累數千。尋又以招諭諸夷功，賜湯沐邑千五百戶，卒諡誠敬。至今高涼人廟祀之。

(128) 紅拂

原見於《虬髯傳》，現見於宋·李昉等《太平廣記》卷一九三《豪俠一·虬髯客》，文句略有出入。

隋煬帝之幸江都，命司空楊素守西京。素驕貴，又以時亂，天下之權重望著者，莫我若也。奢貴自奉，禮異人臣。每公卿入言，賓客上謁，未常不踞床而見，令美人捧出，侍婢羅列，頗僭於上。末年益甚，無復知所負荷，有扶危持顛之心。

一日，衛公李靖以布衣上謁，獻奇策。素亦踞見。公前揖曰：「天下方亂，英雄競起，公爲帝室重臣，須以收羅豪傑爲心，不宜踞見賓客。」素斂容而起，謝公，與語，大悅，收其策而退。當公之騁辯也，一妓有殊色，執紅拂，立於前，獨目公。公既去，而執拂者臨軒指吏曰：「問去者處士第幾？住何處？」公具以對，妓誦而去。

公歸逆旅，其夜五更初，忽聞叩門而聲低者，公起問焉，乃紫衣戴帽人，杖一囊。公問：「誰？」曰：「妾楊家之紅拂妓也。」公遽延入，脫衣去帽，乃十八九佳麗人也。素面畫衣而拜。公驚，答拜。曰：「妾侍楊司空久，閱天下之人多矣，無如公者。絲蘿雖細，唯願托喬木，故來奔耳。」公曰：「楊司空權重京師，如何？」曰：「彼尸居餘氣，不足畏也。諸妓知其無成，去者甚眾矣。彼亦不甚逐也。計之詳矣，幸無疑焉。"問其姓，曰："張。"問伯仲之次，曰："最長。"觀其肌膚儀狀，言辭氣語，真天人也。公不自意獲之，愈喜愈懼，瞬息萬慮不安，而窺戶者無停履。數日，亦聞追討之聲，意亦非峻，乃雄服乘馬，排闥而去。

將歸太原，行次靈石旅舍。既設床，爐中烹肉且熟，張氏以髮長委地，立梳床前；公方刷馬。忽有一人，中形，赤髯如虬，乘蹇驢而來，投（草）〔革〕囊於爐前，取枕欹臥，看張〔氏〕梳頭。公怒甚，未決，猶觀刷馬。張熟視其面，一手映身搖示公令勿怒。急急梳頭畢，斂袵前問其姓。臥客答曰："姓張。"對曰："妾亦姓張，合是妹。"遽拜之，問第幾？曰："第三。"因問妹第幾？曰："最長。"遂喜曰："今多幸，逢一妹。"張氏遙呼李郎且來見三兄。公驟拜之。遂環坐。曰："煮者何肉？"曰："羊肉，計已熟矣。"客曰："饑。"公出市胡餅，抽腰間匕首，切肉共食。食竟，餘肉亂切送驢前食之，甚速。客曰："觀李郎之行，貧士也，何以致斯異人？"曰："靖雖貧，亦有心者焉。他人見問，故不言。兄之問，則不隱耳。"具言其由，曰："然則將何之？"曰："將避地太原。"曰："然，故非君所致也。"曰："有酒乎？"曰："主人西則酒肆也。"公取酒一斗。既巡，客曰："吾有少下酒物，李郎能同之乎？"曰："不敢。"於是開革囊，取出一人首并心肝。却頭囊中，以匕首切心肝共食之。曰："此人乃天下負心者也，銜之十年，今始獲之，吾憾釋矣。"又曰："觀李郎儀容器宇，真丈夫也，抑知太原有異人乎？"靖曰："嘗見一人，愚謂之真人，其餘將相而已。""其人何姓？"曰："靖之同姓。""年幾何？"曰："年僅二十。""今何為？"曰："州將之子。"曰："似矣，亦須見之，李郎能致我見否？"曰："靖之友劉文靜者與之狎，因文靜見之，可也。兄欲何為？"曰："望氣者言太原有奇氣，吾將訪之。李郎何日到太原？"靖計之："某日當到。"曰："達之日，方曙，我於汾陽橋待耳。"言訖，乘驢而去，其行若飛，回顧已遠。靖與張氏且驚且喜。久之，曰："烈士不欺人，固無傷也，但速鞭而行。"

及期，入太原，候之相見，大喜，同詣劉氏。詐謂文靜曰："有善相者思見郎君。"文靜方與客議論匡輔，一旦聞客有知人者，其心喜之，遂致酒延焉。既而太宗至，不衫不履，神采揚揚，貌與常異。虬髯默居坐末，見之心死。飲數巡，起招靖曰："真天子也。"靖以告劉，劉益喜自負。既出，虬髯曰："吾見之，十得八九；亦須道兄決之。李郎宜與一妹復入京，某日午時，訪我于馬行東酒樓下，下有此驢及一瘦驢，卽我與道兄俱在其所也。"靖到，果見二乘，攬衣登樓，卽虬髯與一道士方對飲。見靖驚喜，召坐，環飲十數巡。曰："樓下櫃中有錢十萬，擇一深隱處，駐一妹，畢，某日復會我於汾陽橋。"如期至橋，道士、虬髯已先在矣。同訪文靜。時方弈棋，揖起而語。少焉。文靜飛書召文皇看棊。道士對文靜弈。虬髯與靖傍立而視。俄而文皇來，長揖就坐，神清氣朗，滿坐風生，顧盼偉如也。道士一見慘然，歛棋子，曰："此局全輸矣，於此失却局哉，救無路矣！"罷弈請去。既出，謂虬髯曰："此世界非公世界也，他方可勉圖之，勿以為念。"因共入京。虬髯路語靖曰："計李郎之程，某日方到。到之明日，可與一妹同詣某坊小宅。為李郎往復相從，一妹懸然如磬，欲令新娘衹謁從容，無令前却。"言畢，吁嗟而去。靖亦馳馬速征。

俄卽到京，與張氏同往，至一小版門，扣之，有應者出拜，曰："三郎令候李郎、一娘子久矣。"延入重門，門益壯麗，奴婢三十餘人，羅列於前，青衣二十人，引靖入東廳。廳之陳設，窮極珍異，巾箱粧奩、冠鏡首飾之盛，非人間之物。巾櫛粧飾畢，備請更衣，衣又珍奇。甫畢，傳云："三郎來。"乃虬髯也，紗帽紫衫，趨走有龍虎之狀。相見懽然，命妻出拜，亦天人也。遂延中堂，陳設盤筵之盛，雖王公亦不侔也。四人對坐，陳饌，次出女樂二十人，旅奏於庭，似從天降，非人間之曲度。食畢行酒，有蒼頭自西堂昇出二十床，各覆以錦帕。既列，盡去其帕，乃文簿匙鑰之類。虬髯舉杯告靖，曰："此皆珍寶貨帛之數，吾之所有，悉以充贈。何者？某本欲於此世界求事，或當龍戰二三年，建少功業。今既有主，住亦何為。太原李氏真英主也，三五年內，卽當太平。李郎以英特之材，輔清平之主，竭心盡力，必極人臣。一妹以天人之姿，蘊不世之藝，從夫之貴，榮極軒裳。非一妹不能識李郎，非李郎不能遇一妹。聖賢起陸之漸，際會如期，虎嘯風生，龍騰雲合，固非偶然也。將予之贈，以佐真主，施功立業。勉之勉之！此後十餘年，東南數千里外有異事，是吾得意之秋也。一妹與李郎可瀝酒相賀。"復回命家童列拜，曰："李郎、一妹是汝主也，可善事之。"言訖，與其妻戎服乘馬，一奴從後，數步遂不復見。

靖據其宅，遂為豪家，得以助文皇締構之資，遂匡大業。貞觀中，公以左僕射平章事。適南蠻奏曰："有海船千艘，甲兵數十萬人，入扶（蘇）〔餘〕國，殺其主自立，國已定矣。"靖知虬髯成功也，歸告張氏，共瀝酒向東南，拜而賀之。

乃知真人之興，（由）〔非〕英雄所冀，況非英雄者乎？人臣之謬思亂者，乃螳臂之拒走輪耳。我皇家垂福萬葉，豈虛然哉？或曰："衛公之兵法，半是虬髯所傳也。"

唐

（129）綠珠

見於宋·樂史《綠珠傳》，文句略有出入。案：綠珠為西晉人，不當列於"唐"。

綠珠者，姓梁，白州博白縣人也。州則南昌郡，古越地。秦象郡，漢合浦縣地。唐武德初，削平蕭銑，於此置南州，尋改為白州，取白江為名。州境有博白山、博白江、盤龍洞、房山、雙角山、大荒山。山上有池，池中有婢妾魚。綠珠生雙角山下，美而艷。越俗以珠為上寶，生女為珠娘，生男為珠兒。綠珠之字，由此而稱。

晉石崇為交趾採訪使，以真珠三斛致之。崇有別廬在河南金谷澗。澗中有金水，自太白源來。崇卽川阜製園館。綠珠能吹笛，又善舞《明君》，明君者，漢妃也。漢元帝時，匈奴單于入朝，詔王嬙配之，卽昭君也。及將去，入辭，光彩射人，天子悔焉，重難改更，漢人憐其遠嫁，為作此歌。崇以此曲教之，而自製新歌曰："我本良家子，將適單于庭。辭別未及終，前驅已抗旌。僕御涕流離，轅馬悲且鳴。哀鬱傷五內，涕泣霑珠纓。行行日已遠，遂造匈奴城。延我於穹廬，加我閼氏名。殊類非所安，雖貴非所榮。父子見凌辱，對之慚且驚。殺身良不易，默默以苟生。苟生亦何賴，積思常憤盈。願假飛鳥翼，棄之以遐征。飛鴻不我顧，佇立以屏營。昔為匣中玉，今為糞土塵。朝華不足歡，甘與秋草屏。傳語後世人，遠嫁難為情。"

崇又製《懊惱曲》以贈綠珠。崇之婢美艷者千餘人，擇數十人，粧餙一等，使忽視之，不相分別。刻玉為蛟龍佩，縈金為鳳凰釵，結袖繞楹而舞。欲有所召者，不呼姓名，唯聽佩聲，視釵色。佩聲輕者居前，釵色艷者居後，以為行次而進。

趙王倫亂常，賊類孫秀使人求綠珠。崇方登凉，觀臨清水，婇人侍側。使者以告，崇出侍婢數百人以示之，皆蘊蘭麝而披羅縠。曰："（在）〔任〕所擇。"使者曰："君侯服御，麗則麗矣。然命指索綠珠，不知孰是？"崇勃然曰："吾所愛，不可得也。"秀因是譖倫，族之。收兵忽至，崇謂綠珠曰："我今為爾獲罪。"綠珠泣曰："願效死於君前。"崇止之，遽墜樓而死。崇棄東市。時人名其樓曰"綠珠樓"。樓在步廣里，近狄泉。在王城之東。綠珠有弟子宋褘，有國色。善吹笛。後入晉明帝宮中。

今白州有一派水，自雙角山出，（谷）〔合〕容州江，呼為綠珠江。亦猶歸州有昭君灘，吳有西施谷、脂粉塘，蓋取美人出處為名。又有綠珠井，在雙角山下。耆老傳云："汲此井〔飲〕者，誕女必多美麗。閭里有識者，以美色無益於時，因以巨石鎮之。迨後雖有產女端妍者，而七竅四肢多不完具。"異哉！山水之使然。昭君村生女皆炙破其面，故白居易詩曰："不效佳者戒，恐貽來者冤。至今村女面，燒灼成瘢痕。"又與不完具者同焉。牛僧儒《周秦行記》云："夜宿薄太后廟，見戚夫人、王嬙、太真妃、潘淑妃，各賦詩言志。別有善笛女子，短鬟，衫具帶，貌甚美，與潘氏偕來。太后以接坐，居之，令吹笛，徃徃亦及酒。太后顧而謂曰：'識此否？石家綠珠也。'潘妃養作妹。太后曰：'綠珠豈能無詩乎？'綠珠相謝，作曰：'此日人非昔日人，笛聲空怨趙王倫。紅殘鈿碎花樓下，金谷千年更不春。'太后曰：'牛秀才遠來，今日誰人與伴？'綠珠曰：'石衛尉性嚴忌。今有死，不可及亂。'"然事雖詭怪，聊以解頤。

噫！石崇之殺，雖自綠珠（殆）〔始〕，亦其來有漸矣。崇嘗刺荊州，劫奪遠使，沉殺商客，以致巨富。又遺王愷鴆鳥，共為鴆毒之事。有此陰謀，加以每邀燕集，令美人行酒，客飲不盡者，使黃門斬美人。王丞相與大將軍嘗共訪崇，丞相數不能飲，輒自勉強，至于沉醉。至大將軍，故不飲以觀其氣色，已斬三人。君子曰："禍福無門，惟人所召。"崇心不義，舉動殺人，烏得無報也。非綠珠無以速石崇之誅，非石崇無以顯綠珠之名。

綠珠之墜樓，侍兒之有貞節者也。比之於古，則有田六出。六出者，王進賢侍兒也。進賢，晉愍太子妃。洛陽亂，石勒掠進賢渡孟津，欲妻之。進賢罵曰："我皇太子娘，司徒公女。胡羌小子，敢干我乎？"言畢投河。六出曰："大既有之，小亦宜然。"復投河中。又有窈娘者，武周時喬知之寵婢也。盛有姿色，特善歌舞。知之教讀書，善屬文，深所愛幸。時武承嗣驕貴，內宴酒酣，迫知之將金玉賭窈娘。知之不勝，便使人就家強載以歸。知之怨悔，作《綠珠篇》以敘其怨。辭曰："石家金谷重新聲，明珠十斛買娉婷。此日可憐無復比，此時可愛得人情。君家閨閣未曾難，嘗持歌舞使人看。富貴雄豪非分理，驕矜勢力橫相干。辭君去君終不忍，徒勞掩面傷紅粉。百年離別在高樓，一旦紅顏為君盡。"

知之私為承嗣家閹奴傳詩於窈娘。窈娘得詩悲泣，投井而死。承嗣令汲於井，衣中得詩，鞭殺閹奴。諷吏羅織知之，以至殺焉。悲夫，二子以愛姬示人，掇喪身之禍。所謂倒持太阿，授人以柄。《易》曰："慢藏誨盜，冶容誨淫。"其此之謂乎。

其後詩人題歌舞妓者，皆以綠珠為名。庾肩吾曰："蘭堂上客至，綺席清弦撫。自作《明君辭》，還為綠珠舞。"李元忠云："絳樹搖歌扇，金谷舞筵開。羅袖拂歸客，留歡醉玉杯。"江惣云："綠珠銜淚舞，孫秀強相邀。"

綠珠之沒已數百年矣，詩人尚詠之不已，其故何哉？蓋一婢子，不知書而能感主恩，憤不顧身，其志凜冽，誠足使後人仰慕歌詠也。至有享厚祿，盜高位，亡仁義之行，懷反覆之情，暮四朝三，唯利是視，節操反不若一娘人，豈不媿哉！今為此傳，非徒實美麗，塞禍源，且欲懲戒辜恩背義之類也。

季倫死後十日，趙〔王〕倫敗。左衛將軍趙泉斬孫秀於中書，軍士趙駿剖秀心食之。倫囚金墉城，賜金屑酒。倫慙，以巾覆面，曰："孫秀誤我也！"飲金屑而卒。皆夷家族。南陽生曰："此乃假天之報怨。不然，何梟夷之立見乎！"

（130）唐文德后

見於宋·司馬光《資治通鑒》卷一九四《唐紀十》，本文出於明·黃尚文《女範編》卷一。

唐太宗立長孫氏為后，后性孝儉，素好讀書，商確獻替，裨益弘多。太宗嘗與計議黜陟賞罰，后辭曰："牝雞司晨，惟家之索。妾媼人安敢與聞國政？"終不肯對。太宗或以非罪譴怒宮人，后亦陽怒，請自推鞫，因命內繫，俟上怒息，徐為申理。由是宮壼之中，刑無濫枉。

房玄齡以譴歸第，后知其賢，時疾篤，與太宗訣，且曰："玄齡事陛下小心愼密，奇謀秘計，未嘗宣洩。苟無大故，願勿棄之。仍願陛下親君子，遠小人，納忠諫，屏讒慝，省徭役，止遊畋。妾雖沒於九泉，誠無所恨。"其薦拔忠諫，悉多類此。嘗采自古婦人得失事爲《女則》三十卷，太宗嘗出以示群臣，而稱其書足以範百世。及崩後，太宗哭之慟，或有以天命止之者，太宗曰："朕非不知天命，而爲無益之悲，但入宮不復聞規諫之言，失一良佐，故不能忘懷爾。"

（131）徐充容

見宋·歐陽修等《新唐書》卷七九《后妃上·徐賢妃》，本文出於明·黃尚文《女範編》卷三，文句全同。

徐充容者，湖州人，名惠，徐孝德之女，唐太宗之充容也。生五月能言，四歲通《論語》《毛詩》，八歲曉屬文。父試使擬《離騷》爲《小山篇》，曰："仰幽巖而流盼，撫桂枝以凝想，將千齡兮此遇，荃何爲兮獨往。"孝德大驚，知不可掩。太宗聞之，召爲才人，後屢遷充容。手未嘗廢卷，而辭采贍蔚，文無淹思。帝甚禮之。時帝有事四夷，而土木之工亦起，充容上書諫息兵、罷役，文甚豐典。後帝崩，充容哀慕成疾，不進藥，曰："上遇我厚，得先犬馬侍寢，固吾志也。"復爲詩連珠，以示己志，竟以疾卒，贈賢妃。

（132）盧氏

見於唐·李濬《松窗雜錄》，原文出《太平廣記》卷二七一《婦人二·盧氏》，文句幾全同。

狄仁傑之為相也，有盧氏堂姨居于橋南別墅。姨止有一子，而未嘗來都城親戚家。仁傑每伏臘晦朔，脩（理）〔禮〕甚謹。常經雪後休假，仁傑因候盧姨安否，適表弟挾弓矢、携雉兔而來歸，進膳於母。顧揖仁傑，意甚輕簡。仁傑因啟於姨，曰："某今為相，表弟有何樂從，願悉力從其旨。"姨曰："相自貴爾，姨止有一子，不欲令其事女主。"仁傑大慙而退。

(133) 車中女子

原見於《原化記》，現見於《太平廣記》卷一九三《豪俠一·車中女子》，唯文字頗有不同。

唐開元中，吳郡士人入京應明經。至京，閑步曲房，逢二少年，著大麻布衫，揖士人而過，色甚恭，然非舊識，士人謂誤識也。

後數日，又逢二人，謂曰："公道此境，未得主矣，今日方欲奉迓，邂逅相遇，實獲我心。"揖請便行，士人雖甚疑怪，然強隨之。抵數坊，于東市一小曲內，有臨路店數間，相與直入，舍宇極整。二人引士升堂，列筵甚盛。二人與客據繩床對坐。更有數少年，禮亦謹，數數出門，若伺貴客。及午後，方云"至矣"。聞一車直門來，數少年擁後，直至當筵，乃一鈿車。捲簾，見一女子從車中出，年可十七八，容色甚佳。梳滿髻，衣紈素。二人羅拜，女不答；士人拜之，女乃拜。遂揖客入宴，升牀，當席而坐，諸少年皆列坐兩旁，陳以品味，饌至精潔。酒數巡，女子捧盃，問曰："久聞君有妙技，今煩二君奉屈，喜得展見，可肯賜觀乎？"士人遜謝，曰："自幼惟習儒經，絃管歌聲實未曾學。"女曰："所習非是也。君熟思之，先所能者何事？"客又沉思良久，曰："某為學堂中，著靴於壁上行，得數步。"女曰："然矣，請君試之。"士乃起行於壁上，不數步而下。女曰："亦大難事。"乃回顧坐中諸少年，各令呈技，俱起設拜。然後有行於壁上者，有手攝椽子行者，輕捷之戲，各呈數般，狀如飛鳥。此人拱手驚懼，不知所措。少頃，女子起辭。士人出，驚恍不安。

又數日，途中復見二人，曰："欲假駿騎，可乎？"士人許之。至明日，聞宮苑中失物，掩捕其賊，唯收得馬，是將馱物者。驗問馬主,遂收士人。入内勘問,驅入小門。吏自後推之,倒落深坑,仰望屋頂,唯見一孔。自旦至食時,忽繩垂一器食下。因餒甚,急取食之。食畢,繩乃引去。深夜,悲惋之極。忽見一物如鳥飛下,覺至身,乃人也。以手撫士,曰:"計甚驚怕,然某在無慮也。"聽其聲,則向女子也,云:"若君出矣。"以絹重縛士人胸膊訖,以絹頭繫女身,聳然飛出宮城,去門數十里乃下。云:"君且歸江淮,求仕之計,望伺他日。"士人幸脫大獄,乞食而歸,後竟不敢求名西上矣。

卷十七

唐

(134) 李娃

原見於唐·陳翰《異聞集》,現見於《太平廣記》卷四八四《雜傳記一·李娃傳》。

汧國夫人李娃,長安之娼女也。節行瓌奇,有足稱歎。故監察御史白行簡為傳述。

天寶中,有常州刺史滎陽公者,略其名氏,不書,時望甚崇,家徒甚殷。知命之年,有一子,始弱冠,儁朗有詞藻,迥然不群,深為時輩推服。其父愛而器之,曰:"此吾家千里駒也。"應鄉試秀才舉,將行,乃盛其服玩車馬之飾,計其京師薪儲之費。謂之曰:"吾觀爾之才,當一戰而霸。今備二載之用,且豐爾之給,將為其志也。"生亦自負,視一第如指掌。

自毗陵發,月餘抵長安,居於布政里。嘗游東市還,自平康東門入,將訪友於西南。至鳴珂曲,見一宅,門庭不甚廣,而室宇嚴邃,闔一扉。有娃方憑一雙鬟青衣而立,妖姿驕妙,絕代未有。生忽見之,不覺停驂久之,徘徊不能去。乃詐墜鞭於地,候其從者,

（勒）〔敕〕取之，累眄於娃，娃廻眸凝睇，情甚相慕，竟不敢措辭而去。生自爾意若有失，乃密徵其友游長安之熟者以訊之。友曰："此狎邪女李氏宅也。"曰："娃可求乎？"對曰："李氏頗瞻，前與之通者，多貴戚豪族，所得甚廣，非累百萬，不能動其志也。"生曰："苟患其不諧，雖百萬，何惜！"

他日，乃潔其衣服，盛賓從而往。扣其門，俄有侍兒啟扃。生曰："此誰之第耶？"侍兒不答，馳走大呼，曰："前時遺策郎也。"娃大悅，曰："爾姑止之，吾當整粧易服而出。"生聞之，私喜。乃引至蕭墻間，見一姥垂白上僂，卽娃母也。生跪拜前致詞，曰："聞茲地有隙院，願稅以居，信乎？"姥曰："懼其淺陋湫隘，不足以辱長者所處，安敢言直耶？"延生於迎賓之館，館宇甚麗。與生偶坐，因曰："某有女嬌小，伎藝薄劣，欣見賓客，願將見之。"乃命娃出，明眸皓腕，舉步豔異。生遂驚起，莫敢仰視。與之拜迎，敘寒燠，觸類妍媚，目所未睹。復坐，烹茶斟酒，器用甚潔。久之日暮，鼓聲四動。姥訪其居遠近，鼓已發矣。生紿之曰："在延平門外數里。"冀其遠而見留也。姥曰："當速歸，無犯禁。"生曰："幸接歡笑，不知日之云夕。道里遼闊，城內又無親戚，將若之何？"娃曰："不見責僻陋，方將居之，宿何害焉。"生數目姥，姥曰："唯唯。"生乃召其家童，持雙縑請，以備一宵之饌。娃笑而止之，曰："賓（生）〔主〕之儀，且不然也。今夕之費，願以貧窶之家，隨其疏糲以進之。其餘以俟他辰。"固辭，終不許。俄徙坐于西堂，帷幙簾榻，煥然奪目；粧奩衾枕，亦皆侈麗。乃張燭進饌，品味甚盛。徹饌，姥起。生娃談話方切美，談諧調笑，無所不至。生曰："前偶過其門，遇卿適在屏門。厥後心常勤念，雖寢與食，未嘗或捨。"娃曰："我心亦如之。"生曰："今之來，非直求居而已，願償平生之志。但未知命也若何？"言未終，姥至，訪其故，具以告。姥笑曰："男女之際，大慾存焉。情苟相得，雖父母之命，不能止也。女子固陋，曷足以薦君子之枕席！"生遽下階，拜而謝焉，曰："願以己為廝養。"姥遂目之為郎，飲酣而散。及旦，盡徙其囊橐,因家於李之第。

自是生屏跡戢身,不復與親知相聞,日會其娼優儕類,嬉戲遊宴。囊中盡空,乃鬻駿乘及其家童。歲餘,資財僕馬蕩盡。邇來姥意漸怠,妓情彌篤。

他日,娃謂生曰:"與郎相知一年,無孕嗣。常聞竹林神者,報應如響,將致薦酹求之,可乎?"生不之悟,大喜。乃質衣於肆,以備牢醴,與娃同謁祠宇而禱祝焉,信宿而返。策驢而後至里北門,娃謂生曰:"此東轉小曲中,某之姨宅也,將憩而覯之,可乎?"生如其言,前行不踰百步,果見一車門。窺其際,甚弘敞。其青衣自車後止之,曰:"至矣。"生下,適有一人出,訪曰:"誰也?"曰:"李娃也。"乃入告。俄有一嫗至,年可四十餘,與之將迎,曰:"吾甥來否?"娃下車,嫗逆訪之,曰:"何久疎絕?"相視而笑。娃引生拜之,既見,遂偕入西戟門偏院。中有山亭,竹樹葱菁,池榭幽絕。生謂娃曰:"此姨之私第耶?"笑而不答,以他語對。俄獻茶菓,甚珍奇。食頃,有一人鞚大宛汗馬,流馳至,曰:"姥遇暴疾頗甚,殆不識人,宜速歸。"娃謂姨曰:"方寸亂矣,某騎而前去,當令返乘,便與郎偕來。"生擬隨之,其姨與侍兒偶語,一手揮之,令生止於戶外,曰:"姥且歿矣,當與某議喪事,以濟其急,奈何遽相隨而去?"乃止,共計其凶儀齋祭之用。日晚,乘不至。姨言曰:"無復命,何也?郎馳往覘之,某當繼至。"生遽往,至舊宅,門扃鑰甚密,以泥緘之。生大駭,詰其鄰人。鄰人曰:"李本稅此而居,約已周矣。第主自收,姥徙居,而且再宿矣。"徵徙何處,曰:"不詳其所。"生將馳赴宣陽,以詰其姨,日已晚矣,計程不能達。乃弛其裝服,質饌而食,賃榻而寢,生恚怒方甚,自昏通旦,目不交睫。

質明,乃策蹇而去。既至,連扣其扉,(金)〔食〕頃無人應。生大呼數四,有宦者徐出。生遽訪之:"姨氏在乎?"曰:"無之。"生曰:"昨暮至此,何故匿之?"訪其誰第之宅,曰:"此崔尚書宅。昨者有一人稅此院,云逢中表之遠至者,未暮去矣。"生惶惑發狂,罔知所措,因返訪布政舊邸。邸主哀而進膳。生怨懟,絕食三日,遘瘍甚篤,旬餘愈甚。邸主懼其不起,徙之於凶肆中。綿綴移時,闔肆之人,共傷歎而互飼之。後稍愈,杖而能起。繇是凶肆多日假之,令執繐帷,獲其直以自給。累月,漸復壯,每聽其哀歌,自歎不及,逝者輒嗚咽流涕,不能自止。歸則效之。生聰敏者也,無何,曲盡其妙,雖長安無有倫比。

初,二肆之傭凶器者,互爭勝負。其東肆車輿皆奇麗,殆不敵。唯哀挽劣焉。其東肆長知生絕妙,廼醵錢二萬索顧焉。其黨者舊,共較其所能者,陰教生新聲,而相讚和。累旬,人莫知之。其二肆長相謂曰:"我欲各閱所傭之器於天門街,以〔較〕優劣。其不勝者,罰直五萬,以備酒饌之用,可乎?"二肆許諾,乃要立符契,署以保證,然後閱之。士女大和會,聚至數萬。於是里胥告於賊曹,賊曹聞於京尹。四方之士,盡赴趨焉,巷無居人。自旦閱之,及亭午,歷抵輿輦威儀之具,西肆皆不勝,師有慙色。乃置層榻於南隅,有長鬚者,擁鐸而進,翊衛數人,於是奮髯揚眉,扼腕頓顙而登,乃歌《(自)〔白〕馬》之詞。恃其夙勝,顧盼左右,傍若無人。齊聲讚揚之,自以為獨步一時,不可得而屈(地)〔也〕。有頃,東肆長於北隅上設連榻,有烏巾少年,左右五六人,秉翣而至,卽生也。整其衣服,俯仰甚徐,申喉發調,容若不勝。乃歌《薤露》之章,舉聲清越,響振林木。曲度未終,聞者欷歔掩泣。西肆長為眾所誚,益慙恥,密置所輸之直於前,乃潛遁焉。四座愕眙,莫之測也。

先是,天子方下詔,俾外方之牧,歲一至闕下,謂之入計。時也,適遇生之父在京師,與同列者易服章,竊往觀焉。有老豎,卽生乳母壻也,見生之舉措辭氣,將認之而未敢,乃泫然流涕。生父驚而詰之,因告曰:"歌者之貌,酷似郎之亡子。"父曰:"吾子以多財為盜所害,奚至是耶?"言訖,亦泣。及歸,豎間馳往,察於同黨,曰:"向歌者誰,若斯之妙歟?"皆曰:"某氏之子。"徵其名,且易之矣,豎憮然大驚。徐往,迫而察之。生見豎,色動迴翔,將匿於眾中。豎遂持其袂，曰："豈非某乎？"相持而泣，遂載以歸。至其室，父責曰："志行若此，污辱吾門，何施面目，復相見也？"迺徒行出，至曲江西杏園東，去其衣服。以馬棰鞭之數百。生不勝其苦而斃，父棄之而歸。其師命相狎暱者，陰隨之，歸告同黨，共加傷歎。令二人齎葦席瘞焉。至則心下微溫，舉之良久，氣稍通。因共荷而歸，以葦筒灌勺飲，經宿乃活。月餘，手足不能自舉，其楚撻之處皆潰爛，穢甚。同輩患之，一夕棄於道，周行者咸傷之，徃徃投其餘食，得以充腸。十旬，方策杖而起。被布裘，裘有百結，繿縷如懸鶉。持一破甌，巡於閭里，以乞食為事。自秋徂冬，夜入於糞壤窟室，晝則周游鄽肆。

一旦，大雪，生為凍餒所驅。冒雪而出，乞食之聲甚苦，聞見者莫不悽惻。時雪方甚，人家外戶多不發。至安邑東門，循里垣，北轉第七八，有一門獨啟左扉，即娃之第也。生不知之，偶連聲疾呼："饑凍之甚。"音響悽切，所不忍聽。娃自閤中聞之，謂侍兒曰："此必生也，我辨其音矣。"連步而出。見生枯瘠疥癘，殆非人狀。娃意感焉，乃謂曰："豈非某郎耶？"生憤懣絕倒，口不能言，頷頤而已。娃前抱其頸，以繡襦擁而歸於西廂。失聲長慟，曰："令子一朝及此，我之罪也。"蘇而復絕。姥大駭奔至，曰："何也？"娃曰："某郎。"姥遽曰："當逐之，奈何容至此。"娃斂容却涕，曰："不然，此良家子也，當昔驅高車，持金裝，至某之室，不逾朞而蕩盡。且互設詭計，捨而逐之，殆非人行。令其失志，不得齒於人倫。父子之道，天性也。使其情絕，殺而棄之，又困躓若此。天下之人，盡知為某也。生親戚滿朝，一旦當權者熟察其本末，禍將及矣。況欺天負人，鬼神不祐，徒自遺其殃耳。某為姥子，迨今有二十歲矣。計其貲，不啻直千金。今姥年六十餘，願計二十年衣食之用以贖身，當與此子別卜所詣。所詣非遙，晨昏得以溫凊，某願足矣。"姥度其志不可奪也，因許之。給姥之餘，有百金。離北隅四五家，稅一隙院。乃與生沐浴，易其衣服，為湯粥通其腸，次以（蘇）〔酥〕乳潤其臟。旬餘，方薦水陸之饌。頭巾履襪,皆取珍異者衣之。未數月,肌膚稍腴。卒歲,平愈如初。

異時,娃謂生曰:"體已康矣,志已壯矣。淵思寂慮,默想曩昔之藝業,可溫習乎?"生思之,曰:"十得二三耳。"娃命車出游,生騎(從而)〔而從〕。至旗亭南偏門鬻墳典之肆,令生揀而市之,計費百金,盡載以歸。因令生斥棄百慮以志學,俾夜作晝,孜孜矻矻。娃常偶坐,宵分乃寐。伺其疲倦,卽諭之綴詩賦。二歲而業大就,海內文籍,莫不該覽。生謂娃曰:"可策名試藝矣。"娃曰:"未也,且令精熟,以俟百戰。"更一年,曰:"可行矣。"於是遂上一登甲科,聲振禮闈。雖前輩見其文,罔不斂衽喜躍,願友之而不得。娃曰:"未也。今秀士苟得一科、擢一第,則自謂可以取中朝之顯職,擅天下之美名。子行穢跡鄙,不侔於他士。當(襲)〔礱〕淬利器,以求再捷,方可以連衡多士,爭霸群英。"生繇是益自勤苦,聲價彌甚。其年遇大比,詔徵四方之儁。生應直言極諫策科,名第一,授成都府參軍。三事以降,皆其友也。將之官,娃謂生曰:"今之復子本軀,妾亦不相負也。願以殘年,歸養老姥。君當結媛鼎族,以奉蒸嘗。中外婚媾,毋自(黶)〔黷〕也。勉思自愛,某從此去矣。"生泣曰:"子若棄我,當自剄以就死。"娃固辭不從,生勤請彌懇。娃曰:"送子涉江,至于劍門,當令我廻。"生許諾。月餘,至劍門。未及發而除書至,生父由常州詔入,拜成都尹,兼劍南採訪使。浹辰,父到。生因投刺,謁於郵亭。父不敢認,見其祖父官諱,方大驚,命登階,撫背慟哭移時。曰:"吾與爾父子如初。"因詰其由,具陳其本末。大奇之,詰娃安在。曰:"送兒至此,當令復還。"父曰:"不可。"翌日,命駕與生先之成都,留娃於劍門,築別館以處之。明日,命媒氏通二姓之好,備六禮以迎之,遂如秦晉之偶。

娃既備禮,歲時伏臘,媂道甚脩,治家嚴整,極為親所眷尚。後數歲,生父母偕歿,與娃持孝甚至。有靈芝產於倚廬,一(歲)〔穗〕三秀,本道上聞。又有白燕數十,巢其層甍。天子異之,寵錫加等。

終制，累遷清顯之任。十年間，至數郡。娃封汧國夫人，有四子，皆為大官，其卑者猶為太原尹。弟兄婚媾皆甲門，內外隆盛，莫之與京。

嗟乎！娼蕩之姬，節行如此，雖古先烈女，不能踰也。焉得不為之嘆息哉！余伯祖嘗牧晉州，轉戶部，為水陸運使，三任皆與生為代，故諳詳其事。貞元中，余與隴西李公佐，話婦人烈操之品格，因遂述汧國之事。公佐撫掌嘆聽，命余為傳。乃握管濡翰，疏而存之。時乙亥歲秋八月，太原白行簡云。

（135）章臺柳

唐·許堯佐撰，現見於宋·李昉等《太平廣記》卷四八五《雜傳記二·柳氏傳》。

天寶中，昌黎韓翃有詩名，性頗落托，羈滯貧甚。有李生者，與翃友善。家累千金，負氣愛才。其幸姬曰柳氏，豔絕一時，喜談謔，善謳詠。李生居之別第，與翃為宴歌之地，而館翃於其側。翃素知名，其所問候，皆當時之彥。柳氏自門窺之，謂其侍者曰："韓夫子豈長貧賤者乎？"遂通意焉。李生素重翃，無所悋惜，後知其意，乃具膳請翃飲。酒酣，李生曰："柳夫人容色非常，韓秀才文章特異，欲以柳薦枕於韓君，可乎？"翃驚慄避席，曰："蒙君之恩，解衣輟食久之，豈宜奪所愛乎？"李堅請之，柳氏知其意誠，乃再拜，引衣接席。李生坐於客位，引滿極歡。李生又以資三十萬，佐翃之費。翃愛柳氏之色，柳氏慕翃之才，兩情皆獲，喜可知也。

明年，禮部侍郎楊渡擢翃上第。屏居閒歲，柳氏謂翃曰："榮名及親，昔人所尚，豈宜以濯泥之賤，稽採蘭之美乎？且物器資用，足以伺君之來也。"翃於是省家於清池。歲餘，乏食，鬻粧具以自給。天寶末，盜覆二京，士民奔駭。柳氏以豔獨異，且懼不免，乃剪髮毀形，寄跡法靈寺。

是時，矦希逸自平盧節度淄青，(紫)〔素〕藉翃名，請為書記。洎宣皇帝以神武返正，翃乃遣使間行，求柳氏。以練囊盛麩金而題之曰："章臺柳，章臺柳，昔日青青今在否？縱使長條似舊垂，亦應攀折他人手。"柳氏捧金嗚咽，左右悽憫。答之曰："楊柳枝，芳菲節，所恨年年贈離別。一葉隨風忽報秋，縱使君來豈堪折。"無何，有番將沙吒利者，初立功，竊知柳氏之色，劫以歸第，寵之專房。及希逸除左僕射入覲，翃得從行，至京師，已失柳氏所止，懸想不已。偶於龍首岡，見蒼頭以駁牛駕輜軿，從兩女奴。翃偶隨之，自車中問曰："得非韓員外乎？某乃柳氏也。"使女奴竊言失身沙吒利。阻同車者，請詰旦幸相待於道政里門。及期而徃，以輕素結玉合，實以香膏，自車中投之，曰："當遂永訣，願寘誠念。"乃廻車，以手揮之，輕袖搖搖，香車轔轔，目斷意迷，失於驚塵。翃大不勝情。會淄青諸將合樂酒樓，使人請翃，翃彊應之，然意色皆喪，音韻悽咽。有虞候許俊者，以材力自負，撫劍言曰："必有故，願一效用。"翃不得已，具以告之。俊曰："請足下數字，當立致之。"乃衣縵胡，佩雙鞬，從一騎，徑造沙吒利之第。候其出行里餘，(力)〔乃〕被衽執轡，犯關排閨，急趍而呼，曰："將軍中惡，使召夫人。"僕侍辟易，無敢仰視。遂升堂，出翃札示柳氏，挾之跨鞍馬。迸塵斷〔鞅〕，倏忽乃至，引裾而前，曰："幸不辱命。"四座驚嘆。柳氏與翃，執手涕泣，相與罷酒。

是時沙吒利恩寵殊等，翃、俊懼禍，乃請希逸，大驚曰："吾平生所難事，俊乃能爾乎？"遂獻狀曰："檢校尚書金部員外郎兼御史韓翃久列參佐，累彰勳效。頃從鄉賦。有妾柳氏阻絕兇寇，依正名尼。今文明撫運，遐邇率化。將軍沙吒利兇恣撓法，憑恃微功，驅有志之妾，干無為之政。臣部將兼御史中丞許俊，族本幽、薊，雄心勇決，却奪柳氏，歸於韓翃。義切中抱，雖昭感激之誠；事不先聞，固乏訓齊之令。"尋有詔："柳氏宜還韓翃，許俊欽賜錢二百萬。"柳氏歸翃。翃後累遷至中書舍人。然即柳氏志防閑而不克者也，俊慕感激而不達者也。向使柳氏以色選，則當熊辭輦之誠可繼；許俊以才舉，則曹柯澠池之功可建。夫事由跡彰，功待事立。惜鬱堙不偶，義勇徒激，皆不入於正。斯豈變之正乎？蓋所遇然也。

（136）紅線

原見於《甘澤謠》，現見於《太平廣記》卷一九五《豪俠三‧紅線》。

唐潞州節度使薛嵩家青衣紅線者，善彈絲弦，又通經史。嵩召俾掌表箋，號曰"內記室"。時軍中大宴，紅線謂嵩曰："羯鼓之聲，甚悲切，其擊者必有事也。"嵩素曉音律，曰："如汝所言。"乃召而問焉，云："某妻昨夜身亡，不敢求假。"嵩卽遣歸。

是時，至德之後，兩河未寧，以塗陽為鎮，命嵩固守，控壓山東。殺傷之餘，軍府草創。朝廷命嵩女嫁魏博節度使田承嗣男，又遣嵩男娶滑臺節度使胡章女。三鎮交締為嬋姻，使蓋相接。田承嗣常患肺氣，遇暑益增。每曰："我若移鎮山東，納其涼冷，可以延數年之命。"乃募軍中勇武十倍者，得三千人，號"外宅男"，而厚其廩給。常令三百人夜直宅中，卜良日，欲併潞州。嵩聞之，日夕憂悶，咄咄自語，計無所出。時夜漏方深，轅門已閉，策杖庭除，惟紅線從焉。紅線曰："主公一月不遑寢食，意有所屬，豈非鄰境乎？"嵩曰："事繫安危，非汝能料。"紅線曰："某誠賤品，亦能解主公之憂。"嵩以其言異，乃曰："我不知汝是異人，誠暗昧也。"遂告其事，曰："我承祖父遺業，受國厚恩，一旦失其疆土，則數百年功勛盡矣。"紅線曰："此易與耳，不足勞主公憂。某暫到魏境，觀其形勢，覘其有無。今一更登途，二更可復命。請先定一走馬使，具寒暄書。其他則待其却回也。"嵩曰："倘事或不濟，反禍之速，又如之何？"紅線曰："某之此行，無不濟也。"

乃入閨房，飾其行具。梳烏蠻髻，插金鳳釵，衣紫繡短袍，着青絲輕履，膂前挂龍紋匕首，額上書太乙神名。再拜而行，倏忽不見。嵩乃返身閉戶，背燭危坐。時常飲酒，不過數盃。是夕舉觴，十餘不醉。忽聞曉角迎風，一葉墜露。驚而起問，紅線回矣。嵩喜而慰勞，詢事諧否？紅線曰："幸不辱命。"又問曰："無殺傷否？"曰："不至是，但取床頭金合為信耳。"又曰："某子夜前三刻，卽達魏城，凡歷數門，遂及寢所。聞外宅兒止於旁廊，睡聲雷動。見中軍士卒，步於庭下，傳叫風生。乃發其左扉，抵其寢帳。田親家翁止於帳內，鼓趺酣眠，頭枕文犀，枕前露七星劍，劍前仰開一金合，內書生身甲子，與北斗神名。復以名香美（味）〔珠〕，壓鎮其上。彼則揚威玉帳，坦其心，豁其腹，遂熟寢蘭堂，不覺命懸於手下。寧勞擒縱，只益傷嗟。時則蠟炬烟微，爐香燼委，侍人四布，兵仗森羅。或頭觸屏風，鼾而覺者；或手持巾拂，寢而伸者。某乃拔其簪珥，褰其裳衣，如病如醒，皆不能寤。遂持金合以歸。出魏城西門，將行二百里，見銅臺高揭，漳水東流，晨鐘動野，斜月在林。忿往喜還，頓忘於行役。感知酬德，聊副於咨謀。夜漏三時，往返七百里，入危邦一，道經五六城，冀減主憂，敢言勞苦。"

嵩乃發使入魏，遺承嗣書曰："昨來暮夜有客，自魏中來云：'從元帥床頭獲一金合。'不敢留駐，謹却封納。"專使星馳，夜半方達。正見搜捕金合，一軍憂疑。使者以馬檛摙門，非時請見。承嗣遽出，使者以金合授之。捧承之時，驚怛絕倒。遂留使者，止於宅中，狎以私宴，多其賜賚。明日，遣使齎帛三萬疋、名馬二百疋及珍異等，以獻於嵩，曰："某之首領，繫在恩私便宜，知過自新，不復更貽伊戚。專膺指使，敢議親姻。循當捧（皷）〔轂〕後車，來在塵鞭馬前，所置紀綱外宅兒者，本防他盜，亦非異圖。今並脫其甲裳，放歸田畝矣。"由是兩月之內，河北、河南信使交至。

忽一日，紅線辭去。嵩曰："汝生我家，今將焉往？又方賴汝，豈可議行。"紅線曰："某生前本男子，遊學江湖間，讀神農藥書，而救世人災患。時里有婦孕，又患蠱症，某誤以芫花酒下之，娘與腹中二子俱斃。是某一舉而殺三人，陰力見誅，謫為女子，使身居賤隸，氣稟凡俚。幸生於公家，今十九年。身厭綺羅，口窮甘軟。寵待有加，榮亦甚矣。況國家未治，尚自安居，此卽違天，理當盡弭。昨至魏邦，以是報恩。今兩地保其城池，萬人全其性命，使亂臣知懼，列士謀安，在某一孀人，功亦不少，固可贖其前罪，遂其本形。便當遁跡塵中，棲心物外，澄清一氣，生死長存。"嵩曰："不然，以千金為居山之所。"紅線曰："事關來世，安可預謀。"嵩知不可留，乃廣為餞別，悉集賓僚，夜宴中堂。嵩以歌送紅線酒，請座客吟朝陽為詞。詞曰："採菱歌怨木蘭舟，送客魂消百尺樓。還是洛妃乘霧去，碧天無際水空流。"歌竟，嵩不勝其悲，紅線拜且泣。因偽醉離席，遂亡所在。

（137）紅綃

原見於《傳奇》，現見於《太平廣記》卷一九四《豪俠二·崑崙奴》。

唐大曆中，有崔生者，其父為顯僚，與蓋天之勳臣一品者善。生是時為千牛，其父使往省一品疾。生少年，容貌如玉，性稟孤介，舉止安詳，發言清雅。一品命妓，是時為生入室。生拜傳父命，一品忻然暴愛，命坐與語。時三妓人艷皆絕代，居前，以金甌貯緋桃而擘之，沃以甘酪而進。一品遂命衣紅綃妓者，擎一甌與生食。生少年靦妓輩，終不食。一品命紅綃妓以匙而進之，生不得已而食。妓哂之。遂告辭而去。一品曰："郎君閒暇，必須一相訪，無間老夫也。"命紅綃送出院。時生回顧，妓立三指，又反掌者三，然後指胸前小鏡子，云："記取。"餘更無言。生歸，達一品（竟）〔意〕。返學院，神迷意奪，語減容沮，怳然凝思，日不暇食，但吟詩曰："誤到蓬山頂上遊，明璫玉女動星眸。朱扉半掩深宮月，應照瓊芝雪艷愁。"左右莫能究其意。

時家中有崑崙磨勒，顧瞻郎君，曰："心中有何事，如此抱恨不已？何不報老奴。"生曰："汝輩何知，而問我襟懷間事。"磨勒曰："但言，當為郎君釋解，遠近必能成之。"生駭其言異，遂具告知。磨勒曰："此小事耳，何不早言之，而自苦耶？"生又白其隱語，勒曰："有何難會，立三指者，一品宅中有十院歌姬，此乃第三院耳；反掌三者，數十五指，以應十五日之數；胸前小鏡子，十五夜月圓如鏡，令郎君來耳。"生大喜不自勝，謂勒曰："何計而能達我鬱結耶？"磨勒笑曰："後夜乃十五夜，請深青絹兩疋，為郎君製束身之衣。一品宅有猛犬，守歌姬院門外，常人不得輒入，入必噬殺之。其警如神，其猛如虎，即曹孟海州之犬也。世間非老奴不能斃此犬耳。今夕當為郎君摑殺之。"遂宴犒以酒肉。至三更，攜鍊椎而徃。食頃而回，曰："犬已斃訖，固無障塞耳。"

　　是夜三更，與生衣青衣，遂負而逾十重垣，乃入歌妓院內，止第三門。綉戶不扃，金釭微明，惟聞妓長歎而坐，若有所伺。翠環初墜，紅臉纔舒，幽恨方深，殊愁轉結。但吟詩曰："深谷鶯啼恨院香，偷來花生解珠璫。碧雲飄斷音書絕，空倚玉簫愁鳳凰。"侍衛皆寢，鄰近闃然。生遂掀簾而入。姬默然良久，躍下榻，執生手曰："知郎君穎悟，必能默識，所以手語耳。又不知郎君有何神術而至此？"生具告磨勒之謀，負荷而至。姬曰："磨勒何在？"曰："簾外耳。"遂召入，以金甌酌酒而飲之。姬白生曰："某家本居朔方。主人擁旄，逼為姬，僕不能自死，尚且偷生。臉雖鉛華，心頗鬱結。縱玉筯舉饌，金鑪泛漿，雲屏而每近綺羅，綉被而常眠珠翠；皆非所願，如在桎梏。賢爪牙既有神術，何妨為脫狴牢。所願既伸，雖死不悔。請為僕隸，願待光容，又不知郎君高意如何？"生愀然不語。磨勒曰："娘子既堅確如是，此亦小事耳。"姬甚喜。磨勒請先為姬負其囊橐粧奩，如此三復焉。然後曰："恐遲明。"遂負生與姬，而飛出峻垣十餘重。一品家之守禦，無有驚者，遂歸學院匿之。

　　及旦，一品家方覺。又見犬已斃，一品大駭，曰："我家門垣，從來邃密，扃鐍甚嚴，勢似飛蹻，寂無形跡，此必是一大俠矣。無更聲聞，徒為患禍耳。"姬隱崔生家二歲，因花時，駕小車而遊曲江，為一品家人潛誌認，遂白一品。一品異之，召崔生而詰之。生懼而不敢隱，遂細言端由，皆因奴磨勒負荷而去。一品曰："是姬大罪過，但郎君驅使踰年，即不能問是非，某須為天下人除害。命甲士五十人，嚴持兵仗圍崔生院，使擒磨勒。磨勒遂持匕首，飛出高垣，瞥若翅翎，疾同鷹隼。攢矢如雨，莫能中之。頃刻之間，莫知所向。然崔家大驚愕。後一品悔懼，每夕，多以家童持劍戟自衛，如此周歲方止。十餘年，崔家有人，見磨勒賣藥於洛陽市，容髮如舊耳。

(138) 潘炎妻

見於唐·張固《幽閒鼓吹》，文句略有出入。

潘炎侍郎，德宗時為翰林學士，恩渥極異，妻劉晏女。有京尹謁見，不得，賂閽者〔三〕百縑。夫人知之，謂潘曰："豈爲人臣而京尹，願一謁見，遺奴三百縑？其危可知也。"遽勸潘公避位。

（于）〔子〕孟陽初為戶部侍郎，夫人憂惕，謂曰："以爾人材，而在丞郎之位，吾懼禍之必至也！"戶部解諭再三，乃曰："不然，試會爾同列，吾觀之。"因遍招深熟者客至，夫人垂簾視之。既罷會，喜曰："皆爾儔也，不足憂矣。"問末座慘綠少年何人，曰："補闕杜黃裳。"夫人曰："此人全別，必是有名卿相。"

(139) 竇氏

見於唐·杜牧《樊川文集》卷六《竇列女傳》，唯文後論評，僅取其權、智、烈一段。

竇氏，小字桂娘。父良，建中初為汴州戶曹掾。桂娘美顏色，讀書甚有文。李希烈破汴州,使甲士至良門,取桂娘以去。將出門,顧其父曰:"慎無戚,必能滅賊,使大人取富貴於天子。"桂娘既以才色在希烈側,復能巧曲取信,凡希烈之密,雖妻子不知者,悉皆得聞。希烈歸蔡州,桂娘謂希烈曰:"忠而勇,一軍莫如陳先奇。其妻竇氏,先奇寵且信之,願得相往來,以姊妹叙齒,因徐說之,使堅先奇之心。"希烈然之,桂娘因以姊事先奇妻。嘗諫曰:"為賊兇殘不道,遲晚必敗,姊宜早圖遺種之地。"先奇妻然之。

興元元年四月,希烈暴死,其子不發喪,欲盡誅老將校,以卑少者代之。計未決,有獻含桃者,桂娘白希烈子,請分先奇妻,且示無事於外。因為蠟帛書,曰:"前日已死,殯在後堂,欲誅大臣,須自為計。"以朱染帛丸,如含桃。先奇發丸見之,言於薛育,育曰:"兩日希烈稱疾,但怪樂曲雜發,晝夜不絕,此乃有謀未定,不暇於外,事審矣。"明日,先奇、薛育各率所部兵譟於牙門,請見希烈,希烈子迫出,拜曰:"願去偽號,一如李納。"先奇曰:"爾父悖逆,天子有命。"因斬希烈及妻子,函首以獻,暴屍於市。後兩月,吳少誠殺先奇,知桂娘謀,因亦殺之。

夫能得希烈,權也;姊先奇妻,智也;終能滅賊,不顧其私,烈也。

卷十八

唐

(140) 楊氏

事見於李翱《李文公集》卷十二《楊烈婦傳》,原文出於明·陸楫《古今說海》卷一一五,略其末段評語。

唐建中四年,李希烈陷汴州,復遣兵數千人抵項城縣,蓋將掠人玉帛妻女。

縣令李侃,不知所為。其妻楊氏曰:"君,縣令也,寇至當死;力不足死焉,職也。君如逃,則誰守?"侃曰:"兵與財俱無,將若何?"楊氏曰:"若不守縣,吾民為賊所得矣。今倉廩皆積也,府庫皆財也,百姓皆戰士也,重賞罰以令士,其必濟!"於是召吏胥、百姓於庭,楊氏曰:"縣令,民主也,然歲滿則罷去,非若吏人、百姓,墳墓斯存,願相與至死以守,忍失其身而為賊之人耶?"眾皆泣,許之。

乃誓曰:"以瓦石中賊者,與之千錢;刀矢兵兩之物中賊者,與之萬錢。"得數百人,侃率之以登城。楊氏親饌以食之;無少長,必周而均。使侃與賊言曰:"項城父老,義不從賊,皆悉力以守。賊得吾城,不足以威,不如亟去,徒失利而無益也。"賊衆皆笑。忽流矢誤中侃手,侃傷而歸。楊氏曰;"君不在,則誰固守,與其死於城戰,不猶愈於家乎?"侃裏傷,復率其徒將趣城。而一人有以弱弓射中其帥,墮馬死,卽希烈壻也。賊勢沮,遂相與散去,項城之人竟得保全。刺史上侃之功,超陞緖州太守。

(141) 無雙

唐·薛調撰,收入《太平廣記》卷四八六《雜傳記三·無雙傳》,文句幾全同。

唐王仙客者,建中中朝臣劉震之甥也。初,仙客父亡,與母同歸外氏。震有女曰無雙,小仙客數歲,皆幼稚,戲弄相狎。震之妻常戲呼仙客為王郎子,如是者凡數歲,而震奉孀姊及撫仙客尤至。

一日,王氏姊疾,且重,召震約曰:"我一子之念可知也,恨不見婚日。無雙端麗慧聰,我深念之,異日無令歸他族,我以仙客為託。爾誠許我,瞑目無所恨也。"震曰:"姊宜安靜自頤養,無以他事自撓。"其姊竟不痊。仙客護喪,歸葬襄鄧。服闋,思念身世,孤子如此,宜求婚娶,以廣後嗣。無雙長成矣,我舅氏豈以位尊官顯而廢舊約邪?

於是儷裝抵京師。時震為尚書租庸使,門館赫奕,冠蓋填塞。仙客既覲,致於學舍,弟子為伍。舅甥之分,依然如故,但寂然不聞選取之議。又於窗隙間窺見無雙,姿質明艷,若神仙中人,仙客發狂,唯恐姻親之事不諧矣。遂鬻囊橐,得錢數百萬,舅氏舅母左右給使,達于廝養,皆厚遺之。又因復設酒饌,中門之內,皆得入之矣。諸表同處,悉敬事之。遇舅母生日,市新奇以獻,雕鏤屏玉,以為首餙。舅母大喜。又旬日,仙客遣老嫗,以求親之事,聞於舅母。舅母曰:"是我所願也,卽當議其事。"又數夕,有青衣告仙客曰:"娘子適以親情事言於阿郎,阿郎云向前亦未許之模樣云云,恐是參差也。"仙客聞之,心氣俱喪,遲旦不寐,恐舅氏之見棄也,然奉事不敢懈怠。

一日,震趨朝,至日初出,忽然走馬入宅,汗流氣促。惟言:"鎖却大門,鎖却大門。"一家惶駭,不測其由。良久乃言:"涇原兵士反,姚令言領兵入舍元殿,天子出苑北門,百官奔赴行在。我以妻女為念,略歸部署。"疾召仙客:"與我勾當家事,我嫁與爾無雙。"仙客聞命,驚喜拜謝。乃裝金銀羅錦二十馱,謂仙客曰:"汝易衣服,押領此物,出開遠門,覓一深隙店安下;我與汝舅母及無雙,出啟夏門,遶城續至。"仙客依所教,至日落,城外店中待久不至。城門自午後扃鎖,南望目斷。遂乘驄,秉燭遶城,至啟夏門,門亦鏁。守門者不一,持白棓,或坐或立。仙客下馬徐問,曰:"城中有何事如此?"又問:"今日有何人出此?"門者曰:"朱太尉已作天子。午後有一人重戴,領娘人四五輩,欲出此門。街中人皆識,云是租庸使劉尚書。門司不敢放出。近夜追騎至,一時驅向北去矣。"仙客失聲慟哭,却歸店。三更向盡,城門忽開,見火炬如晝,兵士皆持兵挺刃,傳呼斬斫使出城,搜城外朝官。仙客捨輜騎驚走,歸襄陽,村居三年。

後知克復,京闕重經,海內無事,乃入京,訪舅氏消息。至新昌南街，立馬彷徨之際，忽有一人馬前拜。熟視之，乃舊使蒼頭塞鴻也。鴻本主家生，其舅常使得力，遂留之。握手垂涕，仙客謂鴻曰："阿舅、阿母安否？"鴻云："並在興化宅。"仙客喜極，云："我便過街去。"鴻云："某已得從良，客戶有一小宅子，販繒為業。今日已夜，郎君且就客戶一宿，來早同去未晚。"遂引至所居，飲饌甚備。至昏黑，乃聞報曰："尚書受偽命官，與夫人皆處極刑，無雙已入掖庭矣。"仙客哀冤號絕，感動鄰里。謂鴻曰："四海至廣，舉目無親戚，未知托身之所。"又問曰："舊家人誰在？"鴻曰："惟無雙所使婢採蘋者，今在金吾將軍王遂中宅。"仙客曰："無雙固無見期，得見採蘋，死亦足矣。"由是乃刺謁，以從姪禮見遂中，具道本末，願納厚價，以贖採蘋。"遂中深見相知，感其事而許之。

仙客稅屋，與鴻、蘋居。塞鴻每言："郎君年漸長，合求官職，悒悒不樂，何以遣時？"仙客感其言，以情懇告遂中。遂中薦見仙客於京兆尹李齊運，齊運以仙客前御為富平縣尹，知長樂驛。累月，忽報有中使押領內家三十人詣園陵，以備灑掃，宿長樂驛。氈車子十乘下訖。仙客謂塞鴻曰："我聞宮嬪選在掖庭，多是衣冠女子，我恐無雙在焉，汝為我一窺，可乎？"鴻曰："宮嬪數千，豈便及無雙？"仙客曰："汝但去，人事亦未可定。"因令塞鴻為假驛吏，烹茗於簾外，仍給錢三千。約曰："堅守茗具，無暫捨去，忽有所覩，即疾報來。"塞鴻唯唯而去。宮人悉在簾下，不可得見之，但夜語喧譁而已。至夜深，群動皆息，塞鴻滌器燸火，不敢輒寐，忽聞簾下語曰："塞鴻塞鴻，汝爭得知我在此也？郎健否？"言訖嗚咽。塞鴻曰："郎君見知此驛，今日疑娘子在此，令塞鴻問候。"又曰："我不久語，明日我去後，汝於東北舍閣子中紫褥下，取書送郎君。"言訖便去。忽聞簾下極鬧，云："內家中惡，中使索湯藥甚急。"乃無雙也。塞鴻疾告仙客，仙客驚曰："我何得一見？"塞鴻曰："今方脩渭橋，郎君可假作理橋官，車子過橋時，近車子立，無雙若認得，必開簾子，當得瞥見耳。"仙客如其言，至第三車子，果開簾子，窺見，真無雙也。仙客悲感怨慕，不勝其情。塞鴻於閣子中褥下得書，呈仙客。花箋五幅，皆無雙真跡，詞理哀切，敘述周盡。仙客覽之，茹恨涕下，自此永訣矣。

其書後云："常見敕使說，富平縣古押衙，人間有心人，今能求之否？"仙客遂申府，請解驛務，歸本官。遂尋訪古押衙，閒居於村墅。仙客造謁，見古生。生所願，必力致之，繒綵寶玉之贈，不可勝紀。一年未開口。秩滿，閒居於縣，古生忽來，謂仙客曰："洪一武夫，年且老，何所用？郎君於某竭分，察郎君之意，將有求於老夫。老夫乃一片有心人也，感郎君之深恩，願粉身以答効。"仙客泣拜，以實告古生。古生仰天，以手拍腦數四，曰："此事大不易，然與郎君試求，不可朝夕便望。"仙客拜曰："但生前得見，豈敢以遲速為恨耶？"半歲無消息。

一日，扣門，乃古生送書，書云："茅山使者迴，且來此。"仙客奔馬見古生，生乃無一言。又啟使者，復云："殺却也，且吃茶。"夜深，謂仙客曰："宅中有女家人識無雙否？"仙客以採蘋對，仙客立取而至。古生端相，且笑且喜，云："借留三五日，郎君且歸。"後累日，忽傳語說曰："有高品過，處置園陵宮人。仙客心甚異之，令塞鴻探所殺者，乃無雙也。仙客號哭，乃嘆曰："本望古生，今死矣，為之奈何？"流涕欷歔，不能自已。是夕更深，聞扣門甚急，及開門，乃古生也。領一筍子入，謂仙客曰："此無雙也，今死矣，心頭微煖，後日當活。微灌湯藥，切須靜密。"言訖，仙客抱入閣子中，獨守之。至明，遍體有煖氣。見仙客，哭一聲遂絕，救療至夜方愈。古生又曰："暫借塞鴻，於生後掘一坑。"坑稍深，抽刀斷塞鴻頭於坑中。仙客驚怕。古生曰："郎君莫怕，今日報郎君恩足矣。比聞茅山道士有藥術，其藥服之者立死，三日却活。某使人專求得一丸，昨令採蘋假作中使，以無雙逆黨，賜此藥令自盡。至陵下，托以親故，百縑贖其屍。凡道路郵傳，皆厚賂矣，必免漏泄。茅山使者及舁筍人，在野外處置訖。老夫為郎，亦自刎。郎君不得更居此，門外有檐子一十人,馬五匹,絹三百疋,五更挈無雙便發,變姓名,浪跡以避禍。"言訖,舉刃,仙客救之,頭已落矣,遂井屍蓋覆訖。未明發,歷西蜀下峽,寓居於渚宮。悄不聞京兆之耗,乃挈家歸襄鄧別業,與無雙偕老矣,男女成群。

噫!人生之契闊會合多矣,罕有若此之奇,常謂古今所無。無雙遭亂世籍沒,而仙客之志,死而不奪,卒遇古生之奇法取之,冤死者十餘人。艱難走竄,其後,歸故鄉,為夫媍五十年,何其異哉!

(142) 上清

原出於《異文集》,收入《太平廣記》卷二七五《童僕·上清》,與明·王圻《稗史彙編》卷四十七《倫叙門·上清》文句幾全同。

貞元壬申,丞相竇參居光福里第。月夜,閒步於中庭。有常所寵青衣上清者,啟曰:"庭樹上有人,恐驚郎,請謹避之。"竇曰:"陸贄久欲傾奪吾權位,今有人在庭樹上,禍將至矣。受禍必竄死於道路,汝定為宮婢,聖君如顧問,善為我辭焉。"上清泣曰:"誠如是,死生以之。"竇下階大呼,樹上人應聲而下,乃衣縗麤者也,曰:"家有大喪,貧不辦葬禮。伏知相公推誠濟物,卜夜而來。"竇贈絹千匹,縗麤者請左右齎所賜絹,擲於墻外。某先於街中俟之。"竇依其請。

翌日,執金吾奏其事。德宗厲聲曰:"卿交通節將,蓄養俠刺,位崇台鼎,更欲何求?"流竇於驩州,沒入家資。未達流所,詔賜自盡。上清果隸名掖庭。

後數年,以善應對,得在帝左右。德宗謂曰:"汝大了事,從何得至此?"上清曰:"妾本故宰相竇參家女奴,竇參家破,幸得填宮。"德宗曰:"竇參之罪,不止養俠刺,兼亦甚有贓污,前時納官銀器至多。"上清流涕而言,曰:"竇參自御史中丞,歷度支、戶部、鹽鐵三使,至宰相,首尾六年,月入數十萬,前後非時賞賜,當亦不知紀極。廼者彬州送所納官銀器,皆是恩賜。當部錄日,妾在彬州,親見州縣希陸贄恩旨,盡刮去,所進銀器上刻藩鎮官銜姓名,誣為贓物。伏乞下驗。"於是覆視,皆如上清之言。又問養俠刺事,上清曰:"本實無此,委是陸贄陷害,使人為之。"德宗大悟,因怒陸贄,下詔雪竇參冤。上清特敕削丹書,度為女道士,終嫁為金忠義妻。

(143) 聶隱娘

原見於《傳奇》,收入《太平廣記》卷一九四《豪俠二·聶隱娘》,文句大體相同。

聶隱娘者,唐貞元中魏博大將聶鋒之女也。方十歲,有尼乞食於鋒舍,見隱娘,悅之,乃云:"問押衙乞取此女。"鋒大怒,叱尼。尼曰:"任押衙鐵櫃中盛,亦須偷去矣。"及夜,果失隱娘所在。鋒大驚駭,令人搜尋。曾無影響。父母每思之,相對啼泣而已。

後五年,尼送隱娘歸,告鋒曰:"教已成矣,可自領取。"尼欻亦不見。一家悲喜,問其所習。曰:"初但讀經念咒,餘無他也。"鋒不信,懇詰。隱娘曰:"真說又恐不信,如何?"鋒曰:"但真說之。"乃曰:"隱娘初被尼挈去,不知行幾里。及明,至大石穴中,嵌空數十步,寂無居人,猿猱極多。尼先已有二女,亦各十歲,皆聰明婉麗,不食,能於峭壁上飛走,若捷猱登木,無有蹶失。尼與我藥一粒,兼令執寶劍一口,長一二尺許,鋒利吹毛可斷。遂令二女教某攀緣,漸覺身輕如風。一年後,刺猿猱百無一失。後刺虎豹,皆決其首而歸。三年後,能使刺鷹隼,無不中。劍之刃漸減五寸,飛走遇之,不知其來也。至四年,留二女守穴,挈我於都市,不知何處也。指某人者,一一數其過,曰:'為我刺其首來,無使知覺。定其膽,若飛鳥之容易也。'受以羊角匕首,刃廣三寸,遂白日刺其人於都市中,人莫能見。以首入囊返命,則以藥化之為水。五年,又曰:'某大僚有罪,無故害人若干,夜可入其室,決其首來。'又攜匕首入室,度其門隙無有障礙,伏之梁上。至瞑時,得其首而歸。尼大怒曰:'何太晚如是？'某云：'見前人戲弄一兒，可愛，未忍便下手。'尼叱曰：'已後遇此輩，必先斷其所愛，然後決之。'某拜謝。尼曰：'吾為汝開腦後，藏匕首而無所傷。用即抽之。'曰：'汝術已成，可歸家。'遂送還。云：'後二十年，方可一見。'"鋒聞語甚懼。後，遇夜即失蹤，及明而返。鋒已不敢詰之，因茲亦不甚憐愛。忽值磨鏡少年及門，女曰："此人可與我為夫。"白父，又不敢不從，遂嫁之。其夫但能淬鏡，餘無他能。父乃給衣食甚豐具。

數年後，父卒，魏帥知其異，遂以金帛召署為左右吏。如此又數年。至元和間，魏帥與陳許節度使劉悟，參商不協，使隱娘賊其首。隱娘辭帥之許。許帥能神筭，已知其來。召牙將令曰："早至城北。候一丈夫、一女子各跨白黑衛。至門，遇有鵲來噪，丈夫以弓彈之，不中。妻奪夫彈，一丸而斃鵲者，揖之，云吾欲相見，故遠相祗迎也。"衙將受約束，遇之。隱娘夫妻曰："劉僕射真神人。不然者，何以動吾也。"乃見劉公。劉公勞之。隱娘夫妻拜曰："得罪僕射，合萬死。"劉曰："不然，各親其主，人之常事。魏今與許何異。請當留此，勿相疑也。"隱娘謝曰："僕射左右無人，願舍彼而就此，服公神明也。"蓋知魏帥之不及劉也。劉問其所須。曰："每日只要錢二百文足矣。"乃依所請。忽不見二衛所在。劉使人尋之，不知所向。後潛於布囊中，見二紙衛，一黑一白。

後月餘，白劉曰："彼未知信，必使人繼至。今宵請剪髮擊之，以紅綃送于魏帥枕前，以表不回。"劉聽之，至四更却返，曰："送其信矣。是夜必使精精兒來殺某及賊僕射之首。此時亦萬計殺之。乞不憂耳。"劉豁達大度，亦無畏色。是夜明燭，半宵之後，果有二幡子，一紅一白，飄飄然如相擊于床四隅。良久，見一人自空而蹲，身首異處。隱娘亦出曰："精精兒已斃。"拽出于堂之下，以藥化為水，毛髮不存矣。隱娘曰："後夜當使妙手空空兒繼至。空空兒之神術，人莫能窺其用，鬼莫得躡其蹤。能從空虛入冥莫，無形而滅影。隱娘之藝，故不能造其境。此即繫僕射之福耳。但以（干）

〔于〕閫玉周其頸,擁以衾,隱娘當化為蠛蠓,潛入僕射腸中聽伺,其餘無逃避處。"劉如言。至三更,瞑目未熟,果聞項上鏗然聲甚厲,隱娘自劉口中躍出,賀曰:"僕射無患矣。此人如俊鶻,一搏不中,即翩然遠逝,恥其不中耳,纔未逾一更,已千里矣。"後視其項,果有匕首劃處,痕逾數分,自此劉轉厚禮之。

自元和八年,劉自許入覲,隱娘不願從焉。云:"自此尋山水,訪至人,但一一請給與其夫。"劉如約。後漸不知所之。及劉薨于軍,隱娘亦鞭驢而一至京師柩前,慟哭而去。開成中,昌裔子縱除陵州刺史,至蜀棧道,遇隱娘,貌若當時。相見甚喜,依前跨白衛如故。謂縱曰:"郎君大災,不合適此。"出藥一粒,令縱吞之。云:"來年火急抛官歸洛,方脫此禍。吾藥力只保一年患耳。"縱亦不甚信。遺其繒綵,隱娘一無所受,但沉醉而去。後一年,縱不休官,果卒于陵州。自此無復有人見隱娘矣。

(144) 崔慎思妾

原見於《原化記》,收入《太平廣記》卷一九四《豪俠二·崔慎思》,文句大體相同。

博陵崔慎思,唐貞元中應進士舉。京中無第宅,常賃人隙院居止。而主人別有一院,都無丈夫。有少娘年三十餘。窺之,亦有容色,唯有二女奴焉。慎思遂遣通意,求納為妻。娘人曰:"我非仕族,與君不敵,不可為他時恨也。"求以為妾,許之,而不肯言其姓。慎思遂納之。二年餘,崔所取給,娘人無倦色。後產一子,數月矣,時夜,崔寢,及閉戶垂帷而已。半夜,忽失其娘。崔驚之,意其有姦,頗發忿怒。遂起,堂前徬徨而行。時月色朦朧,忽見其娘自屋而下,以白練纏身,其右手持匕首,左手携一人頭。言其父昔枉為郡守所殺,入城求報,已數年矣,未得;今既剋矣,不可久留,請從此辭。遂更結束其身,以灰囊盛人首携之。謂崔曰:"某幸得為君妾二年，而已有一子。宅及二婢皆自致，並以奉贈，養育孩兒。"言訖而別。遂踰墙越舍而去。慎思驚嘆未已。少頃却至，曰："適去，忘哺孩子少乳。"遂入室。良久而出，曰："飼兒已畢，便永去矣。"慎思久之，怪不聞嬰兒啼。視之，已為其所殺矣。殺其子者，以絕其念也。古之俠莫能過焉。

（145）玉簫

見於唐·范攄《雲溪友議》卷三，文句略有出入，且刪其末段。

唐西川節度使韋皋少游江夏，止於姜使君之館。姜氏孺子曰荆寶，已習二經，雖兄呼於韋，而恭事之，禮如父也。荆寶有小青衣曰玉簫，年纔十歲，常令祇侍韋兄，玉簫亦勤於應役給奉。後二載，姜使君入關求官，而家累不行。韋乃居上頭陀寺，荆寶亦時遣玉簫徃役給奉。玉簫年稍長大，因而有情。時陳廉使韋常侍得韋季父書云："姪皋久客貴州，切望發遣歸覲。"廉使啟緘，遺以舟楫服用。仍恐淹留，請不相見。泊舟江瀕，俾篙工促行。韋昏暝拭淚，乃裁書以別荆寶。寶頃刻與玉簫俱來，既悲且喜。寶命青衣從徃，皋以違覲日久，不敢俱行，乃固辭之。遂與言約，少則五載，多則七年，取玉簫。因留玉指環一枚，并詩一首遺之。

暨五年，既不至，玉簫乃靜禱於鸚鵡洲。又逾二年，至八年春。玉簫欸曰："韋家郎君，一別七年，是不來耳！"遂絕食而殞。姜氏慜其節操，以玉環著於中指，而同殯焉。

後韋鎮蜀，到府三日，詢獄囚，其輕重之繫，近三百餘人。其中一輩，五器所拘，偷視廳事，私語云："僕射是當時韋兄也。"乃厲聲曰："僕射僕射，憶姜家荆寶否？"韋曰："深憶之。""卽某是也。"公曰："犯何罪而重繫？"答曰："某辭韋之後，尋以明經及第，再選青城縣令。家人誤爇廨舍庫牌印等。"乃曰："家人之犯，固非己尤。"卽與雪冤，仍歸墨綬，乃奏眉州牧。敕下，未令赴任，遣人監守，且留賓幕。時屬大軍之後，草創事繁，凡經數月，方問："玉簫何在？"姜曰："僕射維舟之夕，與伊留約，七載是期。既逾時不至，乃絕食而終。"因吟留贈玉環詩云："黃雀啣來已數春，別時留解贈佳人。長江不見魚書至，為遣相思夢入秦。"韋聞之，益增悽歎，廣脩經像，以報夙心。且想念之懷，無由再會。

時有祖山人者，有少翁之術，能令逝者相覿，但令府君齋戒七日。清夜，玉簫乃至，謝曰："承僕射寫經造像之力，旬日便當託生。却後十三年，再為侍妾，以謝鴻恩。"臨行微笑，曰："丈夫薄〔慎〕〔情〕，令人死生隔矣！"後韋以隴右之功，終德宗之代，理蜀不替。是故年深，累遷中書令。天下響附，瀘僰歸心。因作生日，節鎮所賀，皆貢珍奇。獨東川盧八座，送一歌姬，未當破瓜之年，亦以"玉簫"為號。觀之，乃真姜氏之玉簫也，而中指有肉環隱出，不異留別之玉環也。韋歎曰："吾乃知存歿之分，一往一來；玉簫之言，斯可驗矣！"

（146）謝小娥

原文出《太平廣記》卷四九一《雜傳記八・謝小娥傳》，文句頗有刪改。

小娥姓謝氏，豫章人，估客女也。嫁歷陽俠士段居貞。小娥父常與段壻徃來江湖，俱為盜所殺，小娥亦傷胸折足，漂流水中，為他船所獲，經夕而活。因流轉乞食至上元縣，依妙果寺尼淨悟之室。

初父之死也，小娥夢父，謂曰："殺我者，車中猴，門東草。"又數日，復夢其夫，謂曰："殺我者，禾中走，一日夫。"小娥常書此語，廣求智者辨之。有客謂曰："車中猴，車字去上下各一畫，是申字，又申屬猴，故曰車中猴；草下有門，門中有東，乃蘭字也。又禾中走，是穿田過，亦是申字也。一日夫者，夫上更一畫，下有日，是春字也。殺汝父是申蘭，殺汝夫是申春。"

小娥便為男子服，傭保於江湖間。歲餘，至潯陽郡，見竹戶有紙牓子，云召傭者。小娥乃應召詣門，問其主，乃申蘭也。娥心憤貌順，在蘭左右，甚見親愛。金帛出入之數，無不委娥。

先是，謝氏之金寶錦繡，衣服器具，悉掠在蘭家。小娥每執舊物，未嘗不飲泣。蘭與春，宗昆弟也，時同去經月，多獲財帛而歸，每留娥與蘭宴。一日，蘭與春會，群賊畢至，酣飲沉醉。小娥抽佩刀，先斷蘭首，呼鄰人并擒春。時元和十二年夏日也。

復父夫之讎畢，歸本里，見親屬。里中豪族爭求聘，娥誓心不嫁，遂剪髮披褐，受戒於泗州開元寺，以小娥為法號，不忘本也。

（147）非烟

原文出於《太平廣記》卷四九一《雜傳記八·非烟》，文句大抵皆同。

臨淮武公業，咸通中，任何南府功曹參軍。愛妾曰非烟，姓步氏，容止纖麗，若不勝綺羅；喜秦聲，好文墨，尤工擊甌，其韻與絲竹合。公業甚嬖之。其比隣天水趙氏第也，亦衣纓之族，不能斥言。其子曰象，端秀有文，纔弱冠矣，時方居喪禮。忽一日，於南垣隙中，窺見非烟，神氣俱喪，廢食息焉。乃厚賂公業之閽，以情告之。閽有難色，復為厚利所動，乃令其妻伺非烟問處，具以象意言焉。非烟聞之，但含笑凝睇而不答。門媼盡以語象，象發狂心蕩，不知所如，乃取薛濤箋，題絕句曰："一覩傾城貌，塵心只自猜。不隨蕭史去，擬學阿蘭來。"以所題密緘之，祈門媼達非烟。烟讀畢，吁嗟良久，謂媼曰："我亦曾窺見趙郎，大好才貌。此生薄福，不得當之。"蓋鄙武生麄悍，非良配耳。乃復醻篇，寫於金鳳牋，曰："綠慘雙娥不自持，只緣幽恨在新詩。郎心應似琴心怨，脉脉春情更語誰。"封付門媼，令遺象。象啟緘，吟諷數四，拊掌喜曰："吾事諧矣。"又以剡溪玉葉紙，賦詩以謝，曰："珍重佳人贈好音，綵箋芳翰两情深。薄於蟬翼難供恨，密似蠅頭未寫心。疑是落花迷碧洞，只思輕雨灑幽襟。百廻消息千廻夢，裁作長謠寄綠琴。"詩去旬日，門媼不復來，象憂懣恐事泄，或非烟追悔。春夕，於前庭獨坐，賦詩曰："綠暗紅藏起暝烟，獨將幽恨小庭前。重重良夜與誰語，星隔銀河月半天。"明日，晨起吟際，忽門媼來傳非烟語，曰："勿訝旬日無信，蓋以微有不安。"因授象以連蟬錦香囊，并岩苔箋詩曰："無力嚴粧倚繡櫳，暗題蟬錦思難窮。近來羸得傷春病，柳弱花欹怯曉風。"象結錦囊於懷，細讀小簡，又恐烟幽思增疾，乃剪烏絲簡為廻緘，曰："春日遲遲，人心悄悄。自因窺覯，長役夢魂。雖羽駕塵襟，難於會合。而丹誠皎日，誓以周旋。況又聞乘春多感，芳履違和。耗冰雪之妍姿，鬱蕙蘭之佳氣，憂抑之極，恨不翻飛。企望寬情，無至憔悴。莫孤短韻，寧爽後期。愊悅寸心，書豈能盡。兼持菲什，仰繼華篇。"詩曰："見說傷情為見春，想封蟬錦綠蛾顰。叩頭與報烟卿道，第一風流最損人。"門媼既得回報，徑齎詣烟閣中。

武生為府掾屬，公務繁夥，或數夜一直，或竟日不歸。是時適值生入府曹，烟拆書，得以欵曲尋繹，既而長太息曰："丈夫之志，女子之心，情契魂交，視遠如近也。"於是闔戶垂幌，為書曰："下妾不幸，垂髫而孤。中間為媒妁所欺，遂匹合於瑣類。每至清風朗月，移玉桂以增懷；秋帳冬缸，泛金徽而寄恨。豈期公子，忽貽好音，發華緘而思飛，諷麗句而目斷。所恨洛川波隔，賈午墻高，聯雲不及於秦臺，薦夢尚遙於楚岫。猶望天從素懇，神假微機，一拜清光，九殞無恨。兼題短什，用寄幽懷。"詩曰："畫簷春燕須同宿，蘭浦雙鴛肯獨飛。天恨桃源諸女伴，等閑花裡送郎歸。"封訖，召門媼，令達於象。象覽書及詩，以烟意稍切，喜不自持，但靜室焚香，虔禱以俟。

忽一日將夕，門媼促步而笑至，且拜曰："趙郎願見神仙否？"象驚，連問之。傳烟語，曰："今夜功曹府直，可謂良時。妾家後庭，郎君之前垣也。不渝惠好，顒望來儀。方寸萬重，悉自晤語。"既曛黑，象乃躋梯而登，烟已令重榻於下。既下，見烟靚粧盛服，立于花下。拜訖，俱以喜極不能言，乃相携自後門入堂中。背缸解幌，盡繾綣之情焉。及曉鐘初動，復送象於垣下。烟執象泣曰："今日相遇，乃前生因緣耳，勿謂妾無玉潔松貞之志，放蕩如斯。直以郎之風調，不能自顧，願深鑒之。"象曰："揖希世之貌，見出人之心，已誓幽冥，永奉歡洽。"言訖，象踰垣而歸。明日，託門媼贈烟詩，曰："十洞三清雖路阻，有心還得傍瑤臺。瑞香風引思深夜，知是蕤宫仙馭來。"烟覽詩微笑，復贈象詩曰："相思只怕不相識，相見還愁却別君。願得化為松下鶴，一雙飛去入行雲。"封付門媼，仍令語象曰："賴妾有小小篇詠，不然，君作幾許大才面目。"茲不盈旬，常得一期于後庭。稍展微密之思，罄宿昔之心，以為魚鳥不知，人神相助。或景物寓目，謁詩寄情，來往便繁，不能悉載。如是者周歲。

無何，烟數以細過撻其女奴，奴陰銜之，乘間盡以告公業。公業曰："女慎言，我當伺察之。"後至直日，乃偽陳狀請假。迨如常入直，遂潛于里門。街鼓既作，匍伏而歸。循墻至後庭，見烟方倚戶微吟，象則據垣斜睇。公業不勝其忿，挺前欲擒，象覺跳去，業搏之，得其半襦。乃入室，呼烟詰之。烟色動聲戰，而不以實告。公業愈怒，縛之大柱，鞭楚血流。但云："生得相親，死亦何恨。"深夜，公業怠而假寐。烟呼其所愛女僕，曰："與我一杯水。"水至，飲盡而絕。公業起，將復笞之，已死矣。乃解縛舉致閤中。連呼之，聲言烟暴疾致殞。後數日，葬于北邙，而里巷間皆知其強死矣。

象因變服易名，遠竄江、浙間。洛陽才士有崔、李二生，常與武掾游處，崔賦詩末句云："恰似傳花人飲散，空抛床下最繁枝。"其夕，夢烟謝曰："妾貌雖不迨桃李，而零落過之。捧君佳什，愧仰無已。"李生詩末句云："艷魄香魂如有在，還應羞見墜樓人。"其夕，夢烟戟手而言，曰："士有百行，君得全乎？何至矜片言苦相詆斥，當屈君於地下面證之。"數日，李生卒，時人異焉。

卷十九

唐

（148）倩娘

原文出於陳玄佑《離魂記》，收入《太平廣記》卷三五八《神魂一·王宙》。

天授三年，清河張鎰因官家于衡州，性簡靜，寡知友，無子，有女二人。其長早亡，幼女倩娘，端妍絕倫。鎰外甥太原王宙，幼聰悟，美容範，鎰常器重，每曰："他時當以倩娘妻之。"後各長成，與倩娘常私，感想於寤寐，家人莫知其狀。後有賓寮之選者求之，鎰許焉。女聞而鬱抑，宙亦深恚恨，託以當調，請赴京，止之，不可，遂厚遣之。宙陰恨悲慟，訣別上船。

日暮，至山郭數里，夜方半，宙不寐，忽聞岸上有一人行聲甚速，須臾至船，問之，乃倩娘步行跣足而至。宙驚喜發狂，執手問其從來？泣曰："君厚意如此，寢食相感。今將奪我此志，又知君深情不易，思將殺身奉報，是以亡命來奔。"宙非意所望，欣躍特甚，遂匿倩娘於船，連夜遁去，倍道兼行。數月至蜀，凡五年，生兩子，與鎰絕信。

其妻常思父母，涕泣言曰："吾曩日不能相負，棄大義而來奔君，今向五年，恩慈間阻，覆載之下，胡顏獨存也。"宙哀之，曰："將歸無苦。"遂俱歸衡州。既至，宙獨身先至鎰家，首謝其事。鎰大驚，曰："倩娘疾在閨中數年，何其詭說也。"宙曰："見在舟中。"鎰大驚訝，促使人驗之，果見〔倩〕娘在舡中，顏色怡暢，訊使者曰："大人安否？"家人異之，疾走報鎰。室中女聞，喜而起，飾粧更衣，笑而不語，出與相迎，翕然而合為一體。其衣裳皆重，其家以事不常，秘之，惟親戚間有潛知之者。後四十年間，夫妻皆喪。二男並孝廉擢第，至丞尉。事出陳玄祐《離魂記》，云："玄祐少日常聞此說，而多異同，或謂其虛。"大曆末，遇萊蕪縣令張仲規，因備述其本末，鎰則仲規堂叔祖，而說極備悉，故記之。

(149) 鄭義宗妻

事見後晉・劉昫等《舊唐書》卷二〇三《列女傳》，亦載於宋・司馬光《家範》卷十，本文與明・黃尚文《女範編》卷二所載大抵相同。

唐鄭義宗妻盧氏，涉獵經史，事舅姑盡婦道。常夜有強寇數十，持刀鼓譟，破門而入。家人悉奔竄，惟姑在室。盧氏冒刃，突徃姑側，為賊箠擊幾死。金銀布帛，席捲一空。賊去，人問："何為不懼？"盧氏曰："人之所以異於禽獸者，以其有仁義也。鄰里有急，尚當赴援，況姑而可委棄耶？若百有一危，我豈獨生？"

(150) 唐余洪妻

事見南宋・陸游《南唐書・節義傳》，本傳出於明・黃尚文《女範編》卷一，文句幾全同。

唐余洪妻鄭氏，為時草寇竊發，鄭氏奔竄，值唐帥師下建州，裨將獲之，以其有色，而不能犯，獻之主將查文徽，文徽欲納之，鄭氏大罵曰："王師弔伐，當褒錄節義，以勵風俗，建封行伍，尚知敬憚，君，元帥也，而欲為禍首耶？"因訪其夫而歸之。

(151) 霍小玉

見於宋・李昉等《太平廣記》卷四八七《雜傳記四・霍小玉

傳》。

大曆中，隴西李生名益，年二十，以進士擢第。其明年，拔萃，俟試于天官。夏六月，至長安，舍于新昌里。生門族清華，少有才思，麗詞佳句，時謂無雙，先達大人，翕然推伏。每自矜風調，思得佳偶，博求名妓，久而未諧。

長安有媒鮑十一娘者，故薛駙馬家青衣也，折券從良，十餘年矣。性便僻，巧言語，豪家戚里，無不經過。追風挾策，推為渠帥。常受生誠託厚賂，意頗德之。經數月，生方閒居舍之南亭，申未間，忽聞扣門甚急。云是鮑十一娘至。攝衣從之，迎問，曰："鮑卿，今日何故忽然而來？"鮑笑曰："蘇姑子作好夢也未？有一仙人，謫在下界，不邀財貨，但慕風流。如此色目，共十郎相當矣。"生聞之驚躍，神飛體輕，引鮑手，且拜且謝，曰："一生作奴，死亦不憚。"因問其名居，鮑具說曰："故霍王小女，字小玉，王甚愛之。母曰淨持，淨持即王之寵婢也。王之初薨，諸兄弟以其出自賤庶，不甚收錄，因分與貲財，遣居于外。易姓為鄭氏。人亦不知其王女。（資）〔姿〕質穠豔，一生未見。高情逸態，事事過人。音樂詩書，無不通解。昨遣某求一好兒郎，格調相稱者。某具說十郎，他亦知有十郎名字，非常歡愜。住在勝業坊古寺曲，甫上東閑宅是也。已與他作期約，明日午時。但至曲頭覓（住）〔桂〕子，即得矣。"

鮑既去，生便備行計。遂令家童秋鴻，於從兄京兆參軍尚公處，假青驪駒，黃金勒。其夕，生澣衣沐浴，脩飾容儀。喜躍交并，通夕不寐。遲明，巾幘，引鏡自照，惟恐不諧也。徘徊之間，至于亭午。遂命駕疾驅，直抵勝業。至約之所，果見青衣立候，迎問，曰："莫是李十郎否？"即下馬，令牽入屋底，急急鏁門。見鮑果從內出來，遙笑曰："何等兒郎，造次入此？"生調誚未畢，引入中門。庭間有四櫻桃樹，西北懸一鸚鵡籠，見生入來，鳥語曰："李郎入來，急下簾者。"生本性雅淡，心猶疑懼，忽見鳥語，愕然不敢進，逡巡。鮑引淨持下堦相迎，延入對坐。年可四十餘，綽約多姿，談笑甚媚。因謂生曰:"素聞十郎才調風流,今又見容儀雅秀,名下固無虛士。某有一女子,雖拙教訓,顏色不至醜陋,得配君子,頗為相宜。頻見鮑十一娘說意旨,今亦便令永奉箕箒。"生謝曰:"鄙拙庸愚,不意顧盼,倘垂錄采,生死為榮。"遂命酒饌。即令小玉自堂東閣子中出來。生即拜迎。但覺一室之中,若瓊林玉樹,互相照曜,轉盼精彩射人。既而延坐母側,母謂曰:"汝嘗愛念:'開簾風動竹,疑是故人來。'即此十郎詩也。爾終日吟想,何如一見。"玉乃低鬟微笑,細語曰:"見面不如聞名,才子豈能無貌。"生遽起,速拜曰:"小娘子愛才,鄙夫重貌。爾好相映。才貌相兼。"母女相顧而笑,遂舉酒數巡。生起,請玉歌唱,初不肯,母固強發之。聲清亮,曲度精奇。酒闌及暝,鮑引生就西院憩息。閑庭邃宇,簾幕甚華。鮑令侍兒桂子、浣沙,與生脫靴解帶。須臾玉至,言叙溫和,辭氣宛媚。解羅衣之際,態有餘妍。低幃暱枕,極甚歡愛,生自以為巫山、洛浦不過也。中宵之夜,玉忽流涕,謂生曰:"妾本娼家,自知非匹,今以色愛,託其仁賢。但慮一旦色衰,恩移情替,使女蘿無托,秋扇見捐。極歡之際,不覺悲生。"生聞之,不勝感歎,乃引臂替枕,徐謂玉曰:"平生志願,今日獲從。粉骨碎身,誓不相捨。夫人何發此言?請以素縑,著之盟約。"玉因收淚,命侍兒櫻桃,褰帷執燭,授生筆硯。玉管絃之暇,雅好詩書,筐箱筆硯,皆王家之舊物。遂取繡囊,出越姬烏孫闌素叚三尺以投生。生素多才思,援筆成章,引喻山河,指誠日月,句句懇切,聞之動人。誓畢,命藏於寶篋之內。自爾婉孌相得,若翡翠之在雲路也。

如此二歲,日夜相從。其後年春,生以書判拔萃登科,授鄭縣主簿。至四月,將之官,便拜慶於東洛。長安親戚,多就筵餞。時春物尚餘,夏景初麗,酒闌賓散,離思縈懷。玉謂生曰:"以君才地名聲,人多景慕,願結婚媾者,固亦衆矣。況堂有嚴親,室無冢媳,君之此去,必就佳姻,盟約之言,徒虛語耳。然妾有短願,欲輒指陳,永委君心,復能聽否?"生驚怪,曰:"有何罪過,忽發此辭,試說所言，必當敬奉。"玉曰："妾年始十八，君纔二十有二。逮君壯室之秋，猶有（六）〔八〕歲。一生歡愛，幸畢此期，然後妙選高門，以求秦晉，亦未為晚。妾便捨棄人事，剪髮披緇，夙昔之願，於此足矣。"生且愧且感，不覺涕流，因謂玉曰："皎日之誓，死生以之。與卿偕老，猶恐未愜素志，豈敢輒有二三。固請不疑，但端居相待。至八月，必當却到華州，尋使奉迎，相見非遠。"

更數日，生遂訣別東去。到任旬日，求假往東都覲親。未至家旬日，太夫人已與商量表妹盧氏，言約已定。太夫人素嚴毅，生逡巡不敢辭讓，遂就禮謝，便有近期。盧亦甲族也，嫁女於他門，聘財必以百萬為約，不滿此數，義在不行。生家素貧，事須求丐，便託假故，遠投親知，歷涉江淮，自秋及夏。生自以孤負盟約，大愆回期，寂不知聞，欲斷其望。遙託親故。不遺漏言。

玉自生逾期，數訪音信。虛詞詭說，日日不同。博求師巫，遍詢卜筮。懷憂抱恨，周歲有餘。羸臥空閨，遂成沉疾。雖生之書題竟絕，而玉之相望不移。賂遺親知，使通消息，尋求既切，資用屢空。徃徃私令侍婢潛賣篋中服玩之物，多託於西市寄附鋪侯景先家貨賣。曾令侍婢浣沙，將紫玉釵一隻，詣景先家貨之。路逢內作老玉工，見浣沙所執，前來認之，曰："此釵吾所作也。昔歲霍王小女，將欲上鬟，令我作此，酬以萬錢，我嘗不忘。汝是何人？從何而得？"浣沙曰："我小娘子即霍王女也。家事破散，失身於人。夫婿昨向東都，更無消息。悒怏成疾，今將二年。令我賣此，賂遺於人，使求音信。"玉工悽然下泣，曰："貴人男女，失機落節，一至於此。我殘年向盡，見此盛衰，不勝傷感。"遂引至延先公主宅，具言前事。公主亦為之悲歎良久，給錢十二萬焉。

時生所定盧氏女在長安，生既畢於聘財，還歸鄭縣。其年臘月，又請假入城就請，潛卜靜居，不令人通。有明經崔允明者，生之重表弟也，性甚長厚，等歲，長與生同飲於鄭氏之室，盃盤笑語，曾不相間，每得生信，必誠告於玉。玉常以薪芻衣服，資給於崔，崔頗感之。生既至，崔具以誠告玉，玉且數曰："天下寧有是事乎！"遍託親朋，多方召致。生自以愆期負約，又知玉疾候沈綿，慙恥忍割，終不肯往。晨出暮歸，欲以廻避。玉日夜涕泣，都忘寢食，期一相見，竟無因由。冤憤益深，委頓牀枕。自是長安中稍有知者，風流之士，共感玉之多情；豪俠之倫，皆怒益之薄行。

時已三月，人多春游，益與同輩五六人，詣崇敬寺，翫牡丹花，步於西廊，遞吟詩句。有京兆韋夏卿者，生之密友，時亦同行，謂生曰："風光甚麗，草木榮華。傷哉鄭君，銜冤空室，足下終能棄置，實是忍人。丈夫之心，不宜如此，足下宜為思之。"歎傷之際，忽有一豪士，衣輕黃紵衫，挾朱彈，風神俊美，衣服輕華，唯見一剪頭胡雛從後，潛行而聽之。俄而前揖益，曰："公非李十郎者乎？某族本山東，姻連外戚，雖乏文藻，心嘗樂賢。仰公聲華，常思觀止，今日幸會，得覯清揚。某之敝居，去此不遠，亦有聲樂，足以娛情。妖姬八九人，駿馬十數匹，惟公所要。但願一過。"生之儕輩，共聆斯述，更相歎美。因與豪士策馬同行，疾轉數坊，遂至勝業。生以近鄭之所止，意不欲過。便託事故，欲廻馬首。豪士曰："敝居咫尺，忍相棄乎？"乃挽挾其馬，牽引而行。遷延之間，已及鄭曲。生精神恍惚，鞭馬欲廻。豪士遽命奴僕數人，抱持而進，車走，推入車門，便令鏁却。報云："李十郎來也。"一家驚喜，聲聞于外。先此一夕，玉夢黃衫丈夫抱生來，至席，使玉脫鞋。驚寤而告母，因自解曰："鞋者諧也，夫娘再合。脫者解也，既合而解，亦當永訣。由此觀之，必遂相見，相見之後，當死矣。"凌晨，請母粧梳。母以其久病，心意惑亂，不甚信之。黽勉之間，彊為粧梳。粧梳纔畢，而生果至。玉沈綿日久，轉側須人。忽聞生至，欻然自起，更衣而出，恍若有神。遂與生相見，含怒凝睇，不復有言。羸質嬌姿，如不勝致，時復掩袂，還顧李生。感物傷人，坐皆欷歔。頃之，有酒（殽）〔餚〕數十盤，自外而來。一座驚視，遽問其故。悉皆豪士之所致也。因遂陳設，相就而坐。玉乃側身轉面，睨眎生良久。遂舉杯酒於地，曰："我為女子，薄命如斯；君爲丈夫，負心若此。韶顏稚齒，飲恨而終。慈母在堂，不能供養。綺羅絃管，從此永休。徵痛黃泉，皆君所致。李君李君，今當永訣。我死之後，必爲厲鬼，使汝妻妾，終日不安。"乃引左手握生臂，擲盃於地，長慟號哭，數聲而絕。母乃舉屍寘于生懷，令喚之，遂不復蘇矣。生爲之縞素，旦夕哭泣甚哀。將葬之夕。生忽見玉縴帷之中，容貌妍麗，宛若平生。着舊石榴裙，紫榼襠，紅綠帔子。斜身倚帷，手引繡帶，顧謂生曰："媿君相送，尚有餘情。幽冥之中，能不感歎。"言畢，遂不復見。明日，葬於長安御宿原。生至墓所，盡哀而返。

後月餘。就禮於盧氏。傷情感物，鬱鬱不樂。夏五月，與盧氏偕行，歸于鄭縣。至縣旬日，生方與盧氏寢，忽帳外叱叱之聲，生驚視之，則見一男子，年三十餘，姿狀溫美，藏身映幔，連招盧氏。生惶遽走起，遶幔數匝，倏然不見。生自此心懷疑惡，猜忌萬端，夫妻之間，無聊生矣。或有親情，曲相勸諭，生意稍解。後旬日，生復自外歸，盧氏方鼓琴於牀。忽見自門拋一斑犀鈿花合子。方圓一寸餘。裡中有輕綃，作同心結，墜於盧氏懷中。生開視之，見相思子二，扣頭蟲一，發殺觜一，驢駒媚少許。生當時憤怒叫吼，聲如豺虎，引琴撞擊其妻，詰令實告。盧氏亦終不自明。爾後往往暴加捶楚，備諸毒虐。竟訟於公庭而遣之。

盧氏既出，生或侍婢媵妾之屬，暫同枕席，便加妬忌，或有因而殺之者。生嘗游廣陵，得名姬曰營十一娘者，容態潤媚，生甚悅之。每相對坐，嘗謂營曰："我嘗於某處得某姬，犯某事，我以某法殺之。"日日陳說，欲令懼己，以肅清閨門。出則以所解覆營於牀，周廻封署。歸必詳視，然後乃開。又畜一短劍，甚利，顧謂侍婢，曰："此信州葛溪鐵，唯斷作罪過頭。"大凡生所見娘人，輒加猜忌，至于三娶，率皆如初焉。

（152）王立妾

見於唐·薛用弱《集異記》，收入宋·李昉等《太平廣記》卷一九六《豪俠四·賈人妻》。

唐餘干縣尉王立調選，傭居大寧里。文書有誤，為主司駁放，資財蕩盡，僕馬喪失，窮悴頗甚。每丐食於佛祠，徒行晚歸，偶與美媱人同路。或前或後依隨。因誠意與言，氣甚相合。立因邀至其居，情欸甚洽。翌日謂立曰："公之生涯何其困哉！妾居崇仁里，資用稍備，倘能從居乎？"立既悅其人，又幸其給，卽曰："僕之陋塞，阽於溝瀆。如此勤勤，所不敢望焉。子又何以營生？"對曰："妾素買人之妻也，夫亡十年，旗亭之內，尚有舊業。朝肆暮家，日贏錢三百，則可支矣。公授官之期尚未，出遊之資且無，脫不見鄙，但同處以須冬集，可矣。"立遂就焉。閱其家，豐儉得所。至於肩鐖之具，悉以付立。每出，則必先營辦立之一日饌焉。及歸，則又攜米肉錢帛以付立，日未嘗闕。立憐其勤勞，因令傭買僕隷，媱托以他事拒之，立不之強也。周歲產一子，唯日中再歸為乳耳。

兇與立居二載，忽一日夜歸，意態皇皇。謂立曰："妾有冤仇，痛纏肌骨，為日深矣。伺便復仇，今乃得志。須臾離京，公其努力。此居處，五百緡自置，契書在屏風中。室內資儲，一以相奉。嬰兒不能將去，亦公之了也，公其念之。"言訖，收淚而別。立不可留止，則視其所攜皮囊，乃人首耳。立甚驚愕。其媱笑曰："無多疑慮，事不相縈。"遂挈囊，踰垣而去，身如飛鳥。（至）〔立〕開門出送，則已不及矣。方徘徊於庭，遽聞却至。立迎門接候，則曰："更乳嬰兒，以豁離恨。"就撫子，俄而復去，揮手而已。立回明燈塞帳，小兒身首已離矣。立惶駭，達旦不寐。則以財帛買僕乘，遊抵近邑，以伺其事。久之，竟無所聞。其年立得官，卽貨鬻所居。歸任以後，終莫知其音問也。

313

（153）木蘭女

原文出於明·黃尚文《女範編》卷三。

木蘭，唐人女也，代父戍邊十二年，人不知其為女，歸，賦戍邊詩云：

促織何唧唧，木蘭當戶織。不聞機杼聲，惟聞女嘆息。問女何所思？問女何所憶？女亦無所思，女亦無所憶。昨夜見軍帖，可汗大點兵，軍書十二卷，卷卷有爺名。阿爺無大兒，木蘭無長兄，願為市鞍馬，從此替爺征。

東市買駿馬，西市買鞍韉，南市買轡頭，北市買馬鞭。旦辭爺娘去，暮宿黃河邊。不聞爺娘聲喚女，但聞黃河流水聲濺濺。旦辭黃河去，暮宿黑山頭，不聞爺娘喚女聲，但聞胡騎聲啾啾。

萬里赴戎機，關山度若飛，朔風傳金柝，寒光照鐵衣。將軍百戰死，壯士十年歸。歸來見天子，天子坐明堂，策勳十二轉，賞賜百千彊。可汗問所欲，木蘭不用尚書郎，願馳千里足，送兒還故鄉。

爺娘聞女來，出郊扶相將。阿妹（問）〔聞〕姊來，當戶理紅粧；小弟聞姊來，磨刀霍霍向豬羊。

開我東閣門，坐我西澗床，脫我戰時袍，着我舊時裳。當窗理雲鬢，挂鏡帖花黃。出門看火伴，火伴皆驚忙：同行十二年，不知木蘭是女郎。

五代

（154）慈母柴氏

原文出於明·黃尚文《女範編》卷一。

晉秦國夫繼室柴氏生一子，與前妻子俱幼，值國夫死，柴氏鞠之，無二心。時有惡少與張福為仇，訴其事，連坐柴氏長子，法當誅，氏引次子詣官，泣訴曰："徔從惡吾次子，非長子也。"次子曰："實我之罪加於兄。"鞫之，至死不易言。官反疑次子非柴氏所出，問之他囚，始得其情。官反義柴氏之行，為之斷案曰："嫿執義而不忘其夫之命，子趣死而能成其母之志，此天理人情之至也。"乃為之降宥其罪。

（155）王章妻

王章事，明·馮夢龍《智囊補》卷二五有收，文字稍異。清初《淵鑑類函》謂出於《說苑》，疑為佚文，待考。王章為西漢人，本傳不當列於"五代"。

漢王章字仲卿，為諸生，學長安，獨與妻居，疾病無被，卧牛衣中，與妻訣，涕泣。其妻怒之，曰："仲卿京師尊貴，在朝廷，人誰逾仲卿者？今疾病困厄，不自激昂，乃反涕泣，何鄙也！"

（156）毛氏

原文出於《晉書》卷九六《列女傳·苻登妻毛氏》，稍加刪節。此為南北朝事，不當列於"五代"。

後秦苻登妻毛氏，毛興女也，善騎射。登為姚萇所襲，營壘既陷，毛氏猶彎弓跨馬，率壯士數百，與萇交戰，殺賊七百餘人。眾寡不敵，為萇所執。毛有姿色，萇欲納之，毛罵曰："天子皇后，安可為羌賊所辱！"萇殺之。

（157）封景文

事見於宋·歐陽修等《新唐書》卷二〇五《列女》，原文出於宋·李昉等《太平廣記》卷二七〇《婦人一·封景文》。

殷保晦妻封,敖孫女,名絢,字景文。能文,草章隸。保晦歷校書郎。黃巢入長安,潛匿蘭陵里。明日,保晦逃。賊悅封色,欲取之,固拒。賊誘悅萬辭,不答。賊怒,勃然曰:"從則生,不然,正膏我劍!"封罵曰:"我,公卿子,守正而死,猶生也,終不從逆賊手!"遂遇害。保晦歸,左右曰:"夫人死矣!"保晦號而絕。

(158) 章郇公夫人

原文出於宋·司馬光《涑水記聞》卷九,文句略有不同。

章郇公得象之高祖,建州人,仕王氏為刺史,號章太傅。其夫人練氏,知識過人。太傅嘗出兵,有二將後期,欲斬之,夫人置酒,餚美姬進之,太傅歡甚,追夜飲醉,夫人密釋二將,使亡去。二將奔南唐,後為南唐將,攻建州,破之。時太傅已死,夫人居建州,二將遣使厚以金帛遺夫人,且以白旗授之,曰:"吾將屠此城,夫人植旗於門,吾戒士卒勿犯也。"夫人返其金帛,棄弗受,曰:"君幸思舊德,願全此城之人;必欲屠之,吾家與眾俱死耳,不願獨生。"二將感其言,遂止不屠。太傅十三子,其八子夫人所生也,及宋興,子孫及第至達官者甚眾。

宋

(159) 宣仁高后

原文出明·黃尚文《女範編》卷一。

宋高后,宋英宗宣仁后也,神宗任王安石,變法度,亂天下,后屢止不從。神宗崩,哲宗嗣位,高后臨朝,即散遣京城役夫,止禁庭工技,出近侍無狀。任司馬光、呂公著輔政,除青苗,復差役,以蘇民困,天下稱為"女中堯舜"。冊孟氏為皇后,語哲宗曰:"得賢內助,非細事也。"既而嘆曰:"斯人賢淑,惜福薄爾,異日國有事變,必此人當之。"及疾不豫,呂大防、范純仁等問疾,后曰:"老身歿後,公等亦宜早退。"其先見之明,慮患之深如此。

（160）張盼盼

事見於宋·尤袤《全唐詩話》,原文見於明·王世貞《艷異編》卷二十七《張建封妓》。盼盼為唐人,不當列於"宋"。

白樂天有《和燕子樓詩》,其序云:"徐州張尚書有愛妓盼盼,善歌舞,雅多風態。予為校書郎時,遊淮、泗間,張尚書宴予,酒酣,出盼盼佐歡,予因贈詩,落句云:'醉嬌勝不得,風嫋牡丹花。'一歡而去,爾後絕不復知,茲一紀矣。昨日司勳員外郎張仲素繪之訪余,因吟新詩,有《燕子樓詩》三首,辭甚婉麗,詰其由,乃盼盼所作也。繪之從事武寧累年,頗知盼盼始末。云張尚書既歿,彭城有張氏舊第,中有小樓名燕子,盼盼念舊愛而不嫁,居是樓十餘年,于今尚在。

"盼詩有云:'樓上殘燈伴曉霜,獨眠人起合歡床。相思一夜知多少,地角天涯不是長。'又云:'北邙松柏鎖愁烟,燕子樓中思悄然。自埋劍履歌塵散,紅袖香銷一十年。'又云:'適看鴻雁岳陽廻,又覩玄禽逼社來。瑤瑟玉簫無意緒,任從蛛網任從灰。'余嘗愛其新作,乃和之,云:'滿窗明月滿簾霜,被冷燈殘拂臥床。燕子樓中寒月夜,秋來祇為一人長。'又云:'問帶羅衫色似烟,幾廻欲起即潸然。自從不舞霓裳袖,疊在空箱二十年。'又云:'今春有客洛陽回,曾到尚書墓上來。見說白楊堪作柱,爭教紅粉不成灰。'又贈之絕句,云:'黃金不惜買蛾眉,揀得如花四五枝。歌舞教成心力盡,一朝身去不相隨。'後仲素以予詩示盼盼,乃反覆讀之,泣曰:'自公薨背,妾非不能死,恐百載之後,人以我公重色,有從死之妾,是玷我公清範也,所以偷生耳。'乃和白公詩,曰:'自守空樓歛恨眉,形同春後牡丹枝。舍人不會人深意,訝道泉臺不去隨。'盼盼得詩後,淹淹旬日,不食而卒,但吟詩云:'兒童不識冲天物,謾把青泥污雪毫。'"

(161) 琴操

原文出於明·王世貞《艷異編》卷二十七《琴操》。

蘇子瞻守杭日,有妓名琴操,頗通佛書,解言辭,子瞻喜之。一日遊西湖,戲語琴操,曰:"我作長老,汝試參禪。"琴操敬諾。子瞻問曰:"何謂湖中景?"對曰:"落霞與孤鶩齊飛,秋水共長天一色。""何謂景中人?"對曰:"裙拖六幅瀟湘水,鬢鎖巫山一段雲。""何謂人中意?"對曰:"隨他楊學士,鱉殺鮑參軍。"操問:"如此究竟如何?"子瞻曰:"門前冷落鞍馬稀,老大嫁作商人婦。"操於意下大悟,遂削髮為尼。

(162) 楊娼

見於宋·李昉等《太平廣記》卷四九一《雜傳記八·楊娼傳》,亦見於明·王世貞《艷異編》卷二十九《楊娼傳》。

楊娼者,長安里中之殊色也。態度甚都,復以冶容自喜。王公鉅人享客,競邀致席上,雖不飲者,必為之引滿盡歡。長安諸兒一造其室,殆至亡生破產而不悔。由是娼之名冠諸籍中,大售於時矣。

嶺南帥甲,貴游子也。妻本戚里女,遇帥甚悍。先約,設有異志者,當取死白刃下。帥幼貴,淫喜,內苦其妻,莫之措意。乃陰出重賂，削去娼之籍，而挈之南海，館之他舍。公餘而同，夕隱而歸。雅有惠性，事帥尤謹。平居以女職自守，非其理，不妄發。復厚帥之左右，咸能得其懽心。故帥益嬖之而無歝。

間歲，帥得病，且不起。思一見娼，而憚其妻。帥素與監軍使厚，密遣導意，使為方略。監軍乃紿其妻，曰："將軍病甚，思得善捧侍煎調者視之，瘳當速矣。某有善婢，久給事貴室，動得人意。請夫人聽以婢安將軍四體，如何？"妻曰："中貴人言仁也，果然。於吾無苦耳，可促召婢來。"監軍即命娼冒為婢以見帥，計未行而事洩，帥之妻乃擁健婢數十，列白挺，熾膏鑊於庭而伺之矣。須其至，當歿之沸鬲。帥聞而大恐，促命止之。娼且至，帥曰："此自我意，幾累於渠。今幸吾之未死，必使脫其虎喙，不然，且無及矣。"乃大遺其奇寶，即命家僮榜輕舫，衛娼北歸。自是帥之憒益振，不踰旬而物故。而娼之行適及洪矣，聞至，娼乃盡返帥之賂，設位而哭，曰："將軍由妾而卒，將軍且死，妾安用生為？妾豈孤將軍者耶？"即撤奠而死之。夫娼以色事人者也，非其利則不合矣。而楊能報帥以死，義也；却帥之賂，廉也。雖為娼，差足多乎！

卷二十

宋

(163) 義娼

原文出於明·王世貞《艷異編》卷三十《義娼傳》。

義娼者，長沙人也，不知其姓氏，家世娼籍。善謳，尤喜秦少游樂府。得一篇，輒手筆口詠不置。久之，少游坐鉤黨甫遷，道長沙，訪潭土風俗、妓籍中可與言者。或言娼，遂往焉。

少游初以潭去京數千里，其俗山獠夷陋，雖聞娼名，意甚易之。及見，觀其姿容既美，而所居復瀟灑可人，意以為非唯自湖外來所未有，雖京路間亦不易得。坐語間，顧見几上文一編，就視之，目曰《秦學士詞》。因取竟閱，皆己平日所作者。環視無他文。少游竊怪之，故問曰："秦學士何人也？若何自得其詞之多？"娼不知其少游也，卽具道所以。少游曰："能歌乎？"曰："素所習也。"少游愈益怪，曰："樂府名家，無慮數百，若何獨愛此乎？不惟愛之，而又習之、歌之。若素愛秦學士者，彼秦學士亦嘗遇若乎？"曰："妾僻陋在此，彼秦學士京師貴人也，焉得至此？籍令至此，豈顧妾哉！"少游乃戲曰："若愛秦學士，徒悅其詞爾！若使親見容貌，未必然也。"娼嘆曰："嗟呼！使得見秦學士，雖為之妾御，死復何恨。"少游察其語誠，因謂曰："若欲見秦學士，卽我是也。以朝命貶黜，因道而來此爾。"娼大驚，色若不懌者，稍稍引退，入謂母媼。

有頃，媼出設位，坐少游於堂。娼冠帔立垝下，北面拜。少游起且避，媼掖之坐以受。拜已，且張筵飲，虛左席，示不敢抗。母子左右侍觴。酒一行，率歌少游一闋以侑之，卒飲其懽，此夜乃罷。止少游宿，衾枕席褥，必躬設。夜分寢定，娼乃寢。先平明起，儼冠帔，奉沃匜，立帳外以侍。少游感其意，為留數日。娼不敢以燕惰見，愈加敬禮。將別，囑曰："妾不肖之身，幸侍左右。今學士以王命，不可久留，妾又不敢從行，恐重以為累，唯誓潔身以報。他日北歸，幸一過妾，妾願畢矣。"少游許之。

一別數年，少游竟死於藤。娼雖處風塵中，為人婉娩，有氣節，既與少游約，因閉門謝客，獨與媼處。官府有召，辭不獲，然後往，誓不以此身負少游也。一日，晝寢寤，驚泣曰："吾自與秦學士別，未嘗見夢。今夢來別，非吉兆也。秦其死乎？"亟遣僕順途覘之。數日得報，秦果死矣。乃謂媼曰："吾昔以此身許秦學士，今不可以死故背之。"遂衰服以赴。行數百里，遇於旅館。將入，門者禦焉。告之故，而後入，臨其喪，拊棺繞之三週，舉聲一慟而絕。左右驚救,已死矣。湖南人至今傳之,以為奇事。

京口人鐘鳴將之常州校官,以聞於郡守李次山結,既為作傳,又系贊曰:"娟慕少游之才,而卒踐其言,以身事之,而歸死焉。不以存亡間,可謂義娟矣。世之言娟者,徒曰下流不足道,嗚呼!今夫士之潔其身以許人,能不負其死,而不愧於娟者,幾人哉?娟雖處賤而節義若此。然其處朝廷、處鄉黨、處親戚僚友之際,而士君子其稱者,乃有愧焉。則娟之義豈可薄耶?"

《詩》曰:"采葑采菲,無以下體。"余聞李使君結言,其先大父往持節湖、湘間,至長沙,聞娟之事,而嘆異之,惜其姓氏之不傳云。復書長句於後,曰:"洞庭之南瀟湘浦,佳人娟娟隔秋渚。門前冠蓋但如雲,玉貌當年誰為主。風流學士淮海英,解作多情斷腸句。流傳徃徃過湖嶺,未見誰知心已赴。舉首却在天一方,直北中原數千里。自憐容華能幾時,相見河清不可俟。北來仙客古藤州,渡湘獨弔長沙傅。天涯流落行路難,暫解征鞍聊一顧。橫波不作常人看,邂逅乃慰平生慕。蘭(當)〔堂〕置酒羅饈珍,明燭燒膏為延佇。清歌宛轉遶梁塵,博山空濛散烟霧。雕床斗帳芙蓉褥,上有鴛鴦合歡被。紅顏深夜承燕娛,玉筍清晨奉巾屨。匆匆不盡新知樂,惟有此身為君許。但說恩情有重來,何期不別歲將暮。午枕孤眠魂夢驚,夢君來別如平生。與君已別復何別,此別無乃非吉徵。萬里海風掀雪浪,魂招不歸竟長徃。效死君前若不知,向來宿約期無爽。君不見,二妃追舜號蒼梧,恨染湘竹終不枯。無情湘水自東注,至今斑筍盈江隅。屈原《九歌》豈不好,煎膠續絃千古無。我今試作《義娟傳》,尚使風期後來見。"

(164) 劉氏

見於明·王圻《稗史彙編》卷四六《倫敘門·寡婦納糧救眾》。

宣和用兵燕、雲,厚賦天下緡錢,督責甚峻。民無貧富,皆被其害。時海州楊六秀才之妻劉氏寡居,謂二子曰:"國家用兵,斂及下戶;期會促迫,刑法慘酷。吾家積錢列屋,坐視鄉黨之困與官吏之負罪,而晏然不顧,心安乎?"遂請于官,願以緡錢一百萬獻之,以免下戶之輸。於是一郡數縣之官吏得以逃責,而下戶得免於流離死亡者,皆劉氏之賜也。吁!今人積金蓄穀倍數,若遇災荒而幸糴價之高,遭危難而喜窖藏之密者,滔滔皆是也。其視劉氏之賢何啻霄壤耶!

(165) 董國度妾

現見於明·劉仲達輯《劉氏鴻書》卷五七《人品部十二》。

董國度,字元卿,饒州人。宣和六年進士第,調萊州膠水簿。會北兵動,留家於鄉,獨處官所。中原陷,不得歸,棄官走村落,頗與逆旅主人相得。念其羈窮,為買一妾,不知何許人也,性慧解,有姿色。見董貧,則以治生為己任,罄家所有,買磨驢七八頭,麥數十斛。每得麵,自騎入市鬻之,至晚負錢以歸。如是三年,獲利益多,有田宅矣。

董與母妻隔別滋久,消息不通,居常戚戚,意緒無聊。妾叩其故。董嬖愛已深,不復隱,為言:"我故南官也,一家皆在鄉里,身獨漂泊,茫無歸期。每一想念,心亂欲死。"妾曰:"如是,何不早告我?我兄善為人謀事,旦夕且至,請為君籌之。"

數日,果有客長身虬髯,騎大馬,驅車十餘乘過門,妾曰:"吾兄至矣。"出迎拜,使董相見,敘姻戚之禮。留飲至夜,妾始言前事以屬客。是時,虜令:"凡宋官亡命,許自陳,匿不言而被首者,死。"董業已漏洩,又疑兩人欲圖己,大悔懼,乃始曰:"無之。"客忿然怒且笑,曰:"以女弟托質數年,相與如骨肉,故冒禁欲致君南歸,而見疑如此!倘中道有變,且累我!當取君告身與我以為信,不然,天明執告官矣!"董益懼,自分必死,探囊中文書悉與之。終夕涕泣,一聽於死。

客去，明日控一馬來，曰："行矣！"董請妾與俱。妾曰："適有故，須少留。明年當相尋。吾手製一衲袍贈君，謹服之，唯吾兄馬首所向。若返國，兄若舉數十萬錢相贈，當勿取。如不可却，則舉袍示之。彼嘗受我恩，今送君歸，未足以報德，當復護我去。萬一受其獻，則彼責已塞，無復顧我矣！善守此袍，亡失也！"董愕然，怪其語不倫，且慮鄰里知覺，輒揮涕上馬，疾馳到海上。有大舟，臨解維，客麾使登，楫而別。舟邊南行，略無資糧道路之費，茫不知所為。舟中奉侍甚謹，且食不相問訊。纔達南岸，客已先在水濱，邀諸旗亭，相勞苦，出黃金二十兩，曰："以是為太夫人壽。"董憶妾語，力辭之。客不可，曰："赤手還國，欲與妻子餓死耶？"強留金而出。董追挽之，示以袍。客曰："吾智果出彼下。吾事殊未了，明年挈君麗人來！"徑去，不返顧。

董至家，母妻二子俱無恙。取袍示家人，縫綻處黃色隱然，（折）〔拆〕視之，滿中皆箔金也。踰年，客果以妾至，偕老焉。

（166）銀瓶烈女

原文出明·黃尚文《女範編》卷四。

宋銀瓶烈女，岳鄂王女也。女生時，母夢吞月，生果奇異。性敏，涉獵百子。喜傳之有烈有義者，苟適意，即終夜玩之無斁也。甫言時，鄂王從陣歸，女牽衣膝下問之，曰："胡不即一斬賊首耶？"識者烈之。

後鄂（女）〔王〕被執，女痛父之冤，求自盡。或有止之者，女哭應聲曰："我父戮力報主，檜賊賣國害忠，身屬女郎，報復無地，即不如大漢之緹縈，何不為曹江之女娥？父以為臣死忠，我以為子死孝，同歸九泉，足矣！若等會當見檜賊之屍粉也。"言畢，負銀瓶（技）〔投〕於宅之東南井死焉。宅址即今杭之按察司也。後按察使梁公立大亭覆其井,榜曰"孝娥井"。蜀劉瑞銘曰:"天柱甈,日爲月,禍忠烈,奸檜藥,叫父冤,冤莫雪,赴井抱瓶泉化血,血如霓,憤如鐵,曹江之娥符爾節。噫嘻!井可竭,名不可滅。"

(167) 申屠氏

見於明・王圻《稗史彙編》卷四六《倫敘門・申屠氏》。

申屠氏,宋時長樂人。美而艷,申屠虔之女也。既長,慕孟光之為人,名希光。十歲能屬文,讀書一廻,輒能成誦。其兄漁釣海上,作詩送之,曰:"生計持竿二十年,茫茫此去水連天。徃來酒灑臨江廟,晝夜燈明過海船。霧裡鳴螺分港釣,浪中抛纜枕霜眠。莫辭一棹風波險,平地風波更可憐。"其父常奇此女,不妄許人。

年二十,候官有董昌,以秀才異等為學(官)〔宮〕弟子。虔既見之學宮,遂以希光妻昌。希光臨行作留別詩,曰:"女伴門前望,風帆不可留。岕鳴(舊)〔蕉〕葉雨,江醉蓼花秋。百歲身為累,孤雲世共浮。淚隨流水去,一夜到閩州。"入門,絕不復唫。食貧作苦,晏如也。

居久之,當靖康二年,郡中大豪方六一者,虎而冠者也。聞希光美,心悅而好之。乃使人誣昌,陰重罪,罪至族。六一復陽為居間,得輕比,獨昌報殺,妻子幸無死。因使侍者通殷勤,強委禽焉。希光具知其謀,謬許之。密寄其孤于昌之友人,乃求利匕首,懷之以徃。謂六一曰:"妾自分身首異處矣,賴君高誼,生死而骨肉之。妾之餘,君之身也。敢不奉承君命。但亡人未歸淺土,心竊傷之。惟君哀憐,既克葬,乃成禮。"六一大喜,立使人以禮葬之。

於是希光偽為色喜,裝入室,六一既至,即以匕首刺之帳中,六一立死,因復殺其侍者二人。至夜中,詐謂六一卒病委篤,以次呼其家人,家人皆愕。卒起不意,先後犇入,希光皆殺之,盡滅其宗。因斬六一頭置囊中,馳至董昌葬所,以其頭祭之。明旦,悉召山下人告之,曰:"吾以此下報董君,吾死不愧魂魄矣。"以衣帶自縊而死。

(168) 宋韓希孟

原文出明·黃尚文《女範編》卷四,文句全同。

韓希孟,宋韓魏公琦五世孫女,少明慧,知讀書,嫁襄陽之賈瓊。時始字,確供媳職。會元兵破巴陵,為卒所掠,將獻其主,孟時年十八,知不可免,乘間作詩一律,書之以藏於練帶中,其詩曰:"我質本珊璉,宗廟供蘋蘩。一朝嬰禍難,失身戎馬間。寧當血刃死,不作衽席完。漢上有王猛,江南無謝安。長號赴洪流,激烈摧心肝。"遂赴水死。三日後,其屍始出。因於練帶中見其詩句,觀者為之慄然。

(169) 宋忠臣媳

原文出明·黃尚文《女範編》卷四。

宋趙昂發,為池州通判,攝州事。繕壁聚糧,為固守計。及元兵遊騎至,都統張林陰遣人納欸,昂發知事不濟,謂妻雍氏曰:"城將破,我守臣不可去,汝先出。"雍曰:"君為命官,妾為命媳,君為忠臣,妾獨不能為忠臣媳乎!"昂發笑曰:"此豈汝所能耶!"雍請先死,昂發笑止之。及元將上城,即晨起,書几上曰:"國不可背,城不可降,夫媳同死,節義成雙。"雍氏遂與夫同縊從容堂。

(170) 羅惜惜

明·馮夢龍《情史》卷三《情私類·張幼謙》,文與此頗同,而未知其所從來。

浙東張忠父與羅仁卿鄰居，張宦族而貧，羅崛興而富。宋端平間，兩家同日生產。張生子名幼謙，羅生女名惜惜。稍長，羅女寄學於張。人常戲曰："同日生者，合為夫娘。"張子、羅女，私以為然。密立券約，誓必偕老，兩家父母罔知也。年十數歲，嘗私合於齋東石榴樹下，自後無間。

明年，羅女不復來學。張子雖屢至羅門，閨院深邃，終不見女。至冬，張子書詞名《一剪梅》云："同年同日又同窗，不似鸞鳳，誰似鸞鳳。石榴樹下事匆忙。驚散鴛鴦，（折）〔拆〕散鴛鴦。一年不到讀書堂，教不思量，怎不思量。朝朝暮暮只燒香。有分成雙，願早成雙。"伺其婢，連日不至。又成詩云："昔人一別恨悠悠，猶把梅花寄隴頭。咫尺花開君不見，有人獨自對花愁。"一日，婢至，與之，云："齋前梅花已開，可托折梅花返回信來。"去無報音。

明年，隨父忠父館寓越州太守齋，兩年方歸。羅女遣婢餽錢，篋中有金錢十枚，相思子一粒。張大喜，語婢，欲得一會期。且復書一詩，云："一朝不見似三秋，真個三秋愁不愁？金錢難買尊前笑，一粒相思死不休。"嘗擲金錢為戲，母見詰之，云得之羅女。母覺其意，遣里嫗問婚。羅父母以其貧，不許，曰："若會及第做官，則可。"

明年，張又隨父同越州太守候差于京。又兩年方歸，而羅氏受里富室辛氏聘矣。張大恨，作詞名《長相思》，云："天有神，地有神。海誓山盟字字真，如今墨尚新。過一春，又一春。不解金錢變作銀，如何忘却人。"遣里嫗密送與女。女言："受聘乃父母意。但得君來會面，寧與君俱死，永不願與他人俱生也。"羅屋後墻內，有山茶數株，可以攀緣及墻。約張候於墻外，中夜令婢登墻，用竹梯置墻外以度。凡伺候三夕而失期。賦詩云："山茶花樹隔東風，何奈雲山萬萬重。銷金帳煖貪春夢，人在月明風露中。"復遣里嫗返去。女言："三夕不寐，無間可乘。"約以今夕燈燭後為期。至期，果有竹梯在墻外，遂登墻緣樹而下。女延入室，登閣，極其繾綣。遂訂後期，以樓西明三燈為約。如至，墻外止一燈，不可候也。自後無夕不至，或一二夕，或三四夕，明三燈，則墻外亦有竹梯矣。

月餘，又隨父館寓湖北帥廳。先數日，相與泣別。女遺金帛甚厚，曰："幸未卽嫁，則君此歸，尚有會期。否則，君其索我於井中，結來世姻矣。"

其年，張赴湖北，留寓試，畢，歸里，則女亦擬是冬出適。聞張歸，卽遣婢訂約今夕，且書《卜算子》詞一闋，云："幸得那人歸，怎便教來也。一日想思十二辰，直是情難捨。本是好姻緣，又怕姻緣假。若是教隨別箇人，相見黃泉下。"

張如約至。女喜且怨，曰："幸有期會了，曷為又徃湖北去，乃不務早歸。從今若無夜不會，亦秖兩月餘矣。當與君極歡，雖死無恨。君少年才俊，前程未可量。妾不敢以世俗兒女態，邀君俱死也。"相對泣下。久之，張索筆和其《卜算子》，云："去時不由人，歸怎由人也。羅帶同心結到成，底事教撅捨。心是十分真，情沒些兒假。若道歸遲打棹笓，甘受三千下。"自是遂無夜不至。

半月餘，為羅父母所覺，執送有司。女投井不果，令人日夕隨之。張到官，歷歷具實供答。宰憐其才，欲貸其罪，而辛氏有巨貲，必欲究竟。張母遺信報其父，父懇湖北帥，關節本郡太守。未幾，湖北帥寓試揭曉，張作《周易》魁，旗鈴就圉中報捷。宰大喜，延至公廳賀之，送歸拜母。申州請旨。邑方逮女出官，中途而返。太守得湖北帥使書，而本縣申文亦至。辛氏以本縣擅釋張子，赴州陳訴。太守曉辛曰："羅氏不廉女也。天下多美娘人，汝焉用昵是為？當令羅氏還爾聘財。"辛辭塞。太守命吏取辛情願休親狀，行移本縣，追理聘財。密書與宰，令為張羅，了此一段姻緣。宰具札招羅仁卿公廳相見，卽賀其得佳壻，盛禮特筵，具道守意。羅歸，招張來贅。張明年登科，仕至倅。夫婦諧老焉。

(171) 馬瓊瓊

原文出於明·王世貞《豔異編》卷二十七《西閣寄梅記》。

朱端朝，字廷之，宋南渡後，肄業上庠，與妓馬瓊瓊者，徃來久之，情愛稠密。馬屢以終身之託為言。朱雖口從，而心不許之，蓋以妻嚴謹，不敢主盟，非薄倖也。

而端朝文章富贍，瓊瓊知其非白屋久居之人，遂傾心，凡百費用，皆瓊瓊給之。時秋試高中，捷報之來，瓊瓊喜而勞之。端朝乃淬勵省業，以決春闈之勝。既而到省，愜意。翌日揭榜，果中優等。及廷對之策，失之太詰，遂寘下甲，初注授南昌尉。瓊瓊力致懇曰："妾風塵輩之人，荷君未遽棄去。今幸榮登仕版，行將雲泥隔絕，無復奉承枕席。妾之一身，終淪棄矣，誠可憐憫，欲望君與謀脫籍之計，永執箕箒。然顧君內政謹嚴，妾常小心伏事，無敢唐突。萬一脫此業緣，受賜於君，誠不淺淺耳。且妾之箱篋稍充，若與力圖去籍，誠為不難。"端朝曰："去籍之計，固可主張。但恐不能與家人相處，使其無妬忌之態。端朝為計，亦不至今日。盛意既濃，沮之則近無情，從之則虞有辱。然既出汝中心，即容與調護。先入數語，使其和同柔順，庶彼此得以相安。否則端朝之計，無所施矣。"

一日，端朝因間謂其妻曰："我久居學舍，雖近得一小官，外人誠有助焉。且我家貧，急於干祿，豈得待數年之闕。我所得一官，實出妓子馬瓊瓊之賜。今彼欲傾箱篋，求託於我，仍訪去籍，彼亦能小心迎合人意，脫彼於風塵之間，此亦仁人之恩也。"其妻曰："君意已決，妾復何辭。"端朝喜，謂瓊瓊曰："初畏家人不從，吾言試一叩之，乃忻然相許。"端朝於是宛轉求托，而瓊瓊花籍亦得脫去。瓊遂搬囊橐，與端朝俱歸其家。

既至門，其正室一見如故。端朝自是得瓊瓊所攜，而家遂稍豐。因整理一區，中闢二閣，以東西扁名，東閣正室居之，乃令瓊瓊處於西閣，後止有東西閣相通同處。候經三載，闕期已滿，迓吏前至。端朝以路遠俸薄，不肯攜累，乃單騎赴任。將行，置酒與東西閣相宴，因屬曰："凡此去或有家信來徃，東閣西閣不能別書，止緘同一緘。復書亦如之。"言畢，端朝獨之南昌，在路登涉稍艱。

既到南昌，參州交印，謁廟受賀，復禮人事，方畢，而巡警繼至。倏經半載，乃得家信。止東閣有書，而西閣無之。端朝亦不介意。復書中但諭及東閣寬容之意，仍指西閣奉承之勤。書至，竟不及見，且曰縣尉之行也，嘗曰作書回字，當與二閣共之。今乃不獲覩，此何意也？東閣開言頗嫉之，欲去而未可，西閣乃密遣一僕，厚給裹足，授以書，囑之曰："勿令東閣孺人知之。"及書至南昌，端朝開緘，絕無一字，止見雪梅扇面而已。因反覆觀翫，及於後，寫一詞，名《減字木蘭花》云："雪梅妬色，雪把梅花相抑勒。梅性溫柔，雪壓梅花怎起頭。芳心欲訴，全仗東君來作主。傳語東君，早與梅花作主人。"

端朝詳味詞中之意，則知西閣為東閣摧挫可知矣。自是坐卧不安，日夜思欲休官，賦歸去來之計。蓋以僥倖一官，皆西閣之力，不忘本也。後竟以尋醫為名，而棄官歸來。

既至家，而東西二閣相與出迎，深怪其未及書信，忽作歸計。叩之不答。既而端朝置酒，會二閣而言，曰："我僥倖一官，羈迷千里，所望二閣在家和順相容，使我居官少安。昨日見西閣所寄梅扇，後書《減字木蘭花》一首，讀之使人不遑寢食，吾安得而不歸哉！"東閣乃曰："君今仕矣，且與妾判斷此事，據西閣詞中所說，梅花孰是？"端朝曰："此非口舌所能剖判。當取紙筆來，書其是非曲直。"遂作《浣溪沙》一闋，以示二閣，云："梅正開時雪正狂，兩般幽韻孰優長？且宜持酒細端詳。梅比雪花多一出，雪如梅蕊少些香。花公非是不思量。"自後二閣歡會如初，端朝亦不復出仕矣。

(172) 謝疊山妻

原文出於明·黃尚文《女範編》卷四。

宋李氏,謝枋得之妻。枋得守安仁,兵敗,逃閩中。李氏携二子匿貴溪山,採草木而食。賊至,令曰:"不獲李氏,屠而墟。"李氏聞之,曰:"豈可以我累人?"遂就俘。明年,徙囚建康,聞當沒入為奴,遂經死獄中。

元

(173) 李仲義妻

原文出於明·宋濂《元史》卷二〇一《列女傳》,文字有刪改。

元李仲義妻,劉氏女也。至正十二年,房山縣大饑,平章事哈喇不花兵乏食,執仲義欲烹之。劉氏聞之,遽往,涕泣伏地,告曰:"吾夫瘦小,不可食。吾聞媼人肥黑者味美,吾肥且黑,願就烹以代夫死。"兵遂釋其夫而烹劉氏。聞者莫不哀之。

(174) 湯煇妻

原文出於明·宋濂《元史》卷二〇一《列女傳》,文字有刪改。

元湯煇妻張氏,處州兵亂,其家財先已移入山麓,夫與姑共守之。舅以疾未行,張氏任藥膳,且以輿自隨。既而賊至,即命以輿載其舅,而已遏賊。賊以刀脇之,曰:"從我則生,否則死。"張掠髮整衣,請受刃,賊未忍殺,張懼汙,即奪其刃,自刺死,年二十七。

(175) 臨海民妻

原文出於明·田藝蘅《詩女史》卷一〇,文字有删改。

元臨海民妻姓王氏,幼有節操,不苟言,能觀書,善於詩賦。歸夫家,媍道無虧。後臨海有千夫長者,殺其夫,見王而悅之,有他意。王念將被污,請持服朞月乃可。千夫長從之,仍使俘媍褾守。(賦)〔賊〕還,過嵊之清風嶺,囓指血,題口占詩於石崖上,其詩曰:"君王無道妾當災,棄女抛兒逐馬來。夫面不知何日見,妾身還向幾時回?兩行怨淚偷頻滴,一對愁眉鎖不開。遙望家鄉何處是,存亡二字實哀哉。"遂投崖下以死。石上血漬起,至今猶存。

(176) 吳氏女

原文出於明·元·鄭禧《春夢錄》,現見於明·陶宗儀《說郛》卷一一五,文字幾全同。

城之西有吳氏女,生長儒家,才色俱麗,琴棋詩書,靡不究通,大夫士數稱之。其父早世,遺命宜以為儒家。室女自負不凡。余今年客于洪府,一日,媒嫗來言:"女家久擇婿,難其人。"洪仲明公子,戲欲與余求之,余辭云:"已娶。"不期媒嫗欲求余詩詞達於女氏,余戲賦《木蘭花慢》一闋。翌日,女和前詞,付媒嫗至,乃曰:"吳氏之族,見此詞,喜稱文士之美,但母氏謂官人已娶而不可。"然女獨憐余之才,賡唱迭和,復令乳母來觀,且述女意,又欲雖居二室,亦不辭也。囑余托相知之深者,求啟母意歸余。然余在城之日淺,相知者少,謾囑意山長吳槐坡者,徃說其母,終亦不從。

有周氏,懼余之成事,挾財以媚母氏,母乃决於從周,遂納其定禮,女號泣曰:"父臨終命歸儒士。周子不學無術,但能琵琶耳。我誓不從周氏。"因佯狂擲冠於地,母怒毆之。發憤成疾,病且篤,母乃大悔，懼逆其意，即以定禮付媒嫗以歸於周。然女病（意）〔竟〕無起色，因以書遺余，曰："妾之病，實為郎也。若此生不救，抱恨於地下，料郎之情豈能忘乎？"臨終，又泣謂其青衣名梅蕋者，曰："我愛鄭郎，生也為鄭，死也為鄭。我死之後，汝可以鄭郎詩詞書翰密置棺中，以成我意。"未幾，果卒。

嗚呼！文君之於相如，自昔所難，而況夫媱之間，多才相配，世之尤難者乎？夫以女之才如是，而憐余之才又如是。齊眉之相好，唱和百年，豈非天下之至樂者乎？而況其家本豐殖有貲財者哉？乃厄母命之不從，發憤成疾，抱恨而死。嗟夫！紅顏勝人多薄命，亘古如斯，而況才色之兼全者乎？驚彩雲之易失，痛黃壤之相遺，亦徒重余之臨風相悒怏耳，恨何言也。抑余非悅於色也，愛其才，非徒愛其才也，感其心也。延祐戊午永嘉鄭僖天趣序。

附

(177)京師女

原文出於明·漢·劉向《列女傳》卷五，文字有刪改。

京師女，長安大昌里人妻也，其夫有讎，人欲殺其夫而無道，聞其妻仁孝有義，乃刼其妻之父，使要其女為中譎。父呼其女，告之。女計念：不聽則殺父，不孝，聽之則殺夫，不義，不孝不義，雖生不可以行於世，欲以身當之，乃且許諾曰："旦日在樓上新沐，東首臥則是矣。妾請開戶牖待之。"還其家，乃告其夫，使臥他所，因自沐居樓上東首，開戶牖而臥。夜半，仇家果至，斷其頭持去。明而視之，乃其妻頭也。仇人哀之，以為有義，遂釋，不殺其夫。

(178) 俠嫗

見於元·武康常陽妻龍輔撰《女紅餘志》，亦見於明·王圻《稗史彙編》卷三五《人物門·俠嫗》。

修容嘗言，幼時其母好善，屬里中盜大起，闔門惶駭，忽一老嫗至，曰："汝家從來多陰德，盜雖亂，吾能匿汝，無庸駭也。"袖中出黑綾二尺，製作條子。每人令繫一條于臂，曰："不必備飲食，第隨我行耳。家中一切無所損。"修容母子隨至一道院。老嫗指一神像曰："是神慈悲，好行善行，汝等可潛其左耳。"于是教修容母子閉目，負之而入。神像亦不大，母子處之如一間屋中。老嫗朝夕來視。神像耳孔僅容指，凡飲食至，耳孔輒大。

一日，盜突入院中，兵器羅列甚利。修容從耳孔中窺之，甚寒心。一夕，老嫗持一人頭示修容曰："渠魁已斬，餘無慮。"修容問何不早行之。曰："雖係盜亂，亦天數然。吾小術耳，何敢違天。今天命吾斬則斬耳。"于是用法如前，負而出。歸至家，修容拜以為師。誓修苦行以報德。老嫗曰："汝仙骨尚微，無徒勞也。"于是教脩容作萬壽粆，歌連遷曲。後不知所（住）〔往〕。修容歸于元雍也。

女俠傳

明·武進　鄒之麟

《俠女傳》序

據明·賀復徵編《文章辨體彙選》卷二九三補。依序名，此書原應作《俠女傳》，但各叢書收錄時皆以《女俠傳》名之。

舉世儒也，傳俠，俠，丈夫事也，傳女不幾刺謬乎？曰：儒其心，俠其骨，女其德，丈夫其行，可也。嘗取儒者之成仁取義，不忘久要，求之俠者；又取俠者之取予然諾，修行砥名，求之儒者。儒之論說，不啻詳矣，而俠者固未嘗頌讀也。

俠者徃徃合，儒者徃徃離。嗟乎！是何説也？聞之老氏：上古之世，甘食美衣，民至老死不相徃來。此真有道之世也，失道後德，失德後仁義，熬熬焉，踶跂焉，詩書發冢，大儒臚傳，而世可慨也。設財役貧，朋黨宗強比周，古布衣之俠，靡得而聞，而世可慨也。

抗、遜、機、雲，沒而扶輿，清淑之氣，不鍾男子而鍾婦人，而世更可慨也。孔明以巾幗遺司馬仲達，退丈夫為女子；予圖傳女俠，進女子為丈夫。嗟乎！世盡丈夫，予之願矣。若曰舉俠而世已鮮儒，舉女而世已鮮丈夫，則予豈敢？則予豈敢？

豪俠

昔太公釣於渭水,八十年矣,人未有識之者。即以文王之聖之亟於求賢,且以夢以卜。嗟乎!士信于知己,而絀於不知己,相知蓋若斯之難也。傳稱:"五百年必有王者興,其間必有名世者。"天作之合,若或閟之,於此有人焉,睥睨其間,與日月爭光,此豈非所謂賢豪間者耶?鹿門、水鏡,庶幾近之,方諸女子,蓋寥寥已。

(1) 漂母

見漢‧司馬遷《史記‧淮陰侯列傳》,大抵相同。

淮陰侯韓信始為布衣時,貧無行,不得推擇為吏,又不能治生商賈,常從人寄食飲,人多厭之者。常數從其下鄉南昌亭長寄食。數月,亭長妻患之,乃晨炊蓐食,食時信往,不為具食。信亦知其意,怒,竟絕去。信釣於城下,諸母漂,有一母見信饑,飯信,竟漂數十日。信喜,謂漂母曰:"吾必有以重報母。"母怒曰:"大丈夫不能自食,吾哀王孫而進食,豈望報乎?"

(2) 張耳妻

見漢‧司馬遷《史記‧張耳陳餘列傳》,《史記》作"宦"魏,此作"客"魏,餘全同。

張耳者,大梁人也。其少時,及魏公子毋忌為客。張耳嘗亡命游外黃。外黃富人女甚美,嫁庸奴,亡其夫,去抵父客。父客素知張耳,乃謂女曰:"必欲求賢夫,從張耳。"女聽,乃卒為請決,嫁之張耳。張耳是時脫身游,女家厚奉給張耳,張耳以故致千里。乃客魏為外黃令,名由此益賢。

（3）齊姜

見《左傳·僖公二十三年》,文句全同。

晉公子重耳出奔至齊,齊桓公妻之,有馬二十乘,公子安之。從者以為不可,將行,謀於桑下,蠶妾在其上,以告姜氏,姜氏殺之,而謂公子曰:"子有四方之志,其聞之者,吾殺之矣。"公子曰:"無之。"姜曰:"行也！懷與安,實敗名。"公子不可,姜與子犯謀,醉而遣之。

（4）僖負羈妻

見《春秋左傳注疏》卷一四,文句幾全同。

晉公子重耳及曹,僖負羈之妻曰:"吾觀晉公子之從者,皆足以相國。若以相,夫子必反其國。反其國,必得志於諸侯,得志於諸侯而誅無禮,曹其首也,子盍蚤自貳焉。"乃饋盤餐,寘璧焉。

（5）瀨女

見於漢·趙曄《吳越春秋》卷一《王僚使公子光傳第三》,字句有刪改。

子胥行至吳,疾於中道,乞食溧陽。適遇女子擊綿於瀨水之上,筥中有飯,子胥遇之,謂曰:"夫人,可得一餐乎？"女子曰:"妾獨與母居,三十未嫁,飯不可得。"子胥曰:"夫人賑窮途少飯,亦何嫌哉？"女子知非恆人,遂許之,發其簞筥,飯其盎漿,長跪而與之。子胥再餐而止,女子曰:"君子有遠誓之行,何不飽而餐之？"子胥已餐而去,又謂女子曰:"掩夫人之壺漿,無令其露。"女子歎曰:"嗟乎,妾獨與母居三十年,自守貞明,不願從適,何宜饋飯而與丈夫,越虧禮儀,妾不忍也,子行矣。"子胥行,反顧女子,已自投於瀨水矣。

(6) 文君

見於晉·葛洪《西京雜記》卷二,亦見於明·徐廣《二俠傳》卷十四《卓文君》,文句全同。

司馬相如初與卓文君還成都,貧居愁懣,以所着鷫鸘裘就市人陽昌貰酒,與文君為懽,文君舉杯而笑曰:"我平生富足,今乃以裘貰酒。"遂相與謀,於成都賣酒。相如親着犢鼻褌滌器,以耻王孫。王孫果以為病,乃厚給文君,文君遂為富人。文君姣好,眉色如望遠山,臉際常若芙蓉,肌膚柔滑如脂。十七而寡,為人放誕風流,故悅長卿之才而越禮焉。長卿素有消渴疾,及還成都,悅文君之色,遂以發痼疾。乃作《美人賦》,欲以自刺,而終不能改,卒以此疾至死,文君為誄,傳於世。

(7) 梁夫人

見於宋·羅大經《鶴林玉露·丙篇》卷二,文句幾全同。

韓蘄王之夫人,京口娼也。嘗五更入府,伺候賀朔。忽於廟柱下見一虎蹲卧,鼻息齁齁然,驚駭亟走出,不敢言。已而人至者眾,復往視之,乃一卒也。因蹴之起,問其姓名,為韓世忠。心異之,密告其母,謂此卒定非凡人。乃邀至其家,具酒食,(卜)〔至〕原作"卜",據陸鈔本改為"至"夜盡歡,深相結納,資以金帛,納為夫婦。蘄王後立殊功,為中興名將,遂封兩國夫人。蘄王嘗邀兀术於黃天蕩,幾成擒矣。一夕,鑿河遁去。夫人奏疏言:"世忠失機縱敵,乞加罪責。"舉朝為之動色。

義俠

摩詰有言:"西風剄首向公子,七十老翁何所求?"嗟乎!有所求者利也,無所求者義也。傳嘗曰"求仁而得仁",札之劍、良之椎、高之髡鉗、布之奏事越頭下,仁則吾不知也,不既信,不倍言,義者有焉,其庶乎!太史公發憤論次古布衣之俠,而之數者不少槩見,何哉?魯連之不帝秦,與夷、齊叩馬事何異?而一則曰"義人",一則曰"其意指不合大義",豈君子喻義,子長非其人邪?為之次女俠義者。

(1) 如姬

原文出漢·司馬遷《史記·魏公子列傳》,有所節略。

秦昭王圍邯鄲急,平原君夫人為信陵君姊,遺書魏公子,請救,公子及賓客辯士說王萬端。魏王畏秦,終不聽公子。公子自度終不能得之于王,乃欲赴秦軍,與趙俱死。行過夷門,別侯生。侯生乃屏人語曰:"嬴聞晉鄙之兵符,常在王臥內,而如姬最幸,出入王臥內,力能竊之。嬴聞如姬父為人所殺,如姬資之三年,自王以下,欲求報其父仇,莫能得。姬為公子泣,公子使客斬其仇頭,敬進如姬。姬之欲為公子死,無所辭,顧未有路耳。公子誠一開口請如姬,如姬必許諾,則得虎符奪晉鄙軍,北救趙而西却秦,此五霸之伐也。"公子從其計請如姬,如姬果盜晉鄙兵符與公子。

(2) 聶榮

見漢·司馬遷《史記·刺客列傳》,文句幾全同。

聶政姊榮聞人有刺殺韓相者，賊不得，國不知姓名，暴其尸而縣之千金，乃於邑曰："其是吾弟與。嗟乎，嚴仲子知吾弟！"立起，如韓，之市，而死者果政也，伏尸哭，極哀，曰："是軹深井里所謂聶政者也。"市行者諸眾人皆曰："此人暴虐吾國相，王縣購其名姓千金，夫人不聞與？何敢來識之也？"榮應之曰："聞之。然政所以蒙污辱自棄於市販之間者，為老母幸無恙，妾未嫁也。親既以天年下世，妾以嫁夫，嚴仲子乃察舉吾弟困污之中而交之，澤厚矣，可奈何！士固為知己者死，今乃以妾尚在之故，重自刑以絕從，妾其奈何畏歿身之誅，終滅賢弟之名！"大驚韓市人。乃大呼天者三，卒於邑，悲哀而死政之旁。

（3）魯保母

見於漢·劉向《列女傳》卷五《魯孝義保》，文句幾全同。

孝義保者，魯孝公稱之保母，臧氏之寡也。初，孝公父武公與其二子長子括、中子戲朝周宣王，宣王立戲為魯太子。武王薨，戲立，是為懿公。孝公時號公子稱，最少。義保與其子俱入宮，養公子稱。括之子伯御與魯人作亂，攻殺懿公而自立。求公子稱，將殺之。義保聞伯御將殺稱，乃衣其子以稱之衣，卧於稱之處，伯御殺之，義保遂抱稱以出，遇稱舅魯大夫於外，舅問："稱死乎？"義保曰："不死，在此。"舅曰："何以得免？"義保曰："以吾子代之。"義保遂以逃。十一年，魯大夫皆知稱之在保，於是請周天子殺伯御立稱，是為孝公。

（4）魏乳母

見於漢·劉向《列女傳》卷五《魏節乳母》，改"節乳母"為"乳母"，文末有所更動，餘文句幾全同。

魏乳母者，魏公子之乳母。秦攻魏，破之，殺魏王瑕，誅諸公子，而一公子不得，令魏國曰："得公子者，賜金千鎰。匿之者，罪至夷。"乳母與公子俱逃，魏之故臣見乳母而識之，曰："乳母無恙乎？"乳母曰："嗟乎！吾奈公子何？"故臣曰："今公子安在？吾聞秦令曰：'有能得公子者，賜金千鎰。匿之者，罪至夷。'乳母倘言之，則可以得千金。知而不言，則昆弟無類矣。"乳母曰："吁！我不知公子之處。"故臣曰："我聞公子與乳母俱逃。"母曰："吾雖知之，亦終不可以言。"故臣曰："今魏國已破，亡族已滅。子匿之，尚誰為乎？"母呼而言曰："夫見利而反上者，逆也。畏死而棄義者，亂也。今持逆亂而以求利，吾不為也。且夫凡為人養子者務生之，非為殺之也。豈可利賞畏誅之故，廢正義而行逆節哉！妾不能生而令公子擒也。"遂抱公子逃於深澤之中。故臣以告秦軍，秦軍追，見爭射之，乳母以身為公子蔽，矢着身者數十，與公子俱死。秦王義之，葬以卿禮，賜金百鎰，祀以太牢，寵其兄為五大夫。

（5）龐娥親

源於晉·皇甫謐《列女傳》，見於南朝宋·裴松之注《三國志·魏書十八·二李臧文呂許典二龐閻傳》，文句幾全同。

酒泉烈女龐娥親者，表氏龐子夏之妻，祿福趙君安之女也。君安為同郡李壽所殺，娥親有弟三人，皆欲報讎，壽深以為備。會遭災疫，三人皆死。壽聞大喜，請會宗族，共相慶賀，云："趙氏彊壯已盡，唯有女弱，何足復憂！"防備懈弛。娥親子淯出行，聞壽此言，還以啟娥親。娥親既素有報讎之心，及聞壽言，感激愈深，愴然隕涕曰："李壽，汝莫喜也，終不活汝！戴履天地，為吾門戶，吾三子之羞也。焉知娥親不手刃殺汝，而自徼倖邪？"陰市名刀，挾長持短，晝夜哀酸，志在殺壽。壽為人凶豪，聞娥親之言，更乘馬帶刀，鄉人皆畏憚之。比鄰有徐氏婦，憂娥親不能制，恐逆見中害，每諫止之，曰："李壽，男子也，兇惡有素，加今備衛在身。趙雖有猛烈之志，而強弱不敵。邂逅不制，則為重受禍於壽，絕滅門戶，痛辱不輕也。願詳舉動，為門戶之計。"娥親曰："父母之讎，不同天地共日月者也。李壽不死，娥親視息世間，活復何求！今雖三弟早死，門戶泯絕，而娥親猶在，豈可假手於人哉！若以卿心況我，則李壽不可得殺；論我之心，則李壽必為我所殺明矣。"夜數磨礪所持刀訖，扼腕切齒，悲涕長歎，家人及鄰里咸共笑之。娥親謂左右曰："卿等笑我，直以我女弱不能殺壽故也。要當以壽頸血污此刀刃，令汝輩見之。"遂棄家事，乘鹿車伺壽。至光和二年二月上旬，以白日清時，於都亭之前，與壽相遇，便下車扣壽馬，叱之。壽驚愕，回馬欲走。娥親奮刀斫之，并傷其馬。馬驚，壽擠道邊溝中。娥親尋復就地斫之，深中樹間，折所持刀。壽被創未死，娥親因取壽所佩刀殺壽，壽護刀，瞋目大呼，跳梁而起。娥親乃挺身奮手，左抵其額，右椿其喉，反覆盤旋，應手而倒。遂拔其刀以截壽頭，持詣都亭，歸罪有司，徐步詣獄，辭顏不變。時祿福長漢陽尹嘉不忍論娥親，即解印綬去官，弛法縱之。娥親曰："讎塞身死，妾之明分也。治獄制刑，君之常典也。何敢貪生以枉官法？"鄉人聞之，傾城奔往，觀者如堵焉，莫不為之悲喜慷慨嗟歎也。守尉不敢公縱，陰語使去，以便宜自匿。娥親抗聲大言曰："枉法逃死，非妾本心。今讎人已雪，死則妾分，乞得歸法，以全國體。雖復萬死，於娥親畢足，不敢貪生，為明廷負也。"尉固不聽所執，娥親復言曰："匹婦雖微，猶知憲制。殺人之罪，法所不縱。今既犯之，義無可逃。乞就刑戮，隕身朝市，肅明王法，娥親之願也。"辭氣愈厲，面無懼色。尉知其難奪，強載還家。涼州刺史周洪、酒泉太守劉班等並共表上，稱其烈義，刊石立碑，顯其門閭。太常弘農張奐貴尚所履，以束帛二十端禮之。海內聞之者，莫不改容贊善，高大其義。

節俠

聖人諱言節,蓋至於節,天下之事解矣。故寧取管仲之仁,而不與匹夫匹婦之諒,誠重之也。雖然,臣死君,子死父,婦死夫,天性已固然者,況閭巷之所稱,朝廷之所褒,丹青之所風美,備足矣,猶尚寥寥不易見,豈中庸不可能也,白刃固可蹈耶?若夫非君非父非夫,而無褒稱風美之要,片言觸激,嚙臂相期,雖生而有所不用,即以折諸聖賢之節,吾不知其何如。然而,移彼易此,易易耳。田光先生之報太子丹,曰:"為行而使人疑之,非節俠也。"嗟乎,彼何心哉!感而序節俠。

(1) 虞姬

見於漢·司馬遷《史記·項羽本紀》,文句有刪節。

虞氏西楚霸王項羽美人也,羽被漢圍垓下,夜聞漢軍四面皆楚歌,乃大驚,曰:"漢皆已得楚乎,是何楚人之多也?"乃起,飲帳中,慷慨悲歌,自為詩曰:"力拔山兮氣蓋世,時不利兮騅不逝。騅不逝兮可奈何,虞兮虞兮奈若何。"歌數闋,美人和之,曰:"漢兵已畧地,四面楚歌聲,大王意氣盡,賤妾何聊生。"泣數行下,遂自刎。

(2) 綠珠

見於宋·樂史《綠珠傳》,亦見於明·徐廣《二俠傳》卷十六《綠珠》,節錄較短,文句幾相同。

綠珠者,姓梁,白州博白縣人也。州則南昌郡,古越地。秦象郡,漢合浦縣地。唐武德初,削平蕭銑,於此置南州;尋改為白州,取白江為名。州境有博白山、博白江、盤龍洞、房山、雙角山、大荒山。山上有池，池中有婢妾魚。綠珠生雙角山下，美而艷。越俗以珠為上寶，生女為珠娘，男為珠兒。綠珠之字，由此而稱。晉石崇為交趾採訪使，以真珠三斛致之。崇有別廬在河南金谷澗。澗中有金水，自太白源來。崇卽川阜製園館。綠珠能吹笛，又善舞《明君》。明君者，昭君也。漢元帝時，匈奴單于入朝，詔王嬙配之，卽昭君也。及將去，入辭，光彩射人，天子悔焉，重難改更，漢人憐其遠嫁，為作此歌。

崇以此曲教之，而自製新歌，曰："我本良家子，將適單于庭。辭別未及終，前驅已抗旌。僕御涕流離，猨馬悲且鳴。哀鬱傷五內，涕泣沾珠纓。行行日已遠，遂造匈奴城。延我於穹廬，加我閼氏名。殊類非所安，雖貴非所榮。父子見凌辱，對之慚且驚。殺身良不易，默默以苟生。苟生亦何賴，積思常憤盈。願假飛鳥翼，乘之以遐征。飛鴻不我顧，佇立以屏營。昔為匣中玉，今為糞上英。朝華不足歡，甘與秋草屏。傳語後世人，遠嫁難為情。"

崇又製《懊惱曲》以贈綠珠。崇之婢妾艷者千餘人，擇數十人，粧飾一等，使忽視之，不相分別。刻玉為蛟龍佩，縈金為鳳凰釵，結袖繞楹而舞。欲有所召者，不呼姓名，唯聽佩聲，視釵色。佩聲輕者居前，釵色艷者居後，以為行次而進。趙王倫亂常，賊類孫秀使人求綠珠。崇方登涼觀，臨清水，婦人侍側。使者以告，崇出侍婢數百人以示之，皆蘊蘭麝而披羅縠。曰："在所擇。"使者曰："君侯服御，麗則麗矣。然受命指索綠珠，未知孰是？"崇勃然曰："吾所愛，不可得也。"秀因是譖倫族之。收兵忽至，崇謂綠珠曰："我今為爾獲罪。"綠珠泣曰："願效死於君前。"崇止之，遽墮樓而死。崇棄東市。時人名其樓曰綠珠樓，在步廣里，近狄泉，狄泉在王城之東。

(3) 段東美

見宋·李昉等《太平廣記》卷二七四《薛宜僚》,注出於《抒情集》,文句幾全同。

薛宜僚會昌中為左庶子,充新羅冊贈使,由青州泛海。船頻阻惡風雨,至登州,却漂廻,泊青州,郵傳一年。節使烏漢貞尤加待遇,有籍中飲妓段東美者,薛頗屬情,連帥置於驛中。是春薛發日,祖筵嗚咽流涕,東美亦然。乃於席上留詩曰:"阿母桃花方似錦,王孫草色正如煙。不須更向滄溟望,惆悵歡情恰一年。"薛到外國,未行冊禮旌節,曉夕有聲。旋染疾,謂判官苗甲曰:"東美何故頻見夢中乎?"數日而卒。苗攝大使行禮。薛旋櫬廻,及青州,東美乃請告至驛,素服執奠,哀號撫棺,一慟而卒。

任俠

余觀漢高之脫季布,與條侯得劇孟語,任俠行權,幾奪天子矣。專趣人之急,甚己之私,既以死生存亡,不可謂不賢者;而韓子短之,且與儒者同類而共譏,豈匹夫而託南面、犯禁亂法,自此始耶?汲長孺、鄭當時,古名臣也,皆用俠聞,豈不矜能、不伐德,廉潔退讓,有足稱歟。嗟乎!讓天下者,方能任天下,鄙人嚮利,可與圖事乎哉!

(1) 昭君

王昭君之事迹原見於漢·班固《漢書》卷九四下《匈奴傳》,有刪改。

昭君字嬙，南郡人也。初，元帝時，以良家子選入掖庭。會匈奴單于來朝，求美人為閼氏，帝敕以宮女賜之。昭君入宮數歲，未得見御，積悲怨，乃請掖庭令求行。單于臨辭大會，帝召女以示之。昭君豐容靚飾，光明漢宮，顧影徘徊，竦動左右。帝見大驚，意欲留之，而重難改更，遂與匈奴。昭君戎服乘馬，提一琵琶，出塞而去。

（2）木蘭

詩缺"女亦無所思，女亦無所憶"。

木蘭陝人也，代父戍邊十二年，人不知其為女，歸賦《處邊詩》一篇，其詞云："促織何唧唧，木蘭當戶織。不聞機杼聲，唯聞女歎息。問女何所思，問女何所憶。昨夜見〔君〕〔軍〕帖，可汗大點兵。軍書十二卷，卷卷有耶名。阿耶無大兒，木蘭無長兄。願為市鞍馬，從此替耶征。東市買駿馬，西市買鞍韉，南市買轡頭，北市買馬鞭。旦辭耶孃去，暮宿黃河邊。不聞耶孃聲喚女，但聞河水聲濺濺。旦辭黃河去，暮宿黑山頭。不聞耶孃喚女聲，但聞胡騎聲啾啾。萬里赴戎機，關山度若飛。朔氣傳金柝，寒光照鐵衣。將軍百戰死，壯士十年歸。歸來見天子，天子坐明堂。策勳十二轉，賞賜百千強。可汗問所欲，木蘭不用尚書郎，願托千里足，送兒歸故鄉。耶孃聞女來，出郭扶相將；阿妹聞姊來，當戶理紅粧；小弟聞姊來，磨刀霍霍向豬羊。開我東閣門，坐我西間牀。脫我戰時袍，着我舊時裳。當窻理雲鬢，挂鏡帖花黃。出門看火伴，火伴皆驚忙：同行十二年，不知木蘭是女郎。雄兔腳撲走，雌兔（遠）〔眼〕迷離；雙兔傍地走，安能辨我是雄雌？"君子曰："若木蘭者，亦壯而廉矣，使載之《列女傳》，緹縈、曹娥將遜之，蔡姬當低頭，愧汗不敢比肩。"杜牧《題木蘭廟詩》云："彎弓征戰作男兒，夢裡曾經學畫眉。幾度思歸還把酒，拂雲堆上祝明妃。"

(3) 莒婦

見於《左傳·昭公十九年》,文句幾全同。

莒有婦人,莒子殺其夫,已為嫠婦。及老,托於紀鄣,紡焉以度而去之。及師至,則投諸外。獻諸子占,子占使師夜縋而登。登者六十人。縋絕。師鼓譟,城上之人亦譟。莒公懼,啟西門而出。七月丙子,齊師入紀。

(4) 緹縈

緹縈之事迹,原見於漢·劉向《列女傳》卷六《辯通傳·齊太倉女》。

漢齊太倉令淳于公之女名緹縈者,淳于公無男有女五人,孝文皇帝時,淳于公有罪當刑,是時肉刑尚在,詔繫長安當刑,會逮公罵其女曰:"生女不生男,緩急非所益!"緹縈自悲,泣而隨其父至長安,上書曰:"妾父為吏,齊中皆稱治平,今坐法當刑。妾傷夫死者不可復生,刑者不可復續,雖欲改過自新,其道無繇也。妾願入身為官婢,以贖父罪,使得自新。"書奏,天子憐其意,乃下詔曰:"蓋聞有虞之時,畫衣冠、異章服以為戮,而民不犯,何其至治也?今法有肉刑五,而奸不止,其咎安在?非朕德薄而教不明哉?吾甚自愧。夫訓導不純而愚民陷焉。《詩》云:'豈弟君子,民之父母。'今人有過,教未施而刑加焉,或欲改行為善而道母由。朕甚憐之。夫刑者至斷支體,刻肌膚,終身不息,何其痛而不德也,豈稱為民父母之意哉!其除肉刑。"自是之後,鑿顛者髡,抽肋者笞,刖足者鉗。淳于公得免焉,君子謂緹縈得一言發聖主之意,《易》曰:"小懲而大誡。"漢文之謂也。

游俠

太史公之傳游俠,詳矣,退四公子之徒,而進朱家、劇孟,有以也。虞卿不重相印,而從魏齊;鄭莊行千里,不需糧。游道頗廣,翩翩儒而俠矣,游俠闕如,何也? 稍以意為之論次。

(1) 陶母

典出唐・房玄齡等《晉書》卷九六《列女傳・陶侃母湛氏》,亦見於明・徐廣《二俠傳》卷十五《陶侃母》,文句幾全同。

陶侃母湛氏,豫章新淦人。初,侃父丹聘為妾,生侃,而陶氏貧賤,湛每紡績資給之,使交結勝己。侃少為潯陽縣吏,嘗監魚梁,以一坩鮓遺母。湛封鮓及書,責侃曰:"爾為吏,以官物遺我,非惟不能益吾,乃以增吾憂矣。"鄱陽孝廉范逵寓宿於侃,時大雪,湛乃撤所臥新薦,自剉給其馬,又密剪髮賣與鄰人,供殽饌。逵聞之,歎息曰:"非此母不生此子!"侃竟以功名顯。

(2) 澤嫗

典出南朝宋・劉義慶《世說新語・任誕》第十七篇,字句幾同。

劉道真少時,嘗漁草澤,善歌嘯,聞者莫不留連。有一老嫗,識其非常人,甚樂其歌嘯,乃殺豚進之。道真食豚盡,了不謝。嫗見不飽,又進一豚。食半餘半,乃還之。後為吏部郎,嫗兒為小令史,道真超用之。不知所由,問母,母告之。

(3) 絡秀

典出南朝宋·劉義慶《世說新語·賢媛》第十八篇，字句幾同。

周浚作安東時，行獵，值暴雨，過汝南李氏。李氏富足，而男子不在。有女名絡秀，聞外有貴人，與一婢於內椎猪殺羊，作數十人飲食，事事精辦，不聞有人聲。密覘之，獨見一女子，狀貌非常。浚因求為妾，父兄不許。絡秀曰："門戶殄瘁，何惜一女？若連姻貴族，將來或大益。"父兄從之。生伯仁兄弟。絡秀語伯仁等："我所以屈節為汝家作妾，門戶計耳！汝若不與吾家作親親者，吾亦不惜餘年！"伯仁等悉從命。由此李氏在世得方幅齒遇。

(4) 獨孤氏

見於宋·李昉等《太平廣記》卷二三七《奢侈二·于頔》，有刪節。

李昌夔在荊州，打獵，大修裝飾。其妻獨孤氏亦出女隊二千人，皆著紅紫繡襖子及錦鞍韉。

劍俠

魯勾踐之稱荊軻曰："惜哉，其不講於劍之術也。"夫白日殺人都市，人不之覺，傅以刀圭，立化呼吸；千里度城郭，門堂屋壁無礙，是遵何術與？天下無道則見，有道而隱，大抵伺諸鬼神之殽亂，以竊借其靈，近於侲矣；紅線、聶隱，恨託再來，法傳幽穴，漂忽窅眇，始儡而鬼，神其術者邪？然能行之侯王將相，不能加無道之始皇。賊殺魑魅不軌，未聞毒諸端人正士，蓋取道小而行直方者也。世有負心小醜，不足辱朝廷之斧鉞，而天下甘心焉，倘非以輕劍擊之，惡能勝其任而媮快乎！

(1) 紅線

《紅線》等以下五篇，本皆出於宋·李昉等《太平廣記·豪俠》，但各本皆云"俱見《劍俠傳》"，未錄原文，今依明·王世貞所編《劍俠傳》補齊。此篇亦見於明·徐廣《二俠傳》卷十七《紅線》，文句幾全同。

唐潞州節度使薛嵩家青衣紅線者，善彈阮咸，又通經史。嵩召俾掌牋表，號曰"内記室"。時軍中大宴，紅線謂嵩曰："羯鼓之聲甚悲切，其擊者必有事也。"嵩素曉音律，曰："如汝所言。"乃召而問焉，云："某妻昨夜身亡，不敢求假。"嵩即遣歸。

是時至德之後，兩河未寧，以滏陽為鎮，命嵩固守，控壓山東。殺傷之餘，軍府草創。朝廷命嵩女嫁魏博節度使田承嗣男，又遣嵩男娶滑臺節度使胡章女。三鎮交締為姻婭，使蓋相接。田承嗣常患肺氣，遇暑益增。每曰："我若移鎮山東，納其涼冷，可以延數年之命。"乃募軍中勇武十倍者，得三千人，號'外宅男'，而厚其廩給。常令三百人夜直宅中，卜良日欲併潞州。

嵩聞之，日夕憂悶，咄咄自語，計無所出。時夜漏方深，轅門已閉，杖策庭除，唯紅線從焉。紅線曰："主公一月不遑寢食。意有所屬，豈非鄰境乎？"嵩曰："事繫安危，非汝能料。"紅線曰："某誠賤品，亦能解主公之憂。"嵩以其言異，乃曰："我不知汝是異人，誠暗昧也。"遂告其事曰："我承祖父遺業，受國厚恩，一旦失其疆土，則數百年功勳盡矣。"紅線曰："此易與耳，不足勞主公憂。某暫到魏境，觀其形勢，覘其有無。今一更首途，二更可復命。請先定一走馬使，具寒喧書。其他則待某却回也。"嵩曰："倘事或不濟，反禍之速，又如之何？"紅線曰："某之此行無不濟也。"乃入閨房飾其行具。梳烏蠻髻，插金鳳釵，衣紫繡短袍，著青絲輕履，胸前掛龍紋匕首，額上書太乙神名。再拜而行，倏忽不見。

嵩乃返身閉戶，背燭危坐。時常飲酒，不過數合，是夕舉觴，十餘不醉。忽聞曉角吟風,一葉墜露。驚而起問,紅線回矣。嵩喜而慰勞,詢事諧否,紅線對曰:"幸不辱命。"又問曰:"無殺傷否?"曰:"不至是,但取床頭金合為信耳。"

又曰:"某子夜前三刻即達魏城,凡歷數門,遂及寢所。聞外宅兒正於房廊,睡聲雷動;見中軍士卒,步於庭下,傳叫風生。乃發其左扉,抵其寢帳。田親家翁止於帳內,鼓跌酣眠。頭枕文犀,枕前露七星劍,劍前仰開一金合,內書生身甲子與北斗神名,復以名香美珠壓鎮其上。然則揚威玉帳,坦其心豁於生前。熟寢蘭堂,不覺命懸於手下。寧勞擒縱,只益傷嗟。時則蠟炬烟微,爐香燼委,侍人四布,兵仗森羅。或頭觸屏風鼾而齙者,或手持巾拂寢而伸者。某乃拔其簪珥,褰其裳衣,如病如醒,皆不能寤。遂持金合以歸。出魏城西門,將行二百里,見銅臺高揭,漳水東流,晨鐘動野,斜月在林。忿往喜還,頓忘於行役;感知酬德,聊副於咨謀。夜漏三時,往返七百里,入危邦一道,經五六城,冀減主憂,敢言勞苦。"

嵩乃發使入魏,遺承嗣書曰:"昨來暮夜,有客自魏中來,云從元帥床頭獲一金合,不敢留駐,謹卻封納。"專使星馳,夜半方達。正見搜捕金合,一軍憂疑。使者以馬樋撾門,非時請見。承嗣遽出,使者乃以金合授之。捧承之時,驚怛絕倒。遂留使者止於宅中,狎以私宴,多其賜賚。明日遣使齎帛三萬疋、名馬二百疋及珍異等,以獻於嵩曰:"某之首領,繫在恩私。便宜知過自新,不復更貽伊戚。專膺指使,敢議親姻。彼當捧鼓後車,來在麾鞭前馬,所置紀綱外宅兒者,本防他盜,亦非異圖。今並脫其甲裳,放歸田畝矣。"由是兩月之內,河北河南信使交至。

忽一日,紅線辭去。嵩曰:"汝生我家,今將焉往?又方賴汝力,豈可議行?"紅線曰:"某生前本男子,遊學江湖間,讀神農藥書而救世人災患。時里有孕婦,忽患蠱瘵,某誤以芫花酒下之,婦與腹中二子俱斃。是某一舉而殺三人,陰力見誅,罰為女子;使身居賤隸,氣稟凡俚。幸生於公家,今十九年矣。身厭綺羅,口窮甘軟。

寵待有加，榮亦甚矣。況國家達治，慶且無疆。此即違天理當盡弭。昨至魏邦，以是報恩。今兩地保其城池，萬人保其性命，使亂臣知懼，烈士謀安，在某一婦人，功亦不小。固可贖其前罪，遂其本形，便當遁跡塵中，棲心物外，澄清一氣，生死長存。"嵩曰："不然，以千金為居山之所。"紅線曰："事關來世，安可預謀？"嵩知不可留，乃廣為餞別，悉集賓僚，夜宴中堂。嵩以歌送紅線酒，請座客冷朝陽為詞，詞曰："採菱歌怨木蘭舟，送客魂消百尺樓。還是洛妃乘霧去，碧天無際水空流。"歌竟，嵩不勝其悲。紅線拜且泣，因偽醉離席，遂亡所在。

（2）聶隱娘

與明·徐廣《二俠傳》卷十八《聶隱娘》文句幾全同。

聶隱娘者，唐貞元中魏博大將聶鋒之女也。年十歲，有尼乞食於鋒舍，見隱娘，悅之，乃云："問押衙乞取此女。"鋒大怒，叱尼。尼曰："任押衙鐵櫃中盛，亦須偷去矣。"及夜，果失隱娘所在。鋒大驚駭，令人搜尋，曾無影響。父母每思之，相對啼泣而已。

後五年，尼送隱娘歸，告鋒曰："教已成矣，可自領取。"尼歘亦不見。一家悲喜，問其所習，曰："初但讀經念咒，餘無他也。"鋒不信，懇詰，隱娘曰："真說又恐不信，如何？"鋒曰："但真說之。"乃曰："隱娘初被尼挈去，不知行幾里，及明，至大石穴中，嵌空數十步，寂無居人，猿猱極多。尼先已有二女，亦各十歲，皆聰明婉麗，不食，能於峭壁上飛走，若捷猱登木，無有蹶失。尼與我藥一粒，兼令執寶劍一口，長一二尺許，鋒利吹毛可斷，逐令二女教其攀緣，漸覺身輕如風。一年後，刺猿猱百無一失。後刺虎豹，皆決其首而歸。三年後能使刺鷹隼，無不中。劍之刃漸減五寸。飛走遇之，不知其來也。至四年，留二女守穴，挈我於都市，不知何處也。指其人者，一一數其過，曰：'為我刺其首來，無使知覺。定其膽，若飛鳥之容易也。'受以羊角匕首,刃廣三寸。遂白日刺其人於都市中,人莫能見。以首入囊返命,則以藥化之為水。五年,又曰:'某大僚有罪,無故害人若干。夜可入其室,決其首來。'又攜匕首入室,度其門隙,無有障礙,伏之樑上,至瞑時,得其首而歸。尼大怒曰:'何太晚如是?'某云:'見前人戲弄一兒可愛,未忍便下手。'尼叱曰:'已後遇此輩,必先斷其所愛,然後決之。'某拜謝。尼曰:'吾為汝開腦後,藏匕首而無所傷,用即抽之。'曰:'汝術已成,可歸家。'遂送還,云後二十年方可一見。"鋒聞語甚懼。後遇夜即失蹤,及明而返。鋒已不敢詰之,因茲亦不甚憐愛。忽值磨鏡少年及門,女曰:"此人可與我為夫。"白父,又不敢不從,遂嫁之。

其夫但能淬鏡,餘無他能。父乃給衣食甚豐。具數年後,父卒,魏帥知其異,遂以金帛召,署為左右吏。如此又數年。至元和間,魏帥與陳許節度使劉昌裔參商不協,使隱娘賊其首。隱娘辭帥之許。許帥能神算,已知其來。召牙將令曰:"早至城北候一丈夫一女子,各跨白黑衛。至門,遇有鵲來噪,丈夫以弓彈之,不中,妻奪夫彈,一丸而斃鵲者,揖之云吾欲相見,故遠相袛迎也。"衙將受約束,遇之。隱娘夫妻曰:"劉僕射真神人,不然者,何以動吾也?"乃見劉公。劉勞之,隱娘夫妻拜曰:"得罪僕射,合萬死。"劉曰:"不然,各親其主,人之常事。魏今與許何異?請當留此,勿相疑也。"隱娘謝曰:"僕射左右無人,願捨彼而就此,服公神明也。"蓋知魏帥之不及劉也。劉問其所須,曰:"每日只要錢一百文,足矣。"乃依所請。忽不見二衛所在。劉使人尋之,不知所向。後潛於布囊中見二紙衛,一黑一白。

後月餘,白劉曰:"彼未知信,必使人繼至。今宵請剪髮,繫之以紅綃,送於魏帥枕前,以表不回。"劉聽之。至四更,却返曰:"送其信矣。是夜必使精精兒來殺某及賊僕射之首,此時亦萬計殺之,乞不憂耳。"劉豁達大度,亦無畏色。是夜明燭,半宵之後,果有二幡子,一紅一白,飄飄然如相擊於床四隅。良久,見一人自空而踣,身首異處。隱娘亦出曰："精精兒已斃。"拽出於堂之下，以藥化為水，毛髮不存矣。隱娘曰："後夜當使妙手空空兒繼至。空空兒之神術，人莫能窺其用，鬼莫得躡其蹤，能從空虛之入冥，善無形而滅影。隱娘之藝，故不能造其境，此即繫僕射之福耳。但以于闐玉周其頸，擁以衾，隱娘當化為蠛蠓，潛入僕射腸中聽伺，其餘無逃避處。"劉如言，至三更，瞑目未熟，果聞頸上鏗然，聲甚厲。隱娘自劉口中躍出，賀曰："僕射無患矣。此人如俊鶻，一搏不中，即翩然遠逝，恥其不中耳。纔未逾一更，已千里矣。"後視其玉，果有匕首劃處，痕逾數分。自此劉轉厚禮之。

自元和八年劉自許入覲，隱娘不願從焉，云自此尋山水、訪至人，但一一請給與其夫。劉如約。後漸不知所之。及劉薨於軍，隱娘亦鞭驢而一至京師，柩前慟哭而去。開成中，昌裔子縱除陵州刺史，至蜀棧道，遇隱娘，貌若當時，甚喜相見，依前跨白衛如故。謂縱曰："郎君大災，不合適此。"出藥一粒，令縱吞之。云："來年火急，拋官歸洛，方脫此禍。吾藥力只保一年患耳。"縱亦不甚信，遺其繒彩，隱娘一無所受，但沉醉而去。後一年，縱不休官，果卒於陵州。自此無復有人見隱娘矣。

(3) 賈人妻

與明·徐廣《二俠傳》卷十九《王立妾》文句幾全同。

唐餘干縣尉王立調選，傭居大寧里。文書有誤，為主司駁放。資財蕩盡，僕馬喪失，窮悴頗甚。每丐食於佛祠，徒行晚歸，偶與美婦人同路，或前或後依隨，因誠意與言，氣甚相得。立因邀至其居，情款甚洽。翌日，謂立曰："公之生涯何其困哉！妾居崇仁里，資用稍備，儻能從居乎？"立既悅其人，又幸其給，即曰："僕之厄塞，阽於溝瀆，如此勤勤，所不敢望焉。子又何以營生？"對曰："妾素賈人之妻也，夫亡十年，旗亭之內，尚有舊業。朝肆暮家，日贏錢三百，則可支矣。公授官之期尚未，出遊之資且無，脫不見鄙，但同處以須冬集，可矣。"立遂就焉，閱其家，豐儉得其所，至於扃鐍之具，悉以付立。每出，則必先營辦立之一日饌焉，及歸，則又攜米肉錢帛以付立，日未嘗闕，立憫其勤勞，因令傭買僕隸，婦託以他事拒之，立不之彊也。周歲，產一子，唯日中再歸為乳耳。

凡與立居二載，忽一日夜歸，意態遑遑，謂立曰："妾有冤仇，痛纏肌骨，為日深矣。伺便復仇，今乃得志。便須離京，公其努力。此居處，五百緡自置，契書在屏風中。室內資儲，一以相奉。嬰兒不能將去，亦公之子也，公其念之。"言訖，收淚而別。立不可留止。則視其所攜皮囊，乃人首耳。立甚驚愕。其人笑曰："無多疑慮，事不相縈。"遂挈囊踰垣而去，身如飛鳥。立開門出送，則已不及矣。方徘徊於庭，遽聞却至。立迎門接俟，則曰："更乳嬰兒，以豁離恨。"就撫子，俄而復去，揮手而已。立迴明褰帳，小兒身首已離矣。立惶駭，達旦不寐。則以財帛買僕乘，游抵近邑，以伺其事。久之，竟無所聞。

其年立得官，即貨鬻所居歸任，爾後終莫知其音問也。

（4）三鬟女子

明·王世貞編《劍俠傳》題名作《潘將軍》。

京國豪士潘將軍住光德坊（忘其名，疑為潘鵾碑也）。本家襄、漢間，常乘舟射利，因泊江壖。有僧乞食，留止累日，盡心檀施。僧歸去，謂潘曰："觀爾形質器度，與眾賈不同。至於妻孥，皆享厚福。"因以玉念珠一串留贈，曰："寶之，不但聚財也，後亦有官祿。"既而遷貿數年，遂錙均陶、鄭。

其後職居左軍，列第於京師，常寶念珠，貯之以繡囊玉合，置道場內，每月朔則出而拜之。一旦開合啟囊，已亡珠矣。然而緘封若舊，他物亦無所失。於是奪魄喪精，以為其家將破之兆。

有主藏者常識京兆府停解所由王超，年且八十，因密話其事。超曰："異哉。此非攘竊之盜也，某試為尋之，未知固得否？"超他日曾過勝業坊北街，時春雨初霽，有三鬟女子年可十七八，衣裝襤褸，著木屐立於道側槐樹下。值軍中少年蹴踘，接而送之，直高數丈，於是觀者漸眾。超獨異之。及罷，隨之而止於勝業坊北門短曲。有母同居，蓋以紉針為業。超特因以他事熟之，遂為甥舅。居室甚貧，與母同臥土榻，煙爨不動者往往經於累日。或設羞，時有水陸珍異。吳中初進洞庭橘，恩賜宰臣外，京輦未有此物。密以二枚贈超，云："有人於內中將出。"而稟性剛決，超意甚疑之，如此往來周歲矣。

一旦攜食與之，從容徐謂曰："舅有深誠，欲告外甥，未知何如？"女曰："每感重恩，恨無所答。若力可施，必能赴蹈湯火。"超曰："潘軍失却玉念珠，不知知否？"女子微笑曰："從何知之？"超揣其意不甚藏密，又曰："外甥可尋覓，厚備繒綵酬贈。"女子曰："勿言於人，某偶與朋儕為戲，終却送還，因循未暇。舅來日詰旦於慈恩寺塔院相候，某知有人寄珠在此。"超如期而往，頃刻而至。時寺門始開，塔戶猶鎖，女子先在，謂超曰："少頃仰觀塔上，當有所見。"語訖而走，疾若飛鳥。忽於相輪上舉手示超，欻然攜念珠而下，曰："便可將還，勿以財帛為意。"超徑詣潘，具述其事。因以金玉繒帛，密為之贈。

明日訪之，已空室矣。馮緘給事嘗聞京師多任俠之徒，及為尹，密詢，左右引超，具述其語。訪潘將軍，所說與超符同。

（5）車中女子

與明·徐廣《二俠傳》卷十六《車中女子》文句幾全同。

唐開元中，吳郡士人入京應明經。至京，閑步曲坊，逢二少年，著大麻布衫，揖士人而過，色甚恭，然非舊識，士人謂誤識也。

後數日，又逢二人，謂曰："公道此境，未得主矣。今日方欲奉迓，邂逅相遇，實獲我心。"揖請便行。士人雖甚疑怪，然強隨之。抵數坊，於東市一小曲內有臨路店數間，相與直入，舍宇極整。二人引士升堂，列筵甚盛。二人與客據繩床對坐，更有數少年，禮亦謹，數數出門，若伺貴客。

　　及午後方云"至矣"。聞一車直門來，數少年擁後，直至當筵。乃一鈿車，捲簾，見一女子從車中出，年可十七八，容色甚佳，梳滿髻，衣紈素。二人羅拜，女不答，士人拜之，女乃拜，遂揖客入宴升牀，當席而坐。諸少年皆列坐兩旁。陳以品味，饌至精潔。酒數巡，女子捧杯問曰："久聞君有妙技，今煩二君奉屈，喜得展見，可肯賜觀乎？"士人遜謝曰："自幼唯習儒經，絃管歌聲實未曾學。"女曰："所習非是也。君熟思之，先所能者何事？"客又沉思良久曰："某為學堂中，著靴於壁上行得數步。"女曰："然矣，請君試之。"士乃起行於壁上，不數步而下。女曰："亦大難事。"乃回顧坐中諸少年，各令呈技。俱起設拜，然後有行於壁上者，有手攝椽子行者。輕捷之戲，各呈數般，狀如飛鳥。此人拱手驚懼，不知所措。少頃，女子起辭，士人出，驚恍不安。

　　又數日，途中復見二人曰："欲假駿騎，可乎？"士人許之。至明日，聞官苑中失物，掩捕其賊，唯收得馬，是將馱物者。驗問馬主，遂收士人入內勘問。驅入小門，吏自後推之，倒落深坑，仰望屋頂，唯見一孔。自旦至食時，見繩垂一器食下。因餒甚，急取食之。食畢，繩乃引去。

　　深夜悲惋之極。忽見一物如鳥飛下，覺至身，乃人也。以手撫士曰："計甚驚怕，然某在，無慮也。"聽其聲，則向女子也。云："共君出矣。"以絹重縛士人胸膊訖，以絹頭繫女身，聳然飛出宮城，去門數十里乃下，云："君且歸江淮，求仕之計望伺他日。"士人幸脫大獄，乞食而歸，後竟不敢求名西上矣。